# E. Stahl's

# Termin-Kalender

für die

# Bayerischen Juristen

auf das gemeine Jahr

**1877.**

**Mit verschiedenen den praktischen Dienst erleichternden Beilagen,**

bearbeitet von Oskar Reber, k. B.-G.-Ass.

Der astronomisch-chronolog. Theil mitgetheilt von Dr. A. J. Faist.

**Vierzehnter Jahrgang.**

**München.**

Druck und Verlag von Ernst Stahl.

# Erster Theil.

# Kalender.

# Inhalts-Uebersicht

des

# Termin-Kalenders.

---

Der Terminkalender enthält:

I. einen Uebersichtskalender auf 2 Blatt,
II. einen Schreibkalender, und dieser enthält:

1) die Bezeichnung der Monate, Wochen und Tage, von welchen je 2 Tage mit leeren Zwischenräumen auf die Seite treffen.

2) die Namen der Katholiken und Protestanten, die ersteren voraus und beide durch einen Strichpunkt (;) getrennt

3) Sonnen-Aufgang (SA.) und Untergang (SU.) nach Stunden und Minute (U. M.); Läutordnung.

4) Mondes-Aufgang und Untergang (MA.-MU.) nach Stunden, Minuten und Tageszeit (Ab. = Abends, Mg. = Morgens);

5) das Eintreten der Mondsviertel, der Sonnen- und Monds-Finsternisse und der Jahreszeiten.

Im Jahre **1877** werden fünf verschiedene Verfinsterungen stattfinden. Dreimal wird die Sonne bedeckt, und zweimal der Mond verfinstert.

Die erste **Mondsfinsterniss** beginnt am 27. Februar Abends 6 Uhr 15 Min.; die Totalität tritt um 7 U. 14 Min. ein und endet um 8 Uhr 50 Min. Die Finsterniss selbst verschwindet um 9 Uhr 48 Min.; gerade um 8 Uhr wird die Mitte sein. Grösse 1,663. Dieselbe ist bei uns sichtbar.

Die erste **Sonnenfinsterniss** dauert am 15. März von 1 U. 50 M. bis 4 U. 33 M. Morgens und erstreckt sich über Sibirien, Turkestan, Hinterindien und das nördliche Eismeer.

Die zweite **Sonnenfinsterniss** kann gleichfalls nur im nordöstlichen Asien beobachtet werden. Sie findet am 9. August zwischen 4 U. 59 Min. und 7 U. 35 Min. Morgens statt.

Die zweite **Mondsfinsterniss** ist bei uns sichtbar. Der Anfang der Finsterniss überhaupt findet am 23. Aug. Abds. 10 Uhr statt; die Totalität währt von 11 U. 5 M. bis 12 U. 50 M. Nachts. Um 1 Uhr 56 Min. Morgens am 24. Aug. ist das Ende derselben. Grösse 1,668.

Die dritte **Sonnenfinsterniss** tritt am 7. September zwischen 11 U. 58 M. Mittags und 3 U. 16 M. Nachmittags ein. Auf dem südlichen Eismeer und in dem südlichen Polarland kann man dieselbe beobachten; nur die nördlichste Linie der Berührung geht durch den südlichen Theil von Südamerika.

6) Tageslänge.

Die gebotenen Feier- und Festtage der Katholiken, Protestanten, Griechen und Juden und die Sonntage sind mit **fetter Schrift** ausgezeichnet; die Fasttage sind mit »F.«, die Abstinenztage mit »A.« bezeichnet.

---

# Januar 1877.

**1. Montag. Neujahr.** Euphr. Beschneid. Chr.

SA. 7. 54. SU. 4. 15. — MA. 5. 41. Ab. MU. 10. 22. Mg.

Tageslänge 8 St. 23 M. — Läutordnung 5 U.

2. Dienstag. Marcarius, A. Isidor; — Abel, Seth.

SA. 7. 53. SU. 4. 16 — MA. 7. 17. Ab. MU. 10. 33. Mg.

Tageslänge 8 St. 24 M.

**3. Mittwoch.** Genovefa; — Enoch. Kaspar.

SA. 7. 53. SU. 4. 16. — MA. 8. 59. Ab. MU. 10. 40. Mg.
Tageslänge 8 St. 26 M.

**4. Donnerstag.** Titus B. M. Angelika; — Isabella.

SA. 7. 53. SU. 4. 17. — MA. 10. 39. Ab. MU. 10. 48. Mg.
Tageslänge 8 St. 27 M.

**5. Freitag.** Telesphor, P. M. Ermin; — Simon.
SA. 7. 52. SU. 4. 18. — MA. 11. 55. Ab. MU. 10. 55. Mg.
Tageslänge 8 St. 29 M. (Ende der griech. Fasten vor Weihnachten.)
Wasser- und Weihrauchweihe.

**6. Samstag. Heil. 3 Könige;** — Erscheinung Christi
SA. 7. 52. SU. 4. 20. — MU. 11. 3. Mg.
Letztes Viertel 3. 3. Nachmitt. — Tageslänge 8 St. 30 M.
**Weihnachtsfest der Griechen.**

# Januar 1877.

**7. Sonntag.** (1. Woche) 1. n. Ep. Valent. B.; — Raimund.

**SA.** 7. 52. **SU.** 4. 21. — **MA.** 1. 20. **Mg.** **MU.** 11. 12. **Mg.**

**Tageslänge** 8 **St.** 31 **M.** **(Patrozinium des Bisthums Passau.)**

Anfang des Carneval.

**8. Montag.** Erhardus, B.; — Erhard.

**SA.** 7. 51. **SU.** 4. 23. — **MA.** 2. 46. **Mg.** **MU.** 11. 25. **Mg.**

**Tageslänge** 8 **St.** 33 **M.**

# Januar 1877.

**9.** Dienstag Marcellinus, B.; — Martial.

SA. 7. 51. SU. 4. 24. — MA. 4. 12. Mg. MU. 11. 44. Mg.

Tageslänge 8 St. 34 M.

**10.** Mittwoch. Paul I. Eins.; — Paul.

SA. 7. 50. SU. 4. 25. — MA. 5. 33. Mg.

Tageslänge 8 St. 35. M.

# Januar 1877.

**11.** Donnerstag. Hyginus, P. M.; — Mathilde.
SA. 7. 50. SU. 4. 26. — MA. 6. 47. Mg. MU. 12. 17. Ab.
Tageslänge 8 St. 38 M.

**12.** Freitag. Ernest, A.; — Reinhold.
SA. 7. 50. SU. 4. 27. — MA. 7. 48. Mg. MU. 1. 8. Ab.
Tageslänge 8 St. 38. M.

# Januar 1877.

**13.** Samstag. Gottfried Graf; — Hilarius.

**SA. 7. 49. SA. 4. 29. — MA. 8. 31. Mg. MU. 2. 12. Ab.**

**Tageslänge 8 St. 40 M. (Neujahr der Griechen.)**

**14. Sonntag.** (2. Woche) 2. n. Ep. Namen Jesuf. Hilar. B.

**SA. 7. 49. SU. 4. 30. — MA. 9. 0. Mg. MU. 3. 24. Ab.**

**Neumond 2. 14. Nachmitt. — Tageslänge 8 St. 43. M.**

# Januar 1877.

**15. Montag.** Maurus Abt; — Maurus.

SA. 7. 48. SU. 4. 31. — MA. 9. 24. Mg. MU. 4. 42 Ab.
1. Schebat der Juden. — Tageslänge 8 St. 45 M.

**16. Dienstag.** Marcellus P. M.; — Marcell.

SA. 7. 47. SU. 4. 33. — MA. 9. 32. Mg. MU. 6. 3. Ab.
Tagesllänge 8 St. 48 M. — Läutordnung 1/26 Uhr.
Neujahr der Türken 1294.

**17.** Mittwoch. Antonius Abt. — Anton.

SA. 7. 47. SU. 4. 35. — MA. 9. 40. Mg. MU. 7. 21. Ab.
Tageslänge 8 St. 50. M.

**18.** Donnerstag. Petri Stuhlf. zu Rom; — Petri Stuhlf.

SA. 7. 47. SU. 4. 37. — MA. 9. 46. Mg. MU. 8. 37. Ab.
Tageslänge 8 St. 51 M. (Erscheinung Christi der Griechen.)

**19.** Freitag. A. Kanut K., Martha M.; — Sara.

SA. 7. 46. SU. 4. 38. — MA. 9. 51.M. MU. 9. 53. Ab.

Tageslänge 8 St. 54 M. (Johannes der Täufer der Griechen.)

**20.** Samstag. Fabian und Sebast M. M.; Fab. u. Seb.

SA. 7. 45. SU. 4. 40. — MA. 9. 56. MU. 11. 9. Ab.

Tageslänge 8 St. 56 M.

# Januar 1877.

**21. Sonntag.** (3. Woche) 3. n. Ep. Agnes J. M.; — Agnes.
SA. 7. 41. SU. 4. 41. — MA. 10. 4. Mg. MU. 12. 30. Mg.
Tageslänge 8 St. 58. M.

**22. Montag.** Vincentius M.; — Vincentius.
SA. 7. 44. SU. 4. 42. — MA. 10. 11. Mg. MU. 1. 55. Mg.
Erstes Viertel 4. 40. Nachmitt. — Tageslänge 8 St. 59. M.

**23.** Dienstag. Mariens Vermähl.; — Alfons.

SA. 7. 43. SU. 4. 43. — MA. 10. 22. Mg. MU. 3. 26. Mg.

Tageslänge 9 St. 3 M.

**24.** Mittwoch. Timotheus, B.; — Timotheus.

SA. 7. 41. SU. 4 45. — MA. 10. 40. Mg. MU. 4. 58. Mg.

Tageslänge 9 St. 6 M.

**25.** Donnerstag. Pauli Bekehrung; — Pauli Bek.
SA. 7. 40. SU. 4. 46. — MA. 11. 9. Mg. MU. 6. 20. Mg.
Tageslänge 9 St. 8 M.

**26.** Freitag. A. Polykarpus, B. M.; — Polykarp.
SA. 7. 49. SU. 4. 47. — MA. 11. 56. Mg. MU. 7. 26. Mg.
Tageslänge 9 St. 11 M.

**27.** Samstag. Johann Chrysost., B.; — Joh. Chrysost.
SA. 7. 38. SU. 4. 49. — MA. 1. 16. Ab. MU. 8. 4. M.
Tageslänge 9 St. 14. M.

**28. Sonntag.** (4. Woche) Septuag. Karl d. G. — Ag.
SA. 7. 37, SU. 4. 50. — MA. 2. 54. Ab. MU. 8. 26. Mg.
Tageslänge 9 St. 17 M. (**Triod der Griechen.**)

# Janaur 1877.

**29.** Montag. Franz v. Sales; — Arnulf.

**SA. 7. 36. SU. 4. 52. — MA. 4. 40. Ab. MU. 8. 30. Mg.**
**Vollm. 9. 25. Mg. — Tageslänge 9 St. 19. M.**

**30.** Dienstag. (Oelberg-G.) Martina, J. — Adelgunde.

**SA. 7. 34. SU. 4. 53. — MA. 6. 21. Ab. MU. 8. 49. Mg.**
**Tageslänge 9 St. 22 M.**

## Januar 1877.

**31.** Mittwoch. Petrus Nolaskus; — Virgilius.
SA. 7. 34. SU. 4. 55. — MA. 7. 58. Ab. MU. 8. 56. Mg.
Tageslänge 9 St. 26. M.

## Februar 1877.

**1.** Donnerstag. Ignatius, B. M. — Brigitta.
SA. 7. 32. SU. 4. 57. — MA. 9. 30. Ab. MU. 9. 3. Mg.
Tageslänge 9 St. 27 M. Läutordnung 6 Uhr.

**2. Freitag.** A. **Mariä Lichtm.** — Mariä Reinigung.
SA. 7. 31. SU. 5. 0. — MA. 10. 59. Ab. MU. 9. 10. Mg.
Tageslänge 9 St. 30 M.
Wachsweihe.

**3.** Samstag. Blasius B. (14 Nothh.); — Blasius.
SA. 7. 28. SU. 5. 2. — MU. 9. 19. Mg.
Tageslänge 9 St. 33 M.
Halssegnung.

# Februar 1877.

**4. Sonntag.** (5. W.) Sexages. Andreas Cors. B. — Ver.

SA. 7. 26. SU. 5. 4. — MA. 12. 28. Mg. MU. 9. 31. Mg.
Tageslänge 9 St. 35 M.

5. Monntag. Agatha, J. M.; — Agatha.

SA. 7. 25. SU. 5. 5. — MA. 1. 56. Mg. MU. 9. 49. Mg.
Letztes Viert. 5. 46. Mg. Tageslänge 9 St. 38 M.

**6. Dienstag.** Hl. Leid. Chr. Dorothea J. M.; — Dor.

SA. 7. 23. SU. 5. 6. — MA. 3. 21. Mg. MU. 10. 17. Mg.
Tageslänge 9 St. 41 M.

**7. Mittwoch.** Romuald Abt; — Richard.

SA. 7. 22. SU. 5. 7. — MA. 4. 39. Mg. MU. 11. 0. Mg.
Tageslänge 9 St. 45 M.

# Februar 1877.

8. Donnerstag. Johann v. Matha; — Salomon.

SA. 7. 21. SU. 5. 7. — MA. 5. 44. Mg.

Tageslänge 9 St. 45 M.

9. Freitag. A. Alto, Abt; — Apollonia.

SA. 7. 20. SU. 5. 9. — MA. 6. 31. Mg. MU. 12. 1. Ab.

Tageslänge 9 St. 54 M.

**10. Samstag.** Scholastika J. Wilhelm; — Schol.
SA. 7. 19. SU. 5. 11. — MA. 7. 5. Mg. MU. 1. 14. Ab.
Tageslänge 9 St. 54 M.

**11. Sonntag.** (6.W.) Quinq. Euphrosina J.; — Esto mihi.
SA. 7. 18. SU. 5. 13. — MA. 7. 26. Mg. MU. 2. 35. Ab.
Tagesl. 9 St. 57 M. **(Mässopust) Butterwoche des Griechen.)**

# Februar 1877.

**12.** Montag. Japanesische Martyrer; — Eulalia.

**SA. 7. 16. SU. 5. 14. — MA. 7. 38. Mg. MU. 3. 52. Ab.**

**Tageslänge 10 St. 0 M.**

**13.** Dienstag. **Fastnacht.** Kath. v. R.; Jordan.

**SA. 7. 15. SU. 5. 16. — MA. 7. 47. Mg. MU. 5. 7. Ab.**

**Tageslänge 10 St. 4 M. Neumond 9. 45. Mg.**

Fastnacht.

**14.** Mittwoch. F. A. Aschern. Raym. v. Penaf.; Valen.

SA. 7. 13. SU. 5. 18. — MA. 7. 53. Mg MU. 6. 25. Ab.

Tageslänge 10 St. 6 M. **1. Adar der Juden.**

**15.** Donnerstag. Faustin, Jovita M. M. — Faustinus.

SA. 7. 11. SU. 5. 19. — MA. 8. 2. Mg. MU. 7. 42. Ab.

Tageslänge 10 St. 9.

# Februar 1877.

**16.** Freitag. A. Dornenkrone, Juliana, J.M.; — Juliana.
SA. 7. 10. SU. 5. 20. — MA. 8. 7. Mg. MU. 8. 59. Ab.
Tageslänge 10 St. 13 M. Läutordnung halb 7 U.

**17.** Samstag. Donatus M.; — Constantia.
SA. 7. 8. SU. 5. 22. — MA. 8. 13. Mg. MU. 10. 17. Ab.
Tageslänge 10 St. 17 M.

# Februar 1877.

**18. Sonntag.** (7. W.) 1. Inv. A. Sim. M.; Buss- u. Bett.
**SA. 7. 6. SU. 5. 24. — MA. 8. 20. Mg. MU. 11. 39. Ab.**
**Tageslänge 10 St. 20. (Süropust) Grosse Fasten der Griechen.**
**Funkensonntag.**

**19.** Montag. Konrad Bek.; — Konrad.
**SA. 7. 4. SU. 5. 26. — MA. 8. 30. Mg. MU. 1. 7. Mg.**
**Tageslänge 10 St 24 M.**

**20.** Dienstag. Eucharius B.; – Euchar.

SA. 7. 2. SU. 5. 28. – MA. 8. 44. Mg. MU. 2. 37. Mg.

Tageslänge 10 St. 28 M

**21.** Mittwoch. FA. I. Quat. Eleonora. J.; — Eleon.

SA. 7. 0. SU. 5. 29. – MA. 9. 6. Mg. MU. 4 2. Mg.

Tageslänge 10 St. 31 M.

**22.** Donnerstag. Petri Stuhlf. z. Antiochia; P. Stuhlf.
SA. 6. 59. SU. 5. 31. — MA. 9. 44. Mg. MU. 5. 11. Mg.
Tageslänge 10 St. 34 M. Erstes Viertel 5 U. 2. Mg.

**23.** Freitag. F A. Nägel u. Lanze. Marg. v. Cort.; Rhd.
SA. 6. 57. SU. 5. 33. — MA. 10. 46. Mg. MU. 5. 58. Mg.
Tageslänge 10 St. 38 M.

# Februar 1877

**24.** Samstag. F. Matthias Apostel; — Matthias.
**SA. 6. 54. SU. 5. 34. — MA. 12. 15. Ab. MU. 6. 27. Mg.**
**Tageslänge 10 St. 40 M.**

**25. Sonntag.** (8. W.) 2 Rem. Walburga J.; — Viktor.
**SA. 6. 53. SU. 5. 34. — MA. 1. 15. Ab. MU. 6. 44. Mg.**
**Tageslänge 10 St. 42 M.**

# Februar 1877.

**26.** Montag. Dionys, B.; — Nestorius.

**SA. 6. 52. SU. 5. 35 — MA. 3. 36. Ab. MU. 6. 52. Mg.**
**Tageslänge 10 St. 43 M. 13. Adar. Fasten Esther.**

**27.** Dienstag. Leander, B.; — Leander.

**SA. 6. 50. SU. 5. 36. — MA. 5. 18. Ab. MU. 7. 2. Mg.**
**Tageslänge 10 St. 47 M. Vollmond 8 U. 1. M. Ab. mit einer sichtbaren Mondsfinsterniss. 14. Adar. Purim. (Fastnacht d. Juden.)**

# Februar 1877.

28. Mittwoch. Roman Abt; — Renata.

SA. 6. 49. SU. 5. 38. — MA. 6. 3. Ab. MU. 7. 11. Mg.
Tageslänge 10 St. 50 M. **15. Adar. Schuschan-Purim.**

# März 1877.

1. Donnerstag. Suibert, B.; — Albinus.

SA. 6. 43. SU. 5. 43. — MA. 8. 26. Ab. MU. 7. 18. Mg.
Tageslänge 10 St. 57 M. Läutordnung halb 7 Uhr.

2. Freitag. A. Angst Christi. Simpl. B.; — Louise.
SA. 6. 42. SU. 5. 44. — MA. 9. 57. Ab. MU. 7. 26. Mg.
Tageslänge 11 St. 6 M.

3. Samstag. Kunigunde K.; — Titus.
SA. 6. 41. SU. 5. 45. — MA. 11. 29. Ab. MU. 7. 37. Mg.
Tageslänge 11 St. 3 M.

# März 1877.

**4. Sonntag.** (9. Woche) 3. Oculi. Kasim., B.; — Adr.

SA. 6. 39. SU. 5. 47. — MU. 7. 52. Mg.

Tageslänge 8 St. 45 M.

---

**5.** Montag. Johannes v. Kreuz; — Friedrich.

SA. 6. 36. SU. 5. 49. — MA. 12. 59. Mg. MU. 8. 17. Mg.

Tageslänge 11 St. 11 M.

6. Dienstag. Fridolin, A.; — Fridolin.

SA. 6. 34. SU. 5. 51. — MA. 2. 22. Mg. MU. 8. 54. Mg.
Tageslänge 11 St. 15 M. Letztes Viertel 10 U. 44 M. Nchts.

7. Mittwoch. Mittefasten. Thom. v. Aquin.; — Felic.

SA. 6. 32. SU. 5. 25. — MA. 3. 35. Mg. MU. 9. 48. Mg.
Tageslänge 11 St. 22 M.

# März 1877.

8. Donnerstag. Joh. v. Gott.; — Philemon.

SA. 6. 29. SU. 5. 53. — MA. 4. 40. Mg. MU. 10. 57. Mg.

Tageslänge 11 St. 22 M.

9. Freitag. A. 5 Wunden. Franziska, W.; — 40 Ritt.

SA. 6. 28. SU. 5. 55. -- MA. 5. 7. Mg.

Tageslänge 11 St. 26 M.

**10.** Samstag. 40 Martyrer; — Alexander.

SA. 6. 36. SU. 5. 56. — MA. 5. 31. Mg. MU. 12. 18. Ab.

Tageslänge 11 St. 28 M.

**11. Sonntag.** (10. Woche) 4. Laetare. Rosina, J. M.

SA. 6. 24. SU. 5. 58. — MA. 5. 46. Mg. MU. 1. 38. Ab.

Tageslänge 11 St. 32 M.

Osterbeicht-Anfang.

**12.** Montag. Gregor d. Gr.; — Gregor.

**SA. 6. 22. SU. 6. 0. — MA. 5. 56. Mg. MU. 2 57. Ab.**
**Tageslänge 11 St. 35. M.**

**13.** Dienstag. Euphrasia J.; — Ernestus.

**SA. 6. 20. SU. 6. 2. — MA. 6. 3. Mg. MU. 4. 15. Ab.**
**Tageslänge 11 St. 38 M. (Eudokia der Griechen.)**

**14.** Mittwoch. Valentin, M.; — Zacharias.

SA. 6. 17. SU. 6. 3. — MA. 6. 8. Mg MU. 5. 30. Ab.
Tageslänge 11 St. 44 M.

**15.** Donnerstag. Longinus, M.; — Christoph.

SA. 6. 15. SU. 6 4. — MA. 6. 10. Mg. MU. 6. 45. Ab.
Tageslänge 11 St. 47 M. **1. Nisan der Juden.**
Neumond 3 U. 40 M. Mg.

**16.** Freitag. A. Hl. Blut. Heribert, Erzb.; — Henriette.

SA. 6. 14. SU. 6. 6. — MA. 6. 24. Mg. MU. 8. 4. Ab.

Tageslänge 11 St. 50 M.

**17.** Samstag. Gertraud J.; — Gertraud.

SA. 6. 21. SU. 6. 8. — MA. 6 30. Mg. MU. 9. 27. Ab.

Tageslänge 11 St. 53 M.

**18. Sonntag.** (11. W.) 5. Jud. Passionss. Gabr. Erz.

SA. 6. 9. SU. 6. 9. — MA. 6. 39. Mg. MU. 10. 53 Ab.

Tageslänge 11 St. 57 M. **Verhüllen der Kruzifixe.**

**19. Montag. Josef Nährv. Chr.** — Josef.

SA. 6. 8. SU. 6. 10. — MA. 6. 52. Mg. MU. 12. 23. Mg.

Tageslänge 12 St. 1 M. **Patrocinium der kath. Kirche.**

# März 1877.

**20.** Dienstag. Nicetas B.; — Hubertus.

**SA. 6. 5. SU. 6. 12. — MA. 6. 10. Mg. MU. 1. 49. Mg.**

**Tageslänge 12 St. 3 M. Frühlingsaufang 12 U. 41 M. 44 S. Nchts.**

**21.** Mittwoch. Benedictus Abt; -- Benedict.

**SA. 6. 3. SU. 6. 14. — MA. 7. 44. Mg. MU. 2. 2. Mg.**

**Tageslänge 12 St. 8 M. (40. Martyrer der Griechen.)**

# März 1877.

**22.** Donnerstag. Katharina, J.; — Kasimir.

**SA. 6. 1. SU. 6. 15. — MA. 8. 34. Mg. MU. 3. 56. Mg. Tageslänge 12 St. 12 M. Geburtstag des deutschen Kaisers Wilhelm, Königs v. Preussen (1797). Erstes Viertel 1 U. 56 M. Nchm.**

**23.** Freitag. A. 7 Schm. Mariens. Victorian, M.; Eb.

**SA. 5. 58. SU. 6. 16. — MA. 9. 48. Mg. MU. 4. 31. Mg. Tageslänge 12 St. 15 M.**

# März 1877.

**24.** Samstag. Gabriel Erzengel; — Gabriel.
**SA. 5. 47. SU. 6. 35. — MA. 11. 29. Mg. MU. 4. 51. Mg.**
**Tageslänge 12 St. 18 M.**

**25. Sonntag** (12. W.) 6. Palms. **Mariä Verkündigung.**
**SA. 5. 25. SU. 6. 19. — MA. 1. 5. Ab MU. 5. 11. Mg.**
**Tageslänge 12 St. 22 M.**
Palmweihe.

**26.** Montag. Kastulus M.; — Emmanuel.
SA. 5. 53. SU. 6. 20. — MA. 2. 42. Ab. MU. 5. 12. Mg.
Tageslänge 12 St. 25 M.

**27.** Dienstag. Rupert, Bisch.; — Rupert.
SA. 5. 51. SU. 6. 22. — MA 4. 17. Ab. MU. 5. 19. Mg.
Tagesl. 12 St. 28. M. **Patron des ehem. Fürstbisth. Salzburg.**

# März 1877.

**28.** Mittwoch. Guntram; — Guntram.

SA. 5. 48. SU. 6. 24. — MA. 5. 50. Ab. MU. 5. 36. Mg.

Tageslänge 12 St 32 M.

**29.** Donnerstag. F. A. Gründonn. Ludolf. — Bertha.

SA. 5. 46. SU. 6. 25. — MA. 7. 22. Ab. MU. 5. 34. Mg.

Tageslänge 12 St. 36 M. Ostervollmond 6 U. 35 M. Mg.

**Alexis der Griechen. 15. Nisan. Passah-Anfang.**

# März 1877.

**30.** Freitag. F. A. Karfreitag. Quirinus M.

SA 5. 44. SU. 6. 27. — MA. 8. 54. Ab. MU. 5. 44. Mg.

Tageslänge 12 St. 40 M. **16. Nisan. Zweites Fest. Karfreitag.**

**31.** Samstag. F. A. Karsamstag. Balbina. J.; Ach.

SA. 5. 41. SU. 6. 28 — MA. 10. 27. Mg. MU. 5. 57. Mg.

Tageslänge 12 St. 43 M.

Feuer- und Wasserweihe.

# April 1877.

**1. Sonntag.** (13. W.) **Ostersonntag.** Hugo B. – Theod.

**SA. 5. 39. SU. 6. 30. — MA. 11. 56. Mg. MU. 6. 17. Mg.**

**Tageslänge 12 St. 46 M. Läutordnung 7 Uhr.**

Esswaarenweihe.

**Hochheiliges Osterfest.**

---

2. Montag. **Ostermontag**. Franz v. P. — Theodosia.

**SA. 5. 38. SU. 6 31. — MU. 6. 50. Mg.**

**Tageslänge 12 St. 49 M.**

**Ostermontag.**

**3.** Dienstag. Richard B.; Rosamunde.

**SA. 5. 36. SU. 6. 32. — MA. 1. 26. Mg. MU. 7. 37. Mg.**

**Tageslänge 12 St. 53 M.**

**4.** Mittwoch. Isidor, B.; — Ambrosius.

**SA 5. 34. SU. 6. 34. — MA. 2. 21. Mg. MU. 8. 44. Mg.**

**Tageslänge 12 St. 56 M. 21. Nisan. Siebentes Fest.**

# April 1877.

**5.** Donnerstag. Vincenz Ferreri; — Maximus.

**SA. 5. 32. SU 6. 36. — MA. 3. 7. Mg. MU. 9. 57. Mg.**

**Tageslänge 13 St. 0. M. Letztes Viertel 5. 16. Ab.**

**22. Nisan. Achtes Fest.**

**6.** Freitag. A. Coelestin, P. Wilhelm A.; — Irenäus.

**SA. 5. 29. SU. 6. 37. — MA. 3. 34. Mg. MU. 11. 17. Ab.**

**Tageslänge 13 St. 3 M. Mariä Verkündigung d. Griechen. 1821.**

**7.** Samstag Epiphanius, B. — Egesipus.
SA. 5. 2 . SU. 6. 38. — MA. 3. 51. Mg.
Tageslänge 13 St. 7 M.

**8. Sonntag.** (14. Woche) 1. Quasim. Iren. B. — Apoll.
SA. 5. 26. SU. 6. 40. — MA. 4. 4. Mg. MU. 12 40. Ab.
Tageslänge 13 St. 11 M. (Ostern der Griechen.)

**9. Montag.** Maria Kleophä; — Demetrius.

SA. 5. 23. SU. 6 41. — MA. 4. 12. Mg. MU. 1. 57. Ab.
Tageslänge 13 St. 14. M.

**10. Dienstag.** Ezechiel Notger; — Daniel.

SA. 5. 21. SU. 6. 42. — MA 4. 19. Mg. MU. 3. 14. Ab.
Tageslänge 13 St. 17 M.

**11. Mittwoch.** Leo I. P.; — Julius.

SA. 5. 20. SU. 6. 44. — MA. 4. 24. Mg. MU. 4. 30. Ab.
Tageslänge 13 St. 21. M.

**12. Donnerstag.** Zeno, B. Julius P.; — Eustorgius.

SA. 5. 17. SU. 6. 46. — MA. 4. 31. Mg. MU. 5. 50. Ab.
Tageslänge 13 St. 24 M.

**13.** Freitag. A. Hermegild K. M.: — Patricius.

SA. 5. 15. SU. 6. 47. — MA. 4. 37. Mg. MU. 7. 10. Ab.

Tageslänge 13 St. 27 M. Neum. 6. 3. Ab.

**14.** Samstag Tiburtius, M ; — Tiburtius.

SA. 5. 14. SU. 6. 48. — MA. 4. 47. Mg. MU. 8. 34. Ab.

Tageslänge 13 St. 31 M. 1. Jjar der Juden.

# April 1877.

**15. Sonntag.** (15. W.) 2. Miseric. Hl. Grabf. Anast.

SA. 5. 12. SU. 6. 49. — MA. 5. 1. Mg. MU. 10. 5. Ab.

Tageslänge 13 St. 34 M.

**16.** Montag. Thuribius, B.; — Aron.

SA. 5. 9. SU. 6. 51. — MA. 5. 18. Mg. MU. 11. 34. Ab.

Tageslänge 13 St. 37 M.

**17. Dienstag.** Rudolf, Bek.; — Rudolf.

**SA. 5. 8. SU. 6. 25. — MA. 5. 46. Mg. MU. 12. 52. Mg.**
**Tageslänge 13 St. 41 M.**

**18. Mittwoch.** Apollonius; — Valerian.

**SA. 5. 6. SU. 6. 54. — MA. 6. 32. Mg. MU. 1. 53. Mg.**
**Tageslänge 13 St. 45 M.**

**19. Donnerstag.** Leo IX. Werner; — Emma.

SA. 5. 5. SU. 6. 20. — MA. 7. 38. Mg. MU. 2. 32. Ab.
Tagesl. 13 St. 39 M.

**20. Freitag.** A. Sulpitius M.; — Sulpitius.

SA. 5. 3. SU. 6. 57. — MA. 9. 5. Mg. MU. 2. 56. Ab.
Tageslänge 13 St. 50 M. Erstes Viert. 8. 23. Mg.

# April 1877.

**21.** Samstag. Anselm, B. Lothar; — Adolar.

SA. 5. 0. SU. 6. 58. — MU. 10. 39. Mg. MU. 3. 9. Mg.

Tageslänge 13 St. 54 M.

**22. Sonntag.** (16. W.) 3. Jub. Schutzf. hl. Jos. Soter.

SA. 4. 58. SU. 7. 0. — MA. 12. 16. Ab. MU. 3. 19. Mg.

Tageslänge 13 St. 57 M.

Osterbeicht-Ende.

**23.** Montag. Adalbert, B.; — Albrecht.

SA. 4. 56. SU. 7. 2. — MA. 1. 33. Ab. MU. 3 27. Mg.

Tageslänge 13 St. 59. M.

**24.** Dienstag. Georgius, M. (14 Nothh.); — Georg.

SA. 4. 54. SU. 7. 3. — MA. 3. 23. Ab. MU. 3. 35. Mg.

Tageslänge 14 St. 4 M.

**25.** Mittwoch. Markus Evang.; — Markus.

SA. 4. 53. SU. 7. 4. — MA. 4. 53. Ab. MU. 3. 42. Mg.

Tageslänge 14 St. 6 M.

Markus Bittgang.

**26.** Donnerstag. Maria v. guten Rath; — Cletus.

SA. 4. 51. SU. 7. 6. — MA. 6. 23. Ab. MU. 3. 51. Mg.

Tageslänge 14 St. 9 M.

# April 1877.

**27.** Freitag. A. Petrus Canisius; — Anastasius.

**SA. 4. 49. SU. 7. 7. — MA. 7. 55. Ab. MU. 4. 3. Mg.**
**Tageslänge 14 St. 13 M. Vollmond 5 U. 22 M. Ab.**

**28.** Samstag Vitalis, M.; — Vitalis.

**SA. 4. 48. SU. 7. 9. — MA. 9. 26. Ab. MU. 4. 21. Mg.**
**Tageslänge 14 St. 17 M.**

**29. Sonntag.** (17. W.) 4 Cant. Petrus M.; — Sybilla.

SA. 4. 46. SU. 7. 10. — MA. 10. 52. Ab. MU. 4. 47. Mg.

Tageslänge 14 St. 19 M.

**30.** Montag. Katharina v. Siena; — Eutropius.

SA. 4. 44. SU. 7. 11. — MU. 5. 28. Mg.

Tageslänge 14 St. 22 M.

# Mai 1877.

**1.** Dienstag. Philipp. u. Jakob, Ap.; — Phil. u. J.
SA. 4. 43. SU. 7. 12. — MA. 11. 5. Ab. MU. 6. 28. Mg.
Tageslänge 14 St. 22 M. — **18 Jjar. Lag B'omer** (Schülerfest.)

**2.** Mittwoch. Athanasius B.; — Sigmund.
SA. 4. 42. SU. 7. 13. — MA. 12. 57. Mg. MU. 7. 38. Mg.
Tageslänge 14 St. 31 M.

**3.** Donnerstag. † Auffindung.; — Kreuz-Auffind.
SA. 4. 40. SU. 7. 15. — MA. 1. 34. Mg. MU. 8. 57. Mg.
Tageslänge 14 St. 34 M.

**4.** Freitag. A. Monika, J., Florian, M.; — Monika.
SA. 4. 38. SU. 7. 17. -- MA. 1. 57. Mg. MU. 10. 17. Mg.
Tageslänge 14 St. 37 M.

5. Samstag. Pius V. P.; — Gotthard.

SA. 4. 36. SU. 7. 19. — MA. 2. 10. Mg. MU. 11. 34. Mg.

Tageslänge 14 St. 39 M. Frühlingsmitt. Letz. Viert. 12. 5. Ab.

Georgifest der Griechen.

6. Sonntag. (18. W.) 5 Rog. † W. Joh. v. d. l. Pf. Dietr.

SA. 4. 34. SU. 7. 20. — MA. 2. 20. Mg.

Tageslänge 14 St. 42 M.

7. Montag. Bittag. Stanislaus B. M. — Gisela
SA. 4. 32. SU. 7. 22. — MA. 2. 27. Mg. MU. 12. 54. Ab.
Tageslänge 14 St. 45 M.

8. Dienstag. Bittag. Achaz. (14 Nothh.) Stanislaus.
SA. 4. 31. SU. 7. 21. — MA. 2. 33. Mg. MU. 2. 10. Ab.
Tageslänge 14 St. 49 M.

**9. Mittwoch.** Bittag. Greg. v. Naz. B.; — Hiob.
SA. 4. 30. SU. 1. 3. — MA. 2. 39. Mg MU. 2. 29. Ab.
Tageslänge 14 St. 51 M.

**10. Donnerstag. Christi Himmelfahrt.** Isid. Victor.
SA. 4. 28. SU. 7. 25. — MA. 2. 45. Mg. MU. 4. 49. Ab.
Tageslänge 14 St. 51 M.

**11.** Freitag. A. Gangolf, M.; — Adolf.

SA. 4. 20. SU. 7. 26. — MA. 2. 52. Mg. MU. 6. 14. Ab.
Tageslänge 15 St. 0 M.

**12.** Samstag. Pankratius, M.; — Pankraz.

SA. 4. 25. SU. 7. 28. — MA. 3. 2. Mg. MU. 7. 52. Ab.
Tageslänge 15 St. 0 M.

# Mai 1877.

**13. Sonntag.** (19. W.) 6. Exaudi. Ulr. Erh. Servatius, B.
SA. 4. 24. SU. 7. 29. — MA. 3. 20. Mg. MU. 9. 11. Ab.
Tageslänge 19 St. 3. Neumond 6. 16. Mg. **1. Sivan der Juden**

14. Montag. Bonifaz M.; — Christian.
SA. 4. 22. SU. 7. 31. — MA. 3. 47. Mg. MU. 10. 36. Ab.
Tageslänge 15 St 4 M.

**15.** Dienstag. Sophia, J. M. Isidor; — Sophia.

SA. 4. 21. SU. 7. 32. — MA. 4. 27. Mg. MU. 11. 46. Ab.

Tageslänge 15 St. 8 M.

**16.** Mittwoch. Joh. v. Nepomuk; — Peregrin.

SA. 4. 19. SU. 7. 33. — MA. 5. 30. Mg. MU. 12. 32. Mg.

Tageslänge 15 St. 10 M.

**17.** Donnerstag. Rasso; — Eubert.

**SA. 4. 18. SU. 7. 35. — MA. 8. 51. Mg.**
**Tageslänge 15 St. 13 M.**

18. Freitag. A. Venantius, M.; — Liborius.

**SA. 4. 16. SU. 7. 36. — MA. 8. 25. Mg. MU. 1. 18. Mg.**
**Tageslänge 15 St. 15 M. 6. Sivan. Wochenfest.**
**(Pfingsten der Juden.)**

# Mai 1877.

**19.** Samstag. F. Petrus Cölestin. P.; — Potentian.
**SA. 4. 15. SU. 7. 37. — MA. 10. 1. Mg. MU. 1. 28. Mg.**
**Tageslänge 15 St. 18 M. 7. Sivan. Zweites Fest.**

**20. Sonntag. Hl. Pfingstfest.** Bernard, B.; — Ath.
**SA. 4. 14. SU. 7. 39. — MA. 11. 44. Mg. MU. 1. 40. Mg.**
**Tageslänge 15 St. 21 M. Erstes Viertel 1 U. 43. Mg.**
**Johannes Theologos der Griechen.**
**Hochh. Pfingstfest.**

**21. Montag. Pfingstmontag.** Ubald B.; — Konstant.
SA. 4. 13. SU. 7. 40. — MA. 1. 9. Ab. MU. 1. 43 Mg.
Tageslänge 15 St. 23 M.

**Pfingstmontag.**

**22.** Dienstag. Krispinus; — Helena K.
SA. 4. 12. SU. 7. 41. — MA. 2. 26. Ab. MU. 1. 51. Mg.
Tageslänge 15 St. 25 M.

**23.** Mittwoch. FA. Quat. II. Desid. B. ; — Desider.

SA. 4. 11. SU. 7. 42. — MA. 4. 4. Ab. MU. 1. 59. Mg.

Tageslänge 15 St. 27 M.

**24.** Donnerstag. Mar. v. chr. Hilf. Johanna ; — Esth.

SA. 4. 9. SU. 7. 42. — MA. 5. 23. Ab. MU. 2. 10. Mg.

Tageslänge 15 St. 33 M.

# Mai 1877.

**25.** Freitag. F. A. Gregor VII. P.; — Urban P.
SA. 4. 9. SU. 7. 43. — MA. 7. 4. Ab. MU. 2. 57. Mg.
Tageslänge 15 St. 33 M.

**26.** Samstag. E. Philippus Neri; — Eduard.
SA. 4. 8. SU. 7. 44. — MA. 8. 29. Ab. MU. 3. 27. Mg.
Tageslänge 15 St. 35 M. Vollmond 4. 51. Mg.

# Mai 1877.

**27. Sonntag.** (21. W.) 1. Ps. **Hl. Dreiff.** M. Magd. Rup.

**SA. 4. 1. SU. 8. 4. — MA. 9. 47. Ab. MU. 4. 9. Mg.**

**Tageslänge 15 St. 36 M.**

**Pfingsten der Griechen.**

---

**28.** Montag. Germanus B.; — Wilhelm.

**SA. 4. 2. SU. 8. 4. — MA. 10. 50. Ab. MU. 5. 3. Mg.**

**Tageslänge 15 St. 36 M.**

**29.** Dienstag. Theodosia M.; -- Christina.

SA. 4. 2. SU. 8. 4. — MA. 11. 31. Ab. MU. 6. 5. Mg.
Tageslänge 15 St. 41 M.

**30.** Mittwoch. Felix I.; — Wigand.

SA. 4. 2. SU. 7. 49. — MA. 11. 58. Ab. MU. 7. 16. Mg.
Tageslänge 15 St. 42 M.

## Mai 1877.

**31. Donnerstag.** Fronlf. Petronella, J.; — Petron.

SA. 4. 4. SU. 7. 51. — MU. 8. 27. Mg.

Tageslänge 15 St. 43 M.

**Hochh. Fronleichnamsfest.**

## Juni 1877.

**1.** Freitag. A. Nicodemus; — Nicodemus.

SA. 4. 4. SU. 7. 51. — MA. 12. 15. Mg. MU. 9. 17. Mg.

Tageslänge 15 St. 45 M. Läutordnung 9 Uhr.

**2. Samstag.** Erasmus, (14 Nothh.); — Marquard.
SA. 4. 4. SU. 7. 52. — MU. 12. 26. Mg. MU. 10. 33. Mg.
Tageslänge 15 St. 46 M.

**3. Sonntag.** (22. W.) 2. n. Pf. Klotildis K.; — Erassm.
SA. 4. 3. SU. 7. 52. — MA. 12. 35. Mg. MU. 11. 49. Mg.
Tageslänge 15 St. 48 M. **Allerheiligen der Griechen.**
Anfang Petrifasten.

# Juni 1877.

**4.** Montag. Franz. Car.; — Quirin B.

SA. 4. 2. SU. 7. 54. — MA. 12. 41. Mg.
Tageslänge 15 St. 50 M. Letztes Viertel 5 U. 57 M. Mgs.

**5.** Dienstag. Bonifacius Erzb.; — Bonifaz.

SA. 4. 2. SU. 7. 54. — MA 12. 47. Mg. MU. 1. 7. Ab.
Tageslänge 15 St. 50. M. **Bibel- u. Missionsfest in Nürnberg.**

Bonifaz, Apostel der Deutschen.

**6.** Mittwoch. Norbert, B.; — Benignus.

SA. 4. 1. SU. 7. 56. — MA. 12. 53. Mg. MU. 2. 26. Ab.

Tageslänge 15 St. 52 M.

**7.** Donnerstag. Robert, A.; — Lucretia.

SA. 4. 0. SU. 7. 57. — MA. 1. 0. Mg. MU. 3. 48. Ab.

Tageslänge 15 St. 52 M.

# Juni 1877.

**8.** Freitag. A. H. Jesuf. Medardus B.; — Medardus.
SA. 4. 0. SU. 7. 58. — MA. 1. 9. Mg. MU. 5. 16. Ab.
Tageslänge 15 St. 55 M.

**9.** Samstag. Primus u. Felician, M.; — Primus.
SA. 3. 59. SU. 7. 58. — MA. 1. 20. Mg. MU. 6. 46. Ab.
Tageslänge 15 St. 55 M.

**10. Sonntag.** (23. W.) 3 n. Pf. Margar. K.; — Onuph.
SA. 3. 59. SU. 7. 59. — MA. 1. 41. Mg. MU. 8. 14. Ab.
Tageslänge 15 St. 57 M.

11. Montag. Barnabas Ap.; — Barnabas.
SA. 3. 59. SU. 7. 59. — MA. 2. 16. Mg. MU. 9. 29. Ab.
Tageslänge 15 St. 58 M. Neum. 3. 19. Ab.

# Juni 1877.

**12.** Dienstag. Johann v. hl. Fac.; — Basilides.

**SA. 3. 59. SU. 8. 0. — MA. 3. 13. Mg. MU. 10. 26. Ab. Tageslänge 15 St. 59. M. 1. Thamuz der Juden.**

**13.** Mittwoch: Anton v. Padua; — Tobias.

**SA. 3. 59. SU. 8. 0. — MA 4. 30. Mg. MU. 11. 11. Ab. Tageslänge 15 St. 59 M.**

# Juni 1877.

**14.** Donnerstag. Basilius. B. Kirch ; — Antonia.
**SA. 3. 59. SU. 8. 0. — MA. 6. 3. Mg. MU. 11. 22. Ab.**
**Tagesl. 15 St. 59 M.**

**15.** Freitag. A. Vitus (14 Nothh.); — Veit.
**SA. 3. 59. SU. 8. 1. — MA. 7. 42. Mg. MU. 11. 36. Ab.**
**Tageslänge 13 St. 50 M.**

# Juni 1877.

**16. Samstag.** Benno B.; — Justine.

SA. 3. 59. SU. 8. 1. — MA. 9. 20. Mg. MU. 11. 44. Ab.

Tageslänge 16 St. 0 M.

**Patrocinium der Hauptstadt München und des ehemaligen Herzogthums Bayern.**

---

**17. Sonntag.** (24. Woche) 4. n. Pf. Adolf; — Volkmar.

SA. 3. 59. SU. 8. 2. — MA. 10. 52. Mg. MU. 11. 49. Ab.

Tageslänge 16 St. 0 M.

# Juni 1877.

**18. Montag.** Marcellian, M.; — Arnulf.

SA. 3. 59. SU. 8. 3. — MA. 12. 23. Ab. MU. 12. 0. Mg.
Tageslänge 16 St. 1 M. Erstes Viert. 7. 13. Mg.

**19. Dienstag.** Juliana v. Falk., W.; — Gervasius.

SA. 3. 59. SU. 8. 3. — MA. 1. 57. Ab. MU. 12. 7. Mg.
Tageslänge 16 St. 1 M.

# Juni 1877.

**20.** Mittwoch. Silverius, P. M.; Silverius.

**SA. 3. 59. SU. 8 3. — MA. 3. 19. Ab. MU. 12. 17. Mg.**
**Tageslänge 16 St 1 M. Sommeranfang, 8. 28. 15. Mg.**
**Johannes Theologos.**

**21.** Donnerstag. Aloisius v. Gonz. B.; — Albanus.

**SA. 3. 59. SU. 8. 4. — MA. 4. 46. Ab. MU. 12. 30. Mg.**
**Tageslänge 16 St. 2 M.**

# Juni 1877.

**22.** Freitag. A. Achatius M.; — Achatius.
SA. 3. 59. SU. 8. 4. — MA. 6. 14. Ab. MU. 12. 49. Mg.
Tageslänge 16 St. 2. M.

**23.** Samstag. F. Edeltrud J.; — Basilius.
SA. 4 0. SU. 8. 4. — MA. 7. 34. Ab. MU. 1. 19. Mg.
Tageslänge 16 St. 2 M.

**24. Sonntag.** (25. W.) 5. n. Pf. **Johann der Täufer.**
SA. 4. 1. SU. 8. 4. — MA. 8. 41. Ab. MU. 2. 5. Mg.
Tageslänge 16 St. 2 M.

**25. Montag.** Wilhelm A.; — Eulogius.
SA. 4. 2. SU. 8. 4. — MA. 9. 29. Ab. MU. 3. 8. Mg.
Tageslänge 16 St. 1 M. Vollmond 5. 39. Ab.

# Juni 1877.

**26.** Dienstag. Johann u Paul, M.; — Jeremias.

SA. 4. 1. SU. 8. 4. — MA. 10. 11. Ab. MU. 4. 23. Mg.

Tageslänge 16 St. 1 M.

**27.** Mittwoch. Ladislaus K.; — Philippina.

SA. 4. 1. SU. 8. 4. — MA. 10. 22. Ab. MU. 5. 41. Mg.

Tageslänge 16 St. 0 M.

**28.** Donnerstag. F. Leo II. P.; — Josua.
SA. 4. 2. SU. 8. 4. — MA. 10. 33. Ab. MU. 7. 2. Mg.
Tagesl. 16 St. 0 M. **17. Thanuz. Tempeleroberung** 70 n. Ch. Fasten.

**29. Freitag.** A. **Peter u. Paul** Apost.; Peter u. Paul.
SA. 4. 2. SU. 8. 4. — MA. 10. 43. Ab MU. 8. 16. Mg.
Tageslänge 15 St. 50 M. Aller Apostel Gedächtniss.

## Juni 1877

**30.** Samstag. Pauli Gedächtn.; — Pauli Gedächtn.

SA. 4. 3. SU. 8. 3. — MA. 10. 49. Ab. MU. 8. 34. Mg.

Tageslänge 15 St. 59 M.

## Juli 1877.

1. **Sonntag.** (26. W.) 6. n. Pf. Hl Blutfeier. Theobald.

SA. 4. 4. SU. 8. 3. — MA. 11. 55. Ab. MU. 10. 48. Mg.

Tageslänge 15 St. 59 M. Läntordnung 9 U.

# Juli 1877.

**2.** Montag. Marie Heimsuch.; — Marie Heimsuch.

**SA. 4. 5. SU. 8. 2. — MA. 11. 1. Ab.**

**Tageslänge 15 St. 59. M.**

**3.** Dienstag. Irenäus, B. Bertram; — Cornelius.

**SA. 4. 5. SU. 8. 2. — MA. 11. 6. Ab. MU. 12. 6. Ab.**

**Tageslänge 15 St. 57 M. Letz. Viert. 9. 58. Ab.**

# Juli 1877.

4. Mittwoch. Ulrich, B.; — Ulrich.

SA. 4. 5. SU. 8. 2. — MA. 11. 14. Ab. MU. 1. 26. Ab.

Tageslänge 15 St. 56 M. **Patrocinium des Bisthums Augsburg.**

5. Donnerstag. Domitius, M.; — Charlotte.

SA. 4. 6. SU. 8. 2. — MA. 11. 25. Ab. MU. 2 48. Ab.

Tageslänge 15 St. 55 M.

# Juli 1877.

**6.** Freitag. A. Isaias Proph. Goar; — Isaias.
**SA. 4. 7. SU. 8. 2. — MA. 11. 40. Ab. MU. 4. 17. Ab.**
**Tageslänge 15 St. 54 M.**

**7.** Samstag. Willibald, B. — Willibald.
**SA. 4. 8. SU. 8. 0. — MA. 5. 46. Ab.**
**Tageslänge 15 St. 52 M. Patrocinium des Bisthums Eichstädt.**

# Juli 1877.

**8. Sonntag.** (27. W.) 7. n. Pf. Kilian B.; — Kilian.
SA. 4. 9. SU. 7. 59. — MA. 12. 6. Mg. MU. 7. 8. Ab.
Tageslänge 15 St. 50. **Patrocinium des Bisthums Würzburg.**

9. Montag. Nicolaus, M.; — Gottlob.
SA. 4. 10. SU. 7. 59. — MA. 12. 51. Mg. MU. 8. 11. Ab.
Tageslänge 15 St. 49 M. (Ende Petri Fasten.)

**10.** Dienstag. 7 Brüder; Amalia; — Jakobina.
SA. 4. 11. SU. 7. 55. — MA. 2. 2. Mg. MU. 8. 55. Ab.
Tageslänge 15 St. 48 M. Neumond 11. 6. Ab.

**11.** Mittwoch. Pius I. P. M.; — Pius.
SA. 4. 12. SU. 7. 58. — MA. 3. 33. Mg. MU. 9. 26. Ab.
**Tagesl. 15 St. 47 M. Peter u. Paul d. Griechen. 1. Ab d. Juden.**

**12.** Donnerstag. Johann Qualbert, A.; — Heinrich
SA. 4. 13. SU. 7. 58. — MA. 5. 10. Mg. MU. 9. 41. Ab.
Tageslänge 15 St. 45 M.

**13.** Freitag. A. Eugen, B. Anaklet P.; — Margaretha.
SA. 4. 13. SU. 7. 57. — MA. 6. 52. Mg. MU. 9. 52. Ab.
Tageslänge 15 St. 43 M. **Patrocin. des Erzbisthums Bamberg.**

**14.** Samstag. Bonaventura, B. Krchl.; — Bonavent.
**SA. 4. 14. SU. 7. 56. — MA. 8. 29. Mg. MU. 10. 1. Ab.**
**Tageslänge 15 St. 41 M.**

**15. Sonntag.** (28. W.) 8. n. Pf. Heinrich K. Apth.
**SA. 4. 14. SU. 7. 55. — MA. 11. 2. Mg. MU. 10. 0. Ab.**
**Tageslänge 15 St. 40 M. (Scapulierfest).**

# Juli 1877.

**16.** Montag. Maria v. Berg Karmel. — Ruth.
SA. 4. 17. SU. 7. 54. — MA. 11. 31. Ab. MU. 10. 16. Ab.
Tageslänge 15 St. 36 M. Läutordnung halb 9 Uhr.

**17.** Dienstag. Alexius B. Gebhard; — Alexius.
SA. 4. 18. SU. 7. 54. — MA. 1. 5. Ab. MU. 10. 25. Ab.
Tageslänge 15 St. 36 M. Erstes Viertel 2 U. 13. Ab.

# Juli 1877.

18. Mittwoch. Camill, Friderike; — Maternus.
SA. 4. 19. SU. 7. 53. — MA. 2. 33. Ab. MU. 10. 47. Ab.
Tageslänge 15 St. 34 M.

19. Donnerstag. Vinzenz v. Paula Ordst.; — Rufina.
SA. 4. 19. SU. 7. 52. — MA. 4. 11 Ab. MU. 10. 54. Ab.
Tageslänge 15 St. 33 M. **9. Ab. Fasten, Tempelverbr.** (d. Titus).

**20.** Freitag. A. Margaretha, K. (14 Nothh.); — 'Elias.
SA. 4. 20. SU. 7. 51. — MA. 5. 24. Ab. MU. 11. 20. Ab.
Tageslänge 15 St. 31 M.

**21.** Samstag. Daniel, Pr. Julia, J.; — Praxedis.
SA. 4. 21. SU. 7. 50. — MA. 6. 34. Ab. MU. 12. 2. Mg.
Tageslänge 15 St. 28 M.

# Juli 1877.

**22. Sonntag.** (20 W.) 9. n. Pf. Mar. Magd.; — M. Magd.
SA. 4. 23. SU. 7. 19. — MA. 7. 27. Ab. MU. 1. 0. Mg.
Tageslänge 15 St. 26 M. Hundstage Anfang.)

**23.** Montag. Apollinarius B. M.; — Apollinar.
SA. 4. 24. SU. 7. 48. — MA. 8. 5. Ab. MU. 2. 8. Mg.
Tageslänge 15 St. 22 M.

## Juli 1877.

**24.** Dienstag. Christiana J. Olga; — Christiana.
SA. 4. 25. SU. 7. 47. — MA. 8. 28. Ab. MU. 2. 26. Mg.
Tageslänge 15 St. 21 M.

**25.** Mittwoch. Jakobus d. Gr. Ap.; — Jakob.
SA. 4. 26. SU. 7. 45. — MA. 8. 42. Ab. MU. 4. 47. Mg.
Tageslänge 15 St. 18 M. Vollmond 8. 20. Mg.

**26.** Donnerstag. Anna, Mutter Mariä; — Anna.
SA. 4. 28. SU. 7. 44. — MA. 8. 52. Ab. MU. 5. 55. Mg.
Tageslänge 15 St. 16 M.

**27.** Freitag. A. Pantaleon M. (14 Nothh.); — Mart.
SA. 4. 29. SU. 7. 42. — MA. 8. 59. Ab. MU. 7. 20. Mg.
Tageslänge 15 St. 12 M.

**28.** Samstag. Innocentius I. P.; — Pantaleon.
SA. 4. 31. SU. 8. 41. — MU. 9. 5. Ab. MU. 8. 35. Mg.
Tageslänge 15 St. 11 M.

**29. Sonntag.** (22. W.) 10. n. Pf. Martha, J. Flora.
SA. 4. 31. SU. 8. 40. — MA. 9. 12. Ab. MU. 9. 48. Mg.
Tageslänge 15 St. 8 M.

# Juli 1877.

**30.** Montag. Abdon u. Sennen; — Abd. u. Sennen.

SA. 4. 33. SU. 7. 39. — MA. 9. 17. Ab. MU. 10. 57. Mg.

Tageslänge 15 St. 6 M.

**31.** Dienstag. Ignatius Lojola, O.-St.; — Trasibul.

SA. 4. 34. SU. 7. 38. — MA. 9. 23. Ab.

Tageslänge 15 St. 3 M.

# August 1877.

**1. Mittwoch.** Petri Kettenfeier; — Petri Kettenf.
SA. 4. 36. SU. 7. 36. — MA. 9. 32. Ab. MU. 1. 48. Ab.
Tageslänge 15 St. 2 M. Läutordnung halb 9 U.
Beginn der Gerichtsferien.

**2. Donnerstag.** Alfons v. Liguori; — Gustav.
SA. 4. 37. SU. 7. 35. — MA. 9. 43 Ab. MU. 3. 16. Ab.
Tageslänge 14 St. 58 M. Letztes Viert. 11. 21. Mitt.

# August 1877.

**3.** Freitag. A. Auffind. d. hl. Stephan.; — August.

**SA. 4. 38. SU. 7. 33. — MA. 10. 3. Ab. MU. 4. 41. Ab.**
**Tageslänge 14 St. 55. M.**

**4.** Samstag. Dominikus, B.; — Dominikus.

**SA. 4. 37. SU. 7. 31. — MA. 10. 40. Ab. MU. 5. 54. Ab.**
**Tageslänge 14 St. 51 M.**

# August 1877.

**5. Sonntag.** (31. W.) 11. n. Pf. Maria Schnee; — Osw.
SA. 4. 41. SU. 7. 30. — MA. 11. 36. Ab. MU. 6. 50. Mg.
Tageslänge 14 St. 50 M. — Portiunkula-Ablass.

6. Montag. Verklärung Christi; — Verkl. Chr.
SA. 4. 42. SU. 7. 28. — MA. 7. 0. Ab.
Tageslänge 14 St. 47 M.

**7. Dienstag.** Afra, M. Cajetan, M.; — Ulrika.
SA. 4. 43. SU. 7. 27. — MA. 12. 56. Ab. MU. 7. 24. Ab.
Tageslänge 14 St. 43. M.

**8. Mittwoch.** Cyriakus M. (14 Nothh.); — Cyriakus.
SA. 4. 45. SU. 7. 25. — MA 2. 34. Mg. MU. 7. 44 Ab.
Tageslänge 14 St. 39 M. Friedensfest in Augsburg (1650).

9. Donnerstag. Roman, M.; – Erich.

SA. 4. 46. SU. 7. 23. — MA. 4. 14. Mg. MU. 7. 59. Ab.
Tagesl. 14 St. 37 M. Neumond 6, 17. Mg.

10. Freitag. A. Laurentius, M.; — Lorenz.

SA. 4. 48. SU. 7. 21. — MA. 5. 54. Mg. MU. 8. 8. Ab.
Tageslänge 14 St. 34 M. 1. Elul der Juden.

# August 1877.

**11.** Susanna, J.; — Hermann.

SA. 4. 50. SU. 7. 19. — MA. 7. 32. Mg. MU. 8. 15. Ab.
Tageslänge 14 St. 30 M. — (Sternschuppenfall.)

**12. Sonntag.** (32. Woche) 12. n. Pf. M. Hinsch. Klara.

SA. 4. 51. SU. 7. 19. — MA. 9. 7. Mg. MU. 8. 27. Ab.
Tageslänge 14 St. 27 M.

**13.** Montag. Hippolyt; — Hippolyt.

SA. 4. 52. SU. 7. 17 — MA. 10. 38. Mg. MU. 8. 38. Ab.
Tageslänge 14 St. 25 M. Beginn d. griech. Fasten z. Mar. Ehren

**14** Dienstag. F. Eusebius, Pr. M.; — Eusebius.

SA. 4. 53. SU. 7 15. — MA 12. 15. Ab. MU 8. 43. Ab.
Tageslänge 14 St. 21 M

# August 1877.

**15. Mittwoch. Mariä Himmelfahrt.**

SA. 4. 54. SU. 7. 14. — MA. 1. 46. Ab. MU. 8. 58. Ab.
Erst. Viert. 11. 28 Nchts. Tageslänge 14 St. 19 M. Frauendreissigst-Anf.
Kinderfest in Augsburg Patroc. d. Bisth. Speyer. Kräuterweihe.

**16. Donnerstag. Rochus, B.; Hyacinth; — Isaak.**

SA. 4. 55. SU. 7. 12. — MA. 3. 13. Ab. MU. 9. 21. Ab.
Tageslänge 14 St. 16 M. Läutordnung 8 U.

# August 1877.

**17. Freitag. A. Liberatus, A.; — Auguste.**

SA. 4. 57. SU. 7. 10. — MA. 4. 27. Ab. MU. 9. 59. Ab.
Tageslänge 14 St. 13 M.

**18. Samstag. Helena, K.; — Agapit.**

SA. 4. 58. SU. 7. 9. — MA. 5. 27. Ab. MU. 10. 49. Ab.
Tageslänge 14 St. 9 M.

# August 1877.

**19. Sonntag.** (33. W.) 13 n. Pf. Joachim; — Sebald.
SA. 4. 59. SU. 7. 7. — MA. 6. 7. Ab. MU. 11. 58. Ab.
Tageslänge 14 St. 6 M.

**20.** Montag. Bernhard A.; — Bernhard.
SA. 5. 1. SU. 7. 4. — MA. 6. 34. Ab. MU. 1. 4. Mg.
Tageslänge 14 St. 4 M.

**21.** Dienstag. Johanna Franc. v. Chantal; — Hartw.

SA. 5. 2. SU. 7. 2. — MA. 6. 50. Ab. MU. 2. 34. Mg.
Tageslänge 14 St. 0 M.

**22.** Mittwoch. Maurus, Thimotheus, M.; — Symphor.

SA 5. 4. SU. 7. 0. — MA. 7. 1. Ab. MU. 3. 52. Mg.
Tageslänge 13 St. 57 M.

# August 1877.

**23.** Donnerstag. Philippus Benizi; — Zachäus.
SA. 5. 6. SU. 6. 58. — MA. 7. 10. Ab. MU. 5. 8. Mg.
Tageslänge 13 St. 55 M. Hundstage-Ende.

**24.** Freitag. A. Bartholomäus, Ap.; — Bartholomäus.
SA. 5. 8. SU. 6. 57. — MA. 7. 15. Ab. MU. 6. 24 Mg.
Tageslänge 13 St. 52 M. Vollm. 12. 11. N. mit einer sichtb. Finst.

**25.** Samstag. Ludwig, K.; — Kunigunde.
SA. 5. 9. SU. 6. 54. — MA. 7. 21. Ab. MU. 7. 38. Mg.
Tageslänge 13 St. 48 M.
Namens- und Geburtsfest Sr. Maj. des Königs
Ludwig II. von Bayern.

**26. Sonntag** (34. W.) 14. n. Pf. Herz-Mariaf. Sam.
SA. 5. 10. SU. 6. 52. — MA. 7. 27. Ab MU. 8. 53. Mg.
Tageslänge 13 St. 46 M. Ende Mariä Fasten.

# August 1877.

27. Montag. Josef Calas.; — Gebhard.
SA. 5. 11. SU. 6. 51. — MA. 7. 32. Ab. MU. 10. 11. Mg.
Tageslänge 13 St. 41 M. **Mariä Himmelfahrt d. Griechen.**

28. Dienstag. Augustin, B. Krchl.; — Augustin.
SA. 5. 12. SU. 6. 46. — MA. 7. 41. Ab. MU. 11. 31. Mg.
Tageslänge 13 St. 37 M.

# August 1877.

**29.** Mittwoch. Johannes Enthpt.; — **Sabina.**

SA. 5. 14. SU. 6. 46. — MA. 7. 51. Ab.

Tageslänge 13 St. 35 M.

**30. Donnerstag. Rosa v. Lima M.; — Rebeka.**

SA. 5. 16. SU. 6. 45. — MA. 8. 7. Ab. MU. 1. 1. Ab.

Tageslänge 13 St. 31 M.

# August 1877.

31. Freitag. A. Raymund, B.; — Isabella.
SA. 5. 17. SU. 6. 43. — MA. 8. 34. Ab. MU. 2. 24. Ab.
Tageslänge 13 St. 27 M. Letztes Viertel 10 U. 16 M. Nchts.

# September 1877.

1. Samstag. Aegidius, B. (14 Nothh.); — Aegidius.
SA. 5. 18. SU. 6. 41. — MA. 9. 19. Ab. MU. 4. 42. Ab.
Tageslänge 13 St. 23 M. Läutordnung halb 8 U.

# September 1877.

**2. Sonntag.** (35. W.) 15. n. Pf. Schutzengelf. Absol.

SA. 5. 19. SU. 6. 39. — MA. 10. 28. Ab. MU. 5. 23. Mg.

Tageslänge 13 St. 29 M.

**3.** Montag. Sabina M.; — Mansuetus.

SA. 5. 20. SU. 6. 37. — MA. 11. 56. Ab. MU. 5. 49. Ab.

Tageslänge 13 St. 17 M.

4. Dienstag. Rosalia, J. Ida ; — Moses.

SA. 5. 22. SU. 6. 36. — MA. 6. 10. Ab.

Tageslänge 13 St. 14 M.

5. Mittwoch. Laurentius B.; — Nathan.

SA. 5. 22. SU. 6. 33. — MA. 1. 37. Mg. MU. 6. 15. Ab.

Tageslänge 13 St. 10 M.

**6.** Donnerstag. Magnus, Abt; — Zacharias.
SA. 5. 21. SU. 6. 31. — MA. 3. 18. Mg. MU. 6. 24. Ab.
Tagesl. 13 St. 7 M. **Magnus, erster Apostel des Algäu.**

**7. Freitag.** A. Regina J. M.; — Regina.
SA. 5. 26. SU. 6. 29. — MA. 4. 55. Mg. MU. 6. 34. Ab.
Tageslänge 15 St. 56 M. Neumond 2. U. 1. Nchm.

**8. Samstag.** **Mariä Geburt**; — Mariä Geburt.
SA. 5. 28. SU. 6. 26. — MA. 6. 32. Mg. MU. 6. 46. Ab.
Tageslänge 13 St. 1 M. **1. Tischri. Neujahr der Juden 5638.**
Namensfest Ihrer Majestät der Königin-Mutter.

**9. Sonntag.** (36. W.) 16. n. Pf. Mar. Namen. Bruno.
SA. 5. 29. SU. 6. 24. — MA. 8. 4. Mg. MU. 6. 55. Ab.
Tageslänge 12 St. 57 M. **2. Tischri. Zweites Fest.**

# September 1877.

**10.** Montag. Nikolaus v. Tol.; — Jodok.
SA. 5. 31. SU. 6. 23. — MA. 9. 39. Mg. MU. 7. 8. Ab.
Tageslänge 12 St. 54 M. **3. Tischri. Fasten Gedalja.**

**11.** Dienstag. Petrus Claver.; — Protus.
SA. 5. 32. SU. 6. 20. — MA. 11. 14. Mg. MU. 7. 16. Ab.
Tageslänge 12 St. 50 M.

# September 1877.

**12.** Mittwoch. Quido; — Ottilia.

SA. 5. 33. SU. 6. 19. — MA. 12. 50. Ab. MU. 7. 24. Mg.
Tageslänge 12 St. 47 M.

**13.** Donnerstag. Nothburga J.; — Amatus.

SA. 5. 34. SU. 6. 17. — MA. 2. 13. Ab. MU. 7. 55. Ab.
Tageslänge 12 St. 43 M.

# September 1877.

14. Freitag. A. Hl. † Erhöhung; — † Erhöhung.

SA. 5. 36. SU. 6. 14. — MA. 2. 21. Ab. MU. 8. 46. Ab.
Tageslänge 15 St. 31 M. Erstes Viert. 12 U. 8 M. Mitt.
Frauendreissigst Ende.

15. Samstag. Nikodemus M.; — Nikodemus.

SA. 5. 39. SU. 6. 21. — MA. 4 8. Ab. MU. 9. 46. Ab.
Tageslänge 12 St. 36 M.

# September 1877.

**16. Sonntag.** (37. W.) 17. n. Pf. Cornel. M. Euphem.
SA. 5. 39. SU. 6. 9. — MA. 4. 39 Ab. MU. 7. 8. Ab.
Tageslänge 12 St. 32. Läutordnung 7 U.

17. Montag. Hildegard, K.; — Lampert.
SA. 4. 41. SU. 6. 7. — MA. 4. 59. Ab. MU. 12. 18. Mg.
Tagesl. 12 St. 29 M. **10. Tischri.** Versöhnfest. Langer Tag d. Jud.

**18.** Dienstag. Josef. v. Cupertino; — Titus.

SA. 5. 43. SU. 6. 3. — MA. 5. 10. Ab. MU. 1. 39. Mg.

Tageslänge 12 St. 26. M.

**19.** Mittwoch. Lampert B.; — Mikleta.

SA. 5. 43. SU. 6. 3. — MA. 5. 20. Ab. MU. 2. 55. Mg.

Tageslänge 12 St. 22 M.

# September 1877.

**20.** Donnerstag. Eustach M. (14 Nthh.); — Fausta.

SA. 5. 45. SU. 6. 2. — MA. 5. 26. Ab. MU. 4. 11. Mg.

Tageslänge 12 St. 19 M.

**21.** Freitag. A. Matth, Ap.; — Matthäus.

SA. 5. 45. SU. 6. 0. — MA. 5. 31. Ab. MU. 5. 27. Mg.

Tagesl. 12 St. 14 M.

**22.** Samstag. Emeran M.; — Moriz.
SA. 5. 47. SU. 5. 57. – MA. 5. 38. Ab. MU. 6. 41. Mg.
Tagesl. 12 St. 11 M. Vollm. 4. 34. Nchm. Herbstanf. 11. 25. 26. Nch.
**15. Tischri. Laubhüttenfest.**

**23. Sonntag.** (38. W.) 18. n. Pf. Linus P.; — Thekla.
SA. 5. 48. SU. 5. 55. — MA. 5. 44. Ab. MU. 7. 58. Mg.
Tageslänge 12 St. 8 M. **16. Tischri. Zweites Fest.**

# September 1877.

**24.** Montag. Maria vom Lohn; — Gerhard.
SA. 5. 50. SU. 5. 53. — MA. 5. 50. Ab. MU. 9. 20. Mg.
Tageslänge 12 St. 4 M.

**25.** Dienstag. Kleophas, Jüng. Chr.; — Kleoph.
SA. 5. 52. SU. 5. 51. — MA. 6. 0. Ab. MU. 10. 43. Mg.
Tageslänge 12 St. 1 M.

# September 1877.

**26.** Mittwoch. Cyprian, B.; – Cyprian.

SA. 5. 54. SU. 5. 49. — MA. 6. 44. Ab. MU. 12. 8. Ab.

Tageslänge 11 St. 58 M.

27. Donnerstag. Kosmas u. Damian; — Kosm. u. Dam.

SA. 5. 56. SU. 5. 46. — MA. 6. 38. Ab. MU. 1. 28. Ab.

Tageslänge 11 St. 54 M.

**28.** Freitag. A. Wenzeslaus H. u. M.; — Wenzesl.
SA. 5. 57. SU. 5 46. — MA. 7. 16. Ab. MU. 2. 47. Ab.
Tageslänge 11 St. 50 M. **21. Tischri. Palmenfest.**

**29.** Samstag. Michael, Erzengel; — Michael.
SA. 5. 58. SU. 5. 45. — MA. 8. 15. Ab. MU. 3. 17. Ab.
Tageslänge 11 St. 47 M. **22. Tischri. Versammlungs- u. Weinf.**

## September 1877.

**30. Sonntag.** (39. W.) 19 n. Pf. Hieron. B. Otto.

SA. 5. 58. SU. 5. 43. — MA. 9. 33. Ab. MU. 3. 46. Ab.

**23. Tischri. Gesetzfr.** Tagesl. 11 St. 44 M. Letz. Viert. 8. 21. Fr.

Ende der Gerichtsferien.

## October 1877.

1. Montag. Remig, B.; — Remig.

SA. 6. 0. SU. 5. 38. — MA. 11. 6. Ab. MU. 4. 10. Ab.

Tageslänge 11 St. 40 M. Läutordnung halb 7 Uhr.

**2.** Dienstag. Leodegar, B. M.; — Johanna.

SA. 6. 2. SU. 5. 37. — MA. 4. 22. Ab.

Tageslänge 11 St. 37 M.

**3.** Mittwoch. Kandidus B; Ewald; — Jairus.

SA. 6. 2. SU. 5. 37. — MA. 12. 43. Mg. MU. 4. 31. Ab.

Tageslänge 11 St. 34 M.

4. Donnerstag. Franz Ser. v. Assisi; — Franz.
SA. 6. 3. SU. 5. 35. — MA. 2. 21. Mg. MU. 4. 39. Ab.
Tageslänge 11 St. 30 M.

5. Freitag. A. Placidus M.; — Placidus.
SA. 6. 4. SU. 5. 35. — MA. 3. 54. Mg. MU. 4. 58. Ab.
Tageslänge 11 St. 27 M.

# October 1877.

**6.** Samstag. Bruno B ; — Friederika.

**SA. 6. 6. SU. 5. 30. — MU. 5. 31. Mg. MU. 5. 0. Ab.**
**Tageslänge 11 St. 23 M. Neumond 10. 59. Nchts.**

**7. Sonntag.** (40 W.) 20. n. Pf. Rosenkrf. **Mark.**; — Am.

**SA. 6. 9. SU. 5. 26. — MA. 6. 4. Mg. MU. 5. 14. Ab.**
**Tageslänge 11 St. 20 M.**

8. Montag. Brigitta W.; — Pelagius.

SA. 6. 10. SU. 5. 24. — MA. 8. 37. Mg. MU. 5. 31. Ab.
Tageslänge 11 St. 10 M. **1. Marcheschwan der Juden.**

9. Dienstag. Dionysius B. (14 Nthh.); — Dionys.

SA. 6. 12. SU. 5. 21. — MA. 9. 13. Mg. MU. 5. 57. Ab.
Tageslänge 11 St. 12 M.

# October 1877.

**10.** Mittwoch. Franz Borgias; — Gideon.

SA. 6. 13. SU. 5. 19. — MA. 11. 44. Ab.

Tageslänge 11 St. 10 M.

**11.** Donnerstag. Germanus B.; — Wilhelm.

SA. 6. 15. SU. 5. 10. — MA. 1. 3 Ab. MU. 6. 36. Ab.

Tageslänge 11 St. 5 M.

**12.** Freitag. A. Maximilian, B. M.; — Maximilian.
SA. 6. 16. SU. 5. 16. — MA. 2. 1. Ab. MU. 7. 34. Ab.
Tageslänge 11 St. 2 M.

**13.** Samstag. Eduard K.; — Koloman.
SA. 6. 18. SU. 5. 13. — MA. 2. 40. Ab. MU. 8. 44. Ab.
Tageslänge 10 St. 59 M.

# October 1877.

**14. Sonntag.** (41. W.) 21. n. Pf. Kallistus P.; — Kall.
SA. 6. 20. SU. 5. 11. — MA. 3. 3. Ab. MU. 10. 3. Ab.
Tageslänge 10 St. 54 M. — Erstes Viertel 4. 43. Mg.

**15.** Montag. Theresia W.; — Theresia, Hedwig.
SA. 6. 21. SU. 5. 9. — MA. 3. 17. Ab. MU. 11. 23. Ab.
Tageslänge 10 St. 51 M.
Geburtsfest Ihrer Majestät der Königin-Mutter

# October 1877.

16. Dienstag. Gallus, Abt; — Gallus.
SA. 6. 22. SU. 5. 8. — MA. 3. 28. Ab. MU. 12. 41. Mg.
Tageslänge 10 St. 47 M. Läutordnung 6 U.

17. Mittwoch. Hedwig W.; — Florentina.
SA. 6. 23. SU. 5. 7. — MA 3. 35. Ab. MU. 1. 57. Mg.
Tageslänge 14 St. 39 M.

18. Donnerstag. Lukas Evang.; — Lukas.

SA. 6. 35. SU. 5. 4. — MA. 3. 42. Ab. MU. 3. 11. Mg.
Tagesl. 10 St. 41 M.

19. Freitag. A. Petrus Alc. Ferdinand K ; — Ferd.

SA. 6. 27. SU. 5. 3. — MA. 3. 49. Ab. MU. 4. 25. Mg.
Tageslänge 10 St. 38 M.

# October 1877.

**20.** Samstag. Wendelin. A.; — Wendelin.

SA. 6. 27. SU. 5. 1. — MA. 3. 54. Ab. MU. 5. 42. Mg.

Tageslänge 10 St. 36 M.

**21.** **Sonntag.** (42. W.) 22 n. Pf. **Kirchwf.** Hilar. Urs.

SA. 6. 29. SU. 4. 59. — MA. 4. 1. Ab MU. 6. 59. Mg.

Tageslänge 10 St. 32 M.

Allgemeines Kirchweihfest.

# October 1877.

**22.** Montag. Kordula J. M.; — Kordula.

SA. 6. 31. SU. 4. 58. — MA. 4. 10. Ab. MU. 8. 26. Mg.
Tageslänge 10 St. 28 M. Vollmond 8. 26. Mg.

**23.** Dienstag. Johann Capistran; — Severin.

SA. 6. 32. SU. 4. 56. — MA. 4. 23. Ab. MU. 9. 52. Mg.
Tageslänge 10 St. 25 M.

# October 1877.

**24.** Mittwoch. Raphael Erzengel; — Salome.
SA. 6. 31. SU. 4. 54. — MA. 4. 45. Ab. MU. 11. 13. Mg.
Tageslänge 10 St. 21 M.

**25.** Donnerstag. Crispinus M.; — Wilhelmine.
SA. 6. 35. SU. 4. 52. — MA. 5 18. Ab. MU. 12. 25. Ab.
Tageslänge 10 St. 19 M.

# October 1877.

**26.** Freitag. A. Afra, Bekehrung; — Amandus.
SA. 6. 37. SU. 4. 50. — MA. 6. 10. Ab. MU. 1. 15. Ab.
Tageslänge 10 St. 16 M.

---

**27.** Samstag. Sabina, M.; — Sabina.
SA. 6. 39. SU. 4. 48. — MA. 7. 23. Ab. MU. 1. 52. Ab.
Tageslänge 10 St. 48 M.

**28. Sonntag.** (43. Woche) 23. n. Pf. Sim. Jud. Rein. M.
SA. 6. 41. SU. 4. 47. — MA. 8. 49. Ab. MU. 2. 16. Ab.
Tageslänge 10 St. 8 M.

**29.** Montag. Narziss, B.; — Narziss.
SA. 6. 42. SU. 4. 45. — MA. 10. 24. Ab. MU. 2. 29. Ab.
Tageslänge 10 St. 5 M. — Letztes Viertel 3. 31. Nchm.

# October 1877.

**30.** Dienstag. Nothburga, J.; — Hartmann.

SA. 5. 44. SU. 4. 34. — MA. 11. 57. Ab. MU. 2. 39. Ab.
Tageslänge 10 St. 3 M.

**31.** Mittwoch F. Wolfgang B. Hartmann

SA. 6. 45. SU. 4. 42. — MA. 2. 54. Ab.
Tageslänge 9 St. 58. M. **Patroc. des Bisth. Regensburg.**

## November 1877.

**1. Donnerstag** Aller Heiligen; — Aller Heilligen.
SA. 6. 46. SU. 4. 40. — MA. 1. 30. Mg. MU. 2. 56. Ab.
Tageslänge 9 St. 56 M. Läutordnung halb 6 Uhr.
Allerheiligenfest.

**2. Freitag.** A. Allerseelen Gedächtniss; — Vitalis.
SA. 6. 48. SU. 4. 38. — MA. 3. 1. Mg. MU. 3. 4. Ab.
Tagesl. 9 St. 35 M.

# November 1877.

3. Samstag. Hubert, B.; — Gottlieb.

**SA. 6. 50. SU. 4. 37. — MA. 4. 33. Mg. MU. 3. 14. Ab.**
**Tageslänge 9 St. 50 M.**

4. **Sonntag.** (36. W.) 24. n. Pf. Karl Borrom. Reformt.

**SA. 6. 50. SU. 4. 36. — MA. 6. 8. Mg. MU. 3. 30. Ab.**
**Tageslänge 9 St. 44 M. Reformationsfest.**

# November 1877.

5. Montag. Zacharias und Elisabeth; — Blandina.

SA. 6. 52. SU. 4. 38. — MA. 7. 42. Mg. MU. 3. 55. Ab.
Tageslänge 9 St. 44 M. Neumond 9. 48. Mgs.

6. Dienstag. Leonhard, Abt; — Leonhard.

SA. 6. 54. SU. 4. 35. — MA. 9. 12. Mg. MU. 4. 31. Ab.
Tageslänge 9 St. 40 M.

7. Mittwoch. Engelbert B. M.; — Erdmann.
SA. 6. 55. SU. 4. 33. — MA. 10. 36. Mg. MU. 5. 20. Ab.
Tageslänge 9 St. 37 M. 1 Kislev der Juden.

8. Donnerstag. Gottfried B.; — Gottfried,
SA. 6. 57. SU. 4. 31. — MA. 11. 46. Mg.
Tageslänge 9 St. 34 M.

# November 1877.

9. Freitag. A. Theodor M.; — Theodor.

SA. 6. 59. SU. 4 29. — MA. 12. 34. Ab. MU. 6. 27. Ab.
Tageslänge 9 St. 31 M.

10. Samstag. Andreas Avellino; — Probus.

SA. 7. 0. SU. 4. 27. — MA. 1. 4. Ab. MU. 7. 44. Ab.
Tageslänge 9 St. 29 M.

## November 1877.

**11. Sonntag.** (45. W.) 25. n. Pf. Martin. Mar. Schutzf.
SA. 7. 2. SU. 4. 25. — MA. 1. 21. Ab. MU. 9. 5. Ab.
Tageslänge 9 St. 26 M. Kirchw. im ehm. Würzburg.

**12.** Montag. Martinus P M.; — Jonas.
SA. 7. 3. SU. 4. 24. — MA. 1. 33. Ab. MU. 10. 24. Ab.
Tageslänge 9 St. 23 M.

# November 1877.

**13.** Dienstag. Stanislaus Kostka B.; —Briccius.
**SA.** 7. 5. **SU.** 4. 22. — **MA.** 1. 43. **Ab.** **MU.** 11. 3. **Ab.**
**Sternschuppenfall. Martini-Phänomen. Erstes Viert. 12. 45. Nchts.**
**Tageslänge** 9 **St.** 20 **M.**

**14.** Mittwoch. Albert d. Gr., B.; — Levinus.
**SA.** 7. 5. **SU.** 4. 22. — **MA.** 1. 50. **Ab.** **MU.** 12. 54. **Mg.**
**Tageslänge** 9 **St.** 16 **M.**

**15.** Donnerstag. Leopold, Mkgr ; — Eugen.

SA. 7. 8. SU. 4. 21. — MA. 1. 56. Ab. MU. 2. 8. Mg.
Tagesl. 9 St. 16 M.

**16.** Freitag. A. Ottmar A. Edmund Erzb. ; — Ottm.

SA. 7. 10. SU. 4. 20. -- MA. 2. 2. Ab. MU. 3. 24. Mg.
Tageslänge 9 St. 12 M.

# November 1877.

**17.** Samstag. Gregor B.; — Hugo.

**SA. 7. 11. SU. 4. 19. — MA. 2. 9. Ab. MU. 4. 43. Mg.**

**Tagesl. 9 St. 8 M.**

**18. Sonntag.** (46 W.) 26. n. Pf. Odo A.; — Otto.

**SA. 7. 12. SU. 4. 19. — MA. 2. 18. Ab. MU. 6. 4. Mg.**

**Tageslänge 9 St. 5 M.**

# November 1877.

**19.** Montag. Elisabeth W.; — Elise.

SA. 7. 14. SU. 4. 17. — MA. 2. 29. Ab. MU. 7. 31. Mg.
Tageslänge 9 St. 4 M.

**20.** Dienstag. Korbinian Erh.; Felix B.; — Emilie.

SA. 7. 16. SU. 4. 16. — MA. 2. 47. Ab. MU. 8. 56. Mg.
Vollm. 11. 20. Nch. **Patrocinium von München-Freising.**
Tageslänge 9 St. 2 M.

# November 1877.

**21.** Mittwoch. Mariä Opferung; — Mariä Opferung.
SA. 7. 18. SU. 4. 16. — MA. 3. 16. Ab. MU. 10. 13. Mg.
Tageslänge 8 St. 59 M.

**22.** Donnerstag. Cäcilia, J. M.; — Cäcilia.
SA. 7. 20. SU. 4. 15. — MA. 4. 24 Ab. MU. 11. 13. Mg.
Tageslänge 8 St. 52 M.

# November 1877.

**23.** Freitag. A. Clemens P.; — Clemens.

**SA. 7. 22. SU. 4. 13. — MA. 5. 11. Ab. MU. 11. 54. Mg.**

**Tageslänge 8 St. 55 M.**

**24.** Samstag. Joh. v. Kreuz; — Chrysogon.

**SA. 7. 23. SU. 4. 12. — MA. 6 36. Ab. MU. 12. 14. Ab.**

**Tageslänge 8 St. 52 M.**

**25. Sonntag.** (47. W.) 27. n. Pf. Katharina J.

SA. 7. 24. SU. 4. 12. — MA. 8. 10. Ab. MU. 12. 31. Ab.

Tageslänge 8 St. 50.

26. Montag. Konrad B.; — Konrad.

SA. 7. 26. SU. 4. 10. — MA. 9. 43. Ab. MU. 12. 44. Ab.

Tagesl. 8 St 48 M.

# November 1877.

27. Dienstag. Virgilius, B ; — Loth, Busso.

**SA. 7. 26. SU. 4. 10. — MA. 11. 16. Ab. MU. 12 52. A.**

**Tageslänge 8 St. 46 M. Letztes Viertel 11. 6. Nchts.**

**Beginn der griechischen Fasten vor Weihnachten.**

---

28. Mittwoch. Krescenzia J.; — Günther.

**SA. 7. 27. SU. 4. 9. — MA. 1. 1. Ab.**

**Tageslänge 8 St 44 M.**

**29.** Donnerstag. Saturnin B. M.; — Walther.
SA. 7. 28. SU. 4. 9. — MA. 12. 42. Mg. MU. 1. 13. Ab.
Tageslänge 8 St. 41 M.

**30.** Freitag. A. Andreas Ap.; — Andreas.
SA. 7. 29. SU. 4. 43. — MA. 2. 13. Mg. MU. 1. 22. Ab.
Tageslänge 8 St. 41 M.

# Dezember 1877.

**1.** Samstag. Eligius B.; — Longinus.

**SA. 7. 30. SU. 4. 7. — MU. 3. 44. Mg. MU. 1. 35. Ab.**

**Tageslänge 8 St. 37 M. 25. Kislev. Tempelweihe (Lichtfest.)**

**2. Sonntag.** (48. W.) 1. Adv. Bibiana J.; — Aurelia.

**SA. 7. 32. SU. 4. 7. — MA. 5. 15. Mg. MU. 1. 52. Ab.**

**Tageslänge 8 St. 35 M. Anfang des Kirchenjahres.**

# Dezember 1877.

**3.** Montag. Franz Xaver v. Indien; — Kassian.

SA. 7. 33. SU. 4. 7. — MA. 6. 49. Mg. MU. 2. 21. Ab.
Tageslänge 8 St. 34 M.

**4.** Dienstag. **Barbara**, J. M. (14 Nthh.); — **Barbara.**

SA. 7. 34. SU. 4. 6. — MA. 8. 16. Mg. MU. 3. 26. Ab.
Tageslänge 8 St. 33 M. Neumond 11. 4. Nchts.

# Dezember 1877.

5. Mittwoch. F. A. Sabba, Abt; — Abigail.
SA. 7. 35. SU. 4. 6. — MA. 9. 28. Mg. MU. 4. 8. Ab.
Tageslänge 8 St. 32 M.

6. Donnerstag. Nikolaus B.; — Nikolaus.
SA. 7. 36. SU. 4. 5. — MA. 10. 26. Mg. MU. 5. 20. Ab.
Tageslänge 8 St. 30 M.

# Dezember 1877.

7. Freitag. F. A. Ambrosius Erzb.; — Agathon.
SA. 7. 38. SU. 3. 5. — MA. 11. 5. Mg. MU. 6. 40. Ab.
Tageslänge 8 St. 29 M. **1. Tebet der Juden.**

**8. Samstag. Mariä Empfängniss.**; — Mar. Empf.
SA. 7. 39. SU. 4. 5. — MA. 11. 29. Mg. MU. 7. 59. Ab.
Tageslänge 8 St. 27 M.

# Dezember 1877.

**9. Sonntag.** (49. Woche) 2 Adv. Leocadia J. — Joach.

SA. 7. 40. SU. 4. 5. — MA. 11. 45. Mg. MU. 9. 17. Ab.

Tageslänge 8 St. 27 M.

**10. Montag.** Erhebung des Hauses Loretto; — Judith.

SA. 7. 41. SU. 4. 5. — MA. 11. 54. Mg. MU. 10. 33. Ab.

Tageslänge 8 St. 24 M.

# Dezember 1877.

**11.** Dienstag. Damasus P.; — Damasus.

SA. 7. 41. SU. 4. 5. — MA. 12. 1. Ab.

Tageslänge 8 St. 23 M.

**12.** Mittwoch. F. A. Berthold B.; -- Epimachus.

SA. 7. 42. SU. 4. 5. — MA. 12. 7. Ab. MU. 11. 52. Ab.

Tageslänge 8 St. 23 M. Erstes Viert. 10. U. 35. Nch.

## Dezember 1877.

**13.** Donnerstag. Lucia. M. Ottilia J. — Lucia.

SA. 7. 44. SU. 4. 5. — MA. 12. 10. Ab. MU. 1. 4. Mg.

Tagesl. 8 St. 21 M.

**14.** Freitag. F. A. Agnellus A.; — Nicasius.

SA. 7. 44. SU. 4. 5. — MA. 12. 17. Ab. MU. 2. 20. Mg.

Tageslänge 8 St. 21 M.

# Dezember 1877.

**15.** Samstag. Christiana; — Ignatius.
SA. 7. 45. SU. 4. 5. — MA. 12. 24. Ab. MU. 3. 40. Mg.
Tageslänge 8 St. 21 M.

**16. Sonntag.** (49. W.) 3. Adv. Eusebius, B.; — Eus.
SA. 7. 46. SU. 4. 5. — MA. 12. 34. Ab. MU. 5. 3. Mg.
Tageslänge 8 St. 21 M.

# Dezember 1877.

**17.** Montag. Floria M.; Lazarus B.; — Lazarus.
SA. 7. 47. SU. 4. 5. — MA. 12. 48. Ab. MU. 6. 30. Mg.
Tageslänge 8 St. 20 M.

**18.** Dienstag. Mariä Erwartung; — Wunibald.
SA. 7. 48. SU. 4. 5 — MA. 1. 14. Ab. MU. 7. 52. Mg.
Tageslänge 8. St. 20 M.

# Dezember 1877.

**19.** Mittwoch. F. A. Quat. IV. Adelheild. K.; — Abr.

SA. 7. 48. SU. 4. 6. — MA. 1. 52. Ab. MU. 9. 1. Mg.

Tageslänge 8 St. 20 M.

**20.** Donnerstag. Christian, M.; — Ammon.

SA. 7. 49. SU. 4. 7. — MA. 2 53. Ab. MU. 9. 50. Mg.

Tageslänge 8 St. 19 M. Vollmond 12. 52. Mitt.

# Dezember 1877.

**21.** Freitag. F. A. Thomas Ap.; — Thomas.
**SA. 7. 40. SU. 4. 7. — MA. 4. 14. Ab. MU. 10. 12. Mg.**
**Tageslänge 8 St. 19 M. Winteranfang 5. 35. 21. Abds.**

---

**22.** Samstag. F. Isabella, Demetr.; — Beata.
**SA. 7. 59. SU. 4. 7. — MA. 5. 48. Ab. MU. 10. 41. Mg.**
**Tageslänge 8 St. 19 M.**

# Dezember 1877.

**23. Sonntag.** (51. W.) 4. Adv. Viktoria. J. M.; — Dag.
SA. 7. 51. SU. 4. 8. — MA. 7. 25. Ab. MU. 10. 54. Mg.
Tagesl. 8 St. 19 M.

**24.** Montag. Adam und Eva; — Adam.
SA. 7. 52. SU. 4. 5. — MA. 9. 0. Ab. MU. 11. 41. Mg.
Tageslänge 8 St. 19 M.

# Dezember 1877.

**25. Dienstag. Hl. Weihnachtstest; — Hl. Christfest.**

SA. 7. 52. SU. 4 9. — MA. 10. 32. Ab. MU. 11. 0. Mg.

Tageslänge 8 St. 20 M.

**Hochheil. Weihnachtsfest.**

**26. Mittwoch. Stephan Erzmart.; — Stephan.**

SA. 7. 52. SU. 4. 10. — MA. 11. 0. Mg.

Tageslänge 8 St. 20 M.

# Dezember 1877.

**27.** Donnerstag. Johannes Ap. u Ev.; — Johann. Ev'
SA. 7. 52. SU. 4. 11. — MA. 12. 1. Mg. MU. 11. 29. M.
Tageslänge 8 St. 20 M. Weinweihe. Letz. Viert. 8. 21. Fr.

**28.** Freitag. A. Unschuldige Kinder.; — Unsch. K.
SA. 7. 55. SU. 4. 12. — MA. 1. 30. Mg. MU. 11. 31. Mg.
Tageslänge 8 St. 22 M.

# Dezember 1877.

**29.** Samstag. Thomas Cantuar B. M.; — Jonath.
SA. 7. 52. SU. 4. 13. — MA. 3. 0. Mg. MU. 11. 57. Mg.
Tageslänge 8 St. 22 M.

**30. Sonntag.** (52. W,) n. W. David K.; — David.
SA. 7. 52. SU. 4. 14. — MA. 4. 29. Mg. MU. 12. 21. Ab.
Tageslänge 8 St. 22 M.

# Dezember 1877.

**31.** Montag. Sylvester, P.; — Sylvester.

SA. 7. 52. SU. 4. 15. — MA. 5. 57. Mg. MU. 12. 47. Ab.

Tageslänge 8 St. 22 M.

# Zweiter Theil.

# Beilagen.

## Bemerkung.

Das Verzeichniss der Beilagen befindet sich auf dem letzten Blatte.

## Beilage I.

# Verjährungsfristen

für

## Civil- und Strafsachen.

---

### Einleitung.

Die Verjährung im weiteren Sinne ist entweder eine erwerbende — Ersitzung — oder eine erlöschende — Verjährung im engeren Sinne. —

## A. Erwerbende Verjährung — Ersitzung.

Durch Ersitzung werden erworben nach bayer. Landrecht:

Eigenthum an bewegl. Sachen (Thl. II. Cap. 4 §. 8.) in 3 Jahren.
» an unbewegl. Sachen (Thl. II. Cap. 4 §. 8.)
a) wider Gegenwärtige in . . . . 10 »
b) wider Abwesende . . . . . 20 »
c) mit dem Titel des Kaufes (Bl. f. RA. XXXIV. S. 218)
1) wider Gegenwärtige in . . . 5 »
2) » Abwesende in . . . . 10 »
» an unkörperl. Sachen (Thl. II. Cap. 4 §. 8.)
a) ohne Titel in . . . . . . . 30 »
b) mit Titel in . . . . . . . 20 »

Grunddienstbarkeiten (Thl. II. Cap. 7 §. 5) und zwar:
a) kontinuirliche unter Anwesenden in . . 10 Jahren.
b) » » Abwesenden in . . 20 »
c) » ohne Ankunftstitel, scientia et patientia in . . . . 40 »
d) diskontinuirliche unter Anwesenden in . 10 »
e) » » Abwesenden in . 20 »
f) » ohne Ankunftstitel, scientia et patientia in unfürdenklicher Zeit.
g) gekaufte in der Hälfte obiger Zeit (a. b. d. e.)
also statt in 10 Jahren in . . . . . 5 Jahren.
und » » 20 » in . . . . . . 10 »

Nutzniessung wie die Grunddienstbarkeiten (Thl. II. Cap. 9. §. 2.)
a) unter Anwesenden in . . . . . . . 10 Jahren.
b) » Abwesenden in . . . . . . . 20 »
c) ohne Titel etc. in . . . . . . . . 30 »

Personalservituten, s. Nutzniessung.

Privilegien (Thl. I. Cap. 2. §. 16) in . . . 30 Jahren.

Servituten, s. Grunddienstbarkeiten u. Nutzniessung.

Ususfructus, s. Nutzniessung.

Wasserbenützungsrechte nach Art. 37 des Ges. v. 28. Mai 1852 (die Benützung des Wassers betr.) in 10 »

## B. Erlöschende Verjährung.

### I.

### Die erlöschende Verjährung tritt ein bei civilrechtlichen Ansprüchen

aus der actio aestimatoria seu quanti minoris (Ldr. Thl. IV. Cap. 3. §. 25. Nr. 3) (Vgl. Bl. f. RA. Bd. XXXI. E. Bd.) in . . . . . . 1 Jahr.

» actio familiae herciscundae, s. Erbschaftstheilungsklage.

» actio depositi directa vom Tage der Hingabe der Sache an (Bl. f. RA. XXX. 305) in . . . 30 Jahren.

» actio Pauliana (vgl. Bl. f. RA. XXX. 48.) in . Jahr u. Tag.

» actio redhibitoria (Ldr. Thl. IV. Cap. 3. §. 24 Nr. 3) in . . . . . . . . . 6 Monaten.

der Advokaten (Anwälte), bezüglich der Gebühren und Auslagen in Rechtsangelegenheiten, sowie gegen die Advokaten bezüglich ihrer Verantwortlichkeit für Urkunden, Akten und Vorschüsse (V. G. Art. 2) in . . . . . . . . . 3 Jahren.

auf Alimente, fällige (V. G. Art. 1) in . . . . 5 »

auf Anfechtung einseitiger Veräusserungen der Ehefrau durch den Ehemann (Ldr. Thl. I. Cap. 6 §. 27 Nr. 2) in . . . . . . . . . . 5 »

der Apotheker für gelieferte Arzneien (V. G. Art. 3) in 3 »

» Arbeiter wegen ihres Arbeitslohnes etc. (V. G. Art. 3) in . . . . . . . . . . 3 »

» Aerzte für ärztliche Hilfe etc. (V. G. Art. 3) in . 3 »

» Bader für ihre Dienstleistungen etc. (V. G. Art. 3) in 3 »

auf Bergbauschadensersatz (Bergges. v. 1869) in . . 3 »

der Boten für Frachtgeld u. Auslagen (V. G. Art. 3) in 3 »

der Dienstboten wegen ihres Dienstlohnes (V.G.Art. 3) in 3 » (vgl. Bl. f. RA. XXIX. 511. XXXVI. 377.)

aus der Einrede des nicht gezahlten Geldes, wenn für ein Darlehen Hypothek eingetragen und keine Protestation dagegen vorgemerkt wurde (Ges. v. 26. März 1859) in . . . . . . . 30 Tagen.

an Eisenbahn-Immobiliar-Eigenthum (und Betriebsrecht) der Privaten nach V. v. 20. Juni 1855 in 99 Jahren.

auf Erbschaftstheilung nach Ldr. Thl. III. Cap. 1. §. 14 Nr. 26 . . . . . . . . . . nie.

der Erziehungs- und Verpflegungs-Anstalts-Vorsteher wegen Bezahlung des Kost- und Unterrichts- und Lehrgeldes und der Auslagen (V. G. Art. 3) in 3 Jahren.

wegen Fehlern bei Thieren, s. Viehveräusserung.

der Frachtfuhrleute für Frachtgeld und Auslagen (V. G. Art. 3) (Vgl. Slg. H. E. II. 286) in . . 3 »

der Gehilfen und Gesellen aus ihrem Dienst- und Arbeitsverhältnisse (V. G. Art. 3) in . . . 3 »

gegen Genossenschafter von Erwerbs- und Wirthschafts-

aus ruhenden Prozessen nach Ldr. Thl. IV. Cap. 13 § 11 Nr. 1 u. G. O. Cap. 3 § 9 Nr. 5 in . 40 Jahren.
aus der Querela inofficiosae donationis nach Ldr. Thl. III. Cap. 8 § 13 Nr. 5 in . . . . . 5 „
aus der Querela inofficiosi testamenti nach Ldr. Thl.III. Cap. 3 § 16 Nr. 9 in . . . . . . . 5 „
aus der Querela non numeratae pecuniae in 2 Jahren, beziehungsweise 30 Tagen nach Ldr. Thl. IV. Cap. 11 § 7 Nr. 1 u. 2; aufgehoben durch Gesetz v. 26. März 1859 (Hdb. IV. S. 518.) S. oben: Einrede des nicht gezahlten Geldes.
an Renten, fälligen (V. G. Art. 1) in . . . . . 5 „
auf Restitution der Minderjährigen gegen Extrajudizialhandlungen ihrer Vormünder von erlangter Majorität an (Ldr. Thl. I. Cap. 7 § 30) in . 4 „
auf Schadenersatz bei Aufläufen diesseits des Rheins (Ges. vom 12. März 1850 nun Proz.-Ordn. v. 1869. Art. 591) in . . . . . . . . 1 „
auf Schadensersatz aus Viehveräusserungen (V. V. G. vom 26. März 1859; OAGE. v. 30. Sept. 1863 Bl. f. RA. XXVIII. S. 363) nach Ablauf der Gewährfrist in . . . . . . . . 14 Tagen.
der Schiffer für Fracht und Fahrgeld etc. (V. G. Art. 3) in 3 Jahren.
an Schuldurkunden der Staatsschuldentilgungsanstalt nach dem Ges. v. 29. Sept. 1861 (Hdb. Supl. I. S. 91) und zwar:

- an Kapitalforderungen nach Art. 1 in . 30 „
- an Zinsforderungen nach Art. 2 in . . 5 „
- an Talons nach Art. 3 in . . . . . 5 „
- an Kautionen für Zinsabschnitte nach Art. 4 in . . . . . . . . . . 5 „
- bei Gesuchen um Vergütung des Kapitals u. der Zinsen, sowie um Herausgabe der Caution nach Art. 5 in . . . . 5 „

der Spediteure wegen ihrer Provisionen, Gebühren und Auslagen (V. G. Art. 3.) (Vgl. auch Slg. H. E. II. 286) in . . . . . . . . . 3 „
an die Staats-, Finanz- und Militärkassen aus der Zeit vom 1. Oct. 1811 bis zum 1. Oct. 1830 ohne Unterschied ihres Titels, insoferne sie innerhalb dieses Zeitraumes bereits zur Zahlung verfallen waren und zur Einklagung geeignet gewesen wären, wenn dieselben beim Staatsministerium der Finanzen nicht angemeldet worden sind bis zum . . . . . . . . 1. Oct. 1833.
(nach dem Finanzges. v. 28. Dez. 1831.)
an die Staats-, Finanz- und Militär-Kassen v. 1. Oct. 1830 an aus Titeln jeder Art binnen . . . 3 Jahren.
(nach dem Finanzgesetze v. 28. Dez. 1831 § 31.)
des Staates an Staatsgefälls-Rückständen und andern an die Staatskassen geschuldeten Zahlungen, welche vor dem 1. Oct. 1830 verfallen waren, bis zum . . . . . . . . . . . 1. Oct. 1833.
(Finanzgesetz v. 28. Dez. 1831 § 32.)
des Staates an Staatsgefälls-Rückständen u. anderen an die Staatskassen geschuldeten Zahlungen v. 1. Oct. 1830 an binnen . . . . . . . 3 Jahren.
(Finanzgesetz v. 28. Dez. 1831 § 32.)

| | |
|---|---|
| Personalservituten, s. Nutzniessung. | |
| Privilegien (Thl. I. Cap. 2. §. 16) in . . . | 30 Jahren. |
| Servituten, s. Grunddienstbarkeiten u. Nutzniessung. | |
| Usus fructus, s. Nutzniessung. | |
| Wasserbenützungsrechte nach Art. 37 des Ges. v. 28. Mai 1852 (die Benützung des Wassers betr.) | 10 » |

## B. Erlöschende Verjährung.

### I.

**Die erlöschende Verjährung tritt ein bei civilrechtlichen Ansprüchen**

| | |
|---|---|
| aus der actio aestimatoria seu quanti minoris (Ldr. Thl. IV. Cap. 3. §. 25. Nr. 3) (Vgl. Bl. f. RA. Bd. XXXI. E. Bd.) in . . . . . . | 1 Jahr. |
| » actio familiae herciscundae, s. Erbschaftstheilungsklage. | |
| » actio depositi directa vom Tage der Hingabe der Sache an (Bl. f. RA. XXX. 305) in . . . | 30 Jahren. |
| » actio Pauliana (vgl. Bl. f. RA. XXX. 48.) in . | Jahr u. Tag. |
| » actio redhibitoria (Ldr. Thl. IV. Cap. 3. §. 24 Nr. 3) in . . . . . . . . . . | 6 Monaten. |
| der Advokaten (Anwälte), bezüglich der Gebühren und Auslagen in Rechtsangelegenheiten, sowie gegen die Advokaten bezüglich ihrer Verantwortlichkeit für Urkunden, Akten und Vorschüsse (V. G. Art. 2) in . . . . . . . . . | 3 Jahren. |
| auf Alimente, fällige (V. G. Art. 1) in . . . . . | 5 » |
| auf Anfechtung einseitiger Veräusserungen der Ehefrau durch den Ehemann (Ldr. Thl. I. Cap. 6 §. 27 Nr. 2) in . . . . . . . . . . . | 5 » |
| der Apotheker für gelieferte Arzneien (V. G. Art. 3) in | 3 » |
| » Arbeiter wegen ihres Arbeitslohnes etc. (V. G. Art. 3) in . . . . . . . . . . | 3 » |
| » Aerzte für ärztliche Hilfe etc. (V. G. Art. 3) in . | 3 » |
| » Bader für ihre Dienstleistungen etc. (V. G. Art. 3) in | 3 » |
| auf Bergbauschadensersatz (Bergges. v. 1869) in . . | 3 » |
| der Boten für Frachtgeld u. Auslagen (V. G. Art. 3) in | 3 » |
| der Dienstboten wegen ihres Dienstlohnes (V. G. Art. 3) in (vgl. Bl. f. RA. XXIX. 511. XXXVI. 377.) | 3 » |
| aus der Einrede des nicht gezahlten Geldes, wenn für ein Darlehen Hypothek eingetragen und keine Protestation dagegen vorgemerkt wurde (Ges. v. 26. März 1859) in . . . . . . . . | 30 Tagen. |
| an Eisenbahn-Immobiliar-Eigenthum (und Betriebsrecht) der Privaten nach V. v. 20. Juni 1855 in | 99 Jahren. |
| auf Erbschaftstheilung nach Ldr. Thl. III. Cap. 1. §. 14 Nr. 26 . . . . . . . . . . | nie. |
| der Erziehungs- und Verpflegungs-Anstalts-Vorsteher wegen Bezahlung des Kost- und Unterrichts- und Lehrgeldes und der Auslagen (V. G. Art. 3) in | 3 Jahren. |
| wegen Fehlern bei Thieren, s. Viehveräusserung. | |
| der Frachtfuhrleute für Frachtgeld und Auslagen (V. G. Art. 3) (Vgl. Slg. H. E. II. 286) in . . | 3 » |
| der Gehilfen und Gesellen aus ihrem Dienst- und Arbeitsverhältnisse (V. G. Art. 3) in . . . | 3 » |
| gegen Genossenschafter von Erwerbs- und Wirthschafts- | |

aus ruhenden Prozessen nach Ldr. Thl. IV. Cap. 13 § 11 Nr. 1 u. G. O. Cap. 3 § 9 Nr. 5 in . 40 Jahren.

aus der Querela inofficiosae donationis nach Ldr. Thl. III. Cap. 8 § 13 Nr. 5 in . . . . . 5 „

aus der Querela inofficiosi testamenti nach Ldr. Thl.III. Cap. 3 § 16 Nr. 9 in . . . . . . . 5 „

aus der Querela non numeratae pecuniae in 2 Jahren, beziehungsweise 30 Tagen nach Ldr. Thl. IV. Cap. 11 § 7 Nr. 1 u. 2; aufgehoben durch Gesetz v. 26. März 1859 (Hdb. IV. S. 518.) S. oben: Einrede des nicht gezahlten Geldes.

an Renten, fälligen (V. G. Art. 1) in . . . . . 5 „

auf Restitution der Minderjährigen gegen Extrajudizialhandlungen ihrer Vormünder von erlangter Majorität an (Ldr. Thl. I. Cap. 7 § 30) in . 4 „

auf Schadenersatz bei Aufläufen diesseits des Rheins (Ges. vom 12. März 1850 nun Proz.-Ordn. v. 1869. Art. 591) in . . . . . . . . 1 „

auf Schadensersatz aus Viehveräusserungen (V. V. G. vom 26. März 1859; OAGE. v. 30. Sept. 1863 Bl. f. RA. XXVIII. S. 363) nach Ablauf der Gewährfrist in . . . . . . . . . . 14 Tagen.

der Schiffer für Fracht und Fahrgeld etc. (V. G. Art. 3) in 3 Jahren.

an Schuldurkunden der Staatsschuldentilgungsanstalt nach dem Ges. v. 29. Sept. 1861 (Hdb. Supl. I. S. 91) und zwar:

- an Kapitalforderungen nach Art. 1 in . 30 „
- an Zinsforderungen nach Art. 2 in . . 5 „
- an Talons nach Art. 3 in . . . . . 5 „
- an Kautionen für Zinsabschnitte nach Art. 4 in . . . . . . . . . . 5 „
- bei Gesuchen um Vergütung des Kapitals u. der Zinsen, sowie um Herausgabe der Caution nach Art. 5 in . . . . 5 „

der Spediteure wegen ihrer Provisionen, Gebühren und Auslagen (V. G. Art. 3.) (Vgl. auch Slg. H. E. II. 286) in . . . . . . . . 3 „

an die Staats-, Finanz- und Militärkassen aus der Zeit vom 1. Oct. 1811 bis zum 1. Oct. 1830 ohne Unterschied ihres Titels, insoferne sie innerhalb dieses Zeitraumes bereits zur Zahlung verfallen waren und zur Einklagung geeignet gewesen wären, wenn dieselben beim Staatsministerium der Finanzen nicht angemeldet worden sind bis zum . . . . . . . . 1. Oct. 1833. (nach dem Finanzges. v. 28. Dez. 1831.)

an die Staats-, Finanz- und Militär-Kassen v. 1. Oct. 1830 an aus Titeln jeder Art binnen . . 3 Jahren. (nach dem Finanzgesetze v. 28. Dez. 1831 § 31.)

des Staates an Staatsgefälls-Rückständen und andern an die Staatskassen geschuldeten Zahlungen, welche vor dem 1. Oct. 1830 verfallen waren, bis zum . . . . . . . . . . . 1. Oct. 1833. (Finanzgesetz v. 28. Dez. 1831 § 32.)

des Staates- an Staatsgefälls-Rückständen u. anderen an die Staatskassen geschuldeten Zahlungen v. 1. Oct. 1830 an binnen . . . . . . . 3 Jahren. (Finanzgesetz v. 28. Dez. 1831 § 32.)

| | |
|---|---|
| aus Standesklagen nach Ldr. Thl. I. Cap. 3 § 4 Nr. 6 in | 5 Jahren. |
| der Taglöhner wegen ihres Arbeitslohnes u. dgl. (V. G. Art. 3) in . . . . . . . . . . | 3 „ |
| aus einem testamentum tempore pestis conditum von der Zeit an, da die gefährliche Krankheit aufgehört hat und Testator noch länger lebt, als | Jahr u. Tag |
| an Unterhaltsbeiträgen, fälligen (V. G. Art. 1) in . | 5 Jahren. |
| aus Urheberrechten: | |
| a. nach dem bayr. Ges. v. 28. Juni 1865 (Ges. Bl. S. 65) Art. 8—20, 21, 26, 42, 43, 48, 61, 69 verschieden, in der Regel in . . . . | 30 „ |
| b. nach dem Reichsgesetze v. 11. Juni 1870 § 8 ff. u. v. 9. Jan. 1876 § 9—15 für Schrift- und Kunstwerke nach dem Tode in . | 30 „ |
| gegen Uebersetzungen in . . . . . | 5 „ |
| c. nach dem R. Ges. v. 10. Jan. 1876 § 6 an Photographien in . . . . . . . . . | 5 „ |
| d. nach dem R. Ges. v. 11. Jan. 1876 § 8 an Mustern und Modellen, von . . . . | 1—15 „ |
| vom Ususfructus nach Ldr. Thl. II. Cap. 9 § 8 unter Anwesenden in . . . . . . . . . | 10 „ |
| unter Abwesenden in . . . . . . . . | 20 „ |
| der Verpflegungsanstalten, s. Erziehungsanstalten. | |
| bei Viehveräusserungen auf Gewährleistung nach dem Gesetze vom 26. März 1859 Art. 1. 9 und 10 (Hdb. V. S. 235) nach Ablauf der Gewährfrist in | 14 Tagen. |
| (S. oben „Schadenersatz“.) | |
| (Die Gewährsfristen verschiedener Länder sind in der Tabelle unter Nr. III. unten zusammengestellt.) | |
| der Vorspanngeber wegen Lohn und Auslagen (V. G. Art. 3) in . . . . . . . . . . | 3 Jahren. |
| aus der Wandelungsklage, s. actio redhibitoria. | |
| wegen Wasserlauf (W. B. Ges. v. 28. Mai 1852 Art. 37) | 10 „ |
| aus Wechseln, eigenen (allgemeine deutsche Wechselordnung Art. 100) in . . . . . . . | 3 „ |
| aus Wechseln, gezogenen und zwar gegen den Acceptanten vom Verfalltage des Wechsels an nach Art. 77 (vgl. Bl. f. RA. XXXI. 39. M. Z. XII. S. 32) in . . . . . . . . . . . . | 3 „ |
| wegen Regress des Inhabers gegen den Aussteller und die übrigen Vormänner nach Art. 78 (vgl. M. Z. XII. A. f. P S. 32; XIII. 18. 191;) | |
| 1) wenn der Wechsel in Europa mit Ausnahme von Island und den Faröern zahlbar war, in . . . . . . . . . . | 3 Monaten. |
| 2) Wenn der Wechsel in den Küstenländern von Asien und Afrika längs des mittelländischen und schwarzen Meeres, oder in den dazu gehörigen Inseln dieser Meere zahlbar war, in . . . . . . . . | 6 „ |
| 3) wenn der Wechsel in einem andern aussereuropäischen Lande oder in Island oder den Faröern zahlbar war, in . . . . | 18 „ |
| wegen Regressansprüchen des Indossanten gegen den Aussteller und die übrigen Vormänner nach Art. 79: | |

| | |
|---|---|
| 1) wenn der Regressnehmer in den oben unter Ziff. 1 benannten Ländern wohnt, in . | 3 Monaten. |
| 2) wenn derselbe in den oben unter Ziff. 2 benannten Ländern wohnt, in . . . | 6 „ |
| 3) wenn er in den oben unter Ziff. 3 benannten Ländern wohnt, in . . . . | 18 „ |
| Wechselproteste s. St. Z. VII. 272. | |
| aus Wechselprozessen (Slg. H. E. II. 311) in . . | 30 Jahren. |
| der Wirthe wegen Bezahlung der von ihnen gegebenen Kost, Getränke, Wohnung, sowie andere für die Gäste gemachten Auslagen (V. G. Art. 3) in | 3 „ |
| der Wundärzte für Besuche, Kunstverrichtungen und dergleichen (V. G. Art. 3) in . . . . | 3 „ |
| an Zinsen aller Art. (V. G. Art. 1) (Vgl. Slg. H. E. II. 249) in . . . . . . . . . | 5 „ |
| an Zinsen aus allen öffentl. österreich. Schuldverschreibungen vom Zeitpunkt ihrer Fälligkeit an (K. ABl. f. Oberbay. 1867. S. 1526) in . | 6 „ |

## II.

## Strafrecht.

NB. Bezüglich derjenigen besonderen Vorschriften des Strafrechts, welche nach § 2 des E. G. v. 31. Mai 1870 zum D. StGB. der Landesgesetzgebung vorbehalten sind (namentlich über Presspolizei, Post, Steuer, Zoll, Fischerei, Jagd, Forst, Feldpolizei, Vereins- und Versammlungsrecht, Holz- (Forst-)Diebstahl und Konkurs, kann nach § 8 dies. Ges. die Landesgesetzgebung Uebergangsbestimmungen treffen, um die in Kraft bleibenden Landesstrafgesetze mit den Vorschriften des deutschen Strafgesetzbuches in Uebereinstimmung zu bringen.

Gemäss Art. 4 des Vollz.-Einf.-Ges. v. 26. Dez 1871 gelten auch die Verjährungsbestimmungen des RStGB. für die Landesgesetze nur so weit als letztere nicht anders bestimmen.

### Auf dem Gebiete des Strafrechts verjähren:

| | |
|---|---|
| 1) Anträge auf Verfolgung strafbarer Handlungen nach § 61 des D. StGB. von dem Tage incl. seit welchem der Berechtigte von der Handlung und von der Person des Thäters Kenntniss gehabt hat, auch in Nachdrucksachen (R. Ges. v. 11. Juni 1870 § 35) in . . . . . . . | 3 Monaten. |
| und wenn der Berechtigte innerhalb der Antragsfrist gestorben ist . . . . . . | mit d. Tode. |
| 2) Antragsdelikte, d. h. deren Strafverfolgung wie die Officialdelikte unabhängig von der Verjährung des Antrags. S. Anträge, Klagen, Strafen und Verfolgung. | |
| 3) Arreststrafen (vor 1872 zuerkannte) in . . | 2 Jahren. |
| 4) Aufschlagsdefraudationen als Rechtsverletzungen in Bezug auf gerichtliche Verfolgung und zuerkannte Strafen wie die Uebertretungen des d. Strafgesetzbuches (OAGE. v. 21. Febr. 1863 St. Z. II. S. 171) s. Verfolgung u. Strafen. | |
| 5) Aufschlagskontraventionen als Rechtsgefährdungen wie die Uebertretungen. S. Verfolgung u. Strafen. | |
| 6) Bauführungen ordnungswidrige wie Vergehen | |

und Uebertretungen. (Früher als Zustandsdelikte gar nicht.) —

7) Berggesetz-Uebertretungen wie Uebertretungen. B.G. v. 20. März 1869 Art. 206.

8) Bergwerksabgabenverkürzungen nach Ges. v. 6. Apr. 1869 wie Vergehen.

9) Biersteuerhinterziehungen (E. G. z. D. StGB. § 7) in . . . . . . . . . . . 3 Jahren.

10) Branntweinsteuerhinterziehungen (E. G. z. D. StGB. § 7) in . . . . . . . . . 3 „

11) Disciplinarübertretungen der Notare nach Art. 113 u. 142 (nicht aber nach Art. 143) des Notariatsgesetzes vom 10. Nov. 1861 verjähren in Bezug auf Strafbarkeit (Verfolgung) von dem Zeitpunkte der zur Einschreitung Anlass gebenden Handlungen oder Unterlassung oder der Unterbrechung des Disciplinarverfahrens an in 2 „

12) Disciplinarübertretungen der Staatsdiener wie der Notare zwar ohne gesetzliche Bestimmung aber aus Gründen der Billigkeit (OAGE v. 28. Octbr. 1863 Bl. f. RA. XXVIII. S. 142) längstens in . . . . . . . . . 2 „

13) Disziplinarvergehungen der Gerichtsvollzieher: wie Vergehen (GVO. v. 15. Mai 1870 Art. 40 JMBl. S. 77) S. Verfolgung und Strafen.

14) Ehrenkränkungen (Beleidigungen) wie alle übrigen Antragsdelikte.

15) Festungshaft, rechtskr. zuerkannte (D. StGB. § 70):
   a) lebenslängliche in . . . . . . 30 „
   b) von mehr als 5 Jahren in . . . . 15 „
   c) von 2 bis 5 Jahren in . . . . . 10 „
   d) bis zu 2 Jahren in . . . . . . 5 „

16) Forstpolizeiübertretungen und Forstfrevel, s. Verfolgung und Strafe.

17) Gefängnisstrafen, rechtskräftig zuerkannte (D. StGB. § 70):
   a) von mehr als 5 Jahren in . . . 15 „
   b) von 2 bis 5 Jahren in . . . . . 10 „
   c) bis zu 2 Jahren in . . . . . . 5 „

18) Geldstrafen, rechtskr. zuerkannte (D.StGB. § 70):
   a) von mehr als 2000 Thaler in . . . 10 „
   b) von 50 bis 2000 Thaler in . . . 5 „
   c) bis zu 50 Thaler in . . . . . . 2 „
   d) der Gerichtsvollzieher, wie Vergehen. (GVO. v. 15. Mai 1870 Art. 40.)

19) Haftstrafen rechtskr. zuerkannte (D. StGB. § 70) in . . . . . . . . . . . 2 „

20) Jagdfrevel, d. s. Vergehen nach § 292—295 des D. StGB. wie Vergehen s. Verfolgung u. Strafen.

21) Jagdpolizeiübertretungen, d. s. Uebertretungen des Jagdausübungsgesetzes vom 30. Mai 1850, der Jagdpolizeiverordnung vom 3. Oct. 1863 und nach § 368 Z. 10 u. 11 des D. StGB. wie Uebertretungen des D. StGB.

22) Klagen wegen Ehrenkränkungen (Beleidigungen) an Verstorbenen s. M. Z. XII. 6 und D. StGB. § 189. —

23) Kompensationseinreden bei wechselseitigen Beleidigungen a. nach dem bayr. StGB. s. OAGE. v. 4. Dez. 1863 u. 23. Jan. 1864 (St. Z. III. S. 51 u. 98 VI. 63); b. nach § 189 des D. StGB. ohne Rücksicht, ob die dreimonatliche Frist schon abgelaufen ist, mit Schluss der Verhandlung über die Klage in I. Inst.

24) Malzaufschlagsdefraudationen nach dem Ges. v. 16. Mai 1868 früher als Rechtsverletzungen wie die Uebertretungen des St.G.B. (OAGE. v. 21. Febr. 1863 St. Z. II, S. 171 OAGE. v. 19. Jan. 1866. M Z. XIII. 22) s. Verfolgung, Strafen. — M. A. Contraventionen wie die Polizeiübertr. s. M. Z. XIII. 617. 112. S. aber jetzt unten Verfolgung.

25) Nachdrucksachen a. nach dem bayr. Ges. v. 28. Juni 1865, b. nach dem Reichsges. v. 11. Juni 1870 Art. 33 ff. Vergehen in . . . 3 Jahren.
Uebertretungen in . . . . . . . . 3 Monaten.

26) Polizeiübertretungen nach dem bayr. PStGB. v. 10. Nov. 1861 Art. 25:
a) wenn von dem Tage der begangenen That ein Erkenntniss I. Instanz nicht erfolgt ist, binnen . . . . . . . . 6 „
b) wenn nach Einlegung eines Rechtsmittels gegen das Erkenntniss I. Instanz ein Erkenntniss der höheren Instanz nicht erfolgt ist, binnen . . . . . . 6 „
dagegen nach dem PStGB. v. 26. Dez. 1871 u. dem VEG. vom nemlichen Art. 4 u. 5, insoweit als nicht nach dem Inhalt der einschlägigen Landesgesetze anders bestimmt ist, wie die Uebertretungen.

27) Postgefäll-Defraudationen (E. G. z. D. StGB. § 7) in . . . . . . . . . 3 Jahren

28) Presspolizeiübertretungen nach Art. 37—41 u. 43—48 des Pressgesetzes v. 17. März 1850 (E. G. Art. 3 Ziff. 8 Art. 7 u. 11) wie Uebertretungen. s. Verfolgung und Strafe.

29) Pressübertretungen s. Verfolgung und Strafe. (B. StGB. Art. 94.)

30) Pressvergehen s. Verfolgung u. Strafe.

31) Privilegienanmassungen wie Uebertretungen s. Verfolgung und Strafe. (St. Z. VII. 156.)

32) Strafen, rechtskräftig erkannte:
A. nach den bayr. Strafgesetzbüchern vom 10. Nov. 1861 vom Tage des Straferkenntnisses gemäss Art. 97—100:
a) wenn auf Todes- oder lebenslängliche Zuchthausstrafe erkannt ist . . . gar nicht.
b) wenn auf zeitliche Zuchthausstrafe über 12 Jahre erkannt ist, in . . . . 30 Jahren.
c) wenn auf Zuchthausstrafe nicht über 12 Jahre erkannt ist, in . . . . 20 „
d) wenn eine Vergehensstrafe ausgesprochen ist, in . . . . . . . . . 10 „
e) wenn eine Uebertretungsstrafe ausgesprochen ist, in . . . . . . . 2 „

f) wenn eine Polizeiübertretungs-Strafe ausgesprochen ist, in . . . . . 2 Jahren.

B. nach dem D. Strafgesetzbuche vom 15. Mai 1871 § 70 von dem Tage incl., an welchem d. Urtheil rechtskräftig geworden ist, wenn:

a) auf Tod oder auf lebenslängl. Zuchthaus oder auf lebenslängliche Festungshaft erkannt ist, in . . . . . . 30 „

b) auf Zuchthaus von mehr als 10 Jahren erkannt ist, in . . . . . . . 20 „

c) auf Zuchthaus bis zu 10 Jahren oder auf Festungshaft oder Gefängniss von mehr als 5 Jahren erkannt ist, in 15 „

d) auf Festungshaft oder Gefängniss von 2 bis zu 5 Jahren oder auf Geldstrafe von mehr als 2000 Thlr. erkannt ist, in 10 „

e) auf Festungshaft oder Gefängniss bis zu 2 Jahren oder auf Geldstrafe von mehr als 50 bis zu 2000 Thlr. erkannt ist, in . . . . . . . . . 5 „

f) auf Haft oder auf Geldstrafe bis zu 50 Thalern erkannt ist, in . . . 2 „

C. nach der Gerichtsvollzieherordnung zuerkannt und zwar Geldstrafen wie Vergehensstrafen, andere Strafen gar nicht. S. Disciplinarvergehungen.

D. nach dem Malzaufschlaggesetze v. 16. Mai 1868 Art. 64 (Art. 24 Z. 14 des VEG. v. 26. Dez. 1871) in . . . . . . 3 „

33) Strafanträge s. Anträge.

34) Straffolgen nach d. D. StGB. v. 1871 Art. 70. 36. 38 gar nicht.

35) Strafverfolgung s. Verfolgung; Strafvollstreckung s. Strafen.

36) Todesstrafen s. Strafen.

37) Uebertretungen s. Verfolgung und Strafen.

38) Ungehorsam s. Wehrgesetz.

39) Unterbrechung der Verjährung s. M. Z. XI. 307. 43. XII. Abth. f. P. Seite 15. b. 275 XIII. 586. 590. bezüglich des Malzaufschlags s. Ges. v. 16. Mai 1868 Art. 64. Bezüglich der Disciplinar-Uebertretung eines Notars s. St. Z. VI. 13 durch ein unzuständiges Gericht St. Z. VI. 153. In Forststrafsachen St. Z. VI. 161. In Ehrenkränkungssachen. St. Z. VII. 273. — Unterbr. durch Aktenvorlage an den Staatsanwalt. St. Z. VII. 338 — durch Aktenproduktionsverf. (St. Z. VIII. 317.) Nach d. D. St.GB. v. 1871 s. §. 68, 69—72.

40) Verbrechen s. Strafe und Verfolgung.

41) Vergehen s. Strafe und Verfolgung.

42) Verfolgung gerichtliche strafbarer Handlungen:

A. von den nach dem bayr. Strafgesetzbuche strafbaren Handlungen nach Art. 93 u. 94 des St.G.B. (S. Kalender 1872 S. 24.)

B. von den nach dem Polizeistrafgesetzbuche strafbaren, und soferne nichts anderes ausdrücklich bestimmt ist, auch von den übrigen Polizeiübertretungen nach Art. 25 des PStGB. v. J. 1861. (S. Kalender 1872.)

C. nach dem D. St.GB. v. 15. Mai 1871 §. 67, von dem Tage incl. an welchem die Handlung begangen ist, ohne Rücksicht auf den Zeitpunkt des eingetretenen Erfolges

a) von Verbrechen:

α) wenn sie mit dem Tode oder mit lebenslänglich. Zuchthaus bedroht sind, in . . . . . . . 20 Jahren.

β) wenn sie im Höchstbetrage mit einer Freiheitsstrafe von einer längerer als zehnjährigen Dauer bedroht sind, in . . . . . . 15 „

γ) wenn sie mit einer geringeren Freiheitsstrafe bedroht sind, in . . 10 „

b) von Vergehen:

α) wenn sie im Höchstbetrage mit einer längeren als dreimonatlichen Gefängnissstrafe bedroht sind, in . 5 „

β) von anderen Vergehen . . . 3 „

c) von Uebertretungen in . . . . 3 Monaten.

d) von höher strafbaren Uebertretungen im Sinne des bayr. Vollz.-Einf.-Ges. v. 26. Dez. 1871 Art. 5, (wovon Dr. Staudinger's Commentar hiezu S. 55 u. 56 zwei Uebersichten A u. B. enthält), in der Regel wie alle Uebertretungen (auch die des PStGB. v. 26. Dez. 1871) in . 3 „

Ausnahmsweise verjährt gemäss Art. 4 des VEG. v. 26. Dez. 1871 die Verfolgung der Uebertretungen

aa) des Malzaufschlaggesetzes v. 16. Mai 1868 nach Art. 64 (Art. 24 Ziff. 14 des VEG. v. 26. Dez. 1871) in 3 Jahren.

bb) des Forstgesetzes v. 28. März 1852 (nach Art. 71) wenn seit der That ein erstrichterliches Erkenntniss nicht erfolgt ist, in . . . . 1 „
auf Berufung hiegegen in . . 6 Monaten.

cc) die Uebertretungen des Vereinszollgesetzes v. 26. Sept. 1869 (§ 164) u. zw. Contrebande u. Defraudation § 134 u. 135 in . . . 3 Jahren.
Ordnungswidrigkeiten in . . 1 „
Nachzalung defraudirter Gefälle in 5 „

dd) ebenso wie cc. die Verfehlungen gegen das Ges. v. 16. Nov. 1867 d. Erhebung ein. Abgabe v. Salz btr. (VEG. v. 26. Dez. 1871 Art. 22.)

S. auch: Antragsdelikte und die einzelnen strafbaren Handlungen, dann Polizeiübertretungen. —

43) Vereinsgesetzverletzungen nach Art. 20 des Vereinsgesetzes vom 26. Febr. 1850 (E. G. Art. 7 und 10) wie Uebertretungen s. Verfolgung, Strafen.

44) Vereinsgesetzverletzungen nach Art. 21 u. 22

des Vereinsges. v. 26. Febr. 1850 (E. G. Art. 7 u. 10) wie Vergehen; s. Verfolgung und Strafen; wenn jedoch wegen Vorhandenheit mildernder Umstände auf Geldstrafe zu erkennen wäre, wie Uebertretungen des Strafgesetzbuches.

45) Verläumdungen sieh Anträge, Antrags-Delikte (OAGE. v. 30. Mai 1863 M. Z. X. S. 504.)

46) Vollstreckung der erkannten Strafen s. Strafen.

47) Wechselstempelhinterziehungen (RG. vom 10. Juni 1869) in . . . . . . . . . 5 Jahren.

48) Wehrgesetz-Verletzungen (s. Kalender 1872.)

49) Widerklagen s. Kompensationseinreden.

50) Zollstrafsachen s. Verfolgung.

51) Zollkontraventions-Defraudations- und Contrebandestrafen erkannte s. Strafen.

52) Zuchthausstrafen rechtskräftig zuerkannte (D. StGB. § 70):
   a) lebenslängliche in . . . . . . 30 „
   b) von mehr als 10 Jahren in . . . 20 „
   c) bis zu 10 Jahren in . . . . . . 15 „

53) Zurücknahme von Strafanträgen wegen Antragsdelikten
   a) nach dem B. StGB. v. 1861 Art. 88 in . 8 Tagen.
   b) nach dem D. StGB. v. 1871 § 61. 64 } mit der Strafurtheilsverkündung.
   c) wegen Nachdrucks nach RGes. v. 11. Juni 1870 § 27. }
   d) wegen Beleidigungen. D. StGB. v. 1871 § 194 bis zum Anfang der Urtheilsvollstreckung, nach der Nov. v. 1876 aber nur mehr wie ad b.
   e) bei Unzucht und Nothzucht nach § 176 u. 177 des StGB. bis zur Erhebung der förmlichen Anklage des Staatsanwalts,

54) Zustandsreate s. M. Z. XIII. 314. 485. 513. Sammlung w. E. d. C. H. I. 41 u. D. StGB. v. 15. Mai 1871 § 67.

## III.
## Vergleichende Uebersicht der Gewährs- und Verjährungsfristen verschiedener Länder bei Viehveräusserungen.

| Gewährsfehler: | Gewährstage in | | | | | | | | | |
|---|---|---|---|---|---|---|---|---|---|---|
| | Bayern. *) | Oesterreich. | Preussen. | Württemberg. | Sachsen Königreich. | Baden. | Hessen Grossherz. | Sachsen-Mein. | Schweiz. | Frankreich. |
| I. Bei Pferden.[1]) | | | | | | | | | | |
| 1) Schönblindheit (schwarzer Staar) | 8 | 30 | 28 | 8 | 15 | 8 | 8 | 8 | — | — |
| 2) Koppen . . . . . | 8 | — | — | 8[2]) | — | 8 | 8[3]) | 8 | — | — |

**Bemerkungen.**

*) Nach dem bayer. Gesetze vom 26. März 1859 verjähren die Klagen auf Gewährleistung in 14 Tagen nach Ablauf der betreff. Gewährsfrist. — [1]) Auch Eseln und Maulthieren. — [2]) ohne Abnützung der Zähne. — [3]) irgend einer Art.

| Gewährsfehler: | Gewährstage in | | | | | | | | | |
|---|---|---|---|---|---|---|---|---|---|---|
| | Bayern.*) | Oesterreich. | Preussen. | Württemberg. | Sachsen Königreich. | Baden. | Hessen Grossherz. | Sachsen-Mein. | Schweiz. | Frankreich. |
| 3) Rotz . . . . . . | 14 | 15 | 14 | 14 | 15[1]) | 14 | 14 | 28 | 20 | 9 |
| 4) Hautwurm . . . . | 14 | 30 | — | 14 | 15 | 14 | 14 | 28 | 28 | 9 |
| 5) Dampf[2]) . . . . | 14[3]) | 15 | 28 | 14 | 15 | 14 | 14[4]) | 28 | 20 | 9 |
| 6) Koller (Dummkoller) | 21 | 30 | 28 | 21 | 15 | 21 | 28 | 28 | 20 | 9 |
| 7) Fallende Sucht . . | 40 | — | — | 28 | — | 28 | 28 | — | — | 30 |
| 8) Periodische Augenentzündung (Mondblindheit) . . . . | 40 | 30 | 28 | 40 | 50 | 40 | 28 | — | — | 30 |
| 9) Räude . . . . . | — | — | 14 | — | 15 | — | — | — | — | — |
| 10) Stätigkeit . . . . | — | 30 | 4 | — | 5 | — | 14 | — | — | — |
| **II. Bei dem Rindvieh.** | | | | | | | | | | |
| 1) Perlsucht (Drüsenkrankheit) . . . . | 28 | 30 | 8 | 28 | 50 | 28 | 28 | — | 20 | — |
| 2) Tragsack u. Scheidenvorfall[5]) . . . | 14 | — | — | 8 | — | 8 | 8 | — | — | — |
| 3) Lungensucht . . . | 14 | — | — | 14 | 30[6]) | 14 | 14 | 28 | 30 | 9 |
| 4) Fallende Sucht . . | 40 | — | — | 28 | — | 28 | 28 | 28 | — | 30 |
| 5) Lungenseuche . . | 40 | — | — | — | 30 | — | — | — | — | — |
| 6) Räude . . . . . | — | — | — | — | 15 | — | — | — | — | — |
| **III. Bei Schafen.** | | | | | | | | | | |
| 1) Räude (Milbenräude) | 14 | 8 | — | 14 | 15 | 14 | — | — | — | — |
| 2) Fäule oder Anbruch | 14 | 60[7]) | — | 14 | 30 | 14 | 28[8]) | — | — | — |
| 3) Bösartige Klauenseuche . . . . . | 14 | — | — | — | 15 | — | — | — | — | — |
| 4) Pocken . . . . . | — | 8 | 8 | — | 10 | — | — | — | — | — |
| **IV. Bei Schweinen.** | | | | | | | | | | |
| Finnen . . . . . . | 8 | 8 | 8 | 28 | 30[9]) | 28 | — | — | — | — |
| **V. Bei allen obigen Thieren.** | | | | | | | | | | |
| Alle anderen ausdrücklich garantirten Fehler ohne Festsetzung einer best. Gewährsfrist . . . . . . . | 40 | — | — | — | — | — | — | — | — | — |

**Bemerkungen.**

*) Nach dem bayer. Gesetze vom 26. März 1859 verjähren die Klagen auf Gewährleistung in 14 Tagen nach Ablauf der betreff. Gewährsfrist. — 1) oder verdächtige Drüse. — 2) Dämpfigkeit oder Herzschlächtigkeit. — 3) gleichviel ob derselbe in oder ausser der Brusthöhle oder im Herz seinen Sitz hat. — 4) auch pfeifender Dampf. — 5) soferne der Vorfall nicht unmittelbar nach einer Geburt vorkommt. — 6) Lungen- und Lebertuberkeln oder Lungen- und Leberfäule. — 7) die Lungen- und Egelwürmer. — 8) Egel-

**Zusätze.**

1. Der Veräusserer hat ausschliesslich nur für die im Gesetze speciell genannten Fehler einzustehen — insoferne nicht ausdrücklich auch noch andere bedungen sind — in Bayern, Württemberg, Baden, Luxemburg, Frankreich, Schweiz. —

2. Ausschliesslich die Wandelungsklage kann angestellt werden — mit Ausnahme bei geschlachtetem Vieh — in Bayern, Württemberg, Baden, Frankfurt a. M., Schweiz. Die Minderungsklage ist nur zulässig in Preussen, Oesterreich, Sachsen, Grossh. Hessen, Kurhessen und Frankreich.

3. Die Verjährung tritt ein und erlischt mit derselben jeder Anspruch an den Veräusserer bei Unterlassung gerichtlicher Klagestellung bezw. Erbringung des Nachweises des Vorhandenseins eines Gewährmangels und bzw. eines dem gleichzuachtenden Fehlers zur Zeit des Kaufsabschlusses — innerhalb 6 Monaten in Preussen und Oesterreich; nach Ablauf der Gewährsfrist und bzw. innerhalb der darauffolgenden 14 Tage in Bayern, Württemberg, Baden und Frankfurt a. M.; spätestens 24 Stunden nach Ablauf der Gewährszeit Anzeigeerstattung bei Gericht und nach weiteren 4 Wochen Verjährung im Grossh. Hessen; spätestens 24 Stunden nach Ausgang der Gewährsfrist Anzeige bei Gericht und Verjährung am 90. Tage von der Uebergabe an in Churhessen; mit Umfluss der Währschaftszeit in der Schweiz für Thiere, welche vor Ablauf dieser Zeit in andere als die concordirenden Cantone oder in's Ausland geführt werden, mit dem Ueberschreiten der Gränze des Concordatsgebietes; mit Ablauf der Gewährsfrist im Grossherzogthum Luxemburg. — (Veterinärärztliches Taschenbuch v. Th. Adam.)

---

# Beilage II.

## Tabellen zur Berechnung der „kritischen Zeit“ für aussereheliche Vaterschafts- und Alimentationspflicht.

---

### Vorbemerkungen.

Die kritische Zeit für Vaterschafts- und Alimentationspflicht fällt, von der Geburt des Kindes zurückgerechnet:

a) nach bayer. Rechte in die Zeit vom 182. bis 302. Tag,
b) » gemeinem » » » » » 182. » 300. »
c) » preuss. » » » » » 210. » 285. »
d) » österreich. » » » » » 180. » 300. »

---

würmerkrankheit. — [9]) auch Lungentuberkeln und Lungenwurmkrankheit 30 Tage..

und beträgt daher
a) nach preussischem Rechte 75 Tage,
b) » 'gemeinem » 118 »
c) » österreich. » 120 »
d) » bayerischem » 120 »

Ueber die Rechtsquellen s. Gett, die Rechtsverhältnisse aus der ausserehelichen Geschlechtsgemeinschaft etc. München bei Franz 1836.

Ueber bayerisches Recht s. bayer. Landrecht. Thl. I. Cap. 4 § 7 Nr. 1, 5 und Cap. 3 § 2 Nr. 9 und 10, dann Thl. IV. Cap. 16 § 6 Nr. 6.

Ueber preussisches Recht s. Allg. preuss. Landrecht § 1577 II, und § 15 des Ges. v. 24. April 1854.

Bei der Berechnung der kritischen Zeit ist (entgegen Gett und älteren Tabellen und in Uebereinstimmung mit den Bl. f. R. A. VIII. S. 384 und mit Heymanns preuss. Terminkalender) der Tag der Geburt als der erste Tag nicht miteingerechnet, sondern wird von Mitternacht zu Mitternacht gezählt. Man vergl. auch die Erörterung der Bl. f. RA. Bd. XXX. S. 257 ff. „Ueber Berechnung der Nativitätstermine nach gemeinem und bayerischem Rechte."

Nach dem Urtheil des Obersten Gerichtshofes vom 27. Jan. 1872 (Bl. f. RA. XXXVI. S. 370 u. XXXVII. S. 80) ist bei Berechnung der längsten Schwangerschaftsdauer von 302 Tagen sowohl der Tag der Beiwohnung als auch der der Geburt des Kindes mitzuzälen. — Wer hiernach rechnen will, muss in den nachstehenden Tabellen A. und B. beim 302. Tag einen Tag abziehen.

---

## A.

# Tabelle

zur

## Berechnung der „kritischen Zeit",

in welcher der Beischlaf nach bayer. Landrecht Thl. I Kap. 3 § 2 Nr. 9 vollzogen sein muss, wenn die Geburt in irgend einem Jahre erfolgt ist. (Bl. f. RA. VIII. S. 384.)

| Geburtstag im | 182ster Tag im gemeinen Jahre | | Schaltjahr | 302ter Tag im gemeinen Jahre | | Schaltjahr |
|---|---|---|---|---|---|---|
| Januar | Juli | + 2 | + 2 | März | + 4 | + 4 |
| Februar | August | + 2 | + 2 | April | + 4 | + 4 |
| März | September | — 1 | 0 | Mai | + 2 | + 3 |
| April | October | 0 | + 1 | Juni | + 2 | + 3 |
| Mai | November | — 1 | 0 | Juli | + 2 | + 3 |
| Juni | Dezember | 0 | + 1 | August | + 2 | + 3 |
| Juli | Januar | — 1 | 0 | September | + 1 | + 2 |
| August | Februar | — 1 | 0 | Oktober | + 2 | + 3 |
| September | März | + 2 | + 2 | November | + 2 | + 3 |
| Oktober | April | + 1 | + 1 | Dezember | + 2 | + 3 |
| November | Mai | + 2 | + 2 | Januar | + 2 | + 3 |
| Dezember | Juni | + 1 | + 1 | Februar | + 1 | + 2 |

Gebrauchsanweisung: Es wird der mit der Zahl des Geburtstages gleiche Tag des in der zweiten resp. dritten Kolumne bezeichneten Monats angesetzt, und damit (wo 0 steht) die Rechnung abgeschlossen, oder um so viel Tage vor- oder rückwärts gerechnet, als mit + oder — (plus oder minus) angegeben sind. Diese Berechnung kann in einen andern Monat führen, als den in der zweiten resp. dritten Kolumne angegebenen. Bei einer z. B. am 31. Jänner stattgefundenen Geburt fällt der 182ste Tag auf den 2. August (= 31. Juli + 2 Tage); bei einem am 1. März gebornen Kinde auf den 31. August (= 1. September — 1 Tag.)

Als Schaltjahr ist nur das Geburtsjahr zu berücksichtigen, nicht dasjenige, in welches der 182ste oder 302te Tag fällt.

---

B.

# Tabelle

zur

## Berechnung der „kritischen Zeit“,

in welcher der Beischlaf nach bayerischem, gemeinem und preussischem Rechte vollzogen sein muss, wenn die Geburt im gemeinen Jahre erfolgt.

**(Man beachte die Schlussbemerkung S. 17.)**

| Tag der Geburt im laufenden Jahre. | | Kritische Zeit des Beischlafs nach | | | | | | | | | | | |
|---|---|---|---|---|---|---|---|---|---|---|---|---|---|
| | | bayer. Rechte | | | | gemein. d. Rechte | | | | preuss. Rechte | | | |
| | | **302**ter Tag | | **182**ster Tag | | **300**ster Tag | | **182**ster Tag | | **285**ster Tag | | **210**ter Tag | |
| | | v. J. | | v. J. | | v. J. | | v. J. | | v. J. | | v. J. | |
| 1 | Januar | 5 | März | 3 | Juli | 7 | März | 3 | Juli | 22 | März | 5 | Juni |
| 2 | | 6 | | 4 | | 8 | | 4 | | 23 | | 6 | |
| 3 | | 7 | | 5 | | 9 | | 5 | | 24 | | 7 | |
| 4 | | 8 | | 6 | | 10 | | 6 | | 25 | | 8 | |
| 5 | | 9 | | 7 | | 11 | | 7 | | 26 | | 9 | |
| 6 | | 10 | | 8 | | 12 | | 8 | | 27 | | 10 | |
| 7 | | 11 | | 9 | | 13 | | 9 | | 28 | | 11 | |
| 8 | | 12 | | 10 | | 14 | | 10 | | 29 | | 12 | |
| 9 | | 13 | | 11 | | 15 | | 11 | | 30 | | 13 | |
| 10 | | 14 | | 12 | | 16 | | 12 | | 31 | | 14 | |
| 11 | | 15 | | 13 | | 17 | | 13 | | 1 | April | 15 | |
| 12 | | 16 | | 14 | | 18 | | 14 | | 2 | | 16 | |
| 13 | | 17 | | 15 | | 19 | | 15 | | 3 | | 17 | |
| 14 | | 18 | | 16 | | 20 | | 16 | | 4 | | 18 | |
| 15 | | 19 | | 17 | | 21 | | 17 | | 5 | | 19 | |
| 16 | | 20 | | 18 | | 22 | | 18 | | 6 | | 20 | |
| 17 | | 21 | | 19 | | 23 | | 19 | | 7 | | 21 | |
| 18 | | 22 | | 20 | | 24 | | 20 | | 8 | | 22 | |
| 19 | | 23 | | 21 | | 25 | | 21 | | 9 | | 23 | |
| 20 | | 24 | | 22 | | 26 | | 22 | | 10 | | 24 | |
| 21 | | 25 | | 23 | | 27 | | 23 | | 11 | | 25 | |

| Tag der Geburt im laufenden Jahre. | | Kritische Zeit des Beischlafs nach | | | | | | | | | | | |
|---|---|---|---|---|---|---|---|---|---|---|---|---|---|
| | | bayer. Rechte | | | | gemein. d. Rechte | | | | preuss. Rechte | | | |
| | | 302ter Tag | | 182ster Tag | | 300ster Tag | | 182ster Tag | | 285ster Tag | | 210ter Tag | |
| | | v. J. | | v. J. | | v. J | | v. J. | | v. J. | | v. J. | |
| 22 | Januar | 26 | März | 24 | Juli | 28 | März | 24 | Juli | 12 | April | 26 | Juni |
| 23 | | 27 | | 25 | | 29 | | 25 | | 13 | | 27 | |
| 24 | | 28 | | 26 | | 30 | | 26 | | 14 | | 28 | |
| 25 | | 29 | | 27 | | 31 | | 27 | | 15 | | 29 | |
| 26 | | 30 | | 28 | | 1 | April | 28 | | 16 | | 30 | |
| 27 | | 31 | | 29 | | 2 | | 29 | | 17 | | 1 | Juli |
| 28 | | 1 | April | 30 | | 3 | | 30 | | 18 | | 2 | |
| 29 | | 2 | | 31 | | 4 | | 31 | | 19 | | 3 | |
| 30 | | 3 | | 1 | August | 5 | | 1 | August | 20 | | 4 | |
| 31 | | 4 | | 2 | | 6 | | 2 | | 21 | | 5 | |
| 1 | Februar | 5 | | 3 | | 7 | | 3 | | 22 | | 6 | |
| 2 | | 6 | | 4 | | 8 | | 4 | | 23 | | 7 | |
| 3 | | 7 | | 5 | | 9 | | 5 | | 24 | | 8 | |
| 4 | | 8 | | 6 | | 10 | | 6 | | 25 | | 9 | |
| 5 | | 9 | | 7 | | 11 | | 7 | | 26 | | 10 | |
| 6 | | 10 | | 8 | | 12 | | 8 | | 27 | | 11 | |
| 7 | | 11 | | 9 | | 13 | | 9 | | 28 | | 12 | |
| 8 | | 12 | | 10 | | 14 | | 10 | | 29 | | 13 | |
| 9 | | 13 | | 11 | | 15 | | 11 | | 30 | | 14 | |
| 10 | | 14 | | 12 | | 16 | | 12 | | 1 | Mai | 15 | |
| 11 | | 15 | | 13 | | 17 | | 13 | | 2 | | 16 | |
| 12 | | 16 | | 14 | | 18 | | 14 | | 3 | | 17 | |
| 13 | | 17 | | 15 | | 19 | | 15 | | 4 | | 18 | |
| 14 | | 18 | | 16 | | 20 | | 16 | | 5 | | 19 | |
| 15 | | 19 | | 17 | | 21 | | 17 | | 6 | | 20 | |
| 16 | | 20 | | 18 | | 22 | | 18 | | 7 | | 21 | |
| 17 | | 21 | | 19 | | 23 | | 19 | | 8 | | 22 | |
| 18 | | 22 | | 20 | | 24 | | 20 | | 9 | | 23 | |
| 19 | | 23 | | 21 | | 25 | | 21 | | 10 | | 24 | |
| 20 | | 24 | | 22 | | 26 | | 22 | | 11 | | 25 | |
| 21 | | 25 | | 23 | | 27 | | 23 | | 12 | | 26 | |
| 22 | | 26 | | 24 | | 28 | | 24 | | 13 | | 27 | |
| 23 | | 27 | | 25 | | 29 | | 25 | | 14 | | 28 | |
| 24 | | 28 | | 26 | | 30 | | 26 | | 15 | | 29 | |
| 25 | | 29 | | 27 | | 1 | Mai | 27 | | 16 | | 30 | |
| 26 | | 30 | | 28 | | 2 | | 28 | | 17 | | 31 | |
| 27 | | 1 | Mai | 29 | | 3 | | 29 | | 18 | | 1 | August |
| 28 | | 2 | | 30 | | 4 | | 30 | | 19 | | 2 | |
| 1 | März | 3 | | 31 | | 5 | | 31 | | 20 | | 3 | |
| 2 | | 4 | | 1 | September | 6 | | 1 | September | 21 | | 4 | |
| 3 | | 5 | | 2 | | 7 | | 2 | | 22 | | 5 | |
| 4 | | 6 | | 3 | | 8 | | 3 | | 23 | | 6 | |
| 5 | | 7 | | 4 | | 9 | | 4 | | 24 | | 7 | |
| 6 | | 8 | | 5 | | 10 | | 5 | | 25 | | 8 | |
| 7 | | 9 | | 6 | | 11 | | 6 | | 26 | | 9 | |

| Tag der Geburt im laufenden Jahre. | Kritische Zeit des Beischlafs nach | | | | | |
|---|---|---|---|---|---|---|
| | bayer. Rechte | | gem. d. Rechte | | preuss. Rechte | |
| | **302**ter Tag | **182**ster Tag | **300**ster Tag | **182**ster Tag | **285**ster Tag | **210**ter Tag |
| | v. J. | v. J. | v. J. | v. J. | v. J. | v. J. |
| März 8 | Mai 10 | September 7 | Mai 12 | September 7 | Mai 27 | August 10 |
| 9 | 11 | 8 | 13 | 8 | 28 | 11 |
| 10 | 12 | 9 | 14 | 9 | 29 | 12 |
| 11 | 13 | 10 | 15 | 10 | 30 | 13 |
| 12 | 14 | 11 | 16 | 11 | 31 | 14 |
| 13 | 15 | 12 | 17 | 12 | Juni 1 | 15 |
| 14 | 16 | 13 | 18 | 13 | 2 | 16 |
| 15 | 17 | 14 | 19 | 14 | 3 | 17 |
| 16 | 18 | 15 | 20 | 15 | 4 | 18 |
| 17 | 19 | 16 | 21 | 16 | 5 | 19 |
| 18 | 20 | 17 | 22 | 17 | 6 | 20 |
| 19 | 21 | 18 | 23 | 18 | 7 | 21 |
| 20 | 22 | 19 | 24 | 19 | 8 | 22 |
| 21 | 23 | 20 | 25 | 20 | 9 | 23 |
| 22 | 24 | 21 | 26 | 21 | 10 | 24 |
| 23 | 25 | 22 | 27 | 22 | 11 | 25 |
| 24 | 26 | 23 | 28 | 23 | 12 | 26 |
| 25 | 27 | 24 | 29 | 24 | 13 | 27 |
| 26 | 28 | 25 | 30 | 25 | 14 | 28 |
| 27 | 29 | 26 | 31 | 26 | 15 | 29 |
| 28 | 30 | 27 | Juni 1 | 27 | 16 | 30 |
| 29 | 31 | 28 | 2 | 28 | 17 | 31 |
| 30 | Juni 1 | 29 | 3 | 29 | 18 | September 1 |
| 31 | 2 | 30 | 4 | 30 | 19 | 2 |
| April 1 | 3 | October 1 | 5 | October 1 | 20 | 3 |
| 2 | 4 | 2 | 6 | 2 | 21 | 4 |
| 3 | 5 | 3 | 7 | 3 | 22 | 5 |
| 4 | 6 | 4 | 8 | 4 | 23 | 6 |
| 5 | 7 | 5 | 9 | 5 | 24 | 7 |
| 6 | 8 | 6 | 10 | 6 | 25 | 8 |
| 7 | 9 | 7 | 11 | 7 | 26 | 9 |
| 8 | 10 | 8 | 12 | 8 | 27 | 10 |
| 9 | 11 | 9 | 13 | 9 | 28 | 11 |
| 10 | 12 | 10 | 14 | 10 | 29 | 12 |
| 11 | 13 | 11 | 15 | 11 | 30 | 13 |
| 12 | 14 | 12 | 16 | 12 | Juli 1 | 14 |
| 13 | 15 | 13 | 17 | 13 | 2 | 15 |
| 14 | 16 | 14 | 18 | 14 | 3 | 16 |
| 15 | 17 | 15 | 19 | 15 | 4 | 17 |
| 16 | 18 | 16 | 20 | 16 | 5 | 18 |
| 17 | 19 | 17 | 21 | 17 | 6 | 19 |
| 18 | 20 | 18 | 22 | 18 | 7 | 20 |
| 19 | 21 | 19 | 23 | 19 | 8 | 21 |
| 20 | 22 | 20 | 24 | 20 | 9 | 22 |
| 21 | 23 | 21 | 25 | 21 | 10 | 23 |
| 22 | 24 | 22 | 26 | 22 | 11 | 24 |
| 23 | 25 | 23 | 27 | 23 | 12 | 25 |

| Tag der Geburt im laufenden Jahre. | Kritische Zeit des Beischlafs nach bayer. Rechte 302ter Tag | bayer. Rechte 182ster Tag | gem. d. Rechte 300ster Tag | gem. d. Rechte 182ster Tag | preuss. Rechte 285ster Tag | preuss. Rechte 210ter Tag |
|---|---|---|---|---|---|---|
| | v. J. | v. J. | v. J. | v. J. | v. J. | v. J. |
| April 24 | Juni 26 | October 24 | Juni 28 | October 24 | Juli 13 | Sept. 26 |
| 25 | 27 | 25 | 29 | 25 | 14 | 27 |
| 26 | 28 | 26 | 30 | 26 | 15 | 28 |
| 27 | 29 | 27 | Juli 1 | 27 | 16 | 29 |
| 28 | 30 | 28 | 2 | 28 | 17 | 30 |
| 29 | Juli 1 | 29 | 3 | 29 | 18 | October 1 |
| 30 | 2 | 30 | 4 | 30 | 19 | 2 |
| Mai 1 | 3 | 31 | 5 | 31 | 20 | 3 |
| 2 | 4 | November 1 | 6 | November 1 | 21 | 4 |
| 3 | 5 | 2 | 7 | 2 | 22 | 5 |
| 4 | 6 | 3 | 8 | 3 | 23 | 6 |
| 5 | 7 | 4 | 9 | 4 | 24 | 7 |
| 6 | 8 | 5 | 10 | 5 | 25 | 8 |
| 7 | 9 | 6 | 11 | 6 | 26 | 9 |
| 8 | 10 | 7 | 12 | 7 | 27 | 10 |
| 9 | 11 | 8 | 13 | 8 | 28 | 11 |
| 10 | 12 | 9 | 14 | 9 | 29 | 12 |
| 11 | 13 | 10 | 15 | 10 | 30 | 13 |
| 12 | 14 | 11 | 16 | 11 | 31 | 14 |
| 13 | 15 | 12 | 17 | 12 | August 1 | 15 |
| 14 | 16 | 13 | 18 | 13 | 2 | 16 |
| 15 | 17 | 14 | 19 | 14 | 3 | 17 |
| 16 | 18 | 15 | 20 | 15 | 4 | 18 |
| 17 | 19 | 16 | 21 | 16 | 5 | 19 |
| 18 | 20 | 17 | 22 | 17 | 6 | 20 |
| 19 | 21 | 18 | 23 | 18 | 7 | 21 |
| 20 | 22 | 19 | 24 | 19 | 8 | 22 |
| 21 | 23 | 20 | 25 | 20 | 9 | 23 |
| 22 | 24 | 21 | 26 | 21 | 10 | 24 |
| 23 | 25 | 22 | 27 | 22 | 11 | 25 |
| 24 | 26 | 23 | 28 | 23 | 12 | 26 |
| 25 | 27 | 24 | 29 | 24 | 13 | 27 |
| 26 | 28 | 25 | 30 | 25 | 14 | 28 |
| 27 | 29 | 26 | 31 | 26 | 15 | 29 |
| 28 | 30 | 27 | August 1 | 27 | 16 | 30 |
| 29 | 31 | 28 | 2 | 28 | 17 | 31 |
| 30 | August 1 | 29 | 3 | 29 | 18 | November 1 |
| 31 | 2 | 30 | 4 | 30 | 19 | 2 |
| Juni 1 | 3 | December 1 | 5 | December 1 | 20 | 3 |
| 2 | 4 | 2 | 6 | 2 | 21 | 4 |
| 3 | 5 | 3 | 7 | 3 | 22 | 5 |
| 4 | 6 | 4 | 8 | 4 | 23 | 6 |
| 5 | 7 | 5 | 9 | 5 | 24 | 7 |
| 6 | 8 | 6 | 10 | 6 | 25 | 8 |
| 7 | 9 | 7 | 11 | 7 | 26 | 9 |
| 8 | 10 | 8 | 12 | 8 | 27 | 10 |

| Tag der Geburt im laufenden Jahre. | Kritische Zeit des Beischlafs nach | | | | | |
|---|---|---|---|---|---|---|
| | bayer. Rechte | | gem. d. Rechte | | preuss. Rechte | |
| | 302ter Tag | 182ster Tag | 300ster Tag | 182ster Tag | 285ster Tag | 210ter Tag |
| | v. J. | v. J. | v. J. | v. J. | v. J. | v. J. |
| Juni 9 | August 11 | December 9 | August 13 | December 9 | August 28 | November 11 |
| 10 | 12 | 10 | 14 | 10 | 29 | 12 |
| 11 | 13 | 11 | 15 | 11 | 30 | 13 |
| 12 | 14 | 12 | 16 | 12 | 31 | 14 |
| 13 | 15 | 13 | 17 | 13 | September 1 | 15 |
| 14 | 16 | 14 | 18 | 14 | 2 | 16 |
| 15 | 17 | 15 | 19 | 15 | 3 | 17 |
| 16 | 18 | 16 | 20 | 16 | 4 | 18 |
| 17 | 19 | 17 | 21 | 17 | 5 | 19 |
| 18 | 20 | 18 | 22 | 18 | 6 | 20 |
| 19 | 21 | 19 | 23 | 19 | 7 | 21 |
| 20 | 22 | 20 | 24 | 20 | 8 | 22 |
| 21 | 23 | 21 | 25 | 21 | 9 | 23 |
| 22 | 24 | 22 | 26 | 22 | 10 | 24 |
| 23 | 25 | 23 | 27 | 23 | 11 | 25 |
| 24 | 26 | 24 | 28 | 24 | 12 | 26 |
| 25 | 27 | 25 | 29 | 25 | 13 | 27 |
| 26 | 28 | 26 | 30 | 26 | 14 | 28 |
| 27 | 29 | 27 | 31 | 27 | 15 | 29 |
| 28 | 30 | 28 | September 1 | 28 | 16 | 30 |
| 29 | 31 | 29 | 2 | 29 | 17 | December 1 |
| 30 | September 1 | 30 | 3 | 30 | 18 | 2 |
| Juli 1 | 2 | 31 | 4 | 31 | 19 | 3 |
| | | l. J. | | l. J. | | |
| 2 | 3 | Januar 1 | 5 | Januar 1 | 20 | 4 |
| 3 | 4 | 2 | 6 | 2 | 21 | 5 |
| 4 | 5 | 3 | 7 | 3 | 22 | 6 |
| 5 | 6 | 4 | 8 | 4 | 23 | 7 |
| 6 | 7 | 5 | 9 | 5 | 24 | 8 |
| 7 | 8 | 6 | 10 | 6 | 25 | 9 |
| 8 | 9 | 7 | 11 | 7 | 26 | 10 |
| 9 | 10 | 8 | 12 | 8 | 27 | 11 |
| 10 | 11 | 9 | 13 | 9 | 28 | 12 |
| 11 | 12 | 10 | 14 | 10 | 29 | 13 |
| 12 | 13 | 11 | 15 | 11 | 30 | 14 |
| 13 | 14 | 12 | 16 | 12 | October 1 | 15 |
| 14 | 15 | 13 | 17 | 13 | 2 | 16 |
| 15 | 16 | 14 | 19 | 14 | 3 | 17 |
| 16 | 17 | 15 | 18 | 15 | 4 | 18 |
| 17 | 18 | 16 | 20 | 16 | 5 | 19 |
| 18 | 19 | 17 | 21 | 17 | 6 | 20 |
| 19 | 20 | 18 | 22 | 18 | 7 | 21 |
| 20 | 21 | 19 | 23 | 19 | 8 | 22 |
| 21 | 22 | 20 | 24 | 20 | 9 | 23 |
| 22 | 23 | 21 | 25 | 21 | 10 | 24 |
| 23 | 24 | 22 | 26 | 22 | 11 | 25 |

| Tag der Geburt im laufenden Jahre. | Kritische Zeit des Beischlafs nach | | | | | |
|---|---|---|---|---|---|---|
| | bayer. Rechte | | gem. d. Rechte | | preuss. Rechte | |
| | 302ter Tag | 182ster Tag | 300ster Tag | 182ster Tag | 285ster Tag | 210ter Tag |
| | v. J. | l. J. | v. J. | l. J. | v. J. | v. J. |
| 24 Juli | 25 September | 23 Januar | 27 Sept. | 23 Januar | 12 October | 26 December |
| 25 | 26 | 24 | 28 | 24 | 13 | 27 |
| 26 | 27 | 25 | 29 | 25 | 14 | 28 |
| 27 | 28 | 26 | 30 | 26 | 15 | 29 |
| 28 | 29 | 27 | 1 October | 27 | 16 | 30 |
| 29 | 30 | 28 | 2 | 28 | 17 | 31 |
| | | | | | | l. J. |
| 30 | 1 October | 29 | 3 | 29 | 18 | 1 Januar |
| 31 | 2 | 30 | 4 | 30 | 19 | 2 |
| 1 August | 3 | 31 | 5 | 31 | 20 | 3 |
| 2 | 4 | 1 Februar | 6 | 1 Februar | 21 | 4 |
| 3 | 5 | 2 | 7 | 2 | 22 | 5 |
| 4 | 6 | 3 | 8 | 3 | 23 | 6 |
| 5 | 7 | 4 | 9 | 4 | 24 | 7 |
| 6 | 8 | 5 | 10 | 5 | 25 | 8 |
| 7 | 9 | 6 | 11 | 6 | 26 | 9 |
| 8 | 10 | 7 | 12 | 7 | 27 | 10 |
| 9 | 11 | 8 | 13 | 8 | 28 | 11 |
| 10 | 12 | 9 | 14 | 9 | 29 | 12 |
| 11 | 13 | 10 | 15 | 10 | 30 | 13 |
| 12 | 14 | 11 | 16 | 11 | 31 | 14 |
| 13 | 15 | 12 | 17 | 12 | 1 November | 15 |
| 14 | 16 | 13 | 18 | 13 | 2 | 16 |
| 15 | 17 | 14 | 19 | 14 | 3 | 17 |
| 16 | 18 | 15 | 20 | 15 | 4 | 18 |
| 17 | 19 | 16 | 21 | 16 | 5 | 19 |
| 18 | 20 | 17 | 22 | 17 | 6 | 20 |
| 19 | 21 | 18 | 23 | 18 | 7 | 21 |
| 20 | 22 | 19 | 24 | 19 | 8 | 22 |
| 21 | 23 | 20 | 25 | 20 | 9 | 23 |
| 22 | 24 | 21 | 26 | 21 | 10 | 24 |
| 23 | 25 | 22 | 27 | 22 | 11 | 25 |
| 24 | 26 | 23 | 28 | 23 | 12 | 26 |
| 25 | 27 | 24 | 29 | 24 | 13 | 27 |
| 26 | 28 | 25 | 30 | 25 | 14 | 28 |
| 27 | 29 | 26 | 31 | 26 | 15 | 29 |
| 28 | 30 | 27 | 1 November | 27 | 16 | 30 |
| 29 | 31 | 28 | 2 | 28 | 17 | 31 |
| 30 | 1 November | 1 März | 3 | 1 März | 18 | 1 Februar |
| 31 | 2 | 2 | 4 | 2 | 19 | 2 |
| 1 Sept. | 3 | 3 | 5 | 3 | 20 | 3 |
| 2 | 4 | 4 | 6 | 4 | 21 | 4 |
| 3 | 5 | 5 | 7 | 5 | 22 | 5 |
| 4 | 6 | 6 | 8 | 6 | 23 | 6 |
| 5 | 7 | 7 | 9 | 7 | 24 | 7 |

| Tag der Geburt im laufenden Jahre. | | Kritische Zeit des Beischlafs nach | | | | | | | | | | | |
|---|---|---|---|---|---|---|---|---|---|---|---|---|---|
| | | bayer. Rechte | | | | gem. d. Rechte | | | | preuss. Rechte | | | |
| | | **302**ter Tag | | **182**ster Tag | | **300**ster Tag | | **182**ster Tag | | **285**ster Tag | | **210**ter Tag | |
| | | v. J. | | l. J. | | v. J. | | l. J | | v. J. | | l. J. | |
| 6 | September | 8 | November | 8 | März | 10 | November | 8 | März | 25 | November | 8 | Februar |
| 7 | | 9 | | 9 | | 11 | | 9 | | 26 | | 9 | |
| 8 | | 10 | | 10 | | 12 | | 10 | | 27 | | 10 | |
| 9 | | 11 | | 11 | | 13 | | 11 | | 28 | | 11 | |
| 10 | | 12 | | 12 | | 14 | | 12 | | 29 | | 12 | |
| 11 | | 13 | | 13 | | 15 | | 13 | | 30 | | 13 | |
| 12 | | 14 | | 14 | | 16 | | 14 | | 1 | December | 14 | |
| 13 | | 15 | | 15 | | 17 | | 15 | | 2 | | 15 | |
| 14 | | 16 | | 16 | | 18 | | 16 | | 3 | | 16 | |
| 15 | | 17 | | 17 | | 19 | | 17 | | 4 | | 17 | |
| 16 | | 18 | | 18 | | 20 | | 18 | | 5 | | 18 | |
| 17 | | 19 | | 19 | | 21 | | 19 | | 6 | | 19 | |
| 18 | | 20 | | 20 | | 22 | | 20 | | 7 | | 20 | |
| 19 | | 21 | | 21 | | 23 | | 21 | | 8 | | 21 | |
| 20 | | 22 | | 22 | | 24 | | 22 | | 9 | | 22 | |
| 21 | | 23 | | 23 | | 25 | | 23 | | 10 | | 23 | |
| 22 | | 24 | | 24 | | 26 | | 24 | | 11 | | 24 | |
| 23 | | 25 | | 25 | | 27 | | 25 | | 12 | | 25 | |
| 24 | | 26 | | 26 | | 28 | | 26 | | 13 | | 26 | |
| 25 | | 27 | | 27 | | 29 | | 27 | | 14 | | 27 | |
| 26 | | 28 | | 28 | | 30 | | 28 | | 15 | | 28 | |
| 27 | | 29 | | 29 | | 1 | December | 29 | | 16 | | 1 | März |
| 28 | | 30 | | 30 | | 2 | | 30 | | 17 | | 2 | |
| 29 | | 1 | December | 31 | | 3 | | 31 | | 18 | | 3 | |
| 30 | | 2 | | 1 | April | 4 | | 1 | April | 19 | | 4 | |
| 1 | October | 3 | | 2 | | 5 | | 2 | | 20 | | 5 | |
| 2 | | 4 | | 3 | | 6 | | 3 | | 21 | | 6 | |
| 3 | | 5 | | 4 | | 7 | | 4 | | 22 | | 7 | |
| 4 | | 6 | | 5 | | 8 | | 5 | | 23 | | 8 | |
| 5 | | 7 | | 6 | | 9 | | 6 | | 24 | | 9 | |
| 6 | | 8 | | 7 | | 10 | | 7 | | 25 | | 10 | |
| 7 | | 9 | | 8 | | 11 | | 8 | | 26 | | 11 | |
| 8 | | 10 | | 9 | | 12 | | 9 | | 27 | | 12 | |
| 9 | | 11 | | 10 | | 13 | | 10 | | 28 | | 13 | |
| 10 | | 12 | | 11 | | 14 | | 11 | | 29 | | 14 | |
| 11 | | 13 | | 12 | | 15 | | 12 | | 30 | | 15 | |
| 12 | | 14 | | 13 | | 16 | | 13 | | 31 | | 16 | |
| | | | | | | | | | | l. J. | | | |
| 13 | | 15 | | 14 | | 17 | | 14 | | 1 | Januar | 17 | |
| 14 | | 16 | | 15 | | 18 | | 15 | | 2 | | 18 | |
| 15 | | 17 | | 16 | | 19 | | 16 | | 3 | | 19 | |
| 16 | | 18 | | 17 | | 20 | | 17 | | 4 | | 20 | |
| 17 | | 19 | | 18 | | 21 | | 18 | | 5 | | 21 | |
| 18 | | 20 | | 19 | | 22 | | 19 | | 6 | | 22 | |
| 19 | | 21 | | 20 | | 23 | | 20 | | 7 | | 23 | |
| 20 | | 22 | | 21 | | 24 | | 21 | | 8 | | 24 | |

| Tag der Geburt im laufenden Jahre | Kritische Zeit des Beischlafs nach bayer. Rechte: 302ter Tag | bayer. Rechte: 182ster Tag | gem. d. Rechte: 300ster Tag | gem. d. Rechte: 182ster Tag | preuss. Rechte: 285ster Tag | preuss. Rechte: 210ter Tag |
|---|---|---|---|---|---|---|
| | v. J. | l. J. | v. J. | l. J. | l. J. | l. J. |
| October 21 | December 23 | April 22 | December 25 | April 22 | Januar 9 | März 25 |
| 22 | 24 | 23 | 26 | 23 | 10 | 26 |
| 23 | 25 | 24 | 27 | 24 | 11 | 27 |
| 24 | 26 | 25 | 28 | 25 | 12 | 28 |
| 25 | 27 | 26 | 29 | 26 | 13 | 29 |
| 26 | 28 | 27 | 30 | 27 | 14 | 30 |
| 27 | 29 | 28 | 31 | 28 | 15 | 31 |
| | | | l. J. | | | |
| 28 | 30 | 29 | Januar 1 | 29 | 16 | April 1 |
| 29 | 31 | 30 | 2 | 30 | 17 | 2 |
| | l. J. | | | | | |
| 30 | Januar 1 | Mai 1 | 3 | Mai 1 | 18 | 3 |
| 31 | 2 | 2 | 4 | 2 | 19 | 4 |
| November 1 | 3 | 3 | 5 | 3 | 20 | 5 |
| 2 | 4 | 4 | 6 | 4 | 21 | 6 |
| 3 | 5 | 5 | 7 | 5 | 22 | 7 |
| 4 | 6 | 6 | 8 | 6 | 23 | 8 |
| 5 | 7 | 7 | 9 | 7 | 24 | 9 |
| 6 | 8 | 8 | 10 | 8 | 25 | 10 |
| 7 | 9 | 9 | 11 | 9 | 26 | 11 |
| 8 | 10 | 10 | 12 | 10 | 27 | 12 |
| 9 | 11 | 11 | 13 | 11 | 28 | 13 |
| 10 | 12 | 12 | 14 | 12 | 29 | 14 |
| 11 | 13 | 13 | 15 | 13 | 30 | 15 |
| 12 | 14 | 14 | 16 | 14 | 31 | 16 |
| 13 | 15 | 15 | 17 | 15 | Februar 1 | 17 |
| 14 | 16 | 16 | 18 | 16 | 2 | 18 |
| 15 | 17 | 17 | 19 | 17 | 3 | 19 |
| 16 | 18 | 18 | 20 | 18 | 4 | 20 |
| 17 | 19 | 19 | 21 | 19 | 5 | 21 |
| 18 | 20 | 20 | 22 | 20 | 6 | 22 |
| 19 | 21 | 21 | 23 | 21 | 7 | 23 |
| 20 | 22 | 22 | 24 | 22 | 8 | 24 |
| 21 | 23 | 23 | 25 | 23 | 9 | 25 |
| 22 | 24 | 24 | 26 | 24 | 10 | 26 |
| 23 | 25 | 25 | 27 | 25 | 11 | 27 |
| 24 | 26 | 26 | 28 | 26 | 12 | 28 |
| 25 | 27 | 27 | 29 | 27 | 13 | 29 |
| 26 | 28 | 28 | 30 | 28 | 14 | 30 |
| 27 | 29 | 29 | 31 | 29 | 15 | Mai 1 |
| 28 | 30 | 30 | Februar 1 | 30 | 16 | 2 |
| 29 | 31 | 31 | 2 | 31 | 17 | 3 |
| 30 | Febr. 1 | Juni 1 | 3 | Juni 1 | 18 | 4 |

| Tag der Geburt im laufenden Jahre. | Kritische Zeit des Beischlafs nach | | | | | |
|---|---|---|---|---|---|---|
| | bayer. Rechte | | gem. d. Rechte | | preuss. Rechte | |
| | 302ter Tag | 182ster Tag | 300ster Tag | 182ster Tag | 285ster Tag | 210ter Tag |
| | l. J. | l. J. | l. J. | l. J. | l. J. | l. J. |
| 1 December | 2 Februar | 2 Juni | 4 Februar | 2 Juni | 19 Februar | 5 Mai |
| 2 | 3 | 3 | 5 | 3 | 20 | 6 |
| 3 | 4 | 4 | 6 | 4 | 21 | 7 |
| 4 | 5 | 5 | 7 | 5 | 22 | 8 |
| 5 | 6 | 6 | 8 | 6 | 23 | 9 |
| 6 | 7 | 7 | 9 | 7 | 24 | 10 |
| 7 | 8 | 8 | 10 | 8 | 25 | 11 |
| 8 | 9 | 9 | 11 | 9 | 26 | 12 |
| 9 | 10 | 10 | 12 | 10 | 27 | 13 |
| 10 | 11 | 11 | 13 | 11 | 28 | 14 |
| 11 | 12 | 12 | 14 | 12 | 1 März | 15 |
| 12 | 13 | 13 | 15 | 13 | 2 | 16 |
| 13 | 14 | 14 | 16 | 14 | 3 | 17 |
| 14 | 15 | 15 | 17 | 15 | 4 | 18 |
| 15 | 16 | 16 | 18 | 16 | 5 | 19 |
| 16 | 17 | 17 | 19 | 17 | 6 | 20 |
| 17 | 18 | 18 | 20 | 18 | 7 | 21 |
| 18 | 19 | 19 | 21 | 19 | 8 | 22 |
| 19 | 20 | 20 | 22 | 20 | 9 | 23 |
| 20 | 21 | 21 | 23 | 21 | 10 | 24 |
| 21 | 22 | 22 | 24 | 22 | 11 | 25 |
| 22 | 23 | 23 | 25 | 23 | 12 | 26 |
| 23 | 24 | 24 | 26 | 24 | 13 | 27 |
| 24 | 25 | 25 | 27 | 25 | 14 | 28 |
| 25 | 26 | 26 | 28 | 26 | 15 | 29 |
| 26 | 27 | 27 | 1 März | 27 | 16 | 30 |
| 27 | 28 | 28 | 2 | 28 | 17 | 31 |
| 28 | 1 März | 29 | 3 | 29 | 18 | 1 Juni |
| 29 | 2 | 30 | 4 | 30 | 19 | 2 |
| 30 | 3 | 1 Juli | 5 | 1 Juli | 20 | 3 |
| 31 | 4 | 2 | 6 | 2 | 21 | 4 |

## Beilage III.

# Zeitberechnungstabelle.

Diese Tabelle zeigt die Zahl der zwischen zwei gegebenen Terminen liegenden Tage an, wenn Anfang und Ende des Zeitraums auf gleiche Tage zweier verschiedener Monate fallen. Fällt der Februar eines Schaltjahres hinein, so ist, weil in der Tabelle der Februar nur mit 28 Tagen berechnet ist, ein Tag hinzuzurechnen. Wenn Anfang und Ende des Zeitraumes auf ungleiche Tage fallen, so ist die Differenz bei dem Ergebnisse ab- oder zuzurechnen. Der erste Tag eines Zeitraumes ist nicht mitgerechnet, dagegen aber der letzte.

Beispiele: Um zu wissen wie viele Tage vom 15. Jänner bis 15. Dezember eines Jahres zählen, sucht man in der Spalte 1 den Monat Jänner und fährt auf dieser Zeile hinaus bis zur Spalte 13, Dezember, wo sich die gesuchte Zahl 334 Tage findet; fällt der inzwischen liegende Februar in ein Schaltjahr, so ergeben sich 334 + 1 = 335 Tage; und wäre der Zeitraum vom 15. Jänner bis 12. oder 18. Dezember zu suchen, so wären im ersteren Falle 3 Tage abzuziehen (334 — 3 = 331 Tage) und im letzteren Falle 3 Tage zuzuzählen (334 + 3 = 337 Tage). — Ist die Zeit vom 23. August 1871 bis 14. Merz 1872 zu suchen, so sucht man in der Spalte 1 den Monat August und fährt auf der Zeile bis in die Spalte 4, März, wo sich die 212 Tage finden, dazu 1 Schalttag = 213 und davon ab 9 Tage Differenz zwischen 14 und 23 = 204 Tage.

## Zeitberechnungstabelle.

| 1 | 2 | 3 | 4 | 5 | 6 | 7 | 8 | 9 | 10 | 11 | 12 | 13 |
|---|---|---|---|---|---|---|---|---|---|---|---|---|
| Monate. | Januar | Februar | März | April | Mai | Juni | Juli | August | Septmb. | Oktober | Novmb. | Dezmb. |
| Januar . . | — | 31 | 59 | 90 | 120 | 151 | 181 | 212 | 243 | 273 | 304 | 334 |
| Februar . | 334 | — | 28 | 59 | 89 | 120 | 150 | 181 | 212 | 242 | 273 | 303 |
| März . . . | 306 | 337 | — | 31 | 61 | 92 | 122 | 153 | 184 | 214 | 245 | 275 |
| April . . . | 275 | 306 | 334 | — | 30 | 61 | 91 | 122 | 153 | 183 | 214 | 244 |
| Mai . . . | 245 | 276 | 304 | 335 | — | 31 | 61 | 92 | 123 | 153 | 184 | 214 |
| Juni . . . | 214 | 245 | 273 | 304 | 334 | — | 30 | 61 | 92 | 122 | 153 | 183 |
| Juli . . . | 184 | 215 | 243 | 274 | 304 | 335 | — | 31 | 62 | 92 | 123 | 153 |
| August . . | 153 | 184 | 212 | 243 | 273 | 304 | 334 | — | 31 | 61 | 92 | 122 |
| September . | 122 | 153 | 181 | 212 | 243 | 273 | 303 | 334 | — | 30 | 61 | 91 |
| Oktober . | 92 | 123 | 151 | 182 | 212 | 243 | 273 | 304 | 335 | — | 31 | 61 |
| November . | 61 | 92 | 120 | 151 | 181 | 212 | 243 | 273 | 304 | 334 | — | 30 |
| Dezember . | 31 | 62 | 90 | 121 | 151 | 182 | 212 | 243 | 274 | 304 | 335 | — |

---

# Beilage IV.

# Maass und Gewicht.

**Bemerkung.** Durch Reichsgesetz vom 26. November 1871 (RGbl. S. 397) ist die Maass- und Gewichtsordnung für den Norddeutschen Bund vom 17. August 1868 (Beil. II S. 24 zum bayr. Ges.-Bl. 1871/72) vom 1. Januar 1872 an auch in Bayern, sohin im ganzen deutschen Reiche eingeführt, jedoch mit dem Vorbehalte, dass für Bayern die bisherigen Feldmaasse bis 1. Januar 1878 und die Art 11 u. 12 der bayr. Maass- und Gewichtsordnung vom 29. April 1869 (GBl. S. 853), welche namentlich die Aichordnung betreffen, giltig bleiben, wogegen die Art. 15—20 der deutschen Maass- und Gewichtsordnung auf Bayern keine Anwendung finden. — Die bayr. Aichordnung datirt vom 12. Dezember 1871 (Rbl. 1872 S. 537 u. 829.) Nachträge s. RBl. 1873 S. 1209. — Die Bundesaichordnung vom 16. Juli 1869 und die Vollzugsvorschriften v. 6. Dez. 1869 u. 16. Aug. 1871 sind abgedruckt im bayr. Ges.-Bl. 1871/72 Beil. II. S. 21.) — Die Meile zu 7500 Meter als Entfernungsmaass ist aufgehoben durch Gesetz v. 7. Dez. 1873 (RGbl. 1873 S. 377.) — Ueber die Strasseneintheilung in Bayern s. MBl. d. J. 1874 Nr. 21 S. 247 ff.

## A.

## Neues Maass und Gewicht vom 1. Januar 1872 an.

### I. Längenmaass.

Einheit: Das Meter (m.) oder der Stab. 10 Meter = 1 Decameter (Dm.) oder die Kette, 1000 Meter = 1 Kilometer (Km.)
$^1/_{10}$ Meter = 1 Decimeter (dm.)
$^1/_{100}$ „ = 1 Centimeter (cm.) oder Neuzoll.
$^1/_{1000}$ „ = 1 Millimeter (mm.) oder Strich.
Entfernungsmaass: vormals die Meile = 7500 Meter, jetzt das Kilometer.

### II. Flächenmaass.

Einheit: Das Quadratmeter (□ m.) oder der Quadratstab;
100 □ m. = der Ar;
10000 □ m. = 1 Hectar.
(Unterabtheilungen wie beim Meter oben I.)

### III. Körpermaass.

Einheit: Das Liter (L.) oder die Kanne;
50 Liter = 1 Scheffel;
100 „ = 1 Hectoliter oder Fass;
1000 „ = 1 Kubikmeter oder Kubikstab. (Grundlage).
Das halbe Liter heisst der Schoppen.

### IV. Gewicht.

Einheit: Das Kilo oder Kilogramm (K. Kgr.) = 2 (Zoll) Pfund;
50 Kilogramm oder 100 Pfund = 1 Centner;
1000 „ „ 2000 „ = 1 Tonne.
$^1/_{1000}$ „ = 1 Gramm (gr.)
1000 gr. = 1 Kgr.
500 „ = 1 Pfd.
10 „ = 1 Decagramm (Dgr.) oder Neuloth.
$^1/_{10}$ „ = 1 Decigramm (dgr.)
$^1/_{100}$ „ = 1 Centigramm (cgr.)
$^1/_{1000}$ „ = 1 Milligramm (mgr.)
$^1/_2$ Kgr. = 1 Pfund.

B.

## Verhältnisszahlen der alten und neuen Maasse.

| Alt | | Neu | | | Neu | | Alt | | |
|---|---|---|---|---|---|---|---|---|---|
| Stück | Maass | Verhältnisszahl genau | Verhältnisszahl annähernd | Maass | Stück | Maass | Verhältnisszahl genau | Verhältnisszahl annähernd | Maass |
| | | | | **I. Längenmaasse.** | | | | | |
| 1 | Fuss = 12 Zoll | 0,291 | $^{3}/_{10}$ | Meter | 1 | Meter | 3,426 | $3^{2}/_{5}$ | Fuss |
| 1 | Zoll | 2,432 | $2^{2}/_{5}$ | Centimeter | 1 | Centimeter | 0,411 | $^{2}/_{5}$ | Zoll |
| 1 | Linie | 2,026 | 2 | Millimeter | 1 | Millimeter | 0,493 | $^{1}/_{2}$ | Linie |
| 1 | Klafter zu 6′ | 1,751 | $1^{3}/_{4}$ | Meter | 1 | Kilometer | 0,269 | $^{1}/_{4}$ | Stunde |
| 1 | Ruthe zu 10′ | 2,918 | 3 | „ | 1 | Meter | 0,571 | $^{1}/_{2}$ | Klafter |
| 1 | Elle zu 2′ $10^{1}/_{4}$″ | 0,833 | $^{4}/_{5}$ | „ | 1 | „ | 0,342 | $^{1}/_{3}$ | Ruthe |
| 1 | geom. (Post)Stunde zu 12,703′ | 3,707 | $3^{3}/_{4}$ | Kilometer | 1 | „ | 1,200 | $1^{1}/_{5}$ | Elle |
| | | | | | 5 | „ | 6,002 | 6 | Ellen |
| | | | | **II. Flächenmaasse.** | | | | | |
| 1 | □ Fuss = 144 □″ | 0,085 | $^{1}/_{12}$ | □ Meter | 1 | □ Meter | 11,739 | $11^{3}/_{4}$ | □ Fuss |
| 1 | □ Zoll | 5,915 | $5^{9}/_{10}$ | □ Centim. | 1 | □ Centimeter | 0,169 | $^{1}/_{5}$ | □ Zoll |
| 1 | □ Linie | 4,107 | $4^{1}/_{10}$ | □ Millim. | 1 | □ Millimeter | 0,243 | $^{1}/_{4}$ | □ Linie |
| 1 | □ Klafter = 36 □′ | 3,066 | 3 | □ Meter | 1 | Ar | 32,610 | $32^{3}/_{5}$ | □ Klafter |
| 1 | □ Ruthe = 100 □′ | 8,518 | $8^{1}/_{2}$ | □ Meter | 1 | Ar | 11,739 | $11^{3}/_{4}$ | □ Ruthen |
| 1 | Tgw. od. Morgen zu 400 □ Ruthen | 34,072 | 34 | Are | 1 | Hektar | 2,934 | $2^{9}/_{10}$ | Tagwerk |

| Alt | | Neu | | | Neu | | Alt | | |
|---|---|---|---|---|---|---|---|---|---|
| Stück | Maass | Verhältnisszahl genau | Verhältnisszahl annähernd | Maass | Stück | Maass | Verhältnisszahl genau | Verhältnisszahl annähernd | Maass |
| | | | | **III. Körpermaasse.** | | | | | |
| 1 | Kubik-Fuss | 0,024 | $^{1}/_{40}$ | Kubikmeter | 1 | Kubik-Meter | 40,223 | $40^{1}/_{5}$ | Kubikfuss |
| 1 | Kubik-Zoll | 14,387 | $14^{3}/_{10}$ | Kub.-Zent. | 1 | Kubik-Centim. | 0,069 | $^{1}/_{16}$ | Kubikzoll |
| | | | | **IV. Hohlmaasse für Flüssigkeiten.** | | | | | |
| 1 | Mass | 1,069 | $1^{7}/_{100}$ | Liter | 1 | Liter | 0,935 | $^{9}/_{10}$ | Mass |
| 1 | Eimer = 64 Mass. | 68,417 | $68^{1}/_{2}$ | Liter | 1 | Hectoliter | 1,461 | $1^{1}/_{2}$ | Eimer |
| | | | | | 1 | „ | 93,543 | $93^{1}/_{2}$ | Mass |
| | | | | **V. Getreidmaasse.** | | | | | |
| 1 | Metzen = $34^{2}/_{3}$ Mss. | 37,059 | $37^{1}/_{19}$ | Liter | 1 | Hectoliter | 2,698 | $2^{7}/_{10}$ | Metzen |
| $^{1}/_{2}$ | „ = 1 Viertel | 18,529 | $18^{1}/_{2}$ | „ | 1 | „ | 5,396 | $5^{2}/_{5}$ | Viertel |
| $^{1}/_{4}$ | „ = $^{1}/_{2}$ Viertel | 9,264 | $9^{1}/_{4}$ | „ | 1 | „ | 10,793 | $10^{4}/_{5}$ | $^{1}/_{2}$ Viertel |
| $^{1}/_{8}$ | „ = 1 Massl | 4,632 | $4^{3}/_{5}$ | „ | 1 | „ | 21,586 | $21^{3}/_{5}$ | Massl |
| $^{1}/_{16}$ | „ = $^{1}/_{2}$ Massl | 2,316 | $2^{1}/_{3}$ | „ | 1 | „ | 43,173 | $43^{1}/_{5}$ | $^{1}/_{2}$ Massl |
| $^{1}/_{32}$ | „ = 1 Dreissig. | 1,158 | $1^{1}/_{7}$ | „ | 1 | „ | 86,347 | $86^{3}/_{10}$ | Dreissiger |
| 6 | „ = 1 Schäffel. | 2,223 | $2^{1}/_{5}$ | Hectoliter | 1 | „ | 0,449 | $^{3}/_{7}$ | Schäffel |
| | | | | **VI. Handelsgewicht.** | | | | | |
| 1 | Pfund = 32 Loth | 560 | 560 | Gramm | 1 | Kgr. = 2 Pfund | 1,785 | $1^{3}/_{4}$ | Pfund |
| 1 | Loth = 4 Quentchen | 17,5 | $17^{1}/_{2}$ | „ | 1 | Pfund | 0,892 | $^{9}/_{10}$ | Pfund |
| 1 | Quentchen | 4,375 | $4^{2}/_{5}$ | „ | 1 | Decagramm | 2,285 | $2^{1}/_{4}$ | Quentchen |
| 1 | Centner = 100 Pfd. | 56 | 56 | Kilogramm | 1 | Gramm | 0,228 | $^{1}/_{5}$ | Quentchen |
| | | = 1 Ctr. 12 Pfd Zollgewicht. | | | | | | | |

# Beilage V.

# Truppen-Dislocations-Tabelle.

| Abtheilung. | Garnison. | Brigade. | Armee-Division. | General- oder Corps-Commando. |
|---|---|---|---|---|
| **Infanterie-Regimenter.** | | Inf. | | |
| Infanterie-Leib-Regiment . . | München | 1. | 1. | München |
| 1. I.-R. König . . . . | München | 1. | 1. | München |
| 2. „ Kronprinz . . . | München | 2. | 1. | München |
| 3. „ Prinz Karl v. Bayern R.-St. I. u. III. B. / II. Bataillon | Augsburg / Lindau | 3. | 2. | München |
| 4. „ König Carl v. Württmb. R.-St., I., II. u. III. Bat. | Metz | * | . | Würzburg |
| Depot | Germersheim | 8. | . | Würzburg |
| 5. „ Grossherzog v. Hessen, R.-St. II. u. III. B. / I. Bataillon | Bamberg / Germersheim | 7. | 4. | Würzburg |
| 6. „ Kaiser Wilhelm, König v. Preussen, Reg-Stab III. Bat. / II. „ / I. „ | Amberg / Sulzbach / Germersheim | 5. | 3. | Würzburg |
| 7. „ Hohenhausen, R.-Stab II. u. III. Bat. / I. „ | Bayreuth / Landau | 5. | 3. | Würzburg |
| 8. „ Pranckh, R.-St. I., II. u. III. B. | Metz | * | . | Würzburg |
| Depot | Germersheim | 8. | . | Würzburg |
| 9. „ Wrede, R.-St. II. u. III. Bat. / I. „ | Würzburg / Germersheim | 7. | 4. | Würzburg |
| 10. „ Prinz Ludwig . . | Ingolstadt | 4. | 2. | München |
| 11. „ von der Tann . . | Regensburg | 2. | 1. | München |
| 12. „ Königin Amalie von Griechenland . . | Neu-Ulm | 3. | 2. | München |
| 13. „ Kaiser Franz Joseph v. Oesterreich . . . | Ingolstadt | 4. | 2. | München |
| 14. „ Hartmann . . . | Nürnberg | 6. | 3. | Würzburg |
| 15. „ Kön. Johann v. Sachsen | Neuburg | 6. | 3. | Würzburg |

* Besatzungs-Brigade von Metz.

| Abtheilung. | Garnison. | Brigade. | Armee-Division. | General- oder Corps-Commando. |
|---|---|---|---|---|
| **Jäger-Bataillone.** | | | | |
| 1. Jäger-Bataillon . . . | Kempten | 3. | 2. | München |
| 2. " " . . . | Burghausen | 1. | 1. | München |
| 3. " " . . . | Eichstädt | 6. | 3. | Würzburg |
| 4. " " . . . | Landshut | 2. | 1. | München |
| 5. " " . . . | Zweibrücken | 8. | 4. | Würzburg |
| 6. " " . . . | Erlangen | 7. | 4. | Würzburg |
| 7. " " . . . | Landsberg | 4. | 2. | München |
| 8. " " . . . | Straubing | 5. | 3. | Würzburg |
| 9. " " . . . | Passau | 1. | 1. | München |
| 10. " " . . . | Aschaffenburg | 8. | 4. | Würzburg |
| **Cavalerie-Regimenter.** | | Cav. | | |
| 1. Cuirassier-Reg. Prinz Carl von Bayern | München | 1. | 1. | München |
| 2. " " Prinz Adalbert, R.-St., 1., 3., 4. u. 5. Escadron<br>2. " | Landshut<br>Nymphenbg. | 1. | 1. | München |
| 1. Chevauxl.-Reg. Kaiser Alexander v. Russland<br>Reg.-Stab 3., 4. u. 5. Escadr.<br>1. "<br>2. " | <br>Nürnberg<br>Schwabach<br>Neumarkt | 3. | 3. | Würzburg |
| 2. Chevauxl.-Reg. Taxis, R.-St., 2., 3., 4. u. 5. Esc.<br>1. " | Bamberg<br>Neustadt a. A. | 4. | 4. | Würzburg |
| 3. Chevauxl.-Reg. Herzog Maximilian,<br>Reg.-St., 1., 2. u. 5. Escadr.<br>3. u. 4. " | <br>Freising<br>München | 1. | 1. | München |
| 4. Chevauxl.-Reg. König,<br>R.-St., 1., 2., 3. u. 5. Esc.<br>4. " | <br>Augsburg<br>Neu-Ulm | 2. | 2. | München |
| 5. Chevauxl.-Reg. Prinz Otto,<br>Reg.-Stab, 1. u. 2. Escadr.<br>3. u. 4. "<br>Depot u. 5. " | <br>Saargemünd<br>St. Avold<br>Zweibrücken | 4. | 4. | Würzburg |
| 6. Chevauxl.-Reg. Grossfürst Constantin Nikolajewitsch,<br>Reg.-Stab, 1. u. 5. Escadr.<br>3. u. 4. "<br>2. " | <br>Bayreuth<br>Amberg<br>Forchheim | 3. | 3. | Würzburg |
| 1. Uhlanen-Reg. vac. Grossfürst Thronfolger Nikolaus von Russland . . . | Dillingen | 2. | 2. | München |
| 2. Uhlanen-Reg. König . . | Ansbach | 3. | 3. | Würzburg |

| Abtheilung. | Garnison. | Brigade. | Armee-Division. | General- oder Corps-Commando. |
|---|---|---|---|---|
| **Artillerie-Regimenter.** | | | | |
| 1. Feld-Art.-Reg. . . . . | München | 1. | | München |
| 2. " " " Stb. u. F.-Abth. | Würzburg | 2. | | Würzburg |
| 2. F.-Abth. . | Landau | 2. | | " |
| Reit. Abth. . | Würzburg | 2. | | " |
| 3. " " " Stb., 1. u. 2. F.-A. | München | 1. | | München |
| Reit. Abth. . | " | 1. | | " |
| 4. " " " Stb., 1. u. 2. F.-A. | Augsburg | 2. | | Würzburg |
| 1 F.-Batt. . | Nürnberg | 2. | | " |
| 1. Fuss-Art.-Reg. Stb., 1. u. 2. F.-Bat. . . . . | Ingolstadt | | | Insp. der Artillerie u.d.Trains. |
| 2. Fuss-Art.-Reg. Stb. u. 1. F.-Batt. . . . . | Germersheim | | | " |
| 2. F.-Bat. . | Neu-Ulm | | | " |
| **Pioniere.** | | | | |
| 1. Pionier-Bat. Stb., 3. Feld- u. 1. Fest.-P.-Comp. | Ingolstadt | | | München |
| 2. Fest.-P.-Comp. | Neu-Ulm | | | " |
| 2. Pionier-Bat. Stb., 3. Feld- u. 1. Fest.-P.-Comp. | Ingolstadt | | | Würzburg |
| 2. Fest.-P.-Comp. | Germersheim | | | " |
| **Train mit Sanitätstruppen.** | | | | |
| 1. Trainbat. mit Sanit.-Comp. u. Krankenw.-Abth. . . | München | | | München |
| 2. Trainbat. mit Sanit.-Comp. u. Krankenw.-Abth. . . | Würzburg | | | Würzburg |
| **Eisenbahn-Compagnie** . . | Ingolstadt | | | München |

## Beilage VI.

# Landwehrbezirke.

Die mit römischen Ziffern bezeichneten Namen sind Compagniesitze, welche, wenn an keinem Bezirksamte befindlich, in Klammern beigesetzt sind.

| Brigaden | Nro. d. Landw.-Bezirks-Comm. | Regimenter | Landwehr-Bat. | Landwehr-Bezirks-Commandos | Zum Landwehr-Bezirks-Commando gehörige **Bezirksämter und Magistrate** |
|---|---|---|---|---|---|
| **I. Brigade** Sitz in München. | **1.** | I.-Leib-R. | 1. | **Traunstein** | I. (Reichenhall), Berchtesgaden, III. Traunstein, II. Laufen, IV. Rosenheim; Magistrat: Rosenheim. |
| | **2.** | | 2. | **Altötting** | I. Altötting, Mühldorf, III. Wasserburg, IV. Ebersberg, II. Erding. |
| | **3.** | 1. I.-Reg. | 1. | **Weilheim** | I. Miesbach, II. Tölz, III. Weilheim, Werdenfels, IV. Schongau. |
| | **4.** | | 2. | **München** | I. München r. d. Isar (Au), II. Magistrat München, III (Haidhausen), IV. (Wolfratshausen). |
| **II. Brigade** Sitz in München. | **5.** | 2. I.-Reg. | 1. | **Bruck** | München l. d. I., IV. Landsberg, I. Bruck, II. (Neuhausen), III. Friedberg, Dachau. |
| | **6.** | | 2. | **Landshut** | IV. Dingolfing, Vilsbiburg, I. Landshut, III. Rottenburg, II. Freising, Magistrate: Landshut, Freising. |
| | **7.** | 11. I-Reg. | 1. | **Vilshofen** | Eggenfelden, III. Pfarrkirchen, IV. Griesbach, I. Vilshofen, II. Landau a. d. Isar. |
| | **8.** | | 2. | **Passau** | I. Passau, II. (Freyung), III. (Schönberg), Wegscheid, Wolfstein, Grafenau, Regen, IV. Deggendorf, Magistrat: Passau. |
| **III. Brigade** Sitz in Augsburg. | **9.** | 3. I.-Reg. | 1. | **Kempten** | I. Kempten, II. (Nesselwang), III. (Immenstadt), Füssen, Sonthofen, IV. Lindau; Magistrate: Kempten, Lindau. |
| | **10.** | | 2. | **Mindelheim** | IV. Oberdorf, III. Kaufbeuren, I. Mindelheim, II. Memmingen; Magistrate: Kaufbeuren, Memmingen. |
| | **11.** | 12. I.-Reg. | 1. | **Augsburg** | III. Augsburg, IV. Zusmarshausen, II. Krumbach, Illertiessen, I. Neu-Ulm; Magistrat Augsburg. |
| | **12.** | | 2. | **Dillingen** | IV. Günzburg, I. Dillingen, Wertingen, II. Donauwörth, III. Nördlingen; Magistrate: Nördlingen, Donauwörth. |

| Brigaden | Nro. d. Landw.-Bezirks-Comm. | Regimenter | Landwehr-Bat. | Landwehr-Bezirks-Commandos. | Zum Landwehr-Bezirks-Commando gehörige **Bezirksämter und Magistrate** |
|---|---|---|---|---|---|
| **IV. Brigade** Sitz in Ingolstadt. | **13.** | 10. I.-Reg. | 1. | **Ingolstadt** | IV. Aichach, Schrobenhausen, III. Pfaffenhofen, I. Ingolstadt, II. Eichstädt, Neuburg, Berching. Magistr. Ingolstadt, Eichstädt, Neuburg. |
| | **14.** | | 2. | **Gunzenhausen** | I. Dinkelsbühl, II. Gunzenhausen, III. Weissenburg, IV. Schwabach, Heilsbronn, Feuchtwangen; Magistrate: Dinkelsbühl, Weissenburg, Schwabach. |
| | **15.** | 13. I.-Reg. | 1. | **Regensburg** | III. Kelheim, Velburg, IV. Hemau, I Regensburg, II. Stadtamhof Magistrat Regensburg. |
| | **16.** | | 2. | **Straubing** | Mallersdorf, III. Straubing, IV. (Geiselhöring), Bogen, II. Viechtach, Kötzting, I. Cham; Magistrat: Straubing. |
| **V. Brigade** Sitz in Bayreuth. | **17.** | 6. I.-Reg. | 1. | **Amberg** | IV. Roding, Waldmünchen, III. Neunburg v. W., Burglengenfeld, Nabburg, I. Amberg, II. (Schwandorf); Magistrat Amberg. |
| | **18.** | | 2. | **Neustadt a/WN.** | II. Vohenstrauss, I. Neustadt a. WN., III. Tirschenreuth, Kemnath, IV. Eschenbach. |
| | **19.** | 7. I.-Reg. | 1. | **Hof** | IV. Wunsiedel, Rehau, I. Hof, II. Naila, Teuschnitz, III. Münchberg, Berneck; Magistrat Hof. |
| | **20.** | | 2. | **Bayreuth** | I. Kronach, Stadtsteinach, II. Kulmbach, III Bayreuth, IV. Pegnitz; Magistrat: Bayreuth. |
| **VI. Brigade** Sitz in Nürnberg. | **21.** | 15. I.-Reg. | 1. | **Nürnberg** | Beilngries, Neumarkt, I. Nürnberg, II. (Freystadt); Magistrat Nürnberg. |
| | **22.** | | 2. | **Ansbach** | I. Ansbach, II. Fürth, III. Neustadt a. d. A., IV. Uffenheim, Rothenburg; Magistrate: Fürth, Ansbach, Rothenburg. |
| | **23.** | 14. I.-Reg. | 1. | **Erlangen** | I. Sulzbach, II. Hersbruck, III. Erlangen, Forchheim, IV. Höchstadt; Magistrat: Erlangen. |
| | **24.** | | 2. | **Kitzingen** | Ochsenfurt, I. Kitzingen, II. Scheinfeld, III. Volkach, Gerolzhofen, IV. Hassfurt; Magistrat: Kitzingen. |

| Brigaden | Nro. d. Landw.-Bezirks-Comm. | Regimenter | Landwehr-Bat. | Landwehr-Bezirks-Commandos. | Zum Landwehr-Bezirks-Commando gehörige **Bezirksämter und Magistrate** |
|---|---|---|---|---|---|
| **VII. Brigade** Sitz in Würzburg | **25.** | 5. I.-Reg. | 1. | **Bamberg** | **IV.** Ebern, II. Staffelstein, Lichtenfels, III. Ebermannstadt, I. Bamberg I., Bamberg II.; Magistrat: Bamberg. |
| | **26.** | | 2. | **Kissingen** | IV. Königshofen, III. Melrichstadt, Neustadt a. d. S., II. Brückenau, I. Kissingen, Hammelburg. |
| | **27.** | 9. I.-Reg. | 1. | **Würzburg** | II. Würzburg, III. Karlstadt, IV. Gemünden, I. Schweinfurt; Magistrate Würzburg, Schweinfurt. |
| | **28.** | | 2. | **Aschaffenburg** | II. Miltenberg, Obernburg, III. Marktheidenfeld, IV. Lohr, Alzenau, I. Aschaffenburg; Magistrat Aschaffenburg. |
| **VIII. Brigade** Sitz in Speyer. | **29.** | 4. I.-Reg. | 1. | **Landau** | III. Bergzabern, I. Landau, II. (Annweiler), IV. (Langenkandel), Germersheim. |
| | **30.** | | 2. | **Speyer** | IV. Frankenthal, III. (Dürkheim), II. Neustadt a. H., I. Speyer. |
| | **31.** | 8. I.-Reg. | 1. | **Kaiserslautern** | IV. Kirchheimbolanden, II. Kusel, III. (Rockenhausen), I. Kaiserslautern. |
| | **32.** | | 2. | **Zweibrücken** | III. Homburg, I. Zweibrücken, II. (Blieskastel), IV. Pirmasens. |

---

## Beilage VII.

# Eidesformeln.

Aktuare in Civilsachen G. O. Cap. II. §. 3. S. Gerichtsschreiber.
Aktuare in Strafsachen St. P. G. v. 1848 Art. 33 St. G. B. v. 1813 Thl. II. Art. 40.
Advokaten G. O. Cap. II. §. 5. Nr. 1. Pr.-O. v. 1869. Art. 81.
Adelige s. Zeugen.
Allgemeine Eidesformel; Eingangsworte: »Ich schwöre bei Gott dem Allmächtigen und Allwissenden« . . . Schlussworte: »so wahr mir Gott helfe.« B. Proz.-Ordn. v. 29. April 1869 Art. 473.
Anwaltseid in die Seele des Prinzipals. G. O. Cap. XIII. §. 1 Nr. 2 B. Proz. Ordn. v. 1869 Art. 451—456.
Bezirksamtsbeamte. M. E. v. 23. April 1862 (Nar, Hdb. I. Aufl. S. 63.)
Bezirksamtsschreiber. M. E. v. 13. Jan. 1865. K. A. Bl. v. O. B. S. 81.

Bezirksgeometer. Instruktion v. 15. April 1834 über das Verfahren bei Ummessungen u. Fortführung der Katasterpläne. §. 3 K.A.Bl. 1834. S. —. Hdb. IV. S. 65.
Bosheit, s. Calumnieneid.
Brandversicherungstaxatoren. Inst. v. 9. Oktober 1852 zum Vollz. des Ges. v. 28. Mai 1852 die Feuerversicherungsanstalt für Gebäude etc. betr. Anlage III. Hdb. IV. S. 326.
Brenner, s. Malzbrecher.
Bucheid. G. O. Cap. XI. § 3 Nr. 2 und Seufferts Comm. hiezu Aufl. I. Bd. III. S. 178. B. Proz.-O. v. 1869 Art. 365.
Bürgermeister, s. Gemeindebedienstete.
Calumnieneid, G. O. Cap. XIII. § 6 Nr. 2 Pr. G. v. 1819 § 7 B. Proz.-O. v. 1869. Art. —.
Credulitätseid. B. Proz.-O. v. 29. April 1869. Art. 456.
Curator bonorum im Conkurse G. O. Cap. XIX. § 18 Nr. 2, 3. Masseverwalter. B. Proz.-O. v. 1869, Art. 1233, 1290.
Diffessionseid. G. O. Cap. XI. § 8 Nr. 6 B. Proz.-O. v. 1869 Art. 383, 371.
» in Wechselsachen. Dr. Kletke, Wechsel- und Merkantilprozess 1858. Bd. I. S. 35 ad § 2 Nr. 1. — M. Z. X. S. 715. B. Proz.-O. v. 1869. Art. 542.
» in Credulitätsform. HAGE. v. 16. Nov. 1863. M. Z. XI. S. 21.
Doktoren, s. Zeugen.
Dokumentenverlust. G. O. Cap. IX. § 12 Nr. 3. B. Proz.-O. v. 1869. Art. 393.
Dolmetscher. M. Z. VI. S. 23.
Editionseid. G. O. Cap. XI. § 6 Nr. 5. B. Proz.-O. v. 1869. Art. 981.
Einkommensteuerausschussmitglied. Einkommensteuergesetz v. 31. Mai 1856 Art. 19 (Handb. IV. S. 102).
Erfüllungseid. B. Proz.-O. v. 1869. Art. 469.
Erzbischöfe u. Bischöfe. Conkordat v. 24. Okt. 1817. Art. XV. (Hdb. I. S. 503.)
Experten. G. O. Cap. XII. §. 3. Nr. 2. B. Proz.-O. v. 1869. Art. 443.
Exhibition. Landrecht Th. II. Cap. 2 § 12 Nr. 3 Th. III. Cap. 1 § 11.
Feldgeschworne. Ges. v. 16. Mai 1868 die Vermarkung der Grundstücke betreffend. Art. 14.
Flurwächter. E. des k. St. M. d. Innern vom 19. April 1863 (K. A. Bl. 1863 S. — M. Z. X. S. 407. — J. M. Bl. I. S. 33*.)
Forstpolizeihilfspersonen. Forstgesetz v. 28. März 1853. Art. 119. (Hdb. IV. S. 370.) J. M. E. v. 15. Okt. 1864. (J. M. Bl. I. S. 252.)
Gefängnisswärter, s. Stadt- und Landgerichtspersonal.
Gemeindebedienstete. Siehe Nar, Handb. der Distriktsverwaltungsbehörden II. Aufl. S. 658. Wunder, Hdb. f. d. G. F. der Magistrate. 1858. S. 22. G.-O. v. 29. April 1869. Art. 79, 126, 141.
Gemeindewahlausschussbeisitzer. Gemeindewahlordnung v. 5. August 1818 Art. 31. Hdb. II. S. 429. G.-O v. 29. April 1869. Art. 178.
Gerichtsboten und Gerichtsdiener, s. Stadt- u. Landgerichtspersonal.
Gerichtsschreiber, Einf.-Gesetz z. B. Proz.-O. v. 29. April 1869. Art. 114. Deren Hilfsarbeiter JME. v. 3. Juli 1870 Z. 3 (JMBl. 1870 S. 407)
Gerichtsvollzieher, GVO. v. 15. Mai 1870. Art. 8. (JMBl. S. 79.)
Geschworne. St. P. G. v. 10. Nov. 1848. Art. 110.
» in der Pfalz. E. G. z. d. St. G. B. v. 10. Nov. 1861. Art. 119.
Gewerbsteuerausschussmitglied. Gewerbsteuergesetz v. 1. Juli 1856. Art. 33. Hdb. Bd. IV. S. 147.
Graduirte, s. Zeugen.
Grundsteuertaxatoren und Obertaxatoren. Instr. für die Bonitirung

und Klassifikation behufs der definitiven Grundsteuer-Regulirung. § 14. (Beilagen.) RBl. 1830 S. 227.
Haupteid. G.O. Cap. XIII. § 2 in Nr. 2, 4. S. Parteieneid.
Handelsmäkler oder Sensale. H. G. B. v. 1861. Art. 66 Abs. 2.
Handgelübde St. Z. VI. 227.
Inhalt des Eides. B. Proz.-O v. 1869. Art. 474.
Juden. Anm. z. B. G.O. Cap. X. § 14 lit. e. — M.E. v. 30. März 1849 (Hdb. I. S. 53 Note 41.) Bl. f. R.A. XVII. 343. XXIV. 11. Proz.-O. v. 1869. Art 473.
Juramentum in litem affectionis et veritatis s. Schätzungseid.
Kapitalrentensteuerausschussmitglied. Kapitalrentensteuergesetz v. 31. Mai 1856. Art. 15 (Hdb. IV. S. 111.)
König. Verf.-Urk. Tit. X. § 1 (Hdb. I. S 52).
Landgerichtspersonal s. Stadt- und Landgerichtspersonal.
Landräthe. Landrathsgesetz v. 28. Mai 1852. Art. 21. (Hdb. II. S. 526.)
Landtagsmitglieder. V. U. T. 7. § 25. (Hdb. I. S. 45.)
Landtagswahlmänner. Ges. v. 4. Juni 1848. Art. 19. Hdb. I. S. 45.
Magistratsmitglieder s. Gemeindebedienstete.
Mäkler s. Handelsmäkler.
Malzbrecher und Malzbrenner. Mandat v. 28. Juli 1807 (Döll. XIII. S. 1512.) J.M.E. v. 19. Februar 1863 (J.M Bl. 1863. E. H. S. 21. M. Z. X. S. 143) Sind aber nach dem Gesetze v. 16. Mai 1868 nicht mehr zu verpflichten.
Manifestationseid. G.O. Cap. XIII. § 5. Anm. hiezu lit. f. — G.O. Cap. XVIII. § 14. — Pr. G. v. 1837. § 70. Abs. 2. Nr. 1. — G.O. Cap. XIX. § 20 beim Testamentsstempel: Stempelgesetz v. 18. Dec. 1812. § 3 h. F.M.E v. 28. Febr. 1865. (J.M.Bl. II. S. 34. K.A.Bl. f. O.B. S. 578.) B. Proz.O. v. 1869. Art. 471. 981. 1248. Slg. H. E. II. 187.
Massacurator, s. Curator
Menoniten. V. v. 20. Oktober 1811. D. Z. V. S. 220. B. Proz.-O. v. 1869. Art. 417.
Nichtwissen und Nichterinnern. B. Proz.-O. v. 1869. Art. 455 Abs. 2. Art. 981.
Notare. Notariatsgesetz v. 10. Nov. 1861. Art. 6.
Noveneid. bei versäumten Einreden. G.O. Cap. VI. § 2.
Noveneid, bei versäumten Beweisartikeln. G.O. Cap. IX. § 6. Nr. 3.
Noveneid, bei versäumten Urkunden. G.O. Cap. XI. § 5. Nr. 5.
Noveneid, bei versäumter Liquidation. Exception, Replik etc. und der Beweisantretung im Concurse. G.O. Cap. XIX. § 10, Nr. 7.
Noveneid, bei der Restitution gegen Erkenntnisse G.O. Cap. XV. § 5. Nr. 8. Cap. XVI. § 1. Nr. 2. Pr.G. v. 1819. § 7. Nr. 2. B. Proz.-O. v. 1869. Art. 775.
Obergerichtsschreiber. s. Gerichtsschreiber.
Offenbarungseid, s. Manifestationseid
Parteieneid B. Proz.-O. v. 1869. Art. 455. 456. 469. 473. 474.
Pfarramtsverweser. V. v. 10. Juni 1824. Döll. VI. S. 282. (Hdb. I. S. 52.
Prälaten, s. Zeugen.
Protestanten. Anm. zur B. G.O. Cap. X. § 14. lit. e. P.-O. v. 1869. Art. 473.
Referirter Eid. G.O. Cap. XIII. § 2. Nr. 8. Pr.-O. v. 1869. Art. 459.
Reichsverweser. Verf.-Urk. Titl. II. § 16. (Hdb. I. S. 8.)
Restitution, s. Calumnien-, Noveneid.
Richter. G.O. Cap II. § 2. Einf.-G. zur B. Proz.-O. v. 28. April 1869. Art. 113, bei Beförderung oder Versetzung (J.M.Bl. 1871. S. 356.
Sachverständige in Civilsachen, s. Experten.

## Beilage VIII.

# Diäten-Regulativ

für

### Beamte und sonstige Civilbedienstete des Staates.

(K. Verordnung vom 11. Februar 1875 — G.- u. VBl. 1875 S. 105. — Voll.-Instr. hiezu des k. StM. d. Fin. v. 2. März 1875 u. JME. v. 8 März 1875 — JMBl. 1875 S. 49—66.)

## A. Tagegelder.

| § 6 lit. | Geh.-Klasse. | Functionäre. | Mark |
|---|---|---|---|
| a. | I. dann Staatsräthe und Präsidenten. | . . . . . . . . . . . . | 19 |
| b. | II. und III. | . . . . . . . . . . . . | 14 |
| c. | IV. V. VI. IX. | . . . . . . . . . . . . . . | 11 |
| d. | VII. VIII. | Staatsanwaltssubstituten und Accessisten sämmtlicher Stellen, sowie Revisoren bei den k. Stellen . . . . . . . . . | 9 |
| e. | X. | . . . . . . . . . . . . . | 7 |
| f. | — | Zoll- und Forstamtsassistenten, Rechtspraktikanten bei den Verwaltungsbehörden und Gerichten, Polizeianwälte in der Pfalz, Cameral- und Baupraktikanten, Baukandidaten und Bauassistenten, das Personal der Categorien B 1 und B 2 des Besoldungsstatus bei den k. Verkehrsanstalten, die Förster, Forstgehilfen, die Wegmeister, Aufschlagseinnehmer, Rentamtsgehilfen und Schreiber bei den Gerichten, Behörden und Aemtern der innern wie der Finanzverwaltung . | 6 |
| g. | — | Waldaufseher, Gefängnisswärter dann Boten und Diener sowie deren Gehilfen bei allen Stellen, Behörden, Aemtern und Cassen . . | 3 |

## B. Reisekosten.

Als Reisekosten dürfen vorbehaltlich der Bestimmungen der §§ 13 u. 14 nur die wirklich entrichteten Auslagen in Aufrechnung gebracht werden.

## C. Bemerkungen.

1) Die Ortsentfernung, welche nach den amtlichen O.-E.-Tabellen berechnet wird, muss wenigstens 3 Kilometer betragen. 1 Poststunde = 3,7 Kilom. V. § 1. J. I.
2) Ueber Pauschsummen (Aversen) s. V. § 3 J. III.

3) Ueber Verwesung und Geschäftsaushilfe s. V. § 4.
4) Aufrecht bleiben die besonderen Vorschriften über
   a. Verwesung der Rentämter und in der Forstverwaltung. V. § 4 J. IV.
   b. Entschädigung der amtlichen Aerzte V. § 5.
   c. das niedere Dienstpersonal bei den Verkehrsanstalten, das thierärztliche Personal, die Brandversicherungs-Inspektoren, die Bezirksgeometer und das instabile Personal beim Katasterbureau;
   d. die Vacationen der Gerichtsschreiber der Pfalz, den Vollzug der Todesurtheile und die Gebühren des Gerichtsdienerpersonals bei Transporten von Verhafteten;
   e. über die Nebenbeamten der k. Bezirksämter. J. III.
5) Für das Tagegeld wird die Geschäfts- und Reisezeit eingerechnet. V. § 8.
6) Nur das halbe Tagegeld gebührt:
   a. bei einer mehr als eintägigen Abwesenheit, wenn die Ab- oder Rückreise in der zweiten bzw. ersten Hälfte des Tages angetreten und vollendet ist; —
   b) wenn die eintägige Abwesenheit nicht über 6 Stunden dauert. V. § 8.
7) Anderthalbfache Taggelder oder eine Reduzirung nach Umlauf von 14 Tagen sind nicht mehr statthaft. J. VII.
8) Massgebend ist der Kalendertag. Besondere Erholungszeit ist nur bei Abwesenheit über 6 Stunden einzurechnen. J. VII.
9. Primär sind Eisenbahn und Dampfboot zu benützen. Ist diess überhaupt unthunlich oder in Fällen der Gefahr auf Verzug, der Verhinderung in der Person des Commissärs z. B. bei Erkrankung ist ein besonderes Gefährte dann zulässig, wenn durch die Benützung der Bahn oder Dampfschifffahrt die Abwesenheit des Commissärs vom Wohnorte um mehr als 2 Stunden verlängert würde. J. IX.
10. Benützen dürfen (V. § 11)
    a. Beamte mit Collegialraths- u. höherem Range die I. Wagen-Classe auf Eisenbahnen und den I. Platz auf Dampfbooten;
    b. die in § 6 lit. g, bez. Bediensteten III. W.-Cl. bei Eisenbahnen (bei Eilz. II. Cl.) und II. Cl. auf Dampfbooten.
    c. alle übrigen Beamten und Bediensteten II. Cl. auf Eisenbahnen und I. Cl. auf Dampfbooten.
11. Wegen „anständiger Gefährte" sind mit Genehmigung der Reg.-Finanz-Kammer Akkorde abzuschliessen. Ausserdem ist Lohnkutscher oder zweisp. Extrapost zulässig. V. § 12.
12. Categorie § 6 e und f. hat, wenn selbstständig, primär Postomnibus zu benützen; Cat. § 6, lit. g. hat nur Anspruch auf eine Reisekostenvergütung von 10 M. Pfennigen für jeden Kilometer des Hin- und Rückweges V. § 12, 13.
13. Ueber eigenes Fuhrwerk s. V. § 14.
14. Bei Vermeidung des Abstrichs sind die Geschäfte rasch durchzuführen, unnöthige Hin- und Herreisen zu vermeiden, und soweit möglich mehrere Geschäfte zu verbinden. V. § 16.
15. Ohne Einfluss auf die Höhe des Tagegeldes ist die Verwesung oder Vertretung eines höheren Beamten oder die Verwendung als Commissär oder Aktuar etc. J. VI.
16. Hat der Staat nicht sämmtliche Kosten von mehreren Geschäften zu tragen, so werden Tagegelder und Reisekosten auf die Geschäfte nach Massgabe der Zeitdauer vertheilt. J. VI.
17. In grösseren Städten sind Droschken zulässig. J. VII.
18. Bei Reisen mit Eisenbahn oder Dampfschiff ist die fahrplan-

mässige Abgangs- und Ankunftszeit an der Station des Wohnorts massgebend. Verspätungen sind nachzuweisen. J. VII.

19. Als Reisekosten können ausser den Fahrpreisen nur die auf die Fahrt und den Gepäcktransport zu und von den Bahnhöfen und den übrigen Abgangsplätzen bestrittenen ortsüblichen Auslagen in Ansatz gebracht werden.

Andere Kosten, z. B. für die nothwendige Miethung eines Bureaus, Telegramme, Postporti u. s. w. können vorbehaltlich der Bestimmung in § 8 der Instruktion über die rechnerische Behandlung der Kosten in Strafsachen v. 4. Juni 1862 nur als Regieausgaben behandelt werden.

20. Mit Ausnahme der Gerichtskommissionen sind die Aktuare wo möglich aus dem Personale des Commissionsortes zu entnehmen. J. X.

21. Ueber Prüfung, Festsetzung und Auszahlung s. J. XI. XII.

22. Ueber Liquidirung s. J. XIII. und das nachstehende Formular.

23. Ueber Boten- und Gerichtsdiener- Zustell- und Exekutionsgebühren s. J. XV.

24. Vorschüsse werden in der Regel nicht gewährt. J. XV.

**Formular.**

## D. Liquidation

über Tagegelder und Reisekosten für nachbezeichnete, in der Zeit vom . . . . . bis . . . . . (oder: im Monat . . . . . ) (im Vollzuge des Auftrages . . . . . vom . . . . . Nr. . . . betr.) von d . . Unterzeichneten ausgeführte Dienstreisen.

| Num. curt. | Name des Commissärs | Name des Actuars | Tag. | Dienst-Geschäfte. | Ort. | Entfernung vom Amtssitz. | Reisekosten | Zeit des Abganges | Zeit der Rückkunft | Dauer d. commiss. Geschäftes. | Betrag a. der Tagegelder des Commissärs | | des Actuars | | b. d. Reisekosten des Commissärs | | des Actuars | | Summa | | Bemerkungen. |
|---|---|---|---|---|---|---|---|---|---|---|---|---|---|---|---|---|---|---|---|---|---|
| | | | | | | Kilom. | | Stunde und | Tageszeit. | Stunden | ℳ | ₰ | ℳ | ₰ | ℳ | ₰ | ℳ | ₰ | ℳ | ₰ | |
| | | | | | | | | | | | | | | | | | | | | | |
| 1 | 2 | 3 | 4 | 5 | 6 | 7 | 8 | 9 | 10 | 11 | 12 | 13 | 14 | 15 | 16 | 17 | 18 | 19 | 20 | 21 | 22 |

## E. Instruction.

Bei Benützung des vorbezeichneten Formulars ist Folgendes zu beachten:

a) Wo das Geschäft durch besonderen Auftrag der vorgesetzten Stelle oder Behörde begründet wird, ist dieser Auftrag durch Angabe der Stelle oder Behörde, des Datums und des Betreffes genau zu bezeichnen.

b) Die sämmtlichen Beamten und Bediensteten einer Behörde können sich bezüglich der monatlich zu liquidirenden Beträge eines und desselben Liquidationsbogens bedienen.

c) Die Rubriken 3, 14, 15, 18, 19 kommen, wenn Actuare bei dem Dienstgeschäfte nicht verwendet waren, in Wegfall.

d) Bei Strecken, welche mit der Eisenbahn oder mit dem Dampfschiffe zurückgelegt werden, kann die Rubrik 7 unausgefüllt bleiben.

e) Die Liquidationen sollen ein vollständiges, getreues Bild der Thätigkeit der Commissäre vom Augenblicke ihrer Abreise vom Amtssitze bis zum Augenblicke ihrer Rückkehr an denselben in chronologischer Ordnung gewähren, und soll daher, wo die einzelnen Vorträge durch besondere Verhältnisse veranlasst sind oder aus irgend einem Grunde, wie z. B. bei Benützung einer anderen als der vorgeschriebenen Fahrgelegenheit, eine Erläuterung bedürfen, in der Rubrik „Bemerkungen" das Erforderliche kurz und bestimmt dargelegt werden.

Insbesondere sind in dieser Rubrik auch jene Geschäfte, deren Kosten nicht vom Staate getragen werden und welche in Verbindung mit Regierungssachen erledigt wurden, zur Bemessung der richtigen Ratirung der dem k. Aerar auf gerechneten Beträge nach Art und Dauer genau anzugeben, und ist der in Anwendung gebrachte Ratirungsmodus klar ersichtlich zu machen.

f) In der Rubrik 1 ist jeder Ansatz entweder von Tagegeldern oder von Reisekosten oder von beiden mit einer eigenen fortlaufenden Nummer zu versehen.

g) Jedes einzelne Geschäft ist unter kurzer Angabe des Rubrums bestimmt zu bezeichnen.

Bei einer mehr als eintägigen Dauer eines und desselben Geschäftes sind in den Rubriken 4 und 5 die einzelnen Arbeits- und Feiertage speciell namhaft zu machen.

h) In den Rubriken 8, 16—19 sind die Reisekosten detaillirt vorzutragen; bei Benützung der Eisenbahn ist in Rubrik 8 die benützte Wagenklasse und die Gattung des Zuges anzugeben.

i) Die in den Rubriken 12—19 ausgewiesenen Beträge sind zu summiren und ist deren Gesammtsumme in den Rubriken 20 und 21 einzustellen; dessgleichen ist, wenn mehrere Liquidanten vorhanden sind, der jeden ders lben treffende Betrag an Taggeldern und Reisekosten ersichtlich zu machen und die Summe dieser Beträge mit den ausgewiesenen Summen von Tagegeldern und Reisekosten zu verproben.

k) Die Richtigkeit der einzelnen Vorträge ist von den betreffenden Liquidanten auf Dienstpflicht und unter Angabe des Datums zu bestättigen.

l) In Betreff der Liquidationen von Tagegeldern und Reisekosten in jenen Fällen, wo nicht der Staat die Kosten zu tragen hat, bleiben vorbehaltlich der Bestimmungen sub e. oben die bestehenden Vorschriften auch ferner in Geltung.
Die Angehörigen des Finanzressorts haben sich jedoch auch in diesen Fällen des oben vorgeschriebenen Formulares zu bedienen.

---

## Beilage IX.

# Gebühren

der

# Parteien, Zeugen und Sachverständigen in Civil- und Strafsachen.

## A. Vorschriften.

1. Zur Zeit (Juli 1876) sind massgebend a) für bürgerliche Rechtsstreitigkeiten die a. Verordnung v. 13. Juni 1870 (JMBl. S. 202) u. v. 27. Nov. 1875 (G.V.Bl. 1875 S. 687); b) für das Strafverfahren die a. Verordnung v. 5. Januar 1862 (G.-Bl. 1862 S. 17) u. v. 14. Dez. 1875 (G.V.Bl. 1875 S. 789).
2. Die Gebühren sind
   a) Entschädigungen für die Reisekosten;
   b) Entschädigungen für Zeitversäumniss und Verpflegungsauslagen (Taggebühren);
   c) Entschädigungen für Uebernachten insbesondere;
   d) Honorare oder Taggebühren der Sachverständigen.
3. Bezüglich der Reisekosten ist es im Allgemeinen gleich, ob sich der Reisende eines Fuhrwerkes bediente oder nicht, und nur so weit als eine Eisenbahn benützt werden kann, findet eine geringere Entschädigung statt
4. Die Reisekostenentschädigung ist ausgeschlossen, wenn die Ortsentfernung im Civilverfahren nicht mehr als 2 Kilometer und im Strafverfahren für Zeugen nicht mehr als 2 geogr. Stunden = 7,4 Kilometer beträgt.
5. Diese Reisekostenentschädigung beträgt für jeden Kilometer der gesammten Weglänge der Hin- und Rückreise
   a) in Civilsachen für Zeugen, Sachverdändige und Parteien ohne Unterschied des Alters und Geschlechts ohne Eisenbahn 12 ₰., mit Eisenbahn 7 ₰.,
   b) in Strafsachen für Zeugen und einfache Schätzleute ohne Eisenbahn 8 ₰., mit Eisenbahn 5 ₰.; für Sachverständige ohne Eisenbahn 15 ₰., mit Eisenbahn 10 ₰.
6. Die Taggebühr umfasst die Zeitversäumniss und Verpflegung mit Ausschluss des Uebernachtens.

7. Die Taggebühr beträgt im Civilverfahren:
   a) für Zeugen
      aa) ausserhalb des Wohnortes ohne Unterschied des Geschlechts unter 15 Jahren: 1 ℳ 20 ₰; von 15 Jahren an: 2 ℳ;
      bb) am Wohnorte unter 15 Jahren nichts; von 15 Jahren an für Mannspersonen 1 ℳ 60 ₰; für Frauenspersonen 1 ℳ 20 ₰;
      cc) wenn der ganze nothwendige Zeitaufwand an einem Tage nicht über 5 Stunden beträgt, nur die Hälfte der Sätze aa und bb.
   b) für die Begleiter hilfsbedürftiger Zeugen dieselben Beträge wie für die erwachsenen Zeugen;
   c) für Sachverständige ohne Unterschied wie für Zeugen;
   d) für Parteien, wenn der Zeitaufwand über 5 Stunden beträgt, 1 ℳ 20 ₰, ausserdem nichts.
8. Die Taggebühr beträgt im Strafverfahren:
   a) ausserhalb des Wohnortes:
      aa) für einfache Schätzleute 1 ℳ 40 ₰,
      bb) für Sachverständige 3 ℳ 45 ₰,
      cc) für Sachverständige höherer Bildung bis 12 ℳ,
      dd) für erwachsene Zeugen, männliche 1 ℳ 40 ₰, weibliche 1 ℳ 5 ₰,
      ee) für Zeugen unter 15 Jahren — ℳ 70 ₰,
      ff) für Begleiter hilfsbedürftiger Personen wie für Zeugen;
   b) am Wohnorte:
      aa) für einfache Schätzleite 1 ℳ 5 ₰,
      bb) für Sachverständige 1 ℳ 75 ₰,
      cc) für Sachverständige höherer Bildung bis 12 ℳ,
      dd) für erwachsene Zeugen, männliche 1 ℳ 5 ₰, weibliche — ℳ 70 ₰,
      ee) für Kinder unter 15 Jahren nichts;
   c) wenn der Zeitaufwand an einem Tage nicht über 5 Stunden beträgt, nur die Hälfte der Sätze, wobei der bei der Halbirung der vollen Gebühr verbleibende Pfennigbruchtheil als ganzer Pfennig vergütet wird, sohin aus 1 ℳ 5 ₰ die Hälfte mit 53 ₰ oder aus 1 ℳ 75 ₰ die Hälfte mit 88 ₰ etc.
9. Für jedes Uebernachten erhalten (als Nachtgebühr)
   a) in bürgerlichen Rechtsstreitigkeiten Parteien, Zeugen und Sachverständige ohne Unterschied 2 ℳ;
   b) im Strafverfahren:
      aa) Sachverständige 1 ℳ 75 ₰,
      bb) Zeugen und einfache Schätzleute ohne Unterschied des Alters und Geschlechts — ℳ 70 ₰.
10. Das Honorar der Sachverständigen beträgt:
   a) in bürgerlichen Rechtsstreitigkeiten zwischen 2—100 ℳ, aus ganz besonderen Gründen bis 200 ℳ, bei Dolmetschern für jede Stunde der Vernehmung 2—4 ℳ, für jede Seite der Uebersetzung 4—8 ℳ, für eine Schriftenvergleichung 2—10 ℳ, für Zeichnungen, Schriften und Pläne 2—20 ℳ pr. Blatt; für einfache Schätzleute nichts; für Feldgeschworne nach ihrem Regulative;
   b) im Strafverfahren ausser obiger Taggebühr nichts, wovon jedoch ausgenommen sind

die Gebühren für ärztliche Amtsgeschäfte nach der a. Verordnung v. 20. Dec. 1875 (GVBl. 1875 S. 859 etc).

c) in Hypothekensachen für gew. Schätzungen 1—9 *M.* V. v. 8. Dez. 1873. JMbl. 1873. JMBl. S 225.

**Bemerkung.** Nachstehend folgt eine Tabelle zur Berechnung der Entschädigungen für die Reisekosten, bei deren Gebrauch Folgendes zu beachten ist.

In der ersten Spalte sind nicht die Kilometer der Ortsentfernung, sondern des hin und her zurückzulegenden Gesammtweges, der in der Regel das Doppelte der Ortsentfernung ausmacht, enthalten. In jedem einzelnen Falle frägt es sich vor Allem, wie weit der Reisende die Eisenbahn benützen konnte. Konnte die Eisenbahn nicht benützt werden, so zählt man die Kilometer der Hin- und Rückreise zusammen und die Gesammtzahl der Kilometer, welche der doppelten Ortsentfernung gleichkommt, ist unter Weglassung eines allenfallsigen Bruchtheiles in der ersten Spalte aufzusuchen, und die auf gleicher Zeile mit dieser Spalte in den folgenden Spalten stehende Entschädigung hat der Reisende anzusprechen. Das Gleiche gilt auch, wenn auf die ganze Ortsentfernung die Eisenbahn benützt werden kann. Ist aber nur eine theilweise Eisenbahnbenützung möglich, so muss die Eisenbahnwegstrecke ermittelt und von der ganzen Ortsentfernung abgesondert berechnet werden.

Beträgt also z. B. die Ortsentfernung 25,7 Kilometer und die einfache Bahnstrecke 17,5 Kilometer, so ist die Eisenbahngebühr auf 35 Kilometer und die übrige Reiseentschädigung auf 16 Kilometer zu suchen und miteinander zu summiren, wogegen der Kilometerbruchtheil nicht vergütet wird.

Eine geometrische Stunde ist gleich 3,7 Kilometer und ergibt die Stundenzahl multiplicirt mit 37 und das Product dividirt durch 10 die Kilometerzahl.

## B. Tabelle der Reise-Entschädigungen.

(Die Gebrauchsanweisung enthält obige Bemerkung. — Eine Tabelle für Taggebühren und Uebernachten erscheint mit Rücksicht auf die übersichtliche Zusammenstellung unter A. 6, 7, 8 und 9 oben entbehrlich.)

| Zahl der Kilometer | In bürgerl. Rechtsstreitigkeiten. | | | | Im Strafverfahren. | | | | | | | |
|---|---|---|---|---|---|---|---|---|---|---|---|---|
| | Für Part., Zeugen, Sachverständige u. Begleiter ohne Unterschied. | | | | Für Sachverständige. | | | | Für Zeugen, Begleiter u. einfache Schätzleute. | | | |
| | Ohne Eisenbahn | | Mit Eisenbahn | | Ohne Eisenbahn | | Mit Eisenbahn | | Ohne Eisenbahn | | Mit Eisenbahn | |
| | *M.* | *Pf.* | *M.* | *Pf.* | *M.* | *Pf.* | *M.* | *Pf.* | *M.* | *Pf.* | *M.* | *Pf.* |
| 1 | — | 12 | — | 7 | — | 15 | — | 10 | — | 8 | — | 5 |
| 2 | — | 24 | — | 14 | — | 30 | — | 20 | — | 16 | — | 10 |
| 3 | — | 36 | — | 21 | — | 45 | — | 30 | — | 24 | — | 15 |
| 4 | — | 48 | — | 28 | — | 60 | — | 40 | — | 32 | — | 20 |
| 5 | — | 60 | — | 35 | — | 75 | — | 50 | — | 40 | — | 25 |
| 6 | — | 72 | — | 42 | — | 90 | — | 60 | — | 48 | — | 30 |
| 7 | — | 84 | — | 49 | 1 | 5 | — | 70 | — | 56 | — | 35 |

| Zahl der Kilometer. | In bürgerl. Rechtsstreitigkeiten. Für Part., Zeugen, Sachverständige u. Begleiter ohne Unterschied. Ohne Eisenbahn | | Mit Eisenbahn | | Im Strafverfahren. Für Sachverständige. Ohne Eisenbahn | | Mit Eisenbahn | | Im Strafverfahren. Für Zeugen, Begleiter u. einfache Schätzleute. Ohne Eisenbahn | | Mit Eisenbahn | |
|---|---|---|---|---|---|---|---|---|---|---|---|---|
| | M. | Pf. | M. | Pf. | M. | Pf. | M. | Pf. | M. | Pf. | M. | Pf. |
| 8 | — | 96 | — | 56 | 1 | 20 | — | 80 | — | 64 | — | 40 |
| 9 | 1 | 8 | — | 63 | 1 | 35 | — | 90 | — | 72 | — | 45 |
| 10 | 1 | 20 | — | 70 | 1 | 50 | 1 | — | — | 80 | — | 50 |
| 11 | 1 | 32 | — | 77 | 1 | 65 | 1 | 10 | — | 88 | — | 55 |
| 12 | 1 | 44 | — | 84 | 1 | 80 | 1 | 20 | — | 96 | — | 60 |
| 13 | 1 | 56 | — | 91 | 1 | 95 | 1 | 30 | 1 | 4 | — | 65 |
| 14 | 1 | 68 | — | 98 | 2 | 10 | 1 | 40 | 1 | 12 | — | 70 |
| 15 | 1 | 80 | 1 | 5 | 2 | 25 | 1 | 50 | 1 | 20 | — | 75 |
| 16 | 1 | 92 | 1 | 12 | 2 | 40 | 1 | 60 | 1 | 28 | — | 80 |
| 17 | 2 | 4 | 1 | 19 | 2 | 55 | 1 | 70 | 1 | 36 | — | 85 |
| 18 | 2 | 16 | 1 | 26 | 2 | 70 | 1 | 80 | 1 | 44 | — | 90 |
| 19 | 2 | 28 | 1 | 33 | 2 | 85 | 1 | 90 | 1 | 52 | — | 95 |
| 20 | 2 | 40 | 1 | 40 | 3 | — | 2 | — | 1 | 60 | 1 | — |
| 21 | 2 | 52 | 1 | 47 | 3 | 15 | 2 | 10 | 1 | 68 | 1 | 5 |
| 22 | 2 | 64 | 1 | 54 | 3 | 30 | 2 | 20 | 1 | 76 | 1 | 10 |
| 23 | 2 | 76 | 1 | 61 | 3 | 45 | 2 | 30 | 1 | 84 | 1 | 15 |
| 24 | 2 | 88 | 1 | 68 | 3 | 60 | 2 | 40 | 1 | 92 | 1 | 20 |
| 25 | 3 | — | 1 | 75 | 3 | 75 | 2 | 50 | 2 | — | 1 | 25 |
| 26 | 3 | 12 | 1 | 82 | 3 | 90 | 2 | 60 | 2 | 8 | 1 | 30 |
| 27 | 3 | 24 | 1 | 89 | 4 | 5 | 2 | 70 | 2 | 16 | 1 | 35 |
| 28 | 3 | 36 | 1 | 96 | 4 | 20 | 2 | 80 | 2 | 24 | 1 | 40 |
| 29 | 3 | 48 | 2 | 3 | 4 | 35 | 2 | 90 | 2 | 32 | 1 | 45 |
| 30 | 3 | 60 | 2 | 10 | 4 | 50 | 3 | — | 2 | 40 | 1 | 50 |
| 31 | 3 | 72 | 2 | 17 | 4 | 65 | 3 | 10 | 2 | 48 | 1 | 55 |
| 32 | 3 | 84 | 2 | 24 | 4 | 80 | 3 | 20 | 2 | 56 | 1 | 60 |
| 33 | 3 | 96 | 2 | 31 | 4 | 95 | 3 | 30 | 2 | 64 | 1 | 65 |
| 34 | 4 | 8 | 2 | 38 | 5 | 10 | 3 | 40 | 2 | 72 | 1 | 70 |
| 35 | 4 | 20 | 2 | 45 | 5 | 25 | 3 | 50 | 2 | 80 | 1 | 75 |
| 36 | 4 | 32 | 2 | 52 | 5 | 40 | 3 | 60 | 2 | 88 | 1 | 80 |
| 37 | 4 | 44 | 2 | 59 | 5 | 55 | 3 | 70 | 2 | 96 | 1 | 85 |
| 38 | 4 | 56 | 2 | 66 | 5 | 70 | 3 | 80 | 3 | 4 | 1 | 90 |
| 39 | 4 | 68 | 2 | 73 | 5 | 85 | 3 | 90 | 3 | 12 | 1 | 95 |
| 40 | 4 | 80 | 2 | 80 | 6 | — | 4 | — | 3 | 20 | 2 | — |
| 41 | 4 | 92 | 2 | 87 | 6 | 15 | 4 | 10 | 3 | 28 | 2 | 5 |
| 42 | 5 | 4 | 2 | 94 | 6 | 30 | 4 | 20 | 3 | 36 | 2 | 10 |
| 43 | 5 | 16 | 3 | 1 | 6 | 45 | 4 | 30 | 3 | 44 | 2 | 15 |
| 44 | 5 | 28 | 3 | 8 | 6 | 60 | 4 | 40 | 3 | 52 | 2 | 20 |
| 45 | 5 | 40 | 3 | 15 | 6 | 75 | 4 | 50 | 3 | 60 | 2 | 25 |
| 46 | 5 | 52 | 3 | 22 | 6 | 90 | 4 | 60 | 3 | 68 | 2 | 30 |
| 47 | 5 | 64 | 3 | 29 | 7 | 5 | 4 | 70 | 3 | 76 | 2 | 35 |
| 48 | 5 | 76 | 3 | 36 | 7 | 20 | 4 | 80 | 3 | 84 | 2 | 40 |
| 49 | 5 | 88 | 3 | 43 | 7 | 35 | 4 | 90 | 3 | 92 | 2 | 45 |
| 50 | 6 | — | 3 | 50 | 7 | 50 | 5 | — | 4 | — | 2 | 50 |
| 51 | 6 | 12 | 3 | 57 | 7 | 65 | 5 | 10 | 4 | 8 | 2 | 55 |
| 52 | 6 | 24 | 3 | 64 | 7 | 80 | 5 | 20 | 4 | 16 | 2 | 60 |
| 53 | 6 | 36 | | 71 | 7 | 95 | 5 | 30 | 4 | 24 | 2 | 65 |

| Zahl der Kilometer. | In bürgerl. Rechtsstreitigkeiten. Für Part., Zeugen, Sachverständige u. Begleiter ohne Unterschied. | | | | Im Strafverfahren. Für Sachverständige. | | | | Im Strafverfahren. Für Zeugen, Begleiter u. einfache Schätzleute. | | | |
|---|---|---|---|---|---|---|---|---|---|---|---|---|
| | Ohne Eisenbahn | | Mit Eisenbahn | | Ohne Eisenbahn | | Mit Eisenbahn | | Ohne Eisenbahn | | Mit Eisenbahn | |
| | ℳ | ₰ | ℳ | ₰ | ℳ | ₰ | ℳ | ₰ | ℳ | ₰ | ℳ | ₰ |
| 54 | 6 | 48 | 3 | 78 | 8 | 10 | 5 | 40 | 4 | 32 | 2 | 70 |
| 55 | 6 | 60 | 3 | 85 | 8 | 25 | 5 | 50 | 4 | 40 | 2 | 75 |
| 56 | 6 | 72 | 3 | 92 | 8 | 40 | 5 | 60 | 4 | 48 | 2 | 80 |
| 57 | 6 | 84 | 3 | 99 | 8 | 55 | 5 | 70 | 4 | 56 | 2 | 85 |
| 58 | 6 | 96 | 4 | 6 | 8 | 70 | 5 | 80 | 4 | 64 | 2 | 90 |
| 59 | 7 | 8 | 4 | 13 | 8 | 85 | 5 | 90 | 4 | 72 | 2 | 95 |
| 60 | 7 | 20 | 4 | 20 | 9 | — | 6 | — | 4 | 80 | 3 | — |
| 70 | 8 | 40 | 4 | 90 | 10 | 50 | 7 | — | 5 | 60 | 3 | 50 |
| 80 | 9 | 60 | 5 | 60 | 12 | — | 8 | — | 6 | 40 | 4 | — |
| 90 | 10 | 80 | 6 | 30 | 13 | 50 | 9 | — | 7 | 20 | 4 | 50 |
| 100 | 12 | — | 7 | — | 15 | — | 10 | — | 8 | — | 5 | — |

## Beilage X.

# Reichswährung.

## A.

### Auszug aus dem Münzgesetze vom 9. Juli 1873 und dem Reichsgesetze vom 4. December 1871, betreffend die Ausprägung von Reichsgoldmünzen nebst den hiezu ergangenen Vorschriften.

1. Nach kaiserlicher Verordnung v. 22. Sept. 1875 (RGBl. 1875 S. 303) ist die Reichswährung im gesammten Reichsgebiete seit 1. Januar 1876 eingeführt. Die Rechnungseinheit ist die Mark. (Art. 1.)
2. Als Reichsmünzen werden ausgeprägt (Art. 2. 3):
   a. in Gold: 20, 10 und 5 Markstücke;
   b. in Silber: 5, 2 und 1 Markstücke;
   50 und 20 Pfennigstücke;
   c. in Nickel: 10 und 5 Pfennigstücke;
   d. in Kupfer: 2 und 1 Pfennigstücke.
3. Niemand ist verpflichtet, Reichssilbermünzen im Betrage von mehr als 20 ℳ und Nickel- und Kupfermünzen im Betrage von mehr als 1 ℳ (100 ₰) in Zahlung zu nehmen. — Die Reichs- und Landeskassen müssen Reichssilbermünzen in jedem Betrage in Zahlung nehmen. (Art. 9.)

4. Alle Zahlungen, welche bisher in Münzen einer inländischen Währung oder in landesgesetzlich den inländischen Münzen gleichgestellten ausländischen Münzen zu leisten waren, sind in Reichsmünzen zu leisten.

Bis zur Ausserkurssetzung sind noch anzunehmen:

a. die Thaler und Doppelthaler deutschen und österreichischen Gepräges unter Berechnung des Thalers zu 3 ℳ;
b. die $^1/_3$ und $^1/_6$ Thaler deutschen Gepräges unter Berechnung des $^1/_3$ Thlr. zu 1 ℳ und des $^1/_6$ Thlr. zu 50 ₰;
c. die bayerischen Heller zum Werthe von $^1/_2$ ₰.

(Art. 14 § 1 u. 2 und Art. 15, dann Reichsgesetz v. 20. April 1874 und Ministerial-Bekanntmachung vom 25. Nov. 1875).

Ueber Verbot des Umlaufs polnischer $^1/_3$ und $^1/_6$ Talara-Stücke siehe Ausschreiben des k. St.-M. d. Innern v. 9. März 1875 und des k. St.-M. d. Finanzen v. 20. Jan. 1876.

5. Die Zehnmarkstücke heissen „Kronen" und die Zwanzigmarkstücke „Doppelkronen."

6. Die Reichskassenscheine zu 5, 20 und 50 ℳ (Bekanntmachung v. 17. Jan. 1875. G.- u. V.-Bl. 1875 S. 82) sind nach ihrem Nennwerthe bei allen k. Kassen in Zahlung anzunehmen. (Fin.-Min.-Entschl. v. 29. Jan. 1875.)

7. Die Banknoten zu 100 ℳ der Bayerischen Notenbank (Bekanntmachung v. 1. Nov. 1875. G.- u. V.-Bl. 1875. S. 642) gelten als gesetzliches Zahlungsmittel, jedoch findet eine baare Einlösung oder Umwechslung derselben bei den Staatskassen nicht statt. (Entschl. des k. St.-M. der Finanzen vom 29. Okt. 1875.)

Die Bayerische Notenbank ist zur Einlösung der Banknoten der bayerischen Hypotheken- und Wechselbank (s. Gesetz vom 15. April 1875 und Verordnung v. 19. Okt. 1875 G.- u. V.-Bl. 1875 S. 363 u. 635) verpflichtet und sind die von letzterer Bank ausgegebenen Hundertmarknoten als Noten der ersteren Notenbank anzusehen. (Bekanntmachung v. 26. Mai 1875 u. v. 12. Nov. 1875. G.- u. V.-Bl. 1875 S. 419 u. 668.)

8. Ueber Einziehung des Staatspapiergeldes s. Ausschreiben des k. St.-M. d. Finanzen v. 8. Aug. 1875 und über Einziehung der bayerischen Kassa-Anweisungen

zu 50 fl. mit 85 ℳ 71 ₰,
„ 5 „ „ 8 „ 57 „
„ 2 „ „ 3 „ 43 „

siehe Bekanntmachungen des k. St.-M. d. Finanzen v. 15. Juni 1875, 17. December 1875 und 16. Mai 1876.

9. Ueber Behandlung nachgemachter, verfälschter oder nicht mehr umlauffähiger Münzen, s. Fin.-Min. Entschl. v. 2. Juni 1876.

10. Nach Ministerial-Bekanntmachung v. 12. Sept. 1875 (G. u. V.-Bl. 1875 S. 576) hat die Anlage der Depositen von den Gerichten und Behörden in Oberbayern bei der k. Filialbank München und der in Schwaben und Neuburg bei der k. Filialbank Augsburg zu erfolgen.

Nach Bekanntmachung der k. Bank-Direction in Nürnberg v. 15. Dec. 1875 ist die geringste Geldanlage bei der k. Bank in Nürnberg und ihren Filialen für gerichtliche und administrative Depositen auf 10 ℳ festgesetzt und wird die Zinsenvergütung nach den auf 10 ℳ abgerundeten Summen geleistet. Für Privatgelder beträgt die geringste Anlage 100 ℳ und muss jede angelegte Summe auf 0 oder 10 ausgehen.

11. In Bezug auf das Hypothekenwesen wurde durch Just.-Min.-Entschl. v. 13. Dec. 1875 (J.-M.-Bl 1875 S. 330) verfügt:
   a. in der Nebenspalte der dritten Rubrik, da wo die Ziffervorträge mit Reichswährung beginnen, ist mit rother Tinte das Markzeichen zweimal unterstrichen einzusetzen;
   b. in jeder Urkunde, in welcher über einen bereits bestehenden auf den Guldenfuss lautenden Vortrag theilweise verfügt wird, ist der betreffende Theilbetrag zwar in Mark auszudrücken, daneben aber auch der gleichwerthige Betrag in Gulden auszudrücken;
   c. wenn über einen nach bisheriger Währung eingetragenen Posten gemäss § 84 des Hypothekengesetzes Verfügung nach Reichswährung erfolgt, werden sich die beiden Summen selten vollständig decken. Die Betheiligten sind daher womöglich zur Löschungserklärung der verbleibenden kleineren Reste zu veranlassen.
12. Ueber Behandlung der Gerichtsdepositen s. Min.-Bek. v. 13. Dec. 1875 (Just.-Min. Bl. 1875 S. 324) und der Administrativ-Depositen s. Bekanntmachung v. 19. Dec. 1875.

**Bemerkung zu nachfolgender Tabelle.**

Nach Art. 14 § 2 des Reichsmünzgesetzes v. 9. Juli 1873 ist bei der Umrechnung der Bruchtheil des Markpfennigs über $^3/_7$ als ein ganzer Markpfennig zu berechnen und von $^3/_7$ oder weniger ausser Ansatz zu belassen, was im Falle von Zusammensetzung für einen in der Tabelle nicht enthaltenen Betrag erst bei der gefundenen Gesammtsumme zu bethätigen ist.

# B.

## Umrechnungs-Tabelle der südd. Währung in die Reichswährung.

| Stück | Mark | Pfennig | | Stück | Mark | Pfennig | |
|---|---|---|---|---|---|---|---|
| | | $^1/_1$ | $^1/_7$ | | | $^1/_1$ | $^1/_7$ |
| **Heller** | | | | **Kreuzer** | | | |
| 1 | — | — | $2\frac{1}{2}$ | 10 | — | 28 | 4 |
| 2 | — | — | 5 | 11 | — | 31 | 3 |
| 3 | — | 1 | $\frac{1}{2}$ | 12 | — | 34 | 2 |
| 4 | — | 1 | 3 | 13 | — | 37 | 1 |
| 5 | — | 1 | $5\frac{1}{2}$ | 14 | — | 40 | — |
| 6 | — | 2 | 1 | 15 | — | 42 | 6 |
| 7 | — | 2 | $3\frac{1}{2}$ | 16 | — | 45 | 5 |
| **Kreuzer** | | | | 17 | — | 48 | 4 |
| | | | | 18 | — | 51 | 3 |
| 1 | — | 2 | 6 | 19 | — | 54 | 2 |
| 2 | — | 5 | 5 | 20 | — | 57 | 1 |
| 3 | — | 8 | 4 | 21 | — | 60 | — |
| 4 | — | 11 | 3 | 22 | — | 62 | 6 |
| 5 | — | 14 | 2 | 23 | — | 65 | 5 |
| 6 | — | 17 | 1 | 24 | — | 68 | 4 |
| 7 | — | 20 | — | 25 | — | 71 | 3 |
| 8 | — | 22 | 6 | 26 | — | 74 | 2 |
| 9 | — | 25 | 5 | 27 | — | 77 | 1 |

| Stück | Mark | Pfennig 1/1 | Pfennig 1/7 | Stück | Mark | Pfennig 1/1 | Pfennig 1/7 |
|---|---|---|---|---|---|---|---|
| **Kreuzer** | | | | **Gulden** | | | |
| 28 | — | 80 | — | 18 | 30 | 85 | 5 |
| 29 | — | 82 | 6 | 19 | 32 | 57 | 1 |
| 30 | — | 85 | 5 | 20 | 34 | 28 | 4 |
| 31 | — | 88 | 4 | 21 | 36 | — | — |
| 32 | — | 91 | 3 | 22 | 37 | 71 | 3 |
| 33 | — | 94 | 2 | 23 | 39 | 42 | 6 |
| 34 | — | 97 | 1 | 24 | 41 | 14 | 2 |
| 35 | 1 | — | — | 25 | 42 | 85 | 5 |
| 36 | 1 | 2 | 6 | 26 | 44 | 57 | 1 |
| 37 | 1 | 5 | 5 | 27 | 46 | 28 | 4 |
| 38 | 1 | 8 | 4 | 28 | 48 | — | — |
| 39 | 1 | 11 | 3 | 29 | 49 | 71 | 3 |
| 40 | 1 | 14 | 2 | 30 | 51 | 42 | 6 |
| 41 | 1 | 17 | 1 | 31 | 53 | 14 | 2 |
| 42 | 1 | 20 | — | 32 | 54 | 85 | 5 |
| 43 | 1 | 22 | 6 | 33 | 56 | 57 | 1 |
| 44 | 1 | 25 | 5 | 34 | 58 | 28 | 4 |
| 45 | 1 | 28 | 4 | 35 | 60 | — | — |
| 46 | 1 | 31 | 3 | 36 | 61 | 71 | 3 |
| 47 | 1 | 34 | 2 | 37 | 63 | 42 | 6 |
| 48 | 1 | 37 | 1 | 38 | 65 | 14 | 2 |
| 49 | 1 | 40 | — | 39 | 66 | 85 | 5 |
| 50 | 1 | 42 | 6 | 40 | 68 | 57 | 1 |
| 51 | 1 | 45 | 5 | 41 | 70 | 28 | 4 |
| 52 | 1 | 48 | 4 | 42 | 72 | — | — |
| 53 | 1 | 51 | 3 | 43 | 73 | 71 | 3 |
| 54 | 1 | 54 | 2 | 44 | 75 | 42 | 6 |
| 55 | 1 | 57 | 1 | 45 | 77 | 14 | 2 |
| 56 | 1 | 60 | — | 46 | 78 | 85 | 5 |
| 57 | 1 | 62 | 6 | 47 | 80 | 57 | 1 |
| 58 | 1 | 65 | 5 | 48 | 82 | 28 | 4 |
| 59 | 1 | 68 | 4 | 49 | 84 | — | — |
| **Gulden** | | | | 50 | 85 | 71 | 3 |
| | | | | 51 | 87 | 42 | 6 |
| 1 | 1 | 71 | 3 | 52 | 89 | 14 | 2 |
| 2 | 3 | 42 | 6 | 53 | 90 | 85 | 5 |
| 3 | 5 | 14 | 2 | 54 | 92 | 57 | 1 |
| 4 | 6 | 85 | 5 | 55 | 94 | 28 | 4 |
| 5 | 8 | 57 | 1 | 56 | 96 | — | — |
| 6 | 10 | 28 | 4 | 57 | 97 | 71 | 3 |
| 7 | 12 | — | — | 58 | 99 | 42 | 6 |
| 8 | 13 | 71 | 3 | 59 | 101 | 14 | 2 |
| 9 | 15 | 42 | 6 | 60 | 102 | 85 | 5 |
| 10 | 17 | 14 | 2 | 61 | 104 | 57 | 1 |
| 11 | 18 | 85 | 5 | 62 | 106 | 28 | 4 |
| 12 | 20 | 57 | 1 | 63 | 108 | — | — |
| 13 | 22 | 28 | 4 | 64 | 109 | 71 | 3 |
| 14 | 24 | — | — | 65 | 111 | 42 | 6 |
| 15 | 25 | 71 | 3 | 66 | 113 | 14 | 2 |
| 16 | 27 | 42 | 6 | 67 | 114 | 85 | 5 |
| 17 | 29 | 14 | 2 | 68 | 116 | 57 | 1 |

| Stück | Mark | Pfennig $^1/_1$ | Pfennig $^1/_7$ | Stück | Mark | Pfennig $^1/_1$ | Pfennig $^1/_7$ |
|---|---|---|---|---|---|---|---|
| **Gulden** | | | | **Gulden** | | | |
| 69 | 118 | 28 | 4 | 231 | 396 | — | — |
| 70 | 120 | — | — | 238 | 408 | — | — |
| 71 | 121 | 71 | 3 | 245 | 420 | — | — |
| 72 | 123 | 42 | 6 | 252 | 432 | — | — |
| 73 | 125 | 14 | 2 | 259 | 444 | — | — |
| 74 | 126 | 85 | 5 | 266 | 456 | — | — |
| 75 | 128 | 57 | 1 | 273 | 468 | — | — |
| 76 | 130 | 28 | 4 | 280 | 480 | — | — |
| 77 | 132 | — | — | 287 | 492 | — | — |
| 78 | 133 | 71 | 3 | 294 | 504 | — | — |
| 79 | 135 | 42 | 6 | **300** | 514 | 28 | 4 |
| 80 | 137 | 14 | 2 | 301 | 516 | — | — |
| 81 | 138 | 85 | 5 | 308 | 528 | — | — |
| 82 | 140 | 57 | 1 | 315 | 540 | — | — |
| 83 | 142 | 28 | 4 | 322 | 552 | — | — |
| 84 | 144 | — | — | 329 | 564 | — | — |
| 85 | 145 | 71 | 3 | 336 | 576 | — | — |
| 86 | 147 | 42 | 6 | 343 | 588 | — | — |
| 87 | 149 | 14 | 2 | 350 | 600 | — | — |
| 88 | 150 | 85 | 5 | 357 | 612 | — | — |
| 89 | 152 | 57 | 1 | 364 | 624 | — | — |
| 90 | 154 | 28 | 4 | 371 | 636 | — | — |
| 91 | 156 | — | — | 378 | 648 | — | — |
| 92 | 157 | 71 | 3 | 385 | 660 | — | — |
| 93 | 159 | 42 | 6 | 392 | 672 | — | — |
| 94 | 161 | 14 | 2 | 399 | 684 | — | — |
| 95 | 162 | 85 | 5 | **400** | 685 | 71 | 3 |
| 96 | 164 | 57 | 1 | 406 | 696 | — | — |
| 97 | 166 | 28 | 4 | 413 | 708 | — | — |
| 98 | 168 | — | — | 420 | 720 | — | — |
| 99 | 169 | 71 | 3 | 427 | 732 | — | — |
| **100** | 171 | 42 | 6 | 434 | 744 | — | — |
| 105 | 180 | — | — | 441 | 756 | — | — |
| 112 | 192 | — | — | 448 | 768 | — | — |
| 119 | 204 | — | — | 455 | 780 | — | — |
| 126 | 216 | — | — | 462 | 792 | — | — |
| 133 | 228 | — | — | 469 | 804 | — | — |
| 140 | 240 | — | — | 476 | 816 | — | — |
| 147 | 252 | — | — | 483 | 828 | — | — |
| 154 | 264 | — | — | 490 | 840 | — | — |
| 161 | 276 | — | — | 497 | 852 | — | — |
| 168 | 288 | — | — | **500** | 857 | 14 | 2 |
| 175 | 300 | — | — | 504 | 864 | — | — |
| 182 | 312 | — | — | 511 | 876 | — | — |
| 189 | 324 | — | — | 518 | 888 | — | — |
| 196 | 336 | — | — | 525 | 900 | — | — |
| **200** | 342 | 85 | 5 | 532 | 912 | — | — |
| 203 | 348 | — | — | 539 | 924 | — | — |
| 210 | 360 | — | — | 546 | 936 | — | — |
| 217 | 372 | — | — | 553 | 948 | — | — |
| 224 | 384 | — | — | 560 | 960 | — | — |

| Stück | Mark | Pfennig 1/1 | Pfennig 1/7 | Stück | Mark | Pfennig 1/1 | Pfennig 1/7 |
|---|---|---|---|---|---|---|---|
| **Gulden** | | | | **Gulden** | | | |
| 567 | 972 | — | — | 903 | 1548 | — | — |
| 574 | 984 | — | — | 910 | 1560 | — | — |
| 581 | 996 | — | — | 917 | 1572 | — | — |
| 588 | 1008 | — | — | 924 | 1584 | — | — |
| 595 | 1020 | — | — | 931 | 1596 | — | — |
| **600** | 1028 | 57 | 1 | 938 | 1608 | — | — |
| 602 | 1032 | — | — | 945 | 1620 | — | — |
| 609 | 1044 | — | — | 952 | 1632 | — | — |
| 616 | 1056 | — | — | 959 | 1644 | — | — |
| 623 | 1068 | — | — | 966 | 1656 | — | — |
| 630 | 1080 | — | — | 973 | 1668 | — | — |
| 637 | 1092 | — | — | 980 | 1680 | — | — |
| 644 | 1104 | — | — | 987 | 1692 | — | — |
| 651 | 1116 | — | — | 994 | 1704 | — | — |
| 658 | 1128 | — | — | **1000** | 1714 | 28 | 4 |
| 665 | 1140 | — | — | 1100 | 1885 | 71 | 3 |
| 672 | 1152 | — | — | 1200 | 2057 | 14 | 2 |
| 679 | 1164 | — | — | 1300 | 2228 | 57 | 1 |
| 686 | 1176 | — | — | 1400 | 2400 | — | — |
| 693 | 1188 | — | — | 1500 | 2571 | 42 | 6 |
| **700** | 1200 | — | — | 1600 | 2742 | 85 | 5 |
| 707 | 1212 | — | — | 1700 | 2914 | 28 | 4 |
| 714 | 1224 | — | — | 1800 | 3085 | 71 | 3 |
| 721 | 1236 | — | — | 1900 | 3257 | 14 | 2 |
| 728 | 1248 | — | — | 2000 | 3428 | 57 | 1 |
| 735 | 1260 | — | — | 2100 | 3600 | — | — |
| 742 | 1272 | — | — | 2200 | 3771 | 42 | 6 |
| 749 | 1284 | — | — | 2300 | 3942 | 85 | 5 |
| 756 | 1296 | — | — | 2400 | 4114 | 28 | 4 |
| 763 | 1308 | — | — | 2500 | 4285 | 71 | 3 |
| 770 | 1320 | — | — | 2600 | 4457 | 14 | 2 |
| 777 | 1332 | — | — | 2700 | 4628 | 57 | 1 |
| 784 | 1344 | — | — | 2800 | 4800 | — | — |
| 791 | 1356 | — | — | 2900 | 4971 | 42 | 6 |
| 798 | 1368 | — | — | 3000 | 5142 | 85 | 5 |
| **800** | 1371 | 42 | 6 | 3100 | 5314 | 28 | 4 |
| 805 | 1380 | — | — | 3200 | 5485 | 71 | 3 |
| 812 | 1392 | — | — | 3300 | 5657 | 14 | 2 |
| 819 | 1404 | — | — | 3400 | 5828 | 57 | 1 |
| 826 | 1416 | — | — | 3500 | 6000 | — | — |
| 833 | 1428 | — | — | 3600 | 6171 | 42 | 6 |
| 840 | 1440 | — | — | 3700 | 6342 | 85 | 5 |
| 847 | 1452 | — | — | 3800 | 6514 | 28 | 4 |
| 854 | 1464 | — | — | 3900 | 6685 | 71 | 3 |
| 861 | 1476 | — | — | 4000 | 6857 | 14 | 2 |
| 868 | 1488 | — | — | 4100 | 7028 | 57 | 1 |
| 875 | 1500 | — | — | 4200 | 7200 | — | — |
| 882 | 1512 | — | — | 4300 | 7371 | 42 | 6 |
| 889 | 1524 | — | — | 4400 | 7542 | 85 | 5 |
| 896 | 1536 | — | — | 4500 | 7714 | 28 | 4 |
| **900** | 1542 | 85 | 5 | 4600 | 7885 | 71 | 3 |

| Stück | Mark | Pfennig | | Stück | Mark | Pfennig | |
|---|---|---|---|---|---|---|---|
| | | 1/1 | 1/7 | | | 1/1 | 1/7 |
| **Gulden** | | | | **Gulden** | | | |
| 4700 | 8057 | 14 | 2 | 20000 | 34285 | 71 | 3 |
| 4800 | 8228 | 57 | 1 | 30000 | 51428 | 57 | 1 |
| 4900 | 8400 | — | — | 40000 | 68571 | 42 | 6 |
| 5000 | 8571 | 42 | 6 | 50000 | 85714 | 28 | 4 |
| 5100 | 8742 | 85 | 5 | 60000 | 102857 | 14 | 2 |
| 5200 | 8914 | 28 | 4 | 70000 | 120000 | — | — |
| 5300 | 9085 | 71 | 3 | 80000 | 137142 | 85 | 5 |
| 5400 | 9257 | 14 | 2 | 90000 | 154285 | 71 | 3 |
| 5500 | 9428 | 57 | 1 | 100000 | 171428 | 57 | 1 |
| 5600 | 9600 | — | — | 200000 | 342857 | 14 | 2 |
| 5700 | 9771 | 42 | 6 | 300000 | 514285 | 71 | 3 |
| 5800 | 9942 | 85 | 5 | 400000 | 685714 | 28 | 4 |
| 5900 | 10114 | 28 | 4 | 500000 | 857142 | 85 | 5 |
| 6000 | 10285 | 71 | 3 | 600000 | 1028571 | 42 | 6 |
| 6100 | 10457 | 14 | 2 | 700000 | 1200000 | — | — |
| 6200 | 10628 | 57 | 1 | 800000 | 1371428 | 57 | 1 |
| 6300 | 10800 | — | — | 900000 | 1542857 | 14 | 2 |
| 6400 | 10971 | 42 | 6 | 1000000 | 1714285 | 71 | 3 |
| 6500 | 11142 | 85 | 5 | 2000000 | 3428571 | 42 | 6 |
| 6600 | 11314 | 28 | 4 | 3000000 | 5142857 | 14 | 2 |
| 6700 | 11485 | 71 | 3 | 4000000 | 6857142 | 85 | 5 |
| 6800 | 11657 | 14 | 2 | 5000000 | 8571428 | 57 | 1 |
| 6900 | 11828 | 57 | 1 | 6000000 | 10285714 | 28 | 4 |
| 7000 | 12000 | — | — | 7000000 | 12000000 | — | — |
| 8000 | 13714 | 28 | 4 | 8000000 | 13714285 | 71 | 3 |
| 9000 | 15428 | 57 | 1 | 9000000 | 15428571 | 42 | 6 |
| 10000 | 17142 | 85 | 5 | 10000000 | 17142857 | 14 | 2 |

# C.

## Umrechnungs-Tabelle für die Zahlung der Obligationen und Coupons der bayerischen Staatsschuld in Reichswährung.

(Bekanntmachung der k. b. Staatsschuldentilgungs-Commission vom 24. November 1875.

### Obligationen.

| Stück | 1000 fl. | | 500 fl. | | 175 fl. | | 100 fl. | | 25 fl. | |
|---|---|---|---|---|---|---|---|---|---|---|
| | ℳ | ₰ | ℳ | ₰ | ℳ | ₰ | ℳ | ₰ | ℳ | ₰ |
| 1 | 1714 | 29 | 857 | 14 | 300 | — | 171 | 43 | 42 | 86 |
| 2 | 3428 | 58 | 1714 | 28 | 600 | — | 342 | 86 | 85 | 72 |
| 3 | 5142 | 87 | 2571 | 42 | 900 | — | 514 | 29 | 128 | 58 |
| 4 | 6857 | 16 | 3428 | 56 | 1200 | — | 685 | 72 | 171 | 44 |
| 5 | 8571 | 45 | 4285 | 70 | 1500 | — | 857 | 15 | 214 | 30 |
| 6 | 10285 | 74 | 5142 | 84 | 1800 | — | 1028 | 58 | 257 | 16 |
| 7 | 12000 | 03 | 5999 | 98 | 2100 | — | 1200 | 01 | 300 | 02 |
| 8 | 13714 | 32 | 6857 | 12 | 2400 | — | 1371 | 44 | 342 | 88 |
| 9 | 15428 | 61 | 7714 | 26 | 2700 | — | 1542 | 87 | 385 | 74 |

| Stück | 1000 fl. | | 500 fl. | | 175 fl. | | 100 fl. | | 25 fl. | |
|---|---|---|---|---|---|---|---|---|---|---|
| | M | Pf. | M | Pf. | M | Pf. | M | Pf. | M | Pf. |
| 10 | 17142 | 90 | 8571 | 40 | 3000 | — | 1714 | 30 | 428 | 60 |
| 11 | 18857 | 19 | 9428 | 54 | 3300 | — | 1885 | 73 | 471 | 46 |
| 12 | 20571 | 48 | 10285 | 68 | 3600 | — | 2057 | 16 | 514 | 32 |
| 13 | 22285 | 77 | 11142 | 82 | 3900 | — | 2228 | 59 | 557 | 18 |
| 14 | 24000 | 06 | 11999 | 96 | 4200 | — | 2400 | 02 | 600 | 04 |
| 15 | 25714 | 35 | 12857 | 10 | 4500 | — | 2571 | 45 | 642 | 90 |
| 16 | 27428 | 64 | 13714 | 24 | 4800 | — | 2742 | 88 | 685 | 76 |
| 17 | 29142 | 93 | 14571 | 38 | 5100 | — | 2914 | 31 | 728 | 62 |
| 18 | 30857 | 22 | 15428 | 52 | 5400 | — | 3085 | 74 | 771 | 48 |
| 19 | 32571 | 51 | 16285 | 66 | 5700 | — | 3257 | 17 | 814 | 34 |
| 20 | 34285 | 80 | 17142 | 80 | 6000 | — | 3428 | 60 | 857 | 20 |
| 30 | 51428 | 70 | 25714 | 20 | 9000 | — | 5142 | 90 | 1285 | 80 |
| 40 | 68571 | 60 | 34285 | 60 | 12000 | — | 6857 | 20 | 1714 | 40 |
| 50 | 85714 | 50 | 42857 | — | 15000 | — | 8571 | 50 | 2143 | — |
| 60 | 102857 | 40 | 51428 | 40 | 18000 | — | 10285 | 80 | 2571 | 60 |
| 70 | 120000 | 30 | 59999 | 80 | 21000 | — | 12000 | 10 | 3000 | 20 |
| 80 | 137143 | 20 | 68571 | 20 | 24000 | — | 13714 | 40 | 3428 | 80 |
| 90 | 154286 | 10 | 77142 | 60 | 27000 | — | 15428 | 70 | 3857 | 40 |
| 100 | 171429 | — | 85714 | — | 30000 | — | 17143 | — | 4286 | — |

## Coupons.

| Stück | 50 fl. | | 45 fl. | | 40 fl. | | 35 fl. | | 25 fl. | | 22½ fl. | |
|---|---|---|---|---|---|---|---|---|---|---|---|---|
| | M | Pf. | M | Pf. | M | Pf. | M | Pf. | M | Pf. | M | Pf. |
| 1 | 85 | 71 | 77 | 14 | 68 | 57 | 60 | — | 42 | 86 | 38 | 57 |
| 2 | 171 | 42 | 154 | 28 | 137 | 14 | 120 | — | 85 | 72 | 77 | 14 |
| 3 | 257 | 13 | 231 | 42 | 205 | 71 | 180 | — | 128 | 58 | 115 | 71 |
| 4 | 342 | 84 | 308 | 56 | 274 | 28 | 240 | — | 171 | 44 | 154 | 28 |
| 5 | 428 | 55 | 385 | 70 | 342 | 85 | 300 | — | 214 | 30 | 192 | 85 |
| 6 | 514 | 26 | 462 | 84 | 411 | 42 | 360 | — | 257 | 16 | 231 | 42 |
| 7 | 599 | 97 | 539 | 98 | 479 | 99 | 420 | — | 300 | 02 | 269 | 99 |
| 8 | 685 | 68 | 617 | 12 | 548 | 56 | 480 | — | 342 | 88 | 308 | 56 |
| 9 | 771 | 39 | 694 | 26 | 617 | 13 | 540 | — | 385 | 74 | 347 | 13 |
| 10 | 857 | 10 | 771 | 40 | 685 | 70 | 600 | — | 428 | 60 | 385 | 70 |
| 11 | 942 | 81 | 848 | 54 | 754 | 27 | 660 | — | 471 | 46 | 424 | 27 |
| 12 | 1028 | 52 | 925 | 68 | 822 | 84 | 720 | — | 514 | 32 | 462 | 84 |
| 13 | 1114 | 23 | 1002 | 82 | 891 | 41 | 780 | — | 557 | 18 | 501 | 41 |
| 14 | 1199 | 94 | 1079 | 96 | 959 | 98 | 840 | — | 600 | 04 | 539 | 98 |
| 15 | 1285 | 65 | 1157 | 10 | 1028 | 55 | 900 | — | 642 | 90 | 578 | 55 |
| 16 | 1371 | 36 | 1234 | 24 | 1097 | 12 | 960 | — | 685 | 76 | 617 | 12 |
| 17 | 1457 | 07 | 1311 | 38 | 1165 | 69 | 1020 | — | 728 | 62 | 655 | 69 |
| 18 | 1542 | 78 | 1388 | 52 | 1234 | 26 | 1080 | — | 771 | 48 | 694 | 26 |
| 19 | 1628 | 49 | 1465 | 66 | 1302 | 83 | 1140 | — | 814 | 34 | 732 | 83 |
| 20 | 1714 | 20 | 1542 | 80 | 1371 | 40 | 1200 | — | 857 | 20 | 771 | 40 |
| 30 | 2571 | 30 | 2314 | 20 | 2057 | 10 | 1800 | — | 1285 | 80 | 1157 | 10 |
| 40 | 3428 | 40 | 3085 | 60 | 2742 | 80 | 2400 | — | 1714 | 40 | 1542 | 80 |
| 50 | 4285 | 50 | 3857 | — | 3428 | 50 | 3000 | — | 2143 | — | 1928 | 50 |
| 60 | 5142 | 60 | 4628 | 40 | 4114 | 20 | 3600 | — | 2571 | 60 | 2314 | 20 |
| 70 | 5999 | 70 | 5399 | 80 | 4799 | 90 | 4200 | — | 3000 | 20 | 2699 | 90 |
| 80 | 6856 | 80 | 6171 | 20 | 5485 | 60 | 4800 | — | 3428 | 80 | 3085 | 60 |
| 90 | 7713 | 90 | 6942 | 60 | 6171 | 30 | 5400 | — | 3857 | 40 | 3471 | 30 |
| 100 | 8571 | — | 7714 | — | 6857 | — | 6000 | — | 4286 | — | 3857 | — |

| Stück | 20 fl. | | 17½ fl. | | 12½ fl. | | 11¼ fl. | | 10 fl. | | 7 fl. | | 5 fl. | |
|---|---|---|---|---|---|---|---|---|---|---|---|---|---|---|
| | M. | Pf. | M. | Pf. | M. | Pf. | M. | Pf. | M. | Pf. | M. | Pf. | M. | Pf. |
| 1 | 34 | 29 | 30 | — | 21 | 43 | 19 | 29 | 17 | 14 | 12 | — | 8 | 57 |
| 2 | 68 | 58 | 60 | — | 42 | 86 | 38 | 58 | 34 | 28 | 24 | — | 17 | 14 |
| 3 | 102 | 87 | 90 | — | 64 | 29 | 57 | 87 | 51 | 42 | 36 | — | 25 | 71 |
| 4 | 137 | 16 | 120 | — | 85 | 72 | 77 | 16 | 68 | 56 | 48 | — | 34 | 28 |
| 5 | 171 | 45 | 150 | — | 107 | 15 | 96 | 45 | 85 | 70 | 60 | — | 42 | 85 |
| 6 | 205 | 74 | 180 | — | 128 | 58 | 115 | 74 | 102 | 84 | 72 | — | 51 | 42 |
| 7 | 210 | 03 | 210 | — | 150 | 01 | 135 | 03 | 119 | 98 | 84 | — | 59 | 99 |
| 8 | 274 | 32 | 240 | — | 171 | 44 | 154 | 32 | 137 | 12 | 96 | — | 68 | 56 |
| 9 | 308 | 61 | 270 | — | 192 | 87 | 173 | 61 | 154 | 26 | 108 | — | 77 | 13 |
| 10 | 342 | 90 | 300 | — | 214 | 30 | 192 | 90 | 171 | 40 | 120 | — | 85 | 70 |
| 11 | 377 | 19 | 330 | — | 235 | 73 | 212 | 19 | 188 | 51 | 132 | — | 94 | 27 |
| 12 | 411 | 48 | 360 | — | 257 | 16 | 231 | 48 | 205 | 69 | 144 | — | 102 | 84 |
| 13 | 445 | 77 | 390 | — | 278 | 59 | 250 | 77 | 222 | 82 | 156 | — | 111 | 41 |
| 14 | 480 | 06 | 420 | — | 300 | 02 | 270 | 06 | 239 | 96 | 168 | — | 119 | 98 |
| 15 | 514 | 35 | 450 | — | 321 | 45 | 289 | 35 | 257 | 10 | 180 | — | 128 | 55 |
| 16 | 548 | 64 | 480 | — | 342 | 88 | 308 | 64 | 274 | 24 | 192 | — | 137 | 12 |
| 17 | 582 | 93 | 510 | — | 364 | 31 | 327 | 93 | 291 | 38 | 204 | — | 145 | 69 |
| 18 | 617 | 22 | 540 | — | 385 | 74 | 347 | 22 | 308 | 52 | 216 | — | 154 | 26 |
| 19 | 651 | 51 | 570 | — | 407 | 17 | 366 | 51 | 325 | 66 | 228 | — | 162 | 83 |
| 20 | 685 | 80 | 600 | — | 428 | 60 | 385 | 80 | 342 | 80 | 240 | — | 171 | 40 |
| 30 | 1028 | 70 | 900 | — | 642 | 90 | 578 | 70 | 514 | 20 | 360 | — | 257 | 10 |
| 40 | 1371 | 60 | 1200 | — | 857 | 20 | 771 | 60 | 685 | 60 | 480 | — | 342 | 80 |
| 50 | 1714 | 50 | 1500 | — | 1071 | 50 | 964 | 50 | 857 | — | 600 | — | 428 | 50 |
| 60 | 2057 | 40 | 1800 | — | 1285 | 80 | 1157 | 40 | 1028 | 40 | 720 | — | 514 | 20 |
| 70 | 2400 | 30 | 2100 | — | 1500 | 10 | 1350 | 30 | 1199 | 80 | 840 | — | 599 | 90 |
| 80 | 2743 | 20 | 2400 | — | 1714 | 40 | 1543 | 20 | 1371 | 20 | 960 | — | 685 | 60 |
| 90 | 3086 | 10 | 2700 | — | 1928 | 70 | 1736 | 10 | 1542 | 60 | 1080 | — | 771 | 30 |
| 100 | 3429 | — | 3000 | — | 2143 | — | 1929 | — | 1714 | — | 1200 | — | 857 | — |

| Stück | 4½ fl. | | 4 fl. | | 3½ fl. | | 2½ fl. | | 2¼ fl. | | 2 fl. | | 1 fl. | |
|---|---|---|---|---|---|---|---|---|---|---|---|---|---|---|
| | M. | Pf. | M. | Pf. | M. | Pf. | M. | Pf. | M. | Pf. | M. | Pf. | M. | Pf. |
| 1 | 7 | 71 | 6 | 86 | 6 | — | 4 | 29 | 3 | 86 | 3 | 43 | 1 | 71 |
| 2 | 15 | 42 | 13 | 72 | 12 | — | 8 | 58 | 7 | 72 | 6 | 86 | 3 | 42 |
| 3 | 23 | 13 | 20 | 58 | 18 | — | 12 | 87 | 11 | 58 | 10 | 29 | 5 | 13 |
| 4 | 30 | 84 | 27 | 44 | 24 | — | 17 | 16 | 15 | 44 | 13 | 72 | 6 | 84 |
| 5 | 38 | 55 | 34 | 30 | 30 | — | 21 | 45 | 19 | 30 | 17 | 15 | 8 | 55 |
| 6 | 46 | 26 | 41 | 16 | 36 | — | 25 | 74 | 23 | 16 | 20 | 58 | 10 | 26 |
| 7 | 53 | 97 | 48 | 02 | 42 | — | 30 | 03 | 27 | 02 | 24 | 01 | 11 | 97 |
| 8 | 61 | 68 | 54 | 88 | 48 | — | 34 | 32 | 30 | 88 | 27 | 44 | 13 | 68 |
| 9 | 69 | 39 | 61 | 74 | 54 | — | 38 | 61 | 34 | 74 | 30 | 87 | 15 | 39 |
| 10 | 77 | 10 | 68 | 60 | 60 | — | 42 | 90 | 38 | 60 | 34 | 30 | 17 | 10 |
| 11 | 84 | 81 | 75 | 46 | 66 | — | 47 | 19 | 42 | 46 | 37 | 73 | 18 | 81 |
| 12 | 92 | 52 | 82 | 32 | 72 | — | 51 | 48 | 46 | 32 | 41 | 16 | 20 | 52 |
| 13 | 100 | 23 | 89 | 18 | 78 | — | 55 | 77 | 50 | 18 | 44 | 59 | 22 | 23 |
| 14 | 107 | 94 | 96 | 04 | 84 | — | 60 | 06 | 54 | 04 | 48 | 02 | 23 | 94 |
| 15 | 115 | 65 | 102 | 90 | 90 | — | 64 | 35 | 57 | 90 | 51 | 45 | 25 | 65 |
| 16 | 123 | 36 | 109 | 76 | 96 | — | 68 | 64 | 61 | 76 | 54 | 88 | 27 | 36 |
| 17 | 131 | 07 | 116 | 62 | 102 | — | 72 | 93 | 65 | 62 | 58 | 31 | 29 | 07 |
| 18 | 138 | 78 | 123 | 48 | 108 | — | 77 | 22 | 69 | 48 | 61 | 74 | 30 | 78 |
| 19 | 146 | 49 | 130 | 34 | 114 | — | 81 | 51 | 73 | 31 | 65 | 17 | 32 | 49 |
| 20 | 154 | 20 | 137 | 20 | 120 | — | 85 | 80 | 77 | 20 | 68 | 60 | 34 | 20 |

| Stück | 4 1/2 fl. | | 4 fl. | | 3 1/2 fl. | | 2 1/2 fl. | | 2 1/4 fl. | | 2 fl. | | 1 fl. | |
|---|---|---|---|---|---|---|---|---|---|---|---|---|---|---|
| | M. | Pf. | M. | Pf. | M. | Pf. | M. | Pf. | M. | Pf. | M. | Pf. | M. | Pf. |
| **30** | 231 | 30 | 205 | 80 | 180 | — | 128 | 70 | 115 | 80 | 102 | 90 | 51 | 30 |
| **40** | 308 | 40 | 274 | 40 | 240 | — | 171 | 60 | 154 | 40 | 137 | 20 | 68 | 40 |
| **50** | 385 | 50 | 343 | — | 300 | — | 214 | 50 | 193 | — | 171 | 50 | 85 | 50 |
| **60** | 462 | 60 | 411 | 60 | 360 | — | 257 | 40 | 231 | 60 | 205 | 80 | 102 | 60 |
| **70** | 539 | 70 | 480 | 20 | 420 | — | 300 | 30 | 270 | 20 | 240 | 10 | 119 | 70 |
| **80** | 616 | 80 | 548 | 80 | 480 | — | 343 | 20 | 308 | 80 | 274 | 40 | 136 | 80 |
| **90** | 693 | 90 | 617 | 40 | 540 | — | 386 | 10 | 347 | 40 | 308 | 70 | 153 | 90 |
| **100** | 771 | — | 686 | — | 600 | — | 429 | — | 386 | — | 343 | — | 171 | — |

**Bemerkung.** Alle übrigen Obligationen und Coupons, sowie die Stückzinsen aus den verloosten oder gekündeten Obligationen werden und zwar jede Obligation, jeder Coupon und jeder Stückzins für sich nach Massgabe des Art. 14 § 2 des Münzgesetzes vom 9. Juli 1873 (vide Tabelle B.) umgerechnet. — Die vor dem 1. Januar 1876 zur Zahlung verfallenen Coupons werden bei Präsentation nach diesem Termine ebenfalls nach obigem Tarife eingelöst.

---

## Beilage XI.

# Posttaxen.

Bekanntmachung v. 28. Dez. 1875 u. v. 3. Febr. 1876 »Die Post-Transport-Ordnung für das Königreich Bayern v. 1. Januar 1876. (G. V. Bl. 1876 S. 49 u. 178.)

## A. Brief-Post.

Für den Postverkehr in Bayern, nach den übrigen deutschen Staaten, Luxemburg und Oesterreich-Ungarn:

1. **Briefe:** frankirt bis 15 Gramm 10 Pf., im Ortsbezirk 3 Pf.
„ über 15—250 „ 20 „ „ 5 „
unfrankirt bis 15 „ 20 „ „ 10 „
„ über 15—250 „ 30 „ „ 20 „
2. **Postkarten:** einfache . . . 5 „ „ 3 „
mit Rückantwort . 10 „ „ 6 „
3. **Drucksachen:** bis 50 Gramm 3 „ „ 3 „
über 50—250 „ 10 „ „ 5 „
„ 250—500 „ 20 „ „ 10 „
„ 500—1 Kilogr. 30 „ „ 20 „

Für aussergewöhnliche Zeitungsbeilagen 1/4 Pf. für jedes einzelne Beilagen-Exemplar.

4. **Waarenproben:** wie bei Drucksachen, jedoch nur bis 250 Gr.
5. **Einschreibsendungen:** Einschreibgebühr . . . . 20 Pf.,
für verlangten Rückschein neben dem Porto . . 20 „
6. **Postanweisungen:** bis 100 M. 20 Pf., im Ortsbezirk 20 Pf.
über 100—200 „ 30 „ „ 20 „
„ 200—300 „ 40 „ „ 20 „

Nach Oesterreich bis 75 ℳ . . . . . . 20 ₰.
über 75—150 ℳ . . . . . 40 „

7. **Postauftragsbriefe:** in Deutschland bis 600 ℳ 30 ₰., im Ortsbezirke 30 ₰.

8. **Postvorschüsse:** bis 150 ℳ neben dem Porto
   a) innerhalb Bayern für je 1 ℳ . . . . . 1 ₰.
   b) nach den übrigen deutschen Staaten . . 2 „
   c) nach Oesterreich-Ungarn für je 3 ℳ . . 5 „
   (ad a bis c mindestens 10 ₰.)

9. **Briefe mit Werthangabe** bis 250 Gramm in Bayern und den übrigen deutschen Staaten
   a) Porto bis 10 Meilen . . . . . . . 20 ₰.
   über 10 . . . . . . . . 40 „
   b) Versicherungsgebühr für je 300 ℳ des angegebenen Werthes (mindestens 10 ₰.) . . . 3 „

Für **unfrankirte Briefe** mit Werthangabe aus dem Reichspostgebiete oder Württemberg noch ein Zuschlag von 10 ₰.
Nach Oesterreich-Ungarn und Luxemburg besondere Tarife.

## B. Fahr-Post.

**Packetporto** bis 50 Kilogramm.
In Bayern sowie nach und aus dem deutschen Reichspostgebiete und Württemberg:
Ohne Werthangabe
bis 5 Kilogr. und bis 10 Meilen . . . . . . . . 25 ₰.
bis 5 Kilogr. und über 10 Meilen . . . . . . . . 50 „
mit einem Zuschlag von 10 ₰. bei unfrankirten Sendungen nach und aus dem Reichspostgebiete und Württemberg.
über 5 Kilogr. für die ersten 5 Kilogr. obige Sätze, sodann für jedes weitere Kilogr. bis 10 Meilen . . . . . 5 ₰.
„ 20 „ . . . . . . 10 „
„ 50 „ . . . . . . 20 „
„ 100 „ . . . . . . 30 „
„ 150 „ . . . . . . 40 „
über 150 „ . . . . . . 50 „

Mit Werthangabe ausserdem noch die Versicherungsgebühr wie für die Briefe mit Werthangabe (Ziff. 9).
Für Sendungen nach und aus Oesterreich-Ungarn Porto nach besonderem Tarife.

## C. Zustell-Gebühren.

Für **Briefe** im Orts- und Landpostbezirke: nichts.
Für Zustellung des **Geldbetrages mit der Postanweisung** wie für Geldsendung.
Für **Fahrpostsendungen** incl. der Werth- und Vorschussbriefe für jedes Stück
a) im Orte der Abgabepost
   bis 10 Kilogr. und bis 2000 ℳ Werth . 10 ₰.
   über 10 Kilogr. und über 2000 ℳ Werth . 20 „
b) im Landpostbezirke auf jedes Kilometer Entfernung vom Postorte
   bis 1 Kilogr. und bis 50 ℳ Werth . . 1 ₰.
   (jedoch mindestens 10 ₰.)
   über 1—5 Kilogr. u. über 50—500 ℳ Werth 2 „
   (jedoch mindestens 20 ₰.)
   über 5—10 Klgr. u. über 500—1000 ℳ Werth 3 „
   (jedoch mindestens 30 ₰.)

Für Zustellung **durch Eilboten**:

a) für Briefe sowie Vorschussbriefe und Begleitadressen zu Fahrpoststücken
   1) im Ortsbezirke . . . . . . . . 25 ₰.
   2) im Landpostbezirke, jedoch nur bis zu 10 Kilogramm u. 500 ℳ in Bayern und bis zu 5 Klgr. und 300 ℳ in den andern deutschen Postgebieten für jedes Kilometer . . . 15 „
   (jedoch nicht unter 75 ₰.)

b) für Fahrpostsendungen incl. der Werthbriefe und Geldbeträge zu Postanweisungen das Doppelte der Gebühr für Briefe.

Ist für die Eilbestellung nach dem Landpostbezirke Niemand zu dem tarifmässigen Satze zur Verfügung, so darf eine höhere Vergütung nach den ortsüblichen Botenlöhnen erhoben werden.

Für Zustellung der **Zeitungen** jährlich:

| | | | |
|---|---|---|---|
| a) bei 1maliger wöchentlicher Zustellung . | — ℳ | 60 ₰. |
| b) „ 2—3 „ „ „ . | 1 „ | — „ |
| c) „ 4—7 „ „ „ . | 1 „ | 60 „ |
| d) „ öfter als 7mal. „ „ . | 2 „ | — „ |
| e) für amtliche Verordnungsblätter . . . | — „ | 60 „ |

## D. Sendungen an Soldaten.

a) für Briefe bis 60 Gramm . . . . . . . frei.
b) für Postanweisungen bis 15 ℳ . . . . . 10 ₰.
c) für Packete ohne Werthangabe bis 3 Klgr. . . 20 „

Jede dieser Sendungen muss auf der Adresse mit der Bezeichnung „Soldatenbrief. Eigene Angelegenheit des Empfängers“ versehen sein.

## E. Bemerkungen.

1. Zur Briefpost gehören: Briefe und Schriftensendungen ohne Werthsangabe und Waarenproben bis 250 Gramm, Drucksachen unter Band bis 1 Kilogr., Aktenpackete in portofreien Staatsdienstsachen bis 1 Pfund, Postanweisungen bis 300 ℳ nach Bayern, den übrigen deutschen Staaten und Luxemburg, und bis 150 ℳ nach Oesterreich-Ungarn, dann Postaufträge bis 600 ℳ nach Bayern und den übrigen deutschen Staaten.

2. Zur Fahrpost gehören die übrigen Sendungen.

3. Der Aufgabepostbezirk umfasst den Aufgabeort und den betr. Landbezirk.

4. Sendungen der k. Behörden, sowie Sendungen der Advokaten in Armensachen, — letztere insoferne, als dieselben überhaupt portofrei sind und mit geschriebenem Aufgabe- oder Ablieferungsscheine zur Post gebracht werden, — sind von Einschreib- und Schreibgebühren frei.

5. Für Schreiben mit Behändigungsschein wird erhoben:
   a) die tarifmässige Brieftaxe für das Schreiben;
   b) für Insinuation des Schreibens eine Gebühr von 10 ₰., wenn die Absendung von einer Staats- oder Gemeindebehörde oder von einem Notar erfolgt, ausserdem 20 ₰.;
   c) Porto von 10 ₰. für Rücksendung des Behändigungsscheines an den Aufgabeort ausser dem Orts- oder Landbestellbezirke.

Für eingeschriebene Schreiben ausser der Taxe die Einschreibgebühr mit 20 ₰.

6. Die Entschädigung für eine abhanden gekommene eingeschriebene Sendung beträgt 42 ℳ, für eine Postanweisung der eingezahlte Betrag nebst Gebühr, für Postauftragsbriefe der eingezogene Betrag, für Sendungen mit Werthangabe der bei der Aufgabe angegebene Werth, für Sendungen ohne Werthangabe der wirklich erlittene Schaden bis zum Maximalbetrage von 3 ℳ für je 500 Gramm oder einem Theil derselben, für Einschreibsendungen ohne Werthangabe in der Regel 42 ℳ und in allen Fällen das bei der Aufgabe vorausbezahlte Porto.

Bei Beschädigung des Inhalts besteht der Ersatz

a) bei Sendungen mit Werthsangabe im Betrage des angegebenen und bezw. des gemeinen Werthes,
b) bei Sendungen ohne Werthangabe und bezw. auch bei eingeschriebenen Fahrpostsendungen in jenem Betrage, welcher sich ergibt, wenn vom Gewichte des ganzen Packets 3 ℳ für je 500 Gramm oder einen Theil davon berechnet werden.

Im Falle verzögerter Beförderung oder Bestellung von Fahrpostsendungen bemisst sich der Ersatz nach der Beschaffenheit des Falles.

Für den Verlust gewöhnlicher Briefe, für Beschädigung einer eingeschriebenen Sendung, sowie für den durch verzögerte Beförderung oder Zustellung von Briefpostsendungen entstandenen Schaden wird kein Ersatz geleistet.

7. Für Ueberweisung einer Zeitung innerhalb Deutschlands sind 50 ₰, ausserdem 1 ℳ (50 Neukreuzer österr. Whrg.) zu entrichten; nach dem Auslande eine Ueberweisung unzulässig. Rücküberweisung an den ursprünglichen Bestellundsort gebührenfrei.

8. Zu einer Begleitadresse können bis 5 Stücke in Bayern und bis 3 Stücke nach dem Reichspostgebiete und Württemberg gehören, jedoch nicht zugleich Stücke mit und ohne Werthsangabe.

9. Von den Postanstalten werden abgegeben:

Post-Packetadressen zu 1 ₰ für je 2 Stück;
Freimarken zu 3, 5, 10, 20, 25 und 50 ₰, dann 1 und 2 ℳ;
Gestempelte Briefcouverts à 10 ₰ mit 11 ₰ Per Stück;
Gestempelte Streifbänder à 3 ₰, für den Bogen zu 10 Stück 34 ₰;
Gestempelte Postkarten einfache zu 5 ₰ (im Ortsbezirk 3 ₰);
Ungestempelte „ „ zu 5 ₰ für je 10 Stück;
Gestempelte „ mit bezahlter Rückantwort zu 10 ₰ (im Ortsbezirke 6 ₰);
Ungestempelte Postkarten mit bezahlter Rückantwort zu 10 ₰ für je 10 Stück;
Gestempelte Postanweisungen zu 10, 20, 30 und 40 ₰;
Ungestempelte „ zu 5 ₰ für je 10 Stück;
Postauftragsbriefe zu 1 ₰ für je 2 Stück;
Behändigungsscheine zu 1 ₰ für je 2 Stück.

10. Die Sendungen von Privaten an Stellen, Behörden und Aemter müssen bei der Aufgabe frankirt werden. Dagegen wird für versiegelte und auf der Adresse als „Portopflichtige Dienstsache" bezeichnete unfrankirte Ausfertigungen öffentlicher Behörden oder Beamten im Deutschen Reiche vom Empfänger nur die Frankotaxe erhoben.

11. Porto in Bezug auf Zustellungen bei der Staatsanwaltschaft J.M.Bl. 1870. S. 162.

12. Porto in Armenrechtssachen J.M.Bl. 1870 S. 201 u. 1873 S. 86.

13. Porto bei Einsendung von Gutachten der Sachverständigen im Civ.-Proz. J.M.Bl. 1870 S. 205.

14. Postnachnahmen in Civilrechtssachen J.M.Bl 1870 S. 375.

15. Porto-Vorschussleistung im Gantverfahren J.M.Bl. 1871 S. 285.
16. Portofreiheit in Amtssachen J.M.Bl. 1871 S. 41.
17. Postanweisungen bei Versendungen von Kosten für die Geschäfte des Bundesoberhandelsgerichts J.M.Bl. 1871 S. 288.
18. Portofreiheitsgesetz J.M.Bl. 1872 S. 169, 215.
19. Postporto, Behandlung bei unfrankirten Dienstschreiben J.M.Bl. 1872 S 20.
20. Postscheine, Gebühren hiefür J.M.Bl. 1872 S 155.
21. Portopflicht in Staatsdienstangelegenheiten mit Oesterreich J.M.Bl. 1873 S. 26, 205; mit anderen deutschen Bundesstaaten J.M.Bl. 1873 S. 178; mit der Schweiz J.M.Bl. 1875 S. 131.
22. Postpacketadressen J.M.Bl. 1874 S. 32, 77; G.V.Bl. 1874 S. 51.
23. Postaufgabebücher J.M.Bl. 1872 S. 66; 1875 S. 375; 1876 S. 183.
24. Postsendungen, deren Beschlagnahme J.M.Bl. 1875 S. 90.
25. Porto im Postverkehr mit ausserbayerischen Sicherheitsorganen J.M.Bl. 1876 S. 97.
26. Postporto für die amtliche Correspondenz der Pfarrämter F.M.Bl. 1873 S. 95.
27. Porto im Postverkehr zwischen bayer. und österr. Gendarmerie-Stationen F.M.Bl. 1873 S. 113.
28. Bekanntmachung v. 3. Jan. 1875 u. v. 14. Jan. 1876 die Postordnung zum Gesetze über das Postwesen des deutschen Reichs v. 28. Okt. 1871 betr. G.V.Bl. 1875 S. 17 und 1876 S. 46.
29. Vertrag, die Gründung eines allgemeinen Postvereins betr vom 9. Okt. 1874; R G.Bl. 1875 S. 223.

---

## Beilage XII.

# Telegraphen-Tarif.

Telegraphen-Ordnung für das Königreich Bayern v. 22. August 1872 (Reg.-Bl. S. 1231) und Bekanntmachung v. 18. Febr. 1876, Abänderungen und Ergänzungen hiezu (G.V.Bl. 1876 S. 215).

1. Das gewöhnliche Telegramm kostet
   a) im internen bayerischen Verkehr und im Wechselverkehr mit Württemberg
      Grundtaxe 20 ₰,
      Worttaxe 3 ₰ für jedes Wort,
   unter Abrundung auf ein Vielfaches von 5 ₰ und werden Ueberschüsse von 1 und 2 ₰ nicht erhoben, dagegen von 3 und 4 ₰ für 5 ₰ gerechnet;
   b) im Verkehr mit Reichstelegraphenstationen
      Grundtaxe 20 ₰,
      Worttaxe 5 ₰ für jedes Wort.
2) Dringendes Telegramm (D) das Dreifache obiger Taxe, mithin
      Grundtaxe 60 ₰,
      Worttaxe 9 bezw. 15 ₰.

3) Bezahlte Antwort (RP) in der Regel die Gebühr eines gewöhnlichen Telegrammes von 10 Worten.

4) Collationirtes Telegramm (TC) die Hälfte der Gebühr eines gewöhnlichen Telegrammes mit Abrundung auf 5 ₰.

5) Empfangsanzeige (CR) Gebühr wie für ein gewöhnliches Telegramm von 10 Worten.

6) Jede Vervielfältigung eines Telegrammes bis zu 50 Worten 40 ₰. und bei längeren für jede Reihe von 50 Worten oder einen Theil derselben 40 ₰.

7) Für Weiterbefördernng eines Telegrammes
   a) durch die Post (»Post bezahlt« PP) Porto für einen eingeschriebenen Brief mit Eilbestellung,
   b) sonst (»Express bezahlt« XP) die der Telegraphenanstalt erwachsenden Auslagen.

   Für »postlagernde« oder »bahnhoflagernde« Telegramme je ein Zuschlag von 20 ₰. zur Gebühr.

8) Nachsendung eines Telegramms (FS) vom ursprünglichen an einen neuen Adressort die volle tarifmässige Gebühr.

9) Verlangte Gebührenbescheinigung 20 ₰.

10) Hinterlegung einer abgekürzten Adresse für das Kalenderjahr 30 ℳ

11) Bei Zurückziehung eines Telegramms vor begonnener Abtelegraphirung findet Rückersatz der Gebühren nach Abzug von 20 ₰. statt.

12) Für richtige Ueberkunft der Telegramme oder deren Ueberkunft und Zustellung innerhalb bestimmter Frist wird keine Gewähr geleistet. Die Gebühr wird bei Anspruchserhebung innerhalb 2 Monaten erstattet:
   a) für jedes Telegramm, welches gar nicht oder mit bedeutender Verzögerung in die Hände des Adressaten gelangt ist,
   b) für das collationirte Telegramm, das durch Verstümmelung erweislich seinen Zweck nicht hat erfüllen können.

13) Die Taxen können wie die Posttaxen auch mit Marken entrichtet werden.

14) Beim Telegraphen-Verkehr mit dem Auslande kommen die Bestimmungen der bezüglichen Telegraphen-Verträge zur Anwendung. (Internationaler Telegraphen-Vertrag vom 21. Juli 1868 Regsbl. 1868 S. 2571.)

15) Gebührenfreie Depeschenbeförderung. (J.M.Bl. 1872 S. 309.)

## Beilage XIII.

# Aemterverzeichniss
## mit Bevölkerungsliste des Königreichs Bayern
nach dem Stande vom Juli 1876.

(Zeitschr. des k. b. Statistischen Bureau 1876 S. 49 ff.)

Abkürzungen: St. = Stadtgericht; St.L. = Stadt- und Landgericht; L. = Landgericht. Einzelngerichte ohne Beisatz sind nur Landgerichte. M. = Unmittelbarer Magistrat; B. = Bezirksamt. Verwaltungsbehörden ohne Beisatz sind nur Bezirksämter. H. = Zugleich Handelsgericht. Die Bevölkerungszahlen begreifen Civil und Militär.

### A.
### Centralstellen.

I. Staatsministerien s. Beamtenlisten.
II. Oberappellationsgericht (Oberster Gerichtshof, Cassationshof) mit dem Sitze in München, umfasst das ganze Königreich Bayern mit 5,022,904 Einwohnern.
III. Bundesoberhandelsgericht. Sitz in Leipzig.

### B.
### Kreisstellen und Behörden.

| Nro. | Kreis | Stelle oder Behörde | Sitz |
|---|---|---|---|
| 1 | Oberbayern | Regierung | München |
| | | Appellationsgericht | » |
| | | Handelsappell.-Ger. | » |
| | | Bezirksgericht | Aichach |
| | | » | Freising |
| | | » | München l. (H.) |
| | | » | München r. (H.) |
| | | » | Traunstein |
| | | » | Wasserburg |
| | | » | Weilheim |
| 2 | Niederbayern | Regierung | Landshut |
| | | Appellationsgericht | Passau |
| | | Handelsappell.-Ger. | München |
| | | Bezirksgericht | Deggendorf |
| | | » | Landshut (H.) |
| | | » | Passau (H.) |
| | | » | Pfarrkirchen |
| | | » | Straubing |

| Nro. | Kreis | Stelle oder Behörde | Sitz |
|---|---|---|---|
| 3 | Pfalz | Regierung | Speyer |
| | | Appellationsgericht | Zweibrücken |
| | | Handelsappell.-Ger. | » |
| | | Bezirksgericht | Frankenthal (H.) |
| | | » | Kaiserslautern (H.) |
| | | » | Landau (H.) |
| | | » | Zweibrücken (H.) |
| 4 | Oberpfalz und Regensburg | Regierung | Regensburg |
| | | Appellationsgericht | Nürnberg |
| | | Handelsappell.-Ger. | Nürnberg |
| | | Bezirksgericht | Amberg (H.) |
| | | » | Neunburg v. W. |
| | | » | Regensburg (H.) |
| | | » | Weiden |
| 5 | Oberfranken | Regierung | Bayreuth |
| | | Appellationsgericht | Bamberg |
| | | Handelsappell.-Ger. | Nürnberg |
| | | Bezirksgericht | Bamberg (H.) |
| | | » | Bayreuth (H.) |
| | | » | Hof (H.) |
| | | » | Kronach |
| 6 | Mittelfranken | Regierung | Ansbach |
| | | Appellationsgericht | Nürnberg |
| | | Handelsappell.-Ger. | Nürnberg |
| | | Bezirksgericht | Ansbach (H.) |
| | | » | Eichstädt |
| | | » | Fürth (H.) |
| | | » | Nürnberg (H.) |
| | | » | Windsheim |
| 7 | Unterfranken und Aschaffenburg | Regierung | Würzburg |
| | | Appellationsgericht | Bamberg |
| | | Handelsappell.-Ger. | Nürnberg |
| | | Bezirksgericht | Aschaffenburg (H.) |
| | | » | Lohr |
| | | » | Neustadt a. S. |
| | | » | Schweinfurt (H.) |
| | | » | Würzburg (H.) |
| 8 | Schwaben und Neuburg | Regierung | Augsburg |
| | | Appellationsgericht | » |
| | | Handelsappell.-Ger. | » |
| | | Bezirksgericht | Augsburg (H.) |
| | | » | Donauwörth |
| | | » | Kempten (H.) |
| | | » | Memmingen (H.) |

NB. Wegen der Appell.-Gerichte s. JMBl. 1872 S. 257.

# C.

## 287 Einzelngerichte.

(7 Stadtgerichte, 28 Stadt- und Landgerichte, 252 Landgerichte.)

*) Die Sitze der Kreisstellen enthält die vorige Tabelle B.

| Stadt- u. Landgerichte. | Bevölkerung | Bezirksämter u.unm.Magist. | Bezirksgerichte. | Handelsgerichte. | *) Kreis. |
|---|---|---|---|---|---|
| Abensberg | 15101 | Kelheim | Landshut | Landshut | NB. |
| Aibling | 17701 | Rosenheim | Traunstein | München r/J | OB. |
| Aichach | 24297 | Aichach | Aichach | München l/J | OB. |
| Altdorf | 15086 | Nürnberg | Nürnberg | Nürnberg | MF. |
| Altötting | 19456 | Altötting | Wasserburg | München r/J | OB. |
| Alzenau | 10291 | Alzenau | Aschaffenb. | Aschaffenb. | UF. |
| Amberg St. L. | 28283 | Amberg M.B. | Amberg | Amberg | OPf. |
| Amorbach | 7102 | Miltenberg | Aschaffenb. | Aschaffenb. | UF. |
| Ansbach St. L | 27537 | Ansbach M.B. | Ansbach | Ansbach | MF. |
| Annweiler | 15854 | Bergzabern | Landau | Landau | Pf. |
| Arnsdorf | 13639 | Eggenfelden | Pfarrkirch. | Passau | NB. |
| Arnstein | 12448 | Karlstadt | Schweinfurt | Schweinfurt | UF. |
| Aschaffbrg St.L. | 30516 | Aschaffb.M.B. | Aschaffenb. | Aschaffenb. | UF. |
| Aub | 11459 | Ochsenfurt | Würzburg | Würzburg | UF. |
| Auerbach | 10100 | Eschenbach | Amberg | Amberg | OPf. |
| Augsburg St. | 57210 | Augsburg M. | Augsburg | Augsburg | Sch. |
| Augsburg L. | 24317 | Augsburg | Augsburg | Augsburg | Sch. |
| Babenhausen | 9347 | Illertissen | Memmingen | Memmingen | Sch. |
| Bamberg St. | 26958 | Bamberg M. | Bamberg | Bamberg | OF. |
| Bamberg L. I. | 12420 | Bamberg I. | Bamberg | Bamberg | OF. |
| Bamberg L. II. | 16629 | Bamberg II. | Bamberg | Bamberg | OF. |
| Baunach | 9038 | Ebern | Schweinfurt | Schweinfurt | UF. |
| Bayreuth St. | 19178 | Bayreuth M. | Bayreuth | Bayreuth | OF. |
| Bayreuth L. | 18783 | Bayreuth | Bayreuth | Bayreuth | OF. |
| Beilngries | 13105 | Beilngries | Eichstädt | Nürnberg | MF. |
| Berchtesgaden | 8325 | Berchtesgdn. | Traunstein | München r/I | OB. |
| Bergzabern | 22941 | Bergzabern | Landau | Landau | Pf. |
| Berneck | 16284 | Berneck | Bayreuth | Bayreuth | OF. |
| Bischofsheim | 9821 | Neustadt a/S. | Neustadt a/S | Schweinfurt | UF. |
| Bliescastl | 12856 | Zweibrücken | Zweibrück. | Zweibrück. | Pf. |
| Bogen | 12548 | Bogen | Straubing | Landshut | NB. |
| Bruck | 20952 | Bruck | München r/I | München r/I | OB. |
| Brückenau | 13441 | Brückenau | Lohr | Würzburg | UF. |
| Buchloe | 10385 | Kaufbeuern | Augsburg | Augsburg | Sch |
| Burgau | 14467 | Günzburg | Augsburg | Augsburg | Sch |
| Burgebrach | 11797 | Bamberg II. | Bamberg | Bamberg | OF. |
| Burghausen | 10653 | Altötting | Wasserburg | München r/I | OB |
| Burglengenfeld | 14335 | Burglengenfld | Regensburg | Regensburg | OPf. |
| Cadolzburg | 12637 | Fürth | Fürth | Fürth | MF. |
| Cham | 17084 | Cham | Neunbg v/W | Regensburg | OPf. |
| Culmbach | 21579 | Culmbach | Bayreuth | Bayreuth | OF. |
| Cusel | 19090 | Cusel | Kaiserslaut. | Kaiserslaut. | Pf. |
| Dachau | 21227 | Dachau | München r/I | München r/I | OB. |
| Dahn | 9509 | Pirmasenz | Zweibrück. | Zweibrück. | Pf. |
| Deggendorf | 26708 | Deggendorf | Deggendorf | Passau | NB. |
| Dettelbach | 10901 | Kitzingen | Würzburg | Würzburg | UF. |
| Diessen | 7799 | Landsberg | Weilheim | München l/I. | OB. |

| Stadt- u. Landgerichte. | Bevölkerung | Bezirksämter u.unm.Magist. | Bezirksgerichte. | Handelsgerichte. | Kreis. |
|---|---|---|---|---|---|
| Dillingen | 15543 | Dillingen | Donauwörth | Augsburg | Sch. |
| Dingolfing | 21316 | Dingolfing | Landshut | Landshut | NB. |
| Dinkelsbühl St.L. | 18192 | Dinkelsb.M.B. | Ansbach | Ansbach | MF. |
| Donauwrth St.L. | 18346 | Donauw. M.B. | Donauwörth | Augsburg | Sch. |
| Dorfen | 12951 | Erding | Freising | München l/I. | OB. |
| Dürkheim | 27948 | Neustadt a/H. | Frankenthal | Frankenthal | Pf. |
| Ebermannstadt | 11438 | Ebermannst. | Bamberg | Bamberg | OF. |
| Ebern | 10901 | Ebern | Schweinfurt | Schweinfurt | UF. |
| Ebersberg | 22537 | Ebersberg | Wasserburg | München r/I | OB. |
| Edenkoben | 23993 | Landau | Landau | Landau | Pf. |
| Eggenfelden | 19032 | Eggenfelden | Pfarrkirch. | Passau | NB. |
| Eichstädt St. L. | 19432 | Eichstätt MB. | Eichstädt | Nürnberg | MF. |
| Ellingen | 10170 | Weissenburg | Eichstädt | Nürnberg | MF. |
| Eltmann | 14673 | Hassfurt | Schweinfurt | Schweinfurt | UF. |
| Erbendorf | 9596 | Kemnath | Weiden | Amberg | OPf. |
| Erding | 22216 | Erding | Freising | München l/I. | OB. |
| Erlangen St. L. | 26784 | Erlangen M.B. | Fürth | Fürth | MF. |
| Eschenbach | 14416 | Eschenbach | Weiden | Amberg | OPf. |
| Euerdorf | 10119 | Hammelburg | Lohr | Würzburg | UF. |
| Falkenstein | 6271 | Roding | Neunbg v/W | Regensburg | OPf. |
| Feuchtwangen | 14524 | Feuchtwang. | Ansbach | Ansbach | MF. |
| Forcheim | 17679 | Forchheim | Bamberg | Bamberg | OF. |
| Frankenthal | 23491 | Frankenthal | Frankenthal | Frankenthal | Pf. |
| Freising St. L. | 23769 | Freising M. B. | Freising | München l/I. | OB. |
| Freyung | 15763 | Wolfstein | Passau | Passau | NB. |
| Friedberg | 22744 | Friedberg | Aichach | München l/I. | OB. |
| Furth | 7877 | Cham | Neunbg v/W. | Regensburg | OPf |
| Fürth St. L. | 39836 | FürthStM.BA. | Fürth | Fürth | MF. |
| Füssen | 14548 | Füssen | Kempten | Kempten | Sch. |
| Geisenfeld | 15706 | Pfaffenhofen | Freising | München l/I. | OB. |
| Gemünden | 14941 | Lohr | Lohr | Würzburg | UF. |
| Germersheim | 26222 | Germersheim | Landau | Landau | Pf. |
| Gerolzhofen | 11978 | Gerolzhofen | Schweinfurt | Schweinfurt | UF. |
| Göllheim | 9865 | Kirchheimbl. | Kaiserslaut. | Kaiserslaut. | Pf. |
| Grafenau | 17444 | Grafenau | Deggendorf | Passau | NB. |
| Gräfenberg | 13713 | Forchheim | Bamberg | Bamberg | OF. |
| Greding | 11491 | Beilngries | Eichstädt | Nürnberg | MF. |
| Griesbach | 14186 | Griesbach | Pfarrkirch. | Passau | NB. |
| Grönenbach | 12162 | Memmingen | Memmingen | Memmingen | Sch. |
| Grünstadt | 21667 | Frankenthal | Frankenthal | Frankenthal | Pf. |
| Günzburg St. L. | 17623 | Günzbrg. M.B. | Augsburg | Augsburg | Sch. |
| Gunzenhausen | 15862 | Gunzenhaus. | Ansbach | Ansbach | MF. |
| Haag | 17094 | Wasserburg | Wasserburg | München r/I | OB. |
| Hammelburg | 11770 | Hammelburg | Lohr | Würzburg | UF |
| Hassfurt | 12985 | Hassfurt | Schweinfurt | Schweinfurt | UF. |
| Heidenheim | 12609 | Gunzenhaus. | Eichstädt | Nürnberg | MF. |
| Heilsbronn | 16804 | Heilsbronn | Ansbach | Ansbach | MF. |
| Hemau | 15956 | Hemau | Regensburg | Regensburg | OPf. |
| Hengersberg | 17821 | Deggendorf | Deggendorf | Passau | NB. |
| Herrieden | 11746 | Feuchtwang. | Ansbach | Ansbach | MF. |
| Hersbruck | 18652 | Hersbruck | Nürnberg | Nürnberg | MF. |
| Herzogenaurach | 11824 | Höchstadt a A. | Bamberg | Bamberg | OF. |
| Hiltpoltstein | 12973 | Neumarkt | Amberg | Amberg | OPf. |

| Stadt- u. Landgerichte. | Bevölkerung | Bezirksämter u.unm.Magist. | Bezirksgerichte. | Handelsgerichte. | Kreis. |
|---|---|---|---|---|---|
| Höchstadt a/A. | 15370 | Höchstadt a A. | Bamberg | Bamberg | OF. |
| Höchstädt a/D. | 14391 | Dillingen | Donauwörth | Augsburg | Sch. |
| Hof St. L. | 35608 | Hof StM. BA. | Hof | Hof | OF. |
| Hofheim | 14023 | Königshofen | Schweinfurt | Schweinfurt | UF. |
| Hollfeld | 12613 | Ebermannst. | Bayreuth | Bayreuth | OF. |
| Homburg | 10948 | Homburg | Zweibrück. | Zweibrück. | Pf. |
| Hornbach | 9971 | Zweibrücken | Zweibrück. | Zweibrück. | Pf. |
| Illertissen | 10324 | Illertissen | Memmingen | Memmingen | Sch. |
| Immenstadt | 15394 | Sonthofen | Kempten | Kempten | Sch. |
| Ingolstadt St. L. | 30752 | Ingolstadt M B. | Aichach | München l/I. | OB. |
| Kaiserslautern | 39244 | Kaiserslautrn | Kaiserslaut. | Kaiserslaut. | Pf. |
| Kandel | 27322 | Germersheim | Landau | Landau | Pf. |
| Karlstadt | 16607 | Karlstadt | Lohr | Würzburg | UF. |
| Kastl | 10912 | Velburg | Amberg | Amberg | OPf. |
| Kaufbeuern St.L. | 14733 | Kaufbeur. M.B. | Kempten | Kempten | Sch. |
| Kelheim | 15906 | Kehlheim | Landshut | Landshut | NB. |
| Kemnath | 15203 | Kemnath | Weiden | Amberg | OPf. |
| Kempten St. L. | 35468 | Kempten M.B. | Kempten | Kempten | Sch. |
| Kipfenberg | 9458 | Eichstädt | Eichstädt | Nürnberg | MF. |
| Kirchenlamitz | 13648 | Wunsiedel | Hof | Hof | OF. |
| Kirchheimboln. | 14403 | Kirchheim | Kaiserslaut. | Kaiserslaut. | Pf. |
| Kissingen | 14672 | Kissingen | Neustadt a/S | Schweinfurt | UF. |
| Kitzingen St. L. | 17457 | Kitzingen M.B. | Würzburg | Würzburg | UF. |
| Klingenberg | 14583 | Obernburg | Aschaffenbg | Aschaffenbg | UF. |
| Königshofen | 15415 | Königshofen | Neustadt a/S | Schweinfurt | UF. |
| Kötzting | 13251 | Kötzting | Straubing | Landshut | NB. |
| Kronach | 28196 | Kronach | Kronach | Bamberg | OF. |
| Krumbach | 19503 | Krumbach | Memmingen | Memmingen | Sch. |
| Landau in Ndb. | 21275 | Landau | Pfarrkirchen | Passau | NB. |
| Landau i. d. Pf. | 34087 | Landau | Landau | Landau | Pf. |
| Landsberg | 19607 | Landsberg | Weilheim | München l/I. | OB. |
| Landshut St. L. | 40550 | Landshut M.B. | Landshut | Landshut | NB. |
| Landstuhl | 19877 | Homburg | Zweibrück. | Zweibrück. | Pf. |
| Lauf | 15858 | Hersbruck | Nürnberg | Nürnberg | MF. |
| Laufen | 18232 | Laufen | Traunstein | München r/I | OB. |
| Lauingen | 13973 | Dillingen | Donauwörth | Augsburg | Sch. |
| Lauterecken | 9472 | Kusel | Kaiserslaut. | Kaiserslaut. | Pf. |
| Leutershausen | 10506 | Ansbach | Ansbach | Ansbach | MF. |
| Lichtenfels | 18565 | Lichtenfels | Kronach | Bamberg | OF. |
| Lindau St.- L. | 14163 | Lindau M. B. | Kempten | Kempten | Sch. |
| Lohr | 12661 | Lohr | Lohr | Würzburg | UF. |
| Ludwigshafen | 38546 | Speyer | Frankenthal | Frankenthal | Pf. |
| Ludwigstadt | 11324 | Teuschnitz | Kronach | Bamberg | OF. |
| Mainburg | 14247 | Rottenburg | Landshut | Landshut | NB. |
| Mallersdorf | 19368 | Mallersdorf | Straubing | Landshut | NB. |
| Marktbibart | 10190 | Scheinfeld | Windsheim | Fürth | MF. |
| Marktbreit | 8343 | Kitzingen | Würzburg | Würzburg | UF. |
| Markterlbach | 13868 | Neustadt a/A. | Windsheim | Fürth | MF. |
| Marktheidenfeld | 10704 | Marktheidnf. | Lohr | Würzburg | UF. |
| Melrichstadt | 13758 | Mellrichstadt | Neustadt a/S | Schweinfurt | UF. |
| Memming. St. L. | 12788 | Memming. M.B. | Memmingen | Memmingen | Sch. |
| Miesbach | 17446 | Miesbach | München r/I | München r/I | OB. |
| Miltenberg | 11727 | Miltenberg | Aschaffenbg | Aschaffenbg | UF. |

| Stadt- u. Landgerichte. | Bevölkerung | Bezirksämter u. unm. Magist. | Bezirksgerichte. | Handelsgerichte. | Kreis. |
|---|---|---|---|---|---|
| Mindelheim | 16506 | Mindelheim | Memmingen | Memmingen | Sch |
| Mitterfels | 18068 | Bogen | Straubing | Landshut | NB. |
| Monheim | 16477 | Donauwörth | Donauwörth | Augsburg | Sch. |
| Moosburg | 15243 | Freising | Freising | München l/I. | OB. |
| Mühldorf | 17051 | Mühldorf | Wasserburg | München r/I | OB. |
| Münchberg | 25050 | Münchberg | Hof | Hof | OF. |
| München St. l/I. | 158014 | München M.P. | München l/I. | München l/I | OB. |
| München L. l/I. | 31403 | München l/I. | München l/I | München l/I | OB. |
| München St. Ld. r/I. | 47736 | München r/I. M. P. | München r/I | München r/I | OB. |
| Münnerstadt | 15003 | Kissingen | Neustadt a/S. | Schweinfurt | UF. |
| Nabburg | 18050 | Nabburg | Neunbg v/W. | Regensburg | OPf. |
| Naila | 22801 | Naila | Hof | Hof | OF. |
| Neubrg a/D. St.L | 26752 | Neub.a/D.MB. | Donauwörth | Augsburg | Sch. |
| Neukirchen | 11065 | Kötzting | Straubing | Landshut | NB. |
| Neumarkt OPf. | 18825 | Neumarkt | Amberg | Amberg | OPf. |
| Neumarkt a/R. | 13768 | Mühldorf | Wasserburg | München r/I | OB. |
| Neunburg v/W. | 15554 | Neunbrg.v.W. | Neunbg v/W | Regensburg | OPf. |
| Neustadt a/A. | 18785 | Neustadt a/A. | Windsheim | Fürth | MF. |
| Neustadt a/H. | 39952 | Neustadt a/H. | Frankenthal | Frankenthal | Pf. |
| Neustadt a/S. | 11353 | Neustadt a/S. | Neustadt a/S | Schweinfurt | UF. |
| Neustadt a/W.N. | 12804 | Neust.a/W.-N. | Weiden | Amberg | OPf. |
| Neuulm | 18196 | Neuulm | Augsburg | Augsburg | Sch. |
| Nittenau | 10840 | Roding | Neunbg v/W | Regensburg | OPf. |
| Nordhalben | 5607 | Teuschnitz | Kronach | Bamberg | OF. |
| Nördlingen St.L. | 23249 | Nördling.M.B. | Donauwörth | Augsburg | Sch. |
| Nürnberg St. | 91017 | Nürnberg M. | Nürnberg | Nürnberg | MF. |
| Nürnberg L. | 23440 | Nürnberg | Nürnberg | Nürnberg | MF. |
| Oberdorf | 10535 | Oberdorf | Kempten | Kempten | Sch. |
| Obergünzburg | 9132 | Oberdorf | Kempten | Kempten | Sch. |
| Obermoschel | 15039 | Kirchheimbl. | Kaiserslaut. | Kaiserslaut. | Pf. |
| Obernburg | 12809 | Obernburg | Aschaffenbg | Aschaffenbg | UF. |
| Oberviechtach | 16748 | Neunbrg.v/W. | Neunbg v/W | Regensburg | OPf. |
| Ochsenfurt | 14013 | Ochsenfurt | Würzburg | Würzburg | UF. |
| Osterhofen | 15395 | Vilshofen | Deggendorf | Passau | NB. |
| Oettingen | 15260 | Nördlingen | Donauwörth | Augsburg | Sch. |
| Otterberg | 12928 | Kaiserslautrn | Kaiserslaut. | Kaiserslaut. | Pf. |
| Ottobeuern | 13354 | Memmingen | Memmingen | Memmingen | Sch. |
| Pappenheim | 11017 | Weissenburg | Eichstädt | Nürnberg | MF |
| Parsberg | 13602 | Velburg | Amberg | Amberg | OPf. |
| Passau St. | 14757 | Passau M. | Passau | Passau | NB. |
| Passau L. I. | 22317 | Passau | Passau | Passau | NB. |
| Passau L. II. | 14562 | Passau | Passau | Passau | NB. |
| Pegnitz | 15144 | Pegnitz | Bayreuth | Bayreuth | OF. |
| Pfaffenhofen | 15532 | Pfaffenhofen | Freising | München l/I. | OB. |
| Pfarrkirchen | 15440 | Pfarrkirchen | Pfarrkirch. | Passau | NB. |
| Pirmasens | 24912 | Pirmasens | Zweibrück. | Zweibrück. | Pf. |
| Pottenstein | 14794 | Pegnitz | Bayreuth | Bayreuth | OF. |
| Prien | 9660 | Rosenheim | Traunstein | München r/I | OB. |
| Rain | 12944 | Aichach | Aichach | München l/I | OB. |
| Regen | 26220 | Regen | Deggendorf | Passau | NB. |
| Regensburg St. | 31487 | Regensburg M. | Regensburg | Regensburg | OPf. |
| Regensburg L. | 16351 | Regensburg | Regensburg | Regensburg | OPf. |

| Stadt- u. Land-gerichte. | Bevölkerung | Bezirksämter u.unm.Magist. | Bezirks-gerichte | Handels-gerichte. | Kreis. |
|---|---|---|---|---|---|
| Regenstauf | 13777 | Stadtamhof | Regensburg | Regensburg | OPf. |
| Rehau | 16142 | Rehau | Hof | Hof | OF. |
| Reichenhall | 8028 | Berchtesgdn. | Traunstein | München r/I | OB. |
| Riedenburg | 13391 | Hemau | Regensburg | Regensburg | OPf. |
| Roding | 10173 | Roding | Neunbg v/W | Regensburg | OPf. |
| Rockenhausen | 10582 | Kirchheimbld | Kaiserslaut. | Kaiserslaut. | Pf. |
| Rosenheim St. L. | 27303 | Rosenhm. MB. | Traunstein | München r/I | OB. |
| Roth | 13612 | Schwabach | Fürth | Fürth | MF. |
| Rothenbuch | 10762 | Aschaffenbrg. | Aschaffenbg | Aschaffenbg | UF. |
| Rothenbg. a/T. St. L. | 13594 | Rothenb. a. T. MB. | Windsheim | Fürth | MF. |
| Rothenfels | 9770 | Marktheidenf. | Lohr | Würzburg | UF. |
| Rottenburg Nb. | 18178 | Rottenburg | Landshut | Landshut | NB. |
| Rottthalmünstr. | 16908 | Griesbach | Pfarrkirch. | Passau | NB. |
| Scheinfeld | 10053 | Scheinfeld | Windsheim | Fürth | MF. |
| Schesslitz | 12924 | Bamberg I. | Bamberg | Bamberg | OF. |
| Schillingsfürst | 8726 | Rothenbg. a. T. | Windsheim | Fürth | MF. |
| Schöllkrippen | 9074 | Alzenau | Aschaffenbg | Aschaffenbg | UF. |
| Schongau | 18963 | Schongau | Weilheim | München l/I | OB. |
| Schrobenhausen | 18443 | Schrobenhsn. | Aichach | München l/I | OB. |
| Schwabach St. L. | 21569 | Schwab. M. B. | Fürth | Fürth | MF. |
| Schwabmünchn. | 15750 | Augsburg | Augsburg | Augsburg | Sch. |
| Schwandorf | 8784 | Burglengenf. | Regensburg | Regensburg | OPf. |
| Schweinfurt St. L | 28282 | Schweinfrt. M. | Schweinfurt | Schweinfurt | UF. |
| Selb | 11032 | Rehau | Hof | Hof | OF. |
| Sesslach | 6337 | Staffelstein | Kronach | Bamberg | OF. |
| Simbach | 16499 | Pfarrkirchen | Pfarrkirch. | Passau | NB. |
| Sonthofen | 14368 | Sonthofen | Kempten | Kempten | Sch. |
| Speyer | 28210 | Speyer | Frankenthal | Frankenthal | Pf. |
| Stadtamhof | 13722 | Stadtamhof | Regensburg | Regensburg | OPf. |
| Stadtprozelten | 12815 | Marktheidenf. | Aschaffenbg | Aschaffenbg | UF. |
| Stadtsteinach | 19852 | Stadtsteinach | Kronach | Bamberg | OF. |
| Staffelstein | 14017 | Staffelstein | Kronach | Bamberg | OF. |
| Starnberg | 12651 | München l/I. | Weilheim | München l/I | OB. |
| Straubing St. L. | 31810 | Straubing MB. | Straubing | Landshut | NB. |
| St. Ingbert | 14920 | Zweibrücken | Zweibrückn. | Zweibrückn | Pf. |
| Sulzbach | 17562 | Sulzbach | Amberg | Amberg | OPf. |
| Tegernsee | 5459 | Miesbach | München r/I | München r/I | OB. |
| Thiersheim | 10911 | Wunsiedel | Hof | Hof | OF. |
| Thurnau | 9691 | Kulmbach | Bayreuth. | Bayreuth | OF. |
| Tirschenreuth | 13868 | Tirschenrth. | Weiden | Amberg | OPf. |
| Tittmoning | 10338 | Laufen | Traunstein | München r/I | OB. |
| Tölz | 13395 | Tölz | Weilheim | München l/I | OB. |
| Traunstein St. L. | 25421 | Traunstein | Traunstein | München r/I | OB |
| Trostberg | 14892 | Traunstein | Traunstein | München r/I | OB. |
| Türkheim | 14982 | Mindelheim | Augsburg | Augsburg | Sch. |
| Uffenheim | 14405 | Uffenheim | Windsheim | Fürth | OF. |
| Viechtach | 20776 | Viechtach | Deggendorf | Passau | NB. |
| Vilsbiburg | 26627 | Vilsbiburg | Landshut | Landshut | NB. |
| Vilseck | 10464 | Amberg | Amberg | Amberg | OPf. |
| Vilshofen | 23998 | Vilshofen | Passau | Passau | NB. |
| Vohenstrauss | 23724 | Vohenstrauss | Weiden | Amberg | OPf. |
| Volkach | 12095 | Gerolzhofen | Schweinfurt | Schweinfurt | UF. |
| Waldfischbach | 10820 | Pirmasens | Zweibrück. | Zweibrück. | Pf. |

| Stadt- u. Landgerichte. | Bevölkerung | Bezirksämter u.unm.Magist. | Bezirksgerichte. | Handelsgerichte. | Kreis. |
|---|---|---|---|---|---|
| Waldkirchen | 13268 | Wolfstein | Passau | Passau | NB. |
| Waldmohr | 18707 | Homburg | Zweibrück. | Zweibrück. | Pf. |
| Waldmünchen | 16225 | Waldmünch. | Neunbg v/W | Regensburg | OPf. |
| Waldsassen | 15686 | Tirschenrth. | Weiden | Amberg | OPf. |
| Wasserburg | 17248 | Wasserburg | Wasserburg | München r/I | OB. |
| Wassertrüding. | 12205 | Dinkelsbühl | Ansbach | Ansbach | MF. |
| Wegscheid | 18034 | Wegscheid | Passau | Passau | NB. |
| Weiden | 14797 | Neustadt a.W.N. | Weiden | Amberg | OPf. |
| Weidenberg | 9855 | Bayreuth | Bayreuth | Bayreuth | OF. |
| Weiler | 15663 | Lindau | Kempten | Kempten | Sch. |
| Weilheim | 22361 | Weilheim | Weilheim | München l/I | OB. |
| Weismain | 11731 | Lichtenfels | Kronach | Bamberg | OF. |
| Weissenbrg St. | 8337 | Weissenburg | Eichstädt | Nürnberg | MF. |
| Weissenhorn | 13006 | Illertissen | Memmingen | Memmingen | Sch. |
| Werdenfels | 10130 | Werdenfels | Weilheim | München l/I | OB. |
| Werneck | 14244 | Schweinfurt | Schweinfurt | Schweinfurt | UF. |
| Wertingen | 17732 | Wertingen | Augsburg | Augsburg | Sch. |
| Wiesentheid | 8401 | Gerolzhofen | Schweinfurt | Schweinfurt | UF. |
| Windsheim | 15928 | Uffenheim | Windsheim | Fürth | MF. |
| Winnweiler | 13018 | Kaiserslautrn | Kaiserslaut. | Kaiserslaut. | Pf. |
| Wolfratshausen | 14967 | München r/I. | München r/I | München r/I | OB. |
| Wolfstein | 11845 | Kusel | Kaiserslaut. | Kaiserslaut. | Pf. |
| Wörth | 9591 | Regensburg | Regensburg | Regensburg | OPf. |
| Wunsiedel | 15519 | Wunsiedel | Hof | Hof | OF. |
| Würzburg Stg. | 44984 | Würzburg M. | Würzburg | Würzburg | UF. |
| Würzbrg Lg. | 38169 | Würzburg | Würzburg | Würzburg | UF. |
| Zusmarshausen | 16311 | Zusmarshaus. | Augsburg | Augsburg | Sch. |
| Zweibrücken | 23328 | Zweibrücken | Zweibrück. | Zweibrück. | Pf. |

## D.

## Bevölkerung der 240 Städte Bayerns.

**NB. Die 35 unmittelbaren Städte sind gesperrt gedruckt.**

| Namen. | Bevölkerung | Namen. | Bevölkerung | Namen. | Bevölkerung |
|---|---|---|---|---|---|
| Die Zahlen gehören für die ganze Stadtgemeinde. | | | | | |
| Abenberg | 1459 | Aub | 1008 | Bischofsheim | 1462 |
| Abensberg | 1891 | Auerbach | 1833 | Blieskastel | 1683 |
| Aichach | 2647 | Augsburg | 57210 | Brückenau | 1634 |
| Altdorf | 3059 | Bärnau | 1246 | Burgau | 2079 |
| Amberg | 13382 | Bamberg | 26958 | Burghausen | 3343 |
| Amorbach | 2385 | Bayersdorf | 1293 | Burgkundstadt | 1284 |
| Annweiler | 2956 | Bayreuth | 19178 | Burglengenfeld | 3066 |
| Ansbach | 13298 | Beilngries | 1671 | Cham | 3223 |
| Arnstein | 1630 | Berching | 1485 | Creussen | 1370 |
| Arzberg | 2158 | Bergzabern | 2304 | Deggendorf | 6758 |
| Aschaffenburg | 10819 | Berneck | 1471 | Deidesheim | 2688 |
| | | Betzenstein | 672 | Dettelbach | 2200 |

| Namen. | Bevölkerung | Namen. | Bevölkerung | Namen. | Bevölkerung |
|---|---|---|---|---|---|
| Dietfurt | 1067 | Höchstadt a. A. | 1831 | Moosburg | 2718 |
| Dillingen | 5029 | Höchstädt | 2459 | Mühldorf | 2618 |
| Dingolfing | 3169 | Hof | 18267 | Münchberg | 3522 |
| Dinkelsbühl | 5238 | Hofheim | 986 | München | 193024 |
| Donauwörth | 3755 | Hollfeld | 1083 | Münnerstadt | 2071 |
| Dürkheim | 5848 | Homburg | 3620 | Nabburg | 1891 |
| Ebermannstadt | 709 | Hornbach | 1448 | Naila | 2096 |
| Ebern | 1141 | Immenstadt | 2486 | Neuburg a. D. | 7297 |
| Edenkoben | 4889 | Ingbert St. | 9220 | Neumarkt O.-Pf. | 4599 |
| Eibelstadt | 1199 | Ingolstadt | 14474 | Neunburg v. W. | 2456 |
| Eichstätt | 7136 | Iphofen | 1888 | Neuötting | 2452 |
| Ellingen | 1413 | Kaiserslautern | 22699 | Neustadt a. A. | 3845 |
| Eltmann | 1463 | Karlstadt | 2303 | Neustadt a. Culm | 996 |
| Erbendorf | 1436 | Kaufbeuern | 5555 | Neustadt a. D. | 1721 |
| Erding | 2753 | Kelheim | 2838 | Neustadt a H. | 10231 |
| Erlangen | 13603 | Kemnath | 1503 | Neustadt a. S. | 2199 |
| Eschenbach OPf. | 1353 | Kempten | 12681 | Neustadt a. WN. | 1432 |
| Eschenbach MF. | 922 | Kirchheimbolnd. | 3138 | Neu-Ulm | 7045 |
| Feuchtwangen | 2538 | Kissingen | 3472 | Nördlingen | 7224 |
| Fladungen | 743 | Kitzingen | 6395 | Nürnberg | 91017 |
| Forchheim | 3846 | Klingenberg | 880 | Obermoschel | 1281 |
| Frankenthal | 7905 | Königshofen | 1787 | Obernburg | 1684 |
| Freising | 8252 | Kronach | 3688 | Ochsenfurt | 2443 |
| Freystadt | 858 | Kulmbach | 5243 | Oettingen | 2893 |
| Friedberg | 2400 | Kupferberg | 872 | Oggersheim | 3169 |
| Fürth | 27369 | Kusel | 2863 | Ornbau | 803 |
| Füssen | 2415 | Landau Pf. | 7579 | Osterhofen | 1558 |
| Furth | 4337 | Landau a. I. | 2864 | Otterberg | 2607 |
| Gemünden | 1853 | Landsberg | 4955 | Pappenheim | 1781 |
| Germersheim | 6456 | Landshut | 14784 | Passau | 14757 |
| Gerolzhofen | 2073 | Landstuhl | 3453 | Pegnitz | 2279 |
| Goldkronach | 876 | Langenzenn | 1710 | Pfaffenhofen | 2736 |
| Gräfenberg | 1050 | Lauf | 3300 | Pfarrkirchen | 2235 |
| Grafenau | 1018 | Laufen | 2043 | Pfreimd | 1347 |
| Grafenwöhr | 927 | Lauingen | 3785 | Pirmasens | 10139 |
| Greding | 1049 | Lauterecken | 1236 | Pleistein | 1233 |
| Grünstadt | 3531 | Leipheim | 1652 | Pottenstein | 978 |
| Günzburg | 3808 | Leutershausen | 1534 | Pressat | 1745 |
| Gundelfingen | 2650 | Lichtenberg | 832 | Prichsensadt | 779 |
| Gunzenhausen | 3125 | Lichtenfels | 2359 | Rain | 1433 |
| Hammelburg | 2759 | Lindau | 5124 | Regensburg | 31487 |
| Harburg | 1217 | Lohr | 4357 | Rehau | 3333 |
| Hassfurt | 2500 | Ludwigshafen | 1209 | Reichenhall | 3305 |
| Heideck | 960 | Mainbernheim | 1362 | Rieneck | 1323 |
| Heidingsfeld | 3720 | Marktbreit | 2229 | Röttingen | 1362 |
| Helmbrechts | 2665 | Marksteft | 1082 | Rötz | 1247 |
| Hemau | 1537 | Mollrichstadt | 2164 | Rosenheim | 7501 |
| Herrieden | 1041 | Memmingen | 7770 | Roth | 2605 |
| Hersbruck | 3556 | Merkendorf | 815 | Rothenbrg.a.T. | 5772 |
| Herzogenaurach | 2176 | Miltenberg | 3527 | Rothenfels | 711 |
| Hilpoltstein | 1522 | Mindelheim | 3195 | Schauenstein | 1343 |
| Hirschau | 1829 | Monheim | 1185 | Scheinfeld | 1172 |

| Namen | Bevölkerung | Namen | Bevölkerung | Namen | Bevölkerung |
|---|---|---|---|---|---|
| Schesslitz | 1260 | Straubing | 11614 | Weiden | 4180 |
| Schönsee | 1530 | Sulzbach | 4378 | Weilheim | 3861 |
| Schongau | 1825 | Teuschnitz | 1022 | Weissenburg | 5203 |
| Schrobenhausen | 2592 | Tirschenreuth | 2559 | Weissenhorn | 1844 |
| Schwabach | 7023 | Tittmoning | 1445 | Weissenstadt | 2701 |
| Schwandorf | 3522 | Traunstein | 4477 | Weissmain | 1171 |
| Schwarzenbach | 3984 | Uffenheim | 2085 | Wemding | 1987 |
| Schweinfurt | 11250 | Velburg | 1087 | Wertingen | 1778 |
| Selb | 4760 | Velden | 736 | Windsbach | 1464 |
| Sesslach | 770 | Vilseck | 1109 | Windsheim | 3646 |
| Spalt | 1813 | Vilshofen | 2906 | Wörth | 1699 |
| Speyer | 14318 | Volkach | 1892 | Würzburg | 44984 |
| Stadtamhof | 2906 | Wachenheim | 2349 | Wunsiedel | 3878 |
| Stadtlauringen | 730 | Waischenfeld | 791 | Zeil | 1382 |
| Stadtprozelten | 831 | Waldmünchen | 2759 | Zweibrücken | 9349 |
| Stadtsteinach | 1494 | Wasserburg | 3631 | | |
| Staffelstein | 1787 | Wassertrüdingen | 1692 | | |

## Beilage XIV.

# Gehalts-Regulativ

für die

## königl. bayerischen Staatsbeamten.

(K. a. V. 12. Aug. 1876 G. u. VBl. 567.)

NB. Die römischen Ziffern in der I Spalte geben die Gehaltsklasse nebst Unterabtheilungen (a. b. etc.) der pragmatisch angestellten Beamten an. Für die nicht pragmatisch angestellten (funktionirenden) Beamten ist in der I. Spalte ein »F.« (= Funktionsbezug) eingesetzt.

In den Spalten II. 1—4 sind die Gehälter nach Quinquennien angegeben. Ausnahmen (nach Triennien etc.) sind besonders überschrieben. Von den Bruchzahlen in der Spalte II. 1. bedeutet die obere Zahl den Gehalt in den ersten 3 Jahren und die untere jenen der letzten 2 Jahre dieses Quinquenniums. Von den Bruchzahlen in der Spalte II. 4. gibt die obere die Alterszulage im vierten Quinquennium, die untere jene eines jeden weiteren Quinquenniums an.

| I. | II. | | | |
|---|---|---|---|---|
| | 1 | 2 | 3 | 4 |
| Beamten-Kategorien und Gehaltsklassen. | Jahresgehalt in den Dienstjahren 1—5 (1—3 / 4—5) | 6—10 | 11—15 | Jahreszulage für jed. weitere Quinquennium |
| | M. | M. | M. | M. |
| **I. Ministerial-Beamte.** | | | | |
| Staatsminister des Königl. Hauses und des Aeussern I. a. . . | 10800 | nebst 5400 M. Funktionsgeh. u. 16,200 M. Repräsent.-Geldern. | | |
| „ der Justiz I. a. . . | „ | nebst 5400 M. Funktionsgeh. u. 5400 M. Repräsent.-Geldern. | | |
| „ des Innern I. a. . . | „ | | | |
| „ d. Innern f. Kirchen- u. Schulangelegenheiten I. a. | „ | | | |
| „ der Finanzen I. a. . | „ | | | |
| Kriegsminister I. a. . . . . . | „ | | | |
| Ministerialdirektor I. b. . . . . . | 7920 | . | . | . |
| Ministerialrath II. a. . . . . . | 6660 | 7020 | 7380 | 360 / 180 |
| Generalsekretär II. b. . . . . . | 6120 | 6480 | 6660 | 180 |
| Geheimer Legationsrath I. Klasse II. a. | 6660 | 7020 | 7380 | 360 / 180 |
| Geheimer Legationsrath II. Klasse III. a. | 5760 | 6120 | 6300 | 180 |
| Oberregierungsrath III. a. . . . . | 5760 | „ | „ | 180 |
| Legationsrath IV. b. . . . . . | 4560 | 4920 | 5280 | 180 |
| Ministerialassessor IV. b. . . . . | 4560 | „ | „ | 180 |
| Geheimer Hausarchivar IV. b. . . . | 4560 | „ | „ | 180 |
| Geheimer Archivar V. c. . . . . | 4200 | 4560 | 4740 | 180 |
| Geheimer Sekretär im Referatsd. V. d. . | 3840 | 4200 | 1380 | 180 |
| Geheimer Sekretär d. form. Dienstes V. e. | 3480 | 3840 | 4200 | 180 |
| Geheimer Registrator V. e. . . . . | „ | „ | „ | 180 |
| Geheim. Registrator d. Staatsarchivs V. e. | „ | „ | „ | 180 |
| Geh. Ministerialrechnungskommiss. V. e. | „ | „ | „ | 180 |
| Ministerialsekretär I. Klasse VI. b. . | 3540 | 3720 | 3900 | 180 |
| Registrator VIII. . . . . . . | 3000 | 3360 | 3720 | 180 |
| Registrator des Staatsarchivs VIII. . | „ | „ | „ | 180 |
| Rechnungskommissär VIII. . . . . | „ | „ | „ | 180 |
| Sekretär des Staats- u. Hausarchivs IX. c. | 2280 / 2640 | 2820 | 3000 | 180 |
| Ministerialsekretär II. Klasse IX. c. . | „ | „ | „ | 180 |
| Ministerialkanzleisekretär IX. c. . . | „ | „ | „ | 180 |
| Ministerialregistraturgehilfe IX. c. . | „ | „ | „ | 180 |
| Geheimer Registraturgehilfe IX. c. . | „ | „ | „ | 180 |
| Gesandtschaftskanzleisekretär IX. c. | „ | „ | „ | 180 |
| Geheimer Kanzlist IX. d. . . . . | 2100 / 2280 | 2460 | 2640 | 180 |
| Landtags-Archivar . . . . | | | | |

| I. Beamten-Kategorien und Gehaltsklassen. | II. 1 Jahresgehalt in den Dienstjahren 1–5 $\left(\frac{1-3}{4-5}\right)$ | 2 6–10 | 3 11–15 | 4 Jahreszulage für jed. weitere Quinquennium |
|---|---|---|---|---|
| | M. | M. | M. | M. |
| **II. Staatsraths-Beamte.** | | | | |
| Staatsrath I. a. | 10800 | | | |
| Generalsekretär II a. | 6660 | 7020 | 7380 | 360 / 180 |
| Geheimer Sekretär V. e. | 3480 | 3840 | 4200 | 180 |
| Geheimer Registrator V. e. | " | " | " | " |
| Bureausekretär VIII. | 3000 | 3360 | 3540 | " |
| Kanzleisekretär IX. c. | 2280 / 2640 | 2820 | 3000 | " |
| I. Inspektor der lithogr. Anstalt IX. c. | " | " | " | " |
| II. Inspektor der lithogr Anstalt IX. d | 2100 / 2280 | 2460 | 2460 | " |
| **III. Beamte der den 5 Civilstaatsministerien untergeordneten Stellen und Behörden.** | | | | |
| **A. Staatsministerium des Königl. Hauses und des Aeussrn.** | | | | |
| **General-Direktion der Verkehrs-Anstalten mit ihren 4 Abtheilungen** | | | | |
| a. Beamte mit pragmatischen Rechten. | | | | |
| Generaldirektor I. b. | 11520 | | | |
| Direktor II. a. | 6660 | 7020 | 7380 | 360 / 180 |
| Diensteskategorie (A. I.) IV. a. | 4920 | 5280 | 5640 | 180 |
| Generaldirektionsrath | " | " | " | " |
| Oberpostmeister | " | " | " | " |
| Oberpost- u. Bahnamtsvorstand IV. a. | " | " | " | " |
| Centralkassier IV. a. | " | " | " | " |
| Diensteskategorie A. II. a. | 4560 | 4920 | 5280 | 180 |
| Oberinspektor IV. b. | " | " | " | " |
| Oberingenieur IV. b. | " | " | " | " |
| Obermaschinenmeister IV. b. | " | " | " | " |
| Diensteskategorie (A. II. b) VI. a. | 3720 | 4080 | 4260 | 180 |
| Generaldirektions-Assessor | " | " | " | " |
| Centralkassa-Controleur | " | " | " | " |
| Materialverwalter der G. D. | " | " | " | " |
| Post- und Bahnamts-Vorstand | " | " | " | " |

| I. | II. | | | |
|---|---|---|---|---|
| | 1 | 2 | 3 | 4 |
| Beamten-Kategorien und Gehaltsklassen. | Jahresgehalt in den Dienstjahren | | | Jahreszulage für jed. weitere Quinquennium |
| | 1—5 (1—3 / 4—5) | 6—10 | 11—15 | |
| | M. | M | M. | M. |
| Postinspektor | 3720 | 4080 | 4260 | 180 |
| Postmeister | „ | „ | „ | „ |
| Bureauinspektor | „ | „ | „ | „ |
| Telegrapheninspektor | „ | „ | „ | „ |
| Bezirkskassier | „ | „ | „ | „ |
| Bezirksingenieur (Kanalbez.-Ing.) | „ | „ | „ | „ |
| Bezirksmaschinenmeister | „ | „ | „ | „ |
| Diensteskategorie (A. III.) VIII | 3000 | 3360 | 3540 | 180 |
| Generaldirektions-Sekretär | „ | „ | „ | „ |
| „ Registrator | „ | „ | „ | „ |
| „ Rechnungscommissär | „ | „ | „ | „ |
| Bezirkskassa-Controleur | „ | „ | „ | „ |
| Betriebsingenieur | „ | „ | „ | „ |
| Kanal-Ingenieur | „ | „ | „ | „ |
| Postverwalter | „ | „ | „ | „ |
| Post- und Bahnverwalter | „ | „ | „ | „ |
| Güterverwalter, Bahnhofverwalter | „ | „ | „ | „ |
| Dampfschiffverwalter, Bahnamtsverw. | „ | „ | „ | „ |
| Postspezialkassier | „ | „ | „ | „ |
| Eisenbahnspezialkassier | „ | „ | „ | „ |
| Zahlmeister | „ | „ | „ | „ |
| Telegraphen-Ingenieur | „ | „ | „ | „ |
| „ Mechaniker | „ | „ | „ | „ |
| „ Verwalter | „ | „ | „ | „ |
| Maschinenmeister | „ | „ | „ | „ |
| Magazinsverwalter | „ | „ | „ | „ |
| Postinspektions-Commissär | „ | „ | „ | „ |
| Diensteskategorie (A. IV.) IX c. | 2280 / 2640 | 2820 | 3000 | 180 |
| Eisenbahn-Official | „ | „ | „ | „ |
| Post- „ | „ | „ | „ | „ |
| Telegraphen- „ | „ | „ | „ | „ |
| Kanal- „ | „ | „ | „ | „ |
| Kanzlist | „ | „ | „ | „ |
| Abtheilungs-Ingenieur | „ | „ | „ | „ |
| „ Maschinenmeister | „ | „ | „ | „ |
| Obergeometer | „ | „ | „ | „ |
| Obertelegraphist | „ | „ | „ | „ |
| b. Beamte ohne pragmatische Rechte. | 1—3 | 4—6 | 7—12 | nach 12 Jahr. |
| B. I. Ingenieur-Assistent, Obermaschinist, Postexpeditor, Bahnexpeditor, Telegraphenexpeditor, Dampfschifffahrtsexpeditor, Kanaleinnehmer, Revisor, Registrator II. Cl. | 1260 | 1440 | 1620 | 1800 |

| I. Beamten-Kategorien und Gehaltsklassen | II. 1 Jahresgehalt in den Dienstjahren 1—3 | 2 4—6 | 3 7—12 | 4 nach 12 Jahr. |
|---|---|---|---|---|
| | M. | M. | M. | M. |
| B. II. Post-, Eisenbahn-, Canal-, Telegraphen- und Dampfschifffahrtsassistenten, Sektionsrechnungsführer . | 1080 | 1260 | 1440 | 1620 |
| C. Amtsgehilfen . . . . . | 810 | 945 | 1080 | 1260 |
| Post-, Eisenbahn-, Canal-, Telegraphen- und Dampfschifffahrts-Amtsgehilfen, Expeditor II. Cl. . . | | | | |
| D. Niedere Bedienstete. | | | | |
| D. I. Wagenmeister, Oberamts-, Haus- u. Stationsmeister, Oberpacker, Oberbriefträger, Hafenmeister, Generaldirektionsdiener, Oberkondukteur, Capitän-Condukteur, Lokomotivführer u. Maschinist, Steuermann, Bahnmeister . | 990 | 1125 | 1260 | 1395 |
| D. II. Post- und Eisenbahn-Condukteur, Wagenwärter und Rudergeher, Briefträger, Packer, Stationsmeister, Telegraphendiener und Bureaudiener, Lokomotivführer und Maschinistenlehrling, Telegraphenwärter, Schleussen-Oberwärter und Aichdiener . . | 810 | 900 | 990 | 1080 |
| D. III. Briefstempler, Stationsdiener u. Bureaudienergehilfe, Wagenwärtergehilfe, Matrose, Dampfbootheizer, Lokomotivheizer, Wechselwärter, Schleussenwärter . . . . . . . . | 612 | 702 | 792 | 882 |
| D. IV. Bahnwärter, Hafen- u. Schleussenwärtergehilfe . . . . . . | 504 | 549 | 594 | 639 |

## B.

## Staatsministerium der Justiz.

| | 1—5 $\left(\frac{1-3}{4-5}\right)$ | 6—10 | 11—15 | Jahreszul. f. jed. weitere Quinquenn. |
|---|---|---|---|---|
| **1. Oberster Gerichtshof.** | | | | |
| Präsident I. a. . . . . . . . | 12600 | — | — | — |
| I. Direktor I. b. . . . . . . | 7920 | — | — | — |
| II. u. f. Direktor II. a. . . . . . | 6660 | 7020 | 7380 | 360 / 180 |
| Rath III. a. . . . . . . . | 5760 | 6120 | 6300 | 180 |
| Obergerichtsschreiber VII. b. . . | 3360 | 3720 | 4080 | 180 |
| Untergerichtsschreiber IX. b. . . | 2640 / 2820 | 3000 | 3180 | 180 |
| **2. Appellationsgerichte.** | | | | |
| Präsident I. b. . . . . . . . | 9720 | — | — | — |
| I. Direktor II. a. . . . . . . | 6660 | 7020 | 7380 | 360 / 180 |

| I. | II. | | | |
|---|---|---|---|---|
| | 1 | 2 | 3 | 4 |
| Beamten-Kategorien und Gehaltsklassen | Jahresgehalt in den Dienstjahren | | | Jahreszulage für jed. weitere Quinquennium |
| | 1—5 $\left(\frac{1-3}{4-5}\right)$ | 6—10 | 11—15 | |
| | M. | M. | M. | M. |
| II. Direktor II. b. | 6120 | 6480 | 6660 | 180 |
| Rath IV. b. | 4560 | 4920 | 5280 | 180 |
| Obergerichtsschreiber IX. b. | 2640 / 2820 | 3000 | 3180 | 180 |
| Untergerichtsschreiber diess. u. I. U.-G.-Schr. jens. d. Rheins IX. c. | 2280 / 2640 | 2820 | 3000 | 180 |
| II. U.-G.-Schr. jens. d. Rh. XI. b. | 1800 | 1980 | 2160 | 180 / 90 |
| **3. Bezirksgerichte.** | | | | |
| Direktor IV. b. | 4560 | 4920 | 5280 | 180 |
| Rath VII. b. | 3360 | 3720 | 4080 | 180 |
| Assessor IX. c. | 2280 / 2640 | 2820 | 3000 | 180 |
| Obergerichtsschreiber IX. c. | 2280 / 2640 | 2820 | 3000 | 180 |
| Sekretär XI. a. | 1800 / 1890 | 1980 | 2160 | 180 |
| Untergerichtsschreiber XI. b. | 1800 | 1980 | 2160 | 180 / 90 |
| Gefängnisswärter F. (Zulage 198) | 900 | | | |
| **4. Stadt- und Landgerichte.** | | | | |
| Stadt- und Landrichter VII. b. | 3360 | 3720 | 4080 | 180 |
| Assessor IX. c. | 2280 / 2640 | 2820 | 3000 | 180 |
| Gerichtsschreiber XI. b. | 1800 | 1980 | 2160 | 180 / 90 |
| Stadtger.-Gefängnisswärter F. (Zul. 198) | 900 | | | |
| Gerichtsdiener (2 Kl.) F. { Zul. 178,20 | 810 | | | |
| Zul. 198 | 900 | | | |
| **5. Staatsanwaltschaft.** | | | | |
| Generalstaatsanwalt I. b. | 7920 | — | — | — |
| Oberstaatsanwalt II. a. | 6660 | 7020 | 7380 | 360 / 180 |
| II. u. III. Appell-Ger.-Staatsanwalt VII. a. | 3720 | 4080 | 4440 | 180 |
| I Bezirksgerichts-Staatsanwalt VII. a. | 3720 | 4080 | 4440 | 180 |
| II. u. III. Bezirksger.-Staatsanwalt IX. a. | 2640 / 3000 | 3180 | 3360 | 180 |
| Funktionirender Staatsanwalts-Substitut am Bezirksgerichte F. | | | | |
| **6. Straf- und Polizeianstalten.** | | | | |
| Direktor VII b. | 3360 | 3720 | 4080 | 180 |
| Verwalter IX. c. | 2280 / 2640 | 2820 | 3000 | 180 |
| Hausgeistlicher beim Zellengefängnisse in Nürnberg IX. a. | 2640 / 3000 | 3180 | 3360 | 180 |

| I. | III. | | | |
|---|---|---|---|---|
| | 1 | 2 | 3 | 4 |
| Beamten-Kategorien und Gehaltsklassen. | Jahresgehalt in den Dienstjahren 1–5 ($\frac{1-3}{4-5}$) | 6–10 | 11–15 | Jahreszulage für je weitere Quinquennium |
| | M. | M. | M. | M. |
| **C. Staatsministerium des Innern.** | | | | |
| **I.** | | | | |
| **1. Allgemeines Reichsarchiv.** | | | | |
| Vorstand II. a. | 6660 | 7020 | 7380 | 360<br>180 |
| Reichsarchivsrath IV. b. | 4560 | 4920 | 5280 | 180 |
| Reichsarchivs-Assessor VI. b. | 3540 | 3720 | 3900 | 180 |
| Reichsarchivs-Sekretär VIII. | 3000 | 3360 | 3540 | 180 |
| Kreisarchivar VII. b. | 3360 | 3720 | 4080 | 180 |
| **2. Archivs-Conservatorien.** | | | | |
| Archivs-Conservator VII. b. | 3360 | 3720 | 4080 | 180 |
| „ Sekretär IX. c. | 2280<br>2640 | 2820 | 3000 | 180 |
| **3. Kreisregierungen** (K. d. I. u. d. F.) | | | | |
| Präsident I. a. | 10800 | — | — | — |
| I. Direktor II. a. | 6660 | 7020 | 7380 | 360<br>180 |
| II. Direktor II. b. | 6120 | 6480 | 6660 | 180 |
| Regierungsrath IV. b. | 4560 | 4920 | 5280 | 180 |
| Regierungsassessor VI. b. | 3540 | 3720 | 3900 | 180 |
| Regierungssekretär IX. c. | 2280<br>2640 | 2820 | 3000 | 180 |
| Regierungsregistrator IX. c. | 2280<br>2640 | 2820 | 3000 | 180 |
| Rechnungskommissär IX. c. | 2280<br>2640 | 2820 | 3000 | 180 |
| Kanzlist und Registraturgehilfe XI. c. | 1800<br>1890 | 1980 | 2070 | 90 |
| (Revisor) Rechnungs-Kommissariats-Funktionär. K. d. I. u. d. F. | | | | |
| **4. Polizeidirektion München.** | | | | |
| Direktor IV. b. | 4560 | 4920 | 5280 | 180 |
| Polizeirath VII. b | 3360 | 3720 | 4080 | 180 |
| Polizeiassessor IX. c. | 2280<br>2640 | 2820 | 3000 | 180 |
| Offiziant IX. d. | 2100<br>2280 | 2460 | 2640 | 180 |
| Sekretär IX. d. | 2100<br>2280 | 2460 | 2640 | 180 |
| Polizeibezirkskommissär IX. d. | 2100<br>2280 | 2460 | 2640 | 180 |

| I. Beamten-Kategorien und Gehaltsklassen. | II. 1. Jahresgehalt in den Dienstjahren 1–5 (1–3 / 4–5) | 2. 6–10 | 3. 11–15 | 4. Jahreszulage für jed. weitere Quinquennium |
|---|---|---|---|---|
| | M. | M. | M. | M. |
| **5. Bezirksämter.** | | | | |
| Bezirksamtmann VII. a. . . . . | 3720 | 4080 | 4440 | 180 |
| Bezirksamtsassessor IX. c. . . . . | 2280<br>2640 | 2820 | 3000 | 180 |
| **6. Polizei- und Erziehungsanstalten.** | | | | |
| Direktor der Polizeianstalt (des Arbeitshauses) VII. b. . . . . . . . | 3360 | 3720 | 4080 | 180 |
| Verwalter des Arbeitshauses IX. c. . | 2280<br>2640 | 2820 | 3000 | 180 |
| Inspekt d. Staatserziehungsanstalt VIII. | 3000 | 3360 | 3720 | 180 |
| **7. Aerztliches Personal.** | | | | |
| Obermedizinalrath im St.-M. d. I. III. a. | 5760 | 6120 | 6300 | 180 |
| Kreismedizinalrath IV. b. . . . . | 4560 | 4920 | 5280 | 180 |
| Bezirksgerichtsarzt X. a. . . . . | 2160 | 2520 | 2880 | |
| Hausarzt beim Zellengefängniss in Nürnberg X. a. . . . . . . . . | 2160 | 2520 | 2880 | |
| Centralimpfarzt in München X. b . | 1800 | 2160 | 2520 | |
| Bezirksarzt I. Klasse X. b. . . . . | 1800 | 2160 | 2520 | |
| Bezirksarzt II. Klasse X. c. . . . . | 1440 | 1620 | 1800 | |
| Landesthierarzt F. . . . . . . . | | | | |
| Kreisthierarzt F. (Zulage 324) . . | 1440 | | | |
| Bezirksthierarzt F. (Zulage 120) . . | 540 | | | |
| Distriktsthierarzt F. . . . . . | | | | |
| II. *Abtheil. f. Landwirthsch., Gewerbe u. Handel.* | | | | |
| **8. Oberste Baubehörde.** | | | | |
| Oberbaudirektor II. a. . . . . . | 6660 | 7020 | 7380 | 360<br>180 |
| Oberbaurath III. b. . . . . . . . | 5580 | 5940 | 6120 | 180 |
| Baurath IV. b. . . . . . . . . | 4560 | 4920 | 5280 | 180 |
| Bauassessor VI. b. . . . . . . . | 3540 | 3720 | 3900 | 180 |
| Etatsbuchhalter VIII. . . . . . | 3000 | 3360 | 3540 | 180 |
| Registrator VIII. . . . . . . . | 3000 | 3360 | 3540 | 180 |
| Rechnungskommissär VIII. . . . | 3000 | 3360 | 3540 | 180 |
| Kanzleisekretär IX. c. . . . . . | 2280<br>2640 | 2820 | 3000 | 180 |
| **9. Kreisbaubehörden.** | | | | |
| Kreisbaurath IV. b. . . . . . | 4560 | 4920 | 5280 | 180 |
| **10. Aeusserer Baudienst.** | | | | |
| Bauamtmann VII. b. . . . . . | 3360 | 3720 | 4080 | 180 |
| Bauamtsassessor IX. c. . . . . . | 2280<br>2640 | 2820 | 3000 | 180 |

| I. | II. | | | |
|---|---|---|---|---|
| | 1 | 2 | 3 | 4 |
| Beamten-Kategorien und Gehaltsklassen | Jahresgehalt in den Dienstjahren 1—5 $\left(\frac{1-3}{4-5}\right)$ | 6—10 | 11—15 | Jahreszulage für jed. weitere Quinquennium |
| | M. | M. | M. | M. |
| **11. Bergbehörden.** | | | | |
| Oberbergdirektor II. a. . . . | 6660 | 7020 | 7380 | 360 / 180 |
| Oberbergrath IV. b. . . . | 4560 | 4920 | 5280 | 180 |
| Oberbergamtsassessor VI. b. . . | 3540 | 3720 | 3900 | 180 |
| Oberbergamtsoffiziant XI. c. . . | 1800 / 1890 | 1980 | 2070 | 90 |
| Bezirksbergamtmann VII. a. . . . | 3720 | 4080 | 4440 | 180 |
| Bergamtsassessor VIII. . . . . | 3000 | 3360 | 3540 | 180 |
| Bergamtsmarkscheider IX. c. . . . | 2280 / 2640 | 2820 | 3000 | 180 |
| Bergamtsschreiber XI. c. . . . | 1800 / 1890 | 1980 | 2070 | 90 |
| **12. Landgestütsanstalt d. d. Rh.** | | | | |
| Oberlandstallmeister II. a. . . . . | 6660 | 7020 | 7380 | 360 / 180 |
| Landgestütsthierarzt VII. a. . . | 3720 | 4080 | 4440 | 180 |
| Verwaltungsbeamter VII. a. . . | 3720 | 4080 | 4440 | 180 |
| Landstallmeister IV. b. . . . | 4560 | 4920 | 5280 | 180 |
| **D.** | | | | |
| **Staatsministerium des Innern für Kirchen- und Schulangelegenheiten.** | | | | |
| Protestantische Kirchenangelegenheiten. | | | | |
| **1. Oberkonsistorium.** | | | | |
| Präsident I. a. . . . . . . . | 10800 | — | — | — |
| Oberkonsistorialrath III. a. . . . | 5760 | 6120 | 6300 | 180 |
| Sekretär VIII. . . . . . . . | 3000 | 3360 | 3540 | 180 |
| Registrator IV. b. . . . . . . | 2640 / 2820 | 3000 | 3180 | 180 |
| Kanzlist IX d. . . . . . . | 2100 / 2280 | 2460 | 2640 | 180 |
| **2. Kreiskonsistorien.** | | | | |
| Direktor in Speier II. a. . . . . . | 6660 | 7020 | 7380 | 360 / 180 |
| Uebrige Direktoren (Regierungsdirektoren mit Funktionszulage). | | | | |
| Konsistorial-Rath IV. b. . . . . . | 4560 | 4920 | 5280 | 180 |
| „ Assessor VI. b. . . . | 3540 | 3720 | 3900 | 180 |
| „ Rechnungskommissär IX. c. | 2280 / 2640 | 2820 | 3000 | 180 |

| I. | II. | | | |
|---|---|---|---|---|
| | 1 | 2 | 3 | 4 |
| Beamten-Kategorien und Gehaltsklassen. | Jahresgehalt in den Dienstjahren 1–5 $\left(\frac{1-3}{4-5}\right)$ | 6–10 | 11–15 | Jahreszulage für jed. weitere Quinquennium |
| | M. | M. | M. | M. |
| Konsistorial-Sekretär IX. c. . . | 2280 / 2640 | 2820 | 3000 | 180 |
| „ Registrator IX. c. . . . | 2280 / 2640 | 2820 | 3000 | 180 |
| „ Kanzlist XI. c. . . . . | 1800 / 1890 | 1980 | 2070 | 90 |
| Schulangelegenheiten. | | | | |
| *I. Höhere wissenschaftliche Bildung.* | | | | |
| **3. Akademie der Wissenschaften.** | | | | |
| Sekretär VIII. . . . . . . . | 3000 | 3360 | 3540 | 180 |
| Kassier VIII. . . . . . . | 3000 | 3360 | 3540 | 180 |
| Rechnungsführer VIII. . . . . | 3000 | 3360 | 3540 | 180 |
| **4. Generalkonservatorium der wissenschaftlichen Sammlungen des Staates.** | | | | |
| Generalkonservator F. | | | | |
| Sekretär F. | | | | |
| Conservator IX. c. . . | 2280 / 2640 | 2820 | 3000 | 180 |
| Adjunkt, Präparator IX. c. . . . | „ | „ | „ | „ |
| Custode IX c. . . . . . . . . | „ | „ | „ | „ |
| Inspektor der botanischen Gärten IX. c. | „ | „ | „ | „ |
| Gehilfe der Sternwarte IX. c. . . | „ | „ | „ | „ |
| **5. Hof- und Staatsbibliothek.** | | | | |
| Direktor II. b. . . . . . . . . | 6120 | 6480 | 6660 | 180 |
| Oberbibliothekar III. b. . . . . . | 5580 | 5940 | 6120 | 180 |
| Bibliothekar IV. b. . . . . . . | 4560 | 4920 | 5280 | 180 |
| Custode VI. b. . . . . . . . | 3540 | 3720 | 3900 | 180 |
| Sekretär VII. c. . . . . . . . | 3000 | 3360 | 3720 | 180 |
| **6. Universitäten.** | | | | |
| Ordentliche Professoren IV. c. . . | 4200 | 4560 | 4720 | 180 |
| Oberbibliothekar IV. c. . . . . . | 4200 | 4560 | 4720 | 180 |
| Ausserordentliche Professoren VI. c. . | 3180 | 3360 | 3540 | 180 |
| Hauptkassier VII. b. . . . . . | 3360 | 3720 | 4080 | 180 |
| Bibliothekar VII. c. . . . . . | 3000 | 3360 | 3720 | 180 |
| Aeusserer Kassier VIII. . . . . . | 3000 | 3360 | 3540 | 180 |
| Sekretär VIII. . . . . . . . . | 3000 | 3360 | 3540 | 180 |
| Administrator und Controleur VIII. . | 3000 | 3360 | 3540 | 180 |
| Oberförster IX. c. . . . . . . . | 2280 / 2640 | 2820 | 3000 | 180 |
| Aktuar XI. c. . . . . | 1800 / 1890 | 1980 | 2070 | 90 |

| I. | II. | | | |
|---|---|---|---|---|
| | 1 | 2 | 3 | 4 |
| Beamten-Kategorien und Gehaltsklassen. | Jahresgehalt in den Dienstjahren | | | Jahreszulage für jed. weitere Quinquennium |
| | 1—5 (1—3 / 4—5) | 6—10 | 11—15 | |
| | M. | M. | M. | M. |
| **7. Lyceen.** | | | | |
| Professor VII. b. . . . | 3360 | 3720 | 4080 | 180 |
| *II. Kunstabtheilung.* | | | | |
| **8. Akademie der bildend. Künste.** | | | | |
| Direktor II. b. . . . . . . . . | 6120 | 6480 | 6660 | 180 |
| Professor IV. c. . . . . . . | 4200 | 4560 | 4740 | 180 |
| Ausserordentl. Professor . . . . . | | | | |
| Act. Künstler . . . . . . . . | | | | |
| Kassa- und Rechnungsführer VIII. . | 3000 | 3360 | 3540 | 180 |
| **9. Polytechnische Hochschule.** | | | | |
| Ordentlicher Professor IV. c. . | 4200 | 4560 | 4740 | 180 |
| Ausserordentlicher Professor VI. c. . | 3180 | 3360 | 3540 | 180 |
| Kassa- und Rechnungsführer VIII. . | 3000 | 3360 | 3540 | 180 |
| Sekretär VIII. . . . . . . . . | 3000 | 3360 | 3540 | 180 |
| **10. Kunstgewerbeschule** (München, Nürnberg.) | | | | |
| Direktor IV. b. . . . . . . . | 4560 | 4920 | 5280 | 180 |
| Professor VII. b. . . . . . . . | 3360 | 3720 | 4080 | 180 |
| **11. Centralgemäldegallerie.** | | | | |
| Galleriedirektor IV. b. . . . . . | 4560 | 4920 | 5280 | 180 |
| Conservator IX. c. . . . . . . . | 2280 / 2640 | 2820 | 3000 | 180 |
| Gemälderegenerator IX. c. . . . . | 2280 / 2640 | 2820 | 3000 | 180 |
| **12. Filialgemäldegallerie in Augsburg.** | | | | |
| Conservator IX. c. . . . . . . . | 2280 / 2640 | 2820 | 3000 | 180 |
| **13. Erzgiesserei.** | | | | |
| Inspektor . . . . . . . . | | | | |
| **14. Glasmalerei.** | | | | |
| Vorstand . . . . . . . . . | | | | |
| **15. Kupferstichkabinet.** | | | | |
| Vorstand VII. c. . . . . . . . | 3000 | 3360 | 3720 | 180 |
| **16. Nationalmuseum.** | | | | |
| Direktor IV. b. . . . . . . . | 4560 | 4920 | 5280 | 180 |
| Conservator VII. c. . . . . . . . | 3000 | 3360 | 3720 | 180 |

| I. | II. | | | |
|---|---|---|---|---|
| | 1 | 2 | 3 | 4 |
| Beamten-Kategorien und Gehaltsklassen. | Jahresgehalt in den Dienstjahren | | | Jahreszulage für jed. weitere Quinquennium |
| | 1—5 ($\frac{1-3}{4-5}$) | 6—10 | 11—15 | |
| | M. | M. | M. | M. |
| **17. Realgymnasium.** | | | | |
| (Wie Human-Gymnasium (Z. 25.) | | | | |
| **18. Industrie-Schulen.** | | | | |
| Professor VII. b. . . . . . . . | 3360 | 3720 | 4080 | 180 |
| **19. Hebammenschule.** | | | | |
| Vorstand X. a. . . . . . . . . | 2160 | 2520 | 2880 | |
| Repetitor in Würzburg X. c. . . | 1440 | 1620 | 1800 | |
| **20. Veterinärschule (Thierarzneischule).** | | | | |
| Direktor IV. b. . . . . . . . | 4560 | 4920 | 5280 | 180 |
| Professor VII. b. . . . . . . . | 3360 | 3720 | 4080 | 180 |
| **21. Landwirthschaftliche Centralschule Weihenstephan.** | | | | |
| Direktor IV. b. . . . . . . . | 4560 | 4920 | 5280 | 180 |
| Professor VII. b. . . . . . . . | 3360 | 3720 | 4080 | 180 |
| Sekretär IX. c. . . . . . . . . | 2280 / 2640 | 2820 | 3000 | 180 |
| Kassa- und Rechnungsführer IX. c. . | 2280 / 2640 | 2820 | 3000 | 180 |
| **22. Bibliothek in Bamberg.** | | | | |
| Bibliothekar VII. b. . . . . . | 3360 | 3720 | 4080 | 180 |
| Sekretär IX. d. . . . . . . . | 2100 / 2280 | 2460 | 2640 | 180 |
| **23. Musikschule in München.** | | | | |
| Inspektor VII. b. . . . . . . . | 3360 | 3720 | 4080 | 180 |
| Sekretär IX. c. . . . . . . . | 2280 / 2640 | 2820 | 3000 | 180 |
| Kassa- und Rechnungsführer IX. c. . | 2280 / 2640 | 2820 | 3000 | 180 |
| **24. Musikschule in Würzburg.** | | | | |
| Direktor VII. b. . . . . . . . | 3360 | 3720 | 4080 | 180 |
| *III. Allgemeine Volksbildung.* | | | | |
| **25. Gymnasien und damit verbundene Lateinschulen.** | | | | |
| Rektor F. | | | | |
| Gymnasialprofessor (Hum. u. Real) VII. b. | 3360 | 3720 | 4080 | 180 |
| Studienlehrer IX. c. . . . . . | 2280 / 2640 | 2820 | 3000 | 180 |

| I. Beamten-Kategorien und Gehaltsklassen. | II. 1 Jahresgehalt in den Dienstjahren 1—5 ((1—3)/(4—5)) | 2 Jahresgehalt in den Dienstjahren 6—10 | 3 Jahresgehalt in den Dienstjahren 11—15 | 4 Jahreszulage für jed. weitere Quinquennium |
|---|---|---|---|---|
| | M. | M. | M. | M. |
| Religionslehrer F. | | | | |
| Assistent F. | | | | |
| Sprach-, Zeichnen-, Schreib-, Musik-, Turn- etc. Lehrer F. | | | | |
| Studienaktuar F. | | | | |
| **26. Schullehrer-Seminar.** | | | | |
| Inspektor VII. b. . . . . . . | 3360 | 3720 | 4080 | 180 |
| Präfekt IX. c. . . . . . . . | 2280<br>2640 | 2820 | 3000 | 180 |
| I. Seminarlehrer . . . . . | | | | |
| II. u. f. Seminarlehrer IX. c. . . | 2280<br>2640 | 2820 | 3000 | 180 |
| **27. Präparandenschulen.** | | | | |
| Hauptlehrer IX. c. . . . . . . | 2280<br>2640 | 2820 | 3000 | 180 |
| Erster Hilfslehrer . . | | | | |
| Ständige Lehrer . . | | | | |
| Zweiter Hilfslehrer . . | | | | |

## E.

## Staatsministerium der Finanzen.

| | | | | |
|---|---|---|---|---|
| **1. Oberster Rechnungshof.** | | | | |
| Präsident I. a. . . . . . . . | 10800 | — | — | — |
| Oberrechnungsrath III. b. . . . | 5580 | 5940 | 6120 | 180 |
| Rechnungskommissär VII. b. . . | 3360 | 3720 | 4080 | 180 |
| Sekretär VIII. . . . . . . . | 3000 | 3360 | 3540 | 180 |
| Kanzlist IX. d. . . . . . . | 2100<br>2280 | 2460 | 2640 | 180 |
| **2. Rechnungskammer.** | | | | |
| Direktor II. a. . . . . . . | 6660 | 7020 | 7380 | 360<br>180 |
| Rechnungsrath (Regierungsrath) IV. b. | 4560 | 4920 | 5280 | 180 |
| Regierungsassessor VI. b. . . . | 3540 | 3720 | 3900 | 180 |
| Rechnungskommissär IX. c. . . . . | 2280<br>2640 | 2820 | 3000 | 180 |
| „ Sekretär IX. c. . . | 2280<br>2640 | 2820 | 3000 | 180 |
| „ Registrator IX. c. . . | 2280<br>2640 | 2820 | 3000 | 180 |
| Kanzlist XI. c. . . | 1800<br>1890 | 1980 | 2070 | 90 |

| I. | II. | | | |
|---|---|---|---|---|
| | 1 | 2 | 3 | 4 |
| Beamten-Kategorien und Gehaltsklassen. | Jahresgehalt in den Dienstjahren<br>1–5 $\left(\frac{1-3}{4-5}\right)$ | 6–10 | 11–15 | Jahreszulage für jed. weitere Quinquennium |
| | M. | M. | M. | M. |
| **3. Centralstaatskassa.** | | | | |
| Centralstaatskassier III. a. | 5760 | 6120 | 6300 | 180 |
| Centralstaatskassa-Controleur V. a. | 4740 | 5100 | 5280 | 180 |
| „ Zahlmeister VII. a. | 3720 | 4080 | 4440 | 180 |
| „ Buchhalter VIII. | 3000 | 3360 | 3540 | 180 |
| „ Offiziant IX. c. | 2280<br>2460 | 2820 | 3000 | 180 |
| **4. Regierungsfinanzkammer.** | | | | |
| (NB. wie C. 3.) | | | | |
| **5. Kreiskassa.** | | | | |
| Kreiskassier V. b. | 4380 | 4740 | 4920 | 180 |
| Kreiskassa-Controleur VII. a. | 3720 | 4080 | 4440 | 180 |
| „ Zahlmeister VIII. | 3000 | 3360 | 3540 | 180 |
| „ Offiziant IX. d. | 2100<br>2280 | 2460 | 2640 | 180 |
| **6. Rentämter.** | | | | |
| Rentbeamte (mit Vorbehalt) VII. b. | 3360 | 3720 | 4080 | 180 |
| **7. Staatsschuld.** | | | | |
| Vorstand I. b | 7920 | — | — | — |
| Regierungsrath IV. b. | 4560 | 4920 | 5280 | 180 |
| Regierungsassessor VI. b. | 3540 | 3720 | 3900 | 180 |
| Rechnungskommissär IX. b. | 2640<br>2820 | 3000 | 3180 | 180 |
| Sekretär VIII. | 3000 | 3360 | 3540 | 180 |
| Registrator IX. b. | 2640<br>2820 | 3000 | 3180 | 180 |
| Kanzlist XI. c. | 1800<br>1890 | 1980 | 2070 | 90 |
| Hauptkassier V. a. | 4740 | 5100 | 5280 | 180 |
| Hauptkassakontroleur V. b. | 4380 | 4740 | 4920 | 180 |
| Oberbuchhalter VII. a. | 3720 | 4080 | 4440 | 180 |
| Spezialkassier V. b. | 4380 | 4740 | 4920 | 180 |
| Kassier der Grundrentenkassa V. b. | 4380 | 4740 | 4920 | 180 |
| Spezialkassakontroleur VII. a. | 3720 | 4080 | 4440 | 180 |
| Zahlmeister VIII. | 3000 | 3360 | 3540 | 180 |
| Buchhalter IX. b. | 2640<br>2820 | 3000 | 3180 | 180 |
| Offiziant IX. d. | 2100<br>2280 | 2460 | 2640 | 180 |
| **8. Steuerkatasteranstalt.** | | | | |
| Ober-Steuerrath III. a. | 5760 | 6120 | 6300 | 180 |
| Steuerrath IV. b. | 4560 | 4920 | 5280 | 180 |

| I. | II. | | | |
|---|---|---|---|---|
| | 1 | 2 | 3 | 4 |
| Beamten-Kategorien und Gehaltsklassen. | Jahresgehalt in den Dienstjahren 1—5 (1—3 / 4—5) | 6—10 | 11—15 | Jahreszulage für jed. weitere Quinquennium |
| | M. | M. | M. | M. |
| Steuerassessor VI. b. . | 3540 | 3720 | 3900 | 180 |
| Kassier VII b. . . | 3360 | 3720 | 4080 | 180 |
| Obergeometer IX. c. . | 2280 / 2640 | 2820 | 3000 | 180 |
| Bezirksgeometer F. | | | | |
| **9. Haupt-Münz- und Stempelamt.** | | | | |
| Obermünzmeister III. a. . . . . . | 5760 | 6120 | 6300 | 180 |
| Vorstand des Haupt-Stempel-, Verwaltungs- und Verlagsamts V. c. . . | 4200 | 4560 | 4740 | 180 |
| Materialverwalter des Haupt-Münz- und Stempelamts VII. b. . . . . . | 3360 | 3720 | 4080 | 180 |
| Kassier VII. b. . . . . . . | 3360 | 3720 | 4080 | 180 |
| Kontroleur des Haupt-Stempel-Verwaltungs- und Verlagsamts VII. b. . . | 3360 | 3720 | 4080 | 180 |
| Controleur des Haupt-Münz- und Stempelamts VIII. . . . . . . | 3000 | 3360 | 3540 | 180 |
| Münzmeister VII. b. . . . . . | 3360 | 3720 | 4080 | 180 |
| Stempelverwalter der Pfalz VIII. . . | 3000 | 3360 | 3540 | 180 |
| Medailleur und Scheider IX. b. . . | 2640 / 2820 | 3000 | 3180 | 180 |
| Graveur IX. b. . . . | 2640 / 2820 | 3000 | 3180 | 180 |
| Aktuar XI. c. . . . . . . | 1800 / 1890 | 1980 | 2070 | 90 |
| **10. Forstpersonal.** | | | | |
| Forstrath im Ministerium und bei den Kreisregierungen IX. b. . . . . | 4560 | 4920 | 5280 | 180 |
| Forstmeister VII. b. . . . . | 3360 | 3720 | 4080 | 180 |
| Oberförster IX. c. . . . . . . . | 2280 / 2640 | 2820 | 3000 | 180 |
| Forstamtsassistent (2 Kl.) F. (Zul. 200) (Zul. 300) | 1200 / 1400 | | | |
| Forstgehilfe (2 Kl.) F. (Zulage 180) (Zulage 204) | 810 / 900 | | | |
| Förster F. (Zulage 240) | 1080 / 1140 | 1200 | 1260 | 60 |
| **11. Centralforstlehranstalt.** | | | | |
| Direktor IX. b. . . . . . . | 4560 | 4920 | 5280 | 180 |
| Professor VII. b. . . . . . . | 3360 | 3720 | 4080 | 180 |
| **12. Berg-, Hütten- und Salinenverwaltung.** | | | | |
| Generalbergwerks- und Salinenadministrator (Direktor) II a. . . . . | 6660 | 7020 | 7380 | 360 / 180 |
| Oberberg- und Salinenrath IV. b. . . | 4560 | 4920 | 5280 | 180 |

| I. | II. | | | |
|---|---|---|---|---|
| Beamten-Kategorien und Gehaltsklassen. | 1 | 2 | 3 | 4 |
| | Jahreszulage in den Dienstjahren | | | Jahreszulage für jed. weitere Quinquennium |
| | 1–5 $\left(\frac{1-3}{4-5}\right)$ | 6–10 | 11–15 | |
| | M. | M. | M. | M. |
| General-Berg- u. Salinen-Assessor VI. b. | 3540 | 3720 | 3900 | 180 |
| Buchhalter, Registrator, Rechnungskommissär und Sekretär der Generalbergwerks- u. Salinenadministration IX. b. | 2640 / 2820 | 3000 | 3180 | 180 |
| General-Bergwerks- und Salinen-Hauptkassier V. c. . . . . . . . | 4200 | 4560 | 4740 | 180 |
| General-Bergwerks- und Salinen-Hauptkassa-Controleur VII. b. . . . . | 3360 | 3720 | 4080 | 180 |
| Hauptsalzamtskassier VIII. . . . . | 3000 | 3360 | 3540 | 180 |
| Salineninspektor VII. a. . . . . . | 3720 | 4080 | 4440 | 180 |
| Bergmeister VII. b. . . . . . . | 3360 | 3720 | 4080 | 180 |
| Hüttenmeister IX. b. . . . . . | 2640 / 2820 | 3000 | 3180 | 180 |
| Hüttenverwalter IX. c. . . . . . | 2280 / 2640 | 2820 | 3000 | 180 |
| Grubenverwalter IX. c. . . . . . | 2280 / 2640 | 2820 | 3000 | 180 |
| Kassier IX. c. . . . . . . . | 2280 / 2640 | 2820 | 3000 | 180 |
| Materialverwalter IX. c. . . . . . | 2280 / 2640 | 2820 | 3000 | 180 |
| Obereinfahrer und Einfahrer F. | | | | |
| Sudfaktor F. | | | | |
| Bergoffiziant XI. c. . . . . . | 1800 / 1890 | 1980 | 2070 | 90 |
| Hüttenoffiziant XI. c. . . . . . | 1800 / 1890 | 1980 | 2070 | 90 |
| Salinenoffiziant XI. c . . . . . | 1800 / 1890 | 1980 | 2070 | 90 |
| Bergschreiber XI. c. . . . . . | 1800 / 1890 | 1980 | 2070 | 90 |
| Hauptsalzamtsschreiber XI. c. . . . | 1800 / 1890 | 1980 | 2070 | 90 |
| **13. Hofbräuhaus München.** | | | | |
| Hofbräuhausbeamter VII. b. . . . . | 3360 | 3720 | 4080 | 180 |
| Controlirender Offiziant IX. c. . . | 2280 / 2640 | 2820 | 3000 | 180 |
| **14. Staatsgut Schleissheim.** | | | | |
| Staatsgutsverwalter VII. b. . . . | 3360 | 3720 | 4080 | 180 |
| Rechnungsführer IX. d. . . . . . | 2100 / 2280 | 2460 | 2640 | 180 |
| **15. Weingut in Unterfranken.** | | | | |
| Kellermeister u. Weinbauinspektor. | | | | |
| **16. Gas- und Soole-Badanstalt Kissingen.** | | | | |
| Badeverwalter. | | | | |

| I. | II | | | |
|---|---|---|---|---|
| | 1 | 2 | 3 | 4 |
| Beamten-Kategorien und Gehaltsklassen. | Jahresgehalt in den Dienstjahren | | | Jahreszulage fürjed weitere Quinquennium |
| | 1–5 (1–3 / 4–5) | 6–10 | 11–15 | |
| | M. | M. | M. | M. |
| **Zollwesen.** (Stabiles Personal.) | | | | |
| a. General-Zolladministration. | | | | |
| Generalzolladministrator I. b. | 7920 | — | — | — |
| Oberzollrath IV. b. | 4560 | 4920 | 5280 | 180 |
| Centralzollkassier V. b. | 4380 | 4740 | 4920 | 180 |
| Grenzwachinspektionskommissär V. c. | 4200 | 4560 | 4740 | 180 |
| Oberzollassessor VI. b. | 3540 | 3720 | 3900 | 180 |
| Centralzollkassakontroleur VII. a. | 3720 | 4080 | 4440 | 180 |
| Hauptbuchhalter VII. b. | 3360 | 3720 | 4080 | 180 |
| I. Registrator u. Materialverwalter VIII. | 3000 | 3360 | 3540 | 180 |
| Grenzwachbureauinspektor VIII. | 3000 | 3360 | 3540 | 180 |
| II. Sekretär und Materialverwaltungskontroleur IX. a. | 2640 / 3000 | 3180 | 3360 | 180 |
| I. Sekretär IX. b. | 2640 / 2820 | 3000 | 3180 | 180 |
| II. Registrator IX. b. | 2640 / 2820 | 3000 | 3180 | 180 |
| Rechnungskommissär IX. b. | 2640 / 2820 | 3000 | 3180 | 180 |
| Centralzollkassa-Offiziant IX. d. | 2100 / 2280 | 2460 | 2640 | 180 |
| Registraturgehilfe XI. c. | 1800 / 1890 | 1980 | 2070 | 90 |
| Kanzlist XI. c. | 1800 / 1890 | 1980 | 2070 | 90 |
| b. Zollerhebungs- u. Aufsichts-Behörden. | | | | |
| Oberzollinspektor V. c. | 4200 | 4560 | 4740 | 180 |
| Hauptzollamtsverwalter VII. b. | 3360 | 3720 | 4080 | 180 |
| Zollinspektor VII. b. | 3360 | 3720 | 4080 | 180 |
| Hauptzollamtskontroleur IX. a. | 2640 / 3000 | 3180 | 3360 | 180 |
| (Zoll-) Revisionsbeamter IX. c. | 2280 / 2640 | 2820 | 3000 | 180 |
| Zollverwalter (Neben-Zoll-A.-Verw.) IX. c. | 2280 / 2640 | 2820 | 3000 | 180 |
| (Grenz-) Oberkontroleur IX. c. | 2280 / 2640 | 2820 | 3000 | 180 |
| Salzsteueramtskontroleur IX. c. | 2280 / 2640 | 2820 | 3000 | 180 |
| Nebenzollamtskontroleur XI. c. | 1800 / 1890 | 1980 | 2070 | 90 |

## Beilage XV.

# Notariats-Gebühren

nach der allerhöchsten Verordnung v. 30 Nov. 1875.

(Das Hilfsbuch von Carl Reber zeichnet sich durch äusserst genaue Behandlung aus.)

---

### Gebühren nach dem Werthsverhältnisse.

1. Für Kauf- und Tauschverträge, Verträge über Eigenthumsübertragung an Zahlungsstatt, Gutsübergabsverträge, Vergleiche, wenn sie eine Eigenthumsübertragung enthalten, Erbtheilungsverträge und Verträge über Theilung anderer gemeinschaftlicher Vermögensmassen oder im Miteigenthume befindlicher Gegenstände, Werkverdingungsverträge, Pacht- und Miethverträge über Liegenschaften, Verkäufe und Verpachtungen von Liegenschaften im Versteigerungswege, Verträge über Bestellung, Kauf oder Ablösung von Grundrenten, Schenkungen beträgt das Honorar des Notars:

bei einem Werthe des Vertragsgegenstandes unter 100 ℳ . . . 1 ℳ,

bei einem höheren Werthe:

für den Betrag bis zu 400 ℳ einschliesslich . . . 1 %,

für den Betrag von mehr als 400 ℳ bis zu 1100 ℳ einschliesslich . . . $^1/_2$ %,

für den Betrag von mehr als 1100 bis zu 3500 ℳ einschliesslich . . . $^1/_4$ %,

für den Betrag von mehr als 3500 ℳ bis zu 18,000 ℳ einschliesslich . . . $^1/_6$ %,

für den Betrag von mehr als 18,000 ℳ . . . $^1/_{15}$ %

des Werthes; jedoch darf das Honorar den Betrag von 275 ℳ nicht übersteigen.

2. Für Schuldbekenntnisse, Cessionen, Uebernahme von Schulden mit und ohne Zustimmung des Gläubigers, Bürgschaften und Cautionsbestellungen auf bestimmte Summen, Faustpfandbestellungen, Vergleiche, welche ein Schuldbekenntniss auf eine bestimmte Summe enthalten, beträgt das Honorar des Notars:

bei einem Werthe des Vertragsgegenstandes, beziehungsweise einer Schuldsumme bis zu 175 ℳ einschliesslich . . . 1 ℳ,

bei einem Werthe, beziehungsweise einer Schuldsumme von mehr als 175 ℳ bis zu 500 ℳ einschliesslich . . . 2 ℳ,

bei einem höheren Werthe, beziehungsweise einer höheren Schuldsumme für den Betrag bis zu 1100 ℳ einschliesslich . . . $^1/_3$ %,

für den Betrag von mehr als 1100 ℳ bis 3500 ℳ einschliesslich . . . $^1/_6$ %,

für den Betrag von mehr als 3500 ℳ bis zu 18,000 ℳ einschliesslich . . . $^1/_{10}$ %,

für den Betrag von mehr als 18,000 ℳ . . . $^1/_{30}$ %,

jedoch darf das Honorar den Betrag von 175 ℳ nicht übersteigen.

3. Für Einnahme, Aufbewahrung und Ablieferung von Geldern und geldwerthen Papieren ausser dem Falle der Versteigerung beträgt

das Honorar des Notars, einschliesslich der hierauf bezüglichen Beurkundungen und Correspondenzen:

bei einem Betrage bis zu 2000 ℳ einschliesslich 1/4 %,

bei höheren Beträgen:

für den Betrag bis zu 2000 ℳ einschiesslich . 1/4 %,

für den Betrag von mehr als 2000 ℳ und zwar für je volle 1000 ℳ an baarem Gelde oder Banknoten . . . . . . . . . 1 ℳ,

für je volle 1000 ℳ an anderen geldwerthen Papieren . . . . . . . . . – ℳ 50 ₰.

4. Für Einnahme, Aufbewahrung und Ablieferung der Strichgelder bei Versteigerungen gebühren dem Notar

bei Versteigerung von Mobilien:

bei einem Betrage der Strichgelder bis zu 900 ℳ einschliesslich . . . . . . . . . . 3 %,

bei einem höheren Betrage derselben:

für den Betrag bis zu 900 ℳ einschliesslich . 3 %,

für den Betrag von mehr als 900 ℳ bis zu 1800 ℳ einschiesslich . . . . . . . . . . 2 %,

für den Betrag von mehr als 1800 ℳ . . . 1 %,

bei Versteigerungen von Immobilien:

bei einem Betrage der Strichgelder bis zu 1800 ℳ einschliesslich . . . . . . . . . . 1 %,

bei einem höheren Betrage derselben:

für den Betrag bis zu 1800 ℳ einschliesslich . . 1 %,

für den Betrag von mehr als 1800 ℳ . . . . 1/2 %.

5. Bei der Berechnung dieser Gebühren bleiben Bruchtheile eines Pfennigs ausser Ansatz und werden Pfennigbeträge, welche nicht das Vielfache der Zahl fünf bilden, bis zu den nächsten Vielfachen von fünf erhöht.

## Gebühren, für welche ein höchstes und ein niedrigstes Mass festgesetzt ist.

6. Je nach dem Umfange, der Schwierigkeit und Wichtigkeit des Geschäftes und nach den Vermögensverhältnissen der Betheiligten beträgt das Honorar des Notars für Eheverträge, wenn das Vermögen der Ehegatten beziehungsweise der Verlobten zusammengenommen unter 2000 ℳ beträgt oder wenn es weder aus dem Vertrage ersichtlich, noch sonst hinreichend bekannt ist 4—9 ℳ, wenn der Ehevertrag lediglich die religiöse Erziehung der Kinder betrifft 2 ℳ, ausserdem 8—18 ℳ, Einkindschaftsverträge 4—36 ℳ, die Aufnahme einer letztwilligen Verfügung 4—40 ℳ, Erbverträge 4—40 ℳ, Versicherungsverträge 6—36 ℳ, Gesellschaftsverträge 6—80 ℳ, Bürgschaften und Cautionsbestellungen, welche nicht auf eine bestimmte Summe lauten 2—7 ℳ, Abnährungsverträge 2—9 ℳ, alle Verträge, welche in der gegenwärtigen Verordnung nicht besonders erwähnt sind 4—20 ℳ. Correspondenzen und Berichte, welche dem Notar als Verlassenschafts-Commissär (Artikel 29, 35 des Notariats-Gesetzes) obliegen, dann für die von ihm in dieser Eigenschaft auszustellenden Zeugnisse 1—4 ℳ

## Ständige Gebühren.

7. 3 ℳ 50 ₰. beträgt das Honorar des Notars für Uebernahme einer letztwilligen Verfügung, für Beurkundung des Widerrufs oder der Zurücknahme einer von dem Notar aufgenommenen, beziehungs-

weise demselben übergebenen letztwilligen Verfügung, für Verkündung einer letztwilligen Verfügung, für Aufnahme eines Wechselprotestes einschliesslich der Eintragung des Protestes in das Register.

8. 1 M 80 ₰ beträgt das Honorar des Notars für das Aufsuchen einer Notariatsurkunde zum Zwecke der Einsichtnahme durch einen Betheiligten, wenn nicht wenigstens der Jahrgang der Errichtung der Urkunde angegeben ist; ist der Jahrgang angegeben, so beträgt das Honorar 50 ₰.

Wird in dem letztern Falle eine Ausfertigung der Urkunde ertheilt, so kann für das Aufsuchen der Urschrift eine besondere Gebühr nicht gefordert werden.

9. Mit 1 M werden vergütet: Quittungen, Erklärungen und Verträge über Erlassung oder Stundung einer Schuld, wenn diese nicht mehr als 200 M beträgt, sowie Erklärungen in Hypothekensachen, wenn die im Hypothekenbuche eingetragene oder einzutragende Forderung, auf welche sich die Erklärung bezieht, den Betrag von 200 M nicht übersteigt; Vollmachten und Genehmigungsurkunden, deren Aufnahme nicht mehr als eine Stunde in Anspruch nimmt; die Zurücknahme einer Vollmacht; Lebensatteste; die Bestätigung des Datums der Vorzeigung einer Urkunde; Zeugnisse über Gegenstände der amtlichen Wirksamkeit des Notars, z. B. über das Vorhandensein einer Notariatsurkunde; die Beglaubigung der Unterschrift einer Privaturkunde (sind die Unterschriften mehrerer Personen unter einer und derselben Urkunde zu beglaubigen, so ist der Notar für die zweite und jede weitere Person 50 ₰ anzusetzen berechtigt); die Beglaubigung einer Abschrift (Art. 83 des Notariatsgesetzes), wenn dieselbe nicht mehr als einen Bogen einnimmt (für jede weitere Seite 10 ₰); Anzeigen des Notars an das Verlassenschaftsgericht über die von ihm errichteten und bei ihm hinterlegten letztwilligen Verfügungen und Erbverträge; die Uebersendung von Ausfertigungen der vor dem Notar errichteten letztwilligen Verfügungen und Erbverträge (Art 27 und 28 des Notariatsgesetzes); die Uebersendung einer gemäss Art. 11 Abs. 3 des Notariatsgesetzes von dem Notar aufgenommenen Erklärung an das zuständige Gericht, insoferne diese nicht von den Betheiligten selbst besorgt wird; die Vorlage eines in Folge gerichtlichen Auftrages aufgenommenen Inventars oder der Versteigerungsakten; Vorlagen, welche durch gerichtliche Aufträge gemäss Art. 51 des Notariatsgesetzes veranlasst werden; die Abfassung öffentlicher Bekanntmachungen; umfasst jedoch die öffentliche Bekanntmachung mehr als eine Seite, so wird für jede weitere ganz oder theilweise in Anspruch genommene Seite gleichfalls 1 M vergütet; die Festsetzung einer Immobiliar-Versteigerungstagsfahrt.

## Gebühren, welche nach Verhältniss der auf das Geschäft verwendeten Zeit erhoben werden.

10. Nach Verhältniss der auf das Geschäft verwendeten Zeit werden vergütet: Verträge über Alimentation ausserehelicher Kinder mit oder ohne Anerkennung der Vaterschaft; Vergleiche, welche weder das Anerkenntniss einer bestimmten Schuldsumme, noch eine Eigenthumsübertragung enthalten; Inventuren und Schätzungen; Liquidationen und Berechnungen; Aufnahme von Zeugenaussagen und Gutachten Sachverständiger; Versteigerungen von Mobilien; Urkunden über Besitzergreifung, Uebergabe oder Vorzeigung von Liegenschaften oder Mobilien; Anbieten der Erfüllung einer Ver-

bindlichkeit oder der Annahme einer Leistung, über Geldvorzählung und dergleichen Thatsachen; Vollmachten, deren Aufnahme mehr als eine Stunde in Anspruch nimmt; die Beurkundung von Kündigungen, Protestationen, Reservationen, Mahnungen und dergleichen zur Mittheilung an Dritte bestimmte Erklärungen; Quittungen, Verzichte, Erklärungen und Verträge über Erlassung oder Stundung einer Schuld, wenn diese mehr als 200 ℳ beträgt; Erklärungen über Annahme oder Widerruf von Schenkungen; Erklärungen in Hypothekensachen als: Hypothekenbestellungen, Erklärungen über Zustimmung zu Vormerkungen und Löschungen von Hypotheken oder Dispositionsbeschränkungen, zur Vinculirung einer im Hypothekenbuche eingetragenen Forderung, über Einräumung der Priorität u. dgl, wenn die Forderung den Betrag von 200 ℳ übersteigt: Erklärungen in Verlassenschaftssachen, z. B. über Erbschaftsantritt, Testamentsanerkennung; Erklärungen über Zustimmung zu einem bereits abgeschlossenen Rechtsgeschäfte, zur Verehelichung von Kindern und Pflegebefohlenen, über Zusicherung einer Aussteuer und andere derartige einseitige Erklärungen; die Beurkundung der Hinterlegung von Urkunden zum Zwecke der Aufbewahrung, sowie die Beurkundung der Zurückgabe solcher Urkunden; die Hinterlegung einer gerichtlichen oder in siegelmässiger Form errichteten Urkunde gemäss Art. 152 des Notariatsgesetzes; die Hinterlegung einer Privaturkunde gemäss Art. 22 des Notariatsgesetzes, insoweit nicht Ziff. 19 der gegenwärtigen Verordnung zur Anwendung kommt; die Uebergabe einer bei dem Notare verschlossen hinterlegten letztwilligen Verfügung bei dem Verlassenschaftsgerichte (Art. 28 des Notariatsgesetzes); Geschäfte, welche zwar begonnen worden, jedoch ohne Verschulden des Notars nicht zum Abschlusse gekommen sind; alle Handlungen des Notars, für welche in der gegenwärtigen Verordnung eine andere Gebührenbestimmung nicht enthalten ist, vorbehaltlich der Bestimmungen in Ziffer 18 der gegenwärtigen Verordnung.

11 Das Zeithonorar beträgt für 1 Stunde 2 ℳ; jede angefangene Stunde wird der vollendeten gleichgeachtet.

## Ausfertigungsgebühren.

12. Für eine Urschrift einer Notariatsurkunde kann eine Schreibgebühr nicht in Anspruch genommen werden.

Für das erste Blatt der Ausfertigungen und Auszüge (Art. 89 des Notariatsgesetzes) beträgt die Schreibgebühr 90 ₰. und für jede folgende Seite 20 ₰.

Jede angefangene Seite wird für voll gerechnet.

## Entfernungs- und Reisegebühren.

13. Wird ein Geschäft, welches nicht schon vermöge seiner Natur auswärts vorgenommen werden muss (wie die Aufnahme eines Inventars, eines Wechselprotestes oder dergl.) von dem Notar aus Veranlassung des Betheiligten ausserhalb seines Geschäftslokales vorgenommen, so hat er, insoferne nicht gemäss 14 Reisegebühren in Ansatz gebracht werden können, Anspruch auf eine Entfernungsgebühr, welche in Städten mit einer Bevölkerung von mehr als 10,000 Seelen 3 ℳ, für andere Notariatssitze 2 ℳ beträgt.

Hat der Notar in einem solchen Falle das Geschäft nach 7 Uhr Abends oder vor 7 Uhr Morgens vorgenommen, so beträgt die Entfernungsgebühr in den bezeichneten grösseren Städten 6 ℳ, für andere Notariatssitze 4 ℳ

14. Wenn der Notar ausserhalb seines Wohnortes an einem von diesem über 2 Kilometer entfernten Orte ein Geschäft vornimmt, so hat er Anspruch auf Reisegebühren.

Die Reisegebühren bestehen 1) in einem Taggelde, 2) in der Vergütung der Auslagen für das Gefährt.

Das Taggeld beträgt a) für den ganzen Tag 11 *M*, b) für den halben Tag 5 *M* 50 *ℌ*.

Das halbe Taggeld ist dann in Ansatz zu bringen, wenn der Notar entweder erst nach der Mittagszeit seinen Wohnort verlassen hat, oder bis zur Mittagszeit wieder nach Hause zurückgekehrt ist. Bleibt er jedoch über sieben Stunden aus, so können 7 *M* in Anrechnung gebracht werden.

Dauert die Reise nur Einen Tag und die Abwesenheit des Notars von seinem Wohnorte mehr als 14 Stunden, so beträgt das Taggeld 14 *M*

Für das Gefährt wird der ortsübliche Lohn für ein Lohnkutscherfuhrwerk oder, wenn die Eisenbahn benützt werden kann, die Fahrtaxe der II. Classe nebst den festgesetzten oder üblichen Gebühren für die Beförderung zu und von der Eisenbahn, dann für das Fortschaffen des Gepäckes vergütet

Hat der Notar das Geschäft aus Veranlassung des Betheiligten nach 7 Uhr Abends oder vor 7 Uhr Morgens vorgenommen, so kann er ausser den Reisegebühren eine weitere Gebühr von 5 *M* 50 *ℌ*. in Anspruch nehmen.

## Gebühren für die zweiten Notare, für die Notariatszeugen und Ausrufer.

15. Ein gemäss Art. 55 des Notariatsgesetzes zur Aufnahme einer Notariatsurkunde beigezogener zweiter Notar hat eine Gebühr von 2 *M* anzusprechen, soferne nicht der für ihn verursachte Zeitaufwand mehr als 1 Stunde beträgt. Ist letzteres der Fall, so erhöhen sich seine Gebühren für jede weitere angefangene Stunde um 2 *M*

16 Werden die Instrumentszeugen auf Verlangen der Betheiligten vom Notar berufen, so kann derselbe, wenn die Anwesenheit der Zeugen nicht länger als 1 Stunde währt, für jeden derselben eine Gebühr von 60 *ℌ*. verrechnen. Währt die Anwesenheit der Zeugen bei Aufnahme einer Urkunde länger als eine Stunde, jedoch nicht länger als 4 Stunden, so kann für jeden derselben eine Gebühr von 1 *M*, bei einem längeren Zeitaufwande von 2 *M* in Ansatz gebracht werden.

Müssen sich die vom Notar berufenen Zeugen über 2 Kilometer von ihrem Wohnorte entfernen, um dem Geschäfte beizuwohnen, so können für die Zeugen überdiess Reisegebühren verrechnet werden, welche für je 2 Kilometer der Entfernung ihres Wohnsitzes vom Orte der Verhandlung — die Hin- und Herreise zusammengenommen — 60 *ℌ*. betragen.

## Allgemeine Bestimmungen.

17. Enthält eine und dieselbe Urkunde mehrere Rechtsgeschäfte, so kann von dem Notar nur das verordnungsmässige Honorar für eines derselben in Ansatz gebracht werden. Die Wahl des in Ansatz zu bringenden Honorars steht dem Notar zu.

18. Für die Einsicht des Hypothekenbuches zum Zwecke einer vom Notar zu errichtenden Urkunde, dann für Briefe, welche der

Notar zu diesem Zwecke an die Betheiligten oder an Dritte zu schreiben hat, kann, wenn das Geschäft zu den 1—9 aufgezählten gehört, eine besondere Gebühr nicht in Anspruch genommen werden.

Gehört das Geschäft aber zu den in 10 aufgezählten, oder wird für eines der im vorigen Absatze genannten Geschäfte die Zeittaxe erhoben (20), so kann die auf solche Vorbereitungshandlungen verwendete Zeit in Anschlag gebracht werden.

In jedem Falle kann der Notar, wenn er auf Verlangen der Betheiligten zum Zwecke der Einsicht des Hypothekenbuches eine Reise unternimmt, nach 14 Reisegebühren in Anspruch nehmen.

19. Wird die über ein Rechtsgeschäft errichtete Privaturkunde gemäss Art. 22 des Notariatsgesetzes bei einem Notar hinterlegt, so ist hiefür, wenn dieses Rechtsgeschäft zu den in 1—5 aufgezählten gehört, dasselbe Honorar zu entrichten, welches für die Aufnahme der Urkunde durch den Notar selbst zu entrichten gewesen wäre.

20. Für alle in 1—6 aufgezählten Notariatsakte kann der Notar nach seiner Wahl statt der verordnungsmässig festgesetzten verhältnissmässigen, oder nach einem höchsten und niedrigsten Masse bestimmten Gebühren das Zeithonorar in Anspruch nehmen. Bei jenen in 1 und 2 aufgeführten Geschäften, für welche das Honorar weniger als 2 ℳ beträgt, findet vorstehende Bestimmung keine Anwendung.

---

## Beilage XVI.

# Stempelnormen.

(Bearbeitet von Carl Reber, rechnungsführender Sekretär am kgl. Bezirksgerichte München l. I.)

Gesetz vom 18. Dezember 1812 (Regbl. 1813 S. 65—92.)
„ 11. September 1825 (Gesbl. 1825 S. 175—190.
Allgem. Vollzugsbestimmungen zu den gesetzlichen Bestimmungen über das Stempelwesen (Döll. Bd. XIX. S. 194 etc.)
Allerhöchste Verordnung vom 28. Mai 1862 u. Vollzugsvorschriften hiezu v. 2. Juni 1862 (Regbl. 1862 S. 1173—1180 Kr.A Bl. 1862) *
Gesetz v. 21. Juni 1870 (Just.M.Bl. 1870 S. 361—368.)
Vollzugsvorschriften v. 27. Juni 1870 (Just.Min.Bl. 1870 S. 369—379.)
Gesetz v. 29. Dezember 1873 (Gesbl. 1873 S. 49—52.)
Gesetz v. 8. November 1875 (G.u Vbl. 1875 S. 655—664.)
Vollzugsvorschriften hiezu v. 26. Dez. 1875 (Just M.Bl. 369—371.)
Bekanntmachungen »das Papierformat und die Verwendung von Stempelmarken betr.« v. 11. u 24. Dez. 1875 (J.M.Bl. S. 331 bis 340 S. 352—354.) (Letztere Bekanntmachung betrifft die Anwaltsakte.)

## A. Gradationsstempel.

Dem Gradationsstempel unterliegen alle Urkunden, Instrumente und Schriften, welche auf eine bestimmte Summe Geldes lauten, in folgender Steigung:

* In § 26 dieser Vorschriften ist das Verfahren bei Taxreclamationen vorgezeichnet.

| | | | | | | | | | |
|---|---|---|---|---|---|---|---|---|---|
| von | 1 | bis | 4 | ℳ 99 ₰ | einschlüssig | — | ℳ | — | ₰. |
| „ | 5 | „ | 49 | „ | „ | — | „ | 10 | „ |
| „ | 50 | „ | 199 | „ | „ | — | „ | 20 | „ |
| „ | 200 | „ | 499 | „ | „ | — | „ | 50 | „ |
| „ | 500 | „ | 999 | „ | „ | 1 | „ | — | „ |
| „ | 1000 | „ | 1999 | „ | „ | 2 | „ | — | „ |
| „ | 2000 | „ | 2999 | „ | „ | 4 | „ | — | „ |

und so fort von jedem Tausend Mark der Gegenstandssumme 2 ℳ mehr. Der Stempelbetrag ergibt sich demnach durch Multiplikation der Tausenderstelle mit 2 ohne Berücksichtigung aller Nebenziffer, z. B. für 3979 ℳ beträgt der Stempel 3 Tausend mal 2 = 6 ℳ, für 30998 ℳ — 30 Tausend mal 2 = 60 ℳ

**Gradationsstempelpflichtig sind:**

1. Alle Rechnungen, Conti, Quittungen, überhaupt alle Geld betreffenden Verzeichnisse, Buchsauszüge, welche bei Amt oder Gericht (Gerichtsschreibereien) übergeben werden, letztere, wenn sie auch nicht beglaubigt und nur die übersichtlichen Zusammenstellungen von Klagsasserten sind, materiell auch keine Bedeutung insbesondere keine Beweiskraft haben.

2. Alle Verträge (notarielle, gerichtliche oder Privatverträge) über bewegliche und unbewegliche Sachen, in denen eine besimmte Summe Geldes oder ein bestimmter Geldwerth vorkommt. (Bei Verträgen mit jährlich wiederkehrenden Leistungen, wie z. B. Pacht-, Mieth- und Abnährungsverträgen ist die jährlich bedungene Leistung ohne Rücksicht auf die paktirte Zeitdauer der Stempelberechnung zu Grunde zu legen.) Von der Gradationsstempelpflicht sind Verträge über Alimentation unehelicher minderjähriger Kinder u. Hypothek-Cessionen ausgenommen, welche nur dem Klassenstempel von 50 ₰. unterliegen. Hier muss hervorgehoben werden, dass nicht nur amtliche und gerichtliche Beurkundungen, sondern auch alle Privaturkunden, welche auf eine bestimmte Summe lauten, wie Schuldscheine, Verträge aller Art und ebenso auch alle derartigen Urkunden des Auslandes dem Gradationsstempel unterliegen. Mit F.M.E. v. 27. Aug. 1866 (Just.M.Bl. 1866 S. 278) ist ausgesprochen, dass Privaturkunden des Inlandes gleich bei der Aufnahme stempelpflichtig sind und nicht erst mit der Produktion bei einer Behörde stempelpflichtig werden, dagegen wird die Stempelpflicht für ausländische (nichtbayerische) Urkunden erst durch die Vorzeigung oder Einreichung bei einer bayer. Behörde begründet.

3. Die Beweis- und Definitiv-Urtheile im Civilprozesse, soferne der Streitgegenstand in einer bestimmten Geldsumme besteht und soweit diese Summen Gegenstand der jeweiligen Entscheidung sind, und zwar jedes Mal so oft in irgend einem Rechtszuge ein Urtheil gefällt wird. Desgleichen unterliegen alle Vergleiche dem Gradationsstempel aus der Vergleichssumme.

4. Alle notariell und privatim errichteten Inventare oder Vermögensbeschreibungen ohne Unterschied und zwar aus dem reinen Vermögensstande.

5. Alle letztwilligen Verfügungen (Testamente, Codizille etc.) Die Stempelanwendung findet erst nach dem Tode des Disponenten statt.

6. Vormundschaftsrechnungen und zwar nur die Final- oder Auslieferungsrechnungen. Gründet sich eine solche Rechnung auf ein mit dem Gradationsstempel versehenes Inventar, so unterliegt sie nur, wie die Interimsrechnungen, dem Klassenstempel von 20 ₰. für jeden Bogen. Als integrirende Bestandtheile der Rechnung selbst unterliegen die Beilagen und Belege für jeden Bogen dem

Klassenstempel von 20 ₰, ohne Rücksicht, ob über eine grössere oder geringere Summe quittirt wird, oder ob mehrere Quittungen auf einem Bogen enthalten sind oder nicht. Auch die dem Gantkommissär vorgelegten Masseverwaltungsrechnungen in Ganten unterliegen dem Gradationsstempel aus der Brutto-Einnahme, die Belege hiezu sind aber dann nur mehr mit dem Klassenstempel zu 20 ₰. zu belegen.

7. Die Versteigerungsverhandlungen der Massecuratoren in Ganten, dann die notariellen Versteigerungs-Protokolle sowohl in Verlassenschaften als auch im Subhastationsverfahren und in Ganten.

8. Die Massevertheilungspläne in Ganten und im Vertheilungsverfahren aus der zur Vertheilung gelangenden Masse, ferner die gerichtlichen und die dem Gerichte in Vorlage gebrachten aussergerichtlichen Accorde (Vereinigungsverträge) zur Beendigung einer Gant aus der Grösse der zu zahlenden Gesammtsumme — ohne Einrechnung der Nachlässe.

Enthält von den sub Nr. 1 bis 8 aufgeführten Schriftstücken eines mehr als einen Bogen, so ist für jeden weiteren Bogen eine Stempelgebühr von 20 ₰. zu entrichten.

Werden von den aufgeführten Urkunden und Schriften mehrere Original-Exemplare für die betreffenden Parteien ausgefertiget, so unterliegt jedes Exemplar besonders ein und derselben Gradations-Stempeltaxe.

## B. Klassenstempel.

Dem Klassenstempel, welcher sich nach der Verschiedenheit des Inhalts oder der Bestimmung und Eigenschaft der zu stempelnden Schriften richtet, unterliegen und zwar

1. dem zu 20 ₰.

a) alle Schriften, welche bei irgend einer mittel- oder unmittelbaren administrativen*) oder Justizbehörde eingereicht oder gebraucht werden, nebst den dazu gehörigen Beilagen, soferne sie nicht entweder gesetzlich stempelfrei oder auf Grund einer gesetzlichen Bestimmung einem Gradations- oder höheren Klassenstempel unterworfen sind.

Mit F.-M.-E. v. 16. Febr. 1876 wurden beispielsweise nachbezeichnete Eingaben mit diesem Stempel als pflichtig erklärt:

1) Begnadigungsgesuche in Verbrechens-, Vergehens- und Uebertretungssachen oder Gesuche um Wiedereinsetzung in die bürgerlichen oder politischen Rechte;
2) Beschwerden gegen Unterbehörden der Justiz oder Verwaltung wegen Geschäftsverzögerung, Justizverweigerung oder aus anderen Gründen;
3) Nachlassgesuche, welche nicht unmittelbar bei der betreffenden Unterbehörde angebracht werden, dessgleichen Stundungs- und Fristengesuche aller Art, sowohl bezüglich der direkten und indirekten Staatsabgaben, der Untersuchungs- und Strafvollzugskosten, als auch bezüglich der Kaufschillingsfristen, Holzgelder und anderer Zahlungen;
4) Eingaben in Personalsachen der Beamten, Funktionäre, Staatsdienst-Adspiranten und des Subalternpersonales, z. B. Gesuche um Aufnahme in Praxis, um Verleihung eines Accesses, einer Funktion oder eines Gehaltes, einer Gehaltserhöhung, Remuneration oder Gratifikation, eines Ranges, Titels, Ordens

*) auch Gemeindebehörden, öffentliche Stiftungen u. dergl.

oder pragmatischer Rechte, Gesuche um Anstellung, Beförderung, Versetzung, Quiescenz, Verehelichungsbewilligung, Urlaub, sowie um Anweisung von Umzugsgebühren, Pensionen, Pensionszulagen, Sustentationen, Unterhaltsbeiträgen oder ständiger Unterstützungen;

5) Eingaben der k. Advokaten und Notare in Personalsachen;

6) Gesuche um Erziehungsbeiträge, Stipendien oder Präbenden;

7) Angebote aller Art, z. B. bezüglich eines Kaufes, Tausches oder Verkaufes unbeweglicher oder beweglicher Gegenstände, eines Pachtes, einer Miethe;

8) Anerbietungen von Dienstleistungen oder Lieferungen durch Unternehmer, Akkordanten, Fabrikanten, Lieferanten, Kaufleute, Gewerbtreibende und andere Personen, dessgleichen deren Gesuche um Erhöhung der Akkordsumme, Entbindung von Verträgen, Freigabe der Caution vor Ablauf der Haftzeit;

9) alle auf Herstellung von Eisenbahnen bezüglichen Eingaben und Gesuche;

10) Gesuche um Erhöhung tarifirter Gebühren oder Löhne, z. B. der Gefängnisswärter oder Arbeiter;

11) Gesuche um Ertheilung polizeilicher Genehmigungen, z. B. zu einer öffentlichen Verloosung oder Aufstellung einer Glücksbude, zur Verlängerung der Polizeistunde, zu einem Leichentransporte;

12) Gesuche um Verleihung oder Verlängerung von Erfindungspatenten;

13) Gesuche, welche die Auszahlung verjährter Coupons von Staatsschuldobligationen oder bei Verlust der letzteren, die Kapitalszahlung bezwecken;

14) Schriftliche Anträge um gerichtliche oder amtliche Beglaubigung von Schriftstücken;

15) Gesuche der Militärbewerber und anderer Personen um Anstellung im Civildienste, mit Ausnahme der Gesuche der Militärbewerber um Vormerkung;

16) Gesuche der Angehörigen von Militärpflichtigen um Zurückstellung oder Befreiung vom Militärdienste, um Beurlaubung oder Entlassung im Heere dienender Mannschaften;

17) Gesuche um Darlehen aus Militärfonds oder aus Stiftungsadministrationsfonds;

18) Eingaben und Gesuche der Versicherungsanstalten, sowie deren Anzeigen an die Distriktsverwaltungsbehörden über Aenderungen in der Person der Agenten und Generalagenten, mit Ausnahme der Brandversicherungsanstalt für Gebäude und der Hagelversicherungsvereine;

b) alle Protokolle * (Beurkundungen, Zeugenvernehmungen), Schreiben (Requisitionen), Berichte, Entschliessungen, Verfügungen und Ordonnanzen, überhaupt alle Einträge in den Urtheilsbüchern mit Ausnahme der Urtheile (That- und Rechtsentscheidungen) der Gerichte, Gerichtsvorstände, der Senatsvorstände, der beauftragten Richter und Commissäre sowie der Gerichtsschreiber im Civilprozesse und in Ganten;

c) alle Protokolle und Verfügungen der Hypothekenämter, dann die protokollarischen Anmeldungen zum Firmen- und Handelsregister und Verfügungen bei den Handelsgerichten;

* wenn sie nicht ein unter den gradationsstempelpflichtigen Schriftstücken aufgeführtes oder einem höheren Klassenstempel unterworfenes Rechtsgeschäft zum Gegenstande haben, wie Vergleiche, Accorde in Ganten, Vollmachten etc.

d) alle Verfügungen und Ausfertigungen der Gerichte in der freiwilligen Gerichtsbarkeit, wie in Verlassenschafts- und Pflegschaftssachen;
e) die Bescheide und Erlasse der Verwaltungsbehörden in Privatsachen;
f) die Interims- d. i. Jahres-Rechnungen in Vormundschaftssachen einschliesslich der Belege;
g) die Recepisse über amtliche oder gerichtliche Insinuationen;
h) Vermögensaufstellungen der Gantirer und die Inventare der Massecuratoren in Ganten, wenn sie nicht einen Activrest ausweisen;
i) die Gerichtsvollzieherakte bei Zustellungen von Anwalt zu Anwalt und die Abschriften hievon, dann die Einlagebogen der Gerichtsvollzieherakte und die Abschriften hievon und von anderen Schriftstücken, wenn die Streitsumme über 257 ℳ 14 ₰ beträgt;
k) die Einlagebogen der Anwaltsakte und die denselben beiliegenden Abschriften von Urkunden;
l) die Arbeits- und Dienstbotenbücher, dann die Privatzeugnisse d. h. alle aussergerichtlichen oder von keinem öffentlichen Amte oder von einem Notar ausgefertigten Zeugnisse;

Die unter der Stempelrubrik zu 20 ₰ aufgeführten Schriftstücke, Protokolle, Entscheidungen, Erlasse etc. unterliegen, wenn sie Rechtsgeschäfte oder Verfügungen enthalten, welche gesetzlich dem Gradations- oder einem höheren Klassenstempel unterworfen sind, selbstverständlich dem hiefür besonders normirten Stempel, wie z. B. Anwaltsakte, protokollarische Vollmachten, Strafbeschlüsse, Zeugnisse etc.;

2. **dem Klassenstempel zu 50 ₰ unterliegen:**

a) alle amtlichen, notariellen oder gerichtlichen Zeugnisse, Atteste, Bescheinigungen, Bestätigungen, insbesondere Lebenszeugnisse, Heimathscheine, Vermögenszeugnisse, Zeugnisse der amtlichen Aerzte, insbesondere zum Zwecke von Urlaubsgesuchen, Zeugnisse über vollendete Vorbereitungs-Praxis der Rechtscandidaten,* Verehelichungszeugnisse der Distriktsverwaltungsbehörden, Zeugnisse der Pfarrämter, wenn sie als Civilstandsakte erscheinen, Präsentationsurkunden für Schuldienststellen, Erbschaftszeugnisse, Besitzveränderungsatteste (Art. 42 d. Tax-Ges. v. J. 1852), hypothekenamtliche Rekognitionsscheine, Ermächtigungsdekrete der Gerichte für Vormünder und Masseverwalter in Ganten, Auszüge aus den Handelsregistern, Zeugnisse der Gerichtsschreibereien und Gantkommissäre nach Art. 828, 1078 und 1318 der Civil-Prozess-Ordnung;
b) Notariats-Urkunden und Ausfertigungen von Urtheilen und sonstigen Entscheidungen der Collegialgerichte (Art. 289 der Civ.-Proz.-Ordn.), erstere insoferne sie nicht als selbstständige Verhandlungen zu andern Stempel-Rubriken geeignet sind, ferner alle amtlich oder gerichtlich beglaubigten Abschriften;
c) Verträge über Alimentation unehelicher minderjähriger Kinder einschlüssig des Vaterschafts-Bekenntnisses und der Vereinbarung wegen Entschädigung der Kindsmutter;
d) Hypothek-Cessionen;
e) Gerichtliche Bekanntmachungen in Civilrechtssachen an's Ge-

---

* Sind nun auch taxpflichtig erklärt. J.M.Bl. 1876 S. 282.

richtsbrett und amtliche und gerichtliche Bekanntmachungen in den öffentlichen Zeitungen;

f) Bei- und Hauptbescheide (Urtheile), welche keine bestimmte Summe Geldes betreffen, und solche Urtheile, in welchen über eine Klage oder über ein Rechtsmittel aus blos formellen Gründen entschieden wird; ferner alle gerichtlichen zum Abschluss gekommenen Vergleiche, wenn sie keine bestimmte Geldsumme betreffen;

g) die Polizeistrafbeschlüsse, Strafmandate, Erkenntnisse in Beleidigungssachen, welche in erster Instanz von den Einzelngerichten abgeurtheilt werden, insoferne eine rechtskräftige Verurtheilung vorliegt;

h) die Akte der Advokaten, deren Anträge, Erklärungen, Zugeständnisse, Denkschriften, Anschlagzettel im Subhastationsverfahren, Kostenverzeichnisse und sonstige Schriftsätze für den ersten Bogen des Originals; (die Einlagebogen sowie die Abschriften unterliegen nur dem 20-₰.-Stempel; durch Special-Rescript wurden die Anmeldungen von Forderungen zu Ganten der Anwälte mit dem 50 ₰.-Stempel pflichtig erklärt);

i) die Gerichtsvollzieherakte, in welchen die Streitsgegenstandssumme in der Hauptsache nicht über 257 ℳ 14 ₰. beträgt, für den ersten Bogen des Originals. Die Abschriften sind in diesen Fällen stempelfrei.

3. **dem Klassenstempel zu 1 ℳ unterliegen:**

a) alle Vollmachten, Privat-, notarielle oder gerichtliche, ausländische wie inländische, sowie die Substitutorien.

Die bei Gericht beurkundete Vollmacht eröffnet eine eigene Stempelgebühr, wenn sie selbstständig und nicht gelegentlich einer andern Verhandlung aufgenommen wurde. Wird eine Vollmacht von mehreren Vollmachtgebern, welche ein gemeinschaftliches Interesse haben, in Einer Urkunde gleichzeitig ertheilt, so ist die Stempelgebühr nur einmal geschuldet. Wird die Unterschrift des Vollmachtgebers notariell beglaubigt, so ist, wenn die Vollmacht bereits mit dem Stempel zu 1 ℳ versehen ist, die Beglaubigungsstempelgebühr mit 50 ₰. nicht mehr zu verrechnen.

b) Die von den Gerichtsvollziehern aufgenommenen Wechsel-Proteste und alle Gerichtsvollzieherakte, in welchen die Streitsgegenstandssumme in der Hauptsache über 257 ℳ 14 ₰. beträgt. Die Abschriften dieser Akte und anderer Schriftstücke sind mit 20 ₰. stempelpflichtig, ebenso die Akte bei Zustellungen von Anwalt zu Anwalt.

## C. Stempelfreiheit.

Eine Ausnahme von der allgemeinen Stempelpflicht ist nur dann zulässig, wenn durch Gesetz oder Verordnung die Stempelbefreiung ausdrücklich gewährt ist. Im Allgemeinen gehen Tax- und Stempelfreiheit so ziemlich Hand in Hand, weshalb die als stempelfrei bezeichneten Gegenstände in der Regel auch taxfrei zu behandeln sind. Wo nicht auch die Taxfreiheit eintritt, ist es bei den nachstehend aufgeführten Gegenständen bemerkt.

**Die Stempelfreiheit ist ausgesprochen durch bayr. Gesetze und Verordnungen:**

1. In Officialsachen, d. h. solche Angelegenheiten der Justiz und der Verwaltung, welche nicht das Interesse einer Partei oder

einzelner Personen betreffen, und welche lediglich die formelle Handhabung und Controlle des innern Diestes bei den Behörden betreffen. (St.Ges. v. 18. Dez. 1812 Abschn. IV. lit. a.)

Als stempelfreie Officialsachen wurden durch specielle Vorschriften bezeichnet:

a) alle amtlichen Handlungen aus dem Standpunkte der Gemeinde- und Stiftungscuratel;
b) die Verhandlungen über Errichtung und Heimzahlung von Amtsbürgschaften;
c) Baupolizeisachen mit Ausnahme der Beschwerdeschriften (siehe übrigens Bekanntmachung v. 9. Juli 1876 F.M.Bl. S. 155);
d) Depositensachen und zwar: Anmeldeprotokolle, Quittungen, Annahms- und Ausgabsmandate, Depositenscheine;
e) Disciplinarsachen der Beamten, Advokaten, Notare und Gerichtsvollzieher. Auf Deservitenabstriche der Advokaten findet die Gebührenfreiheit keine Anwendung.
f) Monitorien der Behörden an Behörden. Den Betriebsgesuchen der Partheien und Advokaten wurde die Stempelfreiheit nicht zugestanden. (E. d. k. Bez G. München l. I. v. 7. Juni 1876.)
g) Kassenzeugnisse, welche lediglich zur Sicherung der k. Kassen dienen. Bei Pensionsregulirungen die Tauf- und Todesscheine, welche ausdrücklich zum Zweck der Regulirung und Erhebung der Pensionen ausgestellt werden.
h) Ortsentfernungszeugnisse behufs Festsetzung der Umzugsgebühren der Beamten.
i) Die Quittungen über Diäten, Zeugen-, Schätz-, Inserations- und andere Gebühren in Partheisachen, da die amtliche Vermittlung nur der Ordnung wegen eintritt. (H E. v. 8. Nov. 1836. Döll XIX. S. 363.)
k) Die Leumundszeugnisse der Gemeindebehörden.
l) Heirathsbewilligungen und Urlaubsgesuche von Staatsdienern, dann Uebernahme von Vormundschaften, die Instruktion dieser Gesuche, nicht aber die Eingaben nebst Beilagen der Gesuchsteller und die abweisenden oder stattgebenden Bescheide.

2. Für Staatsobligationen, dann für die Verhandlungen über die Cessionen, insoweit sie zur Sicherheit der Kassen dienen. (St.Ges. v. 18. Dez. 1812 Abschn. IV lit. b).

3. Für die Ratenquittungen über Gehaltsbezüge, Pensionen und Unterhaltsbeiträge, deren Jahresbetrag die Summe von 500 ℳ nicht erreicht. Die Hauptquittung unterliegt jedoch dem treffenden Gradationsstempel aus dem Jahresbetrage. (Ges. v. 8. Nov 1875 Art. 14 lit c)

4. Für die Gage und Empfangsscheine der in der Linie stehenden Militär-Personen; alle übrigen aber sind mit ihren Empfangsscheinen dem allgemeinen Stempel unterworfen. (St.O. v. 8. Dez 1812 Abschn. IV lit. d

5. Für die Nachlass-, Moderations- und Freijahrsgesuche der Unterthanen, überhaupt für sämmtliche Verhandlungen über Steuernachlässe (St O. v. 8. Dez. 1812 Abschn IV lit. e)

6. Für alle Ausfertigungen und Verhandlungen in Brandversicherungssachen. (St.Ges. v. 18. Dez. 1812 Abschn. IV lit f. und Ges. v. 3. April 1875 Art. 92.)

7. Für die Tag- und Wochenlohns- oder Schichtenzettel der Taglöhner und Arbeitsleute. (St.O. v. 8. Dez. 1812 Absch. IV. lit. g.)

8. In Armensachen sowohl für die streitige als freiwillige Gerichtsbarkeit und in Administrativsachen. (St.Ges. v. 18. Dez 1812 IV. Abschn. lit. h.)

Bezüglich der streitigen Rechtssachen siehe Allerh. Verordn. vom 12 Juni 1870 (Just.-Min.-Bl. S. 197 ff.) und Bekanntmachung vom 22. Juni 1870 (J.M.Bl S. 311 ff.), bezüglich der freiwilligen Gerichtsbarkeit und bezüglich der Gegenstände der Verwaltung siehe oberstrichterliches Erkenntniss vom 18 Jan. 1853 (Reg.-Bl. S. 138 ff.). Fin.-Min.-Entschl. v. 1. Juli 1865 (J.M.Bl. S. 101 u. § 6 der Bekanntmachung vom 16. Febr. 1876 (J.M.Bl. S. 137).

Für alle auf die öffentliche Armenpflege bezüglichen Angelegenheiten. (Ges. v. 29. April 1869 Art. 8.)

9 Für die Einschreib- und Quittir Büchlein, ebenso die einzelnen Quittungen über bezahlte Staatsabgaben (Steuern, Taxen etc.) (St.Ges. v. 11. Sept 1825 Ziff. II 2.)

10. Für die sämmtlichen Schul- und Studienzeugnisse (F.M.E. v. 26. Juni 1876 F.M.Bl. S. 134).

11. Für die strafrechtlichen Untersuchungen aller Art, welche in erster Instanz zu den Bezirksgerichten competiren, auch wenn der Angeschuldigte die Kosten zu tragen hat, dann für alle Gerichtsvollzieherakte in Strafsachen. Auch besteht bei den bedeutendsten Gerichten die Praxis, dass alle Anzeigen und sonstigen Schriftstücke von Privaten, Angeschuldigten und Vertretern, welche bei der k. Staatsanwaltschaft, Untersuchungsrichtern und Gerichten eingereicht werden und welche zur Erhebung des Thatbestandes dienen, stempelfrei zugelassen werden, auch Vollmachten der Parteivertreter nicht ausgenommen. Für den Fall der Verurtheilung des zahlungsfähigen Angeschuldigten sind jedoch die Verhandlungen taxpflichtig.

12. Für die Protokollar-Verhandlungen in Polizeiuntersuchungen, Beleidigungssachen, welche in erster Instanz zu den Einzelngerichten competiren, in Verlassenschaften und Pflegschaften. Diese Verhandlungen sind aber nicht taxfrei.

13. Für die Bescheinigungen, Quittungen, Rechnungen, Conti und Verzeichnisse über einen Betrag unter fünf Mark. (Ges. vom 8. Nov. 1875 Art. 14 a.)

14. Für die Doppelschriften der Eingaben und ihrer Beilagen. (Ges. v. 8. Nov. 1875 Art. 14 b.)

15. Für das Verfahren zweiter Instanz im Gebiete der nichtstreitigen Rechtspflege oder der Verwaltung auf Beschwerden, wenn ohne vorgängiges contradictorisches Verfahren vollständig zu Gunsten des Beschwerdeführers erkannt wird. (Ges. v. 8. Nov. 1875 Art. 15.)

16. Competenzconflikte für das gesammte Verfahren. (Ges. v. 28. Mai 1850 Art. 24 Ges.-Bl. S. 172.)

17. Für das Administrativ-Verfahren und das gerichtliche in erster Instanz bei Zwangsabtretungen. (Ges v. 17. Nov. 1837 Art. 21.)

18. Für die Grundsteuerkataster-Auszüge. (Ges. v. 15 August 1828 § 70 und 78.)

19. Für alle Anzeigen und die dessfalls zu gebenden Erlasse der Behörden auf Grund des Vereinsgesetzes. (Ges. v. 26. Febr. 1850 Art 29)

20. Für die Schutzgewehrscheine. (Ges. v. 30. März 1850 Art. 15 Abs. 2)

21. Für die von den Notaren erstatteten Berichte und geführten Correspondenzen, für Mittheilungsschreiben mit oder ohne Antragstellung, sowie für Gesuche um Vorladungen. (Notar.-Ges. v. 10. Nov. 1861 Art. 106 Ziff. 5.)

22. Für die Genossenschaftsregister bei den Handelsgerichten' die Einträge in dieselben, die Anmeldungen der bestellten Vorstände und Liquidatoren, die einzureichenden Mitgliederverzeichnisse und die zu erstattenden Anzeigen, sowie die stattfindenden

Beurkundungen, endlich die zum Zwecke der vorgeschriebenen Veröffentlichung zu fertigenden Auszüge. (Ges. v. 29. April 1869 Art. 69.)

23. Anerkannter Verein; für die Vormerkungen der Gerichte auf die eingereichten Statuten und Abänderung derselben, die Anmeldung der bestellten Vorstände und die hierdurch veranlassten Beschlüsse. (Ges. v. 29. April 1869 Art. 36.)

24. Für Fiskalsachen, sowohl für den allgemeinen Fiskus als Militärfiskus, Eisenbahn-, Post- und Kreis-Fiskus (VO. v. 17. Nov. 1816 u. 13. Jnni 1821.)

25. Für die Reklamationsverhandlungen der Grund- und Haussteuer, dann für die Tax- und Stempel-Reklamationen d. h. deren Verbescheidung in erster Instanz (Regierungsfinanzkammer). (Grund- u. Haussteuer-Ges. v. 15. Aug. 1828 § 110 resp. 32 F.M.E. v. 2. Juni 1862 § 26 Ziff. 6.)

26. Für die Verhandlungen über die Regulirung der Einkommen-, Kapitalrenten- und Gewerbsteuer. (Gesetze v. 31. Mai und 1. Juli 1856 Art. 37, 32 u. 61.)

27. Für die kurzen Vormerke im hypothekenamtlichen Tagebuche und für den Eintrag in das Hypothekenbuch, auf Grund einer notariell beurkundeten und taxirten Erklärung. (F.M.E. vom 26. Dezember 1875 § 7. J.M.Bl. 1875 S. 371.)

**Ausser den bereits aufgeführten Stempelbefreiungen für Armen- und Offizialsachen sind nach dem Civilprozesse vom 29. April 1869 folgende Gegenstände stempelfrei zu behandeln:**

28. Die Anträge, Verhandlungen und Verfügungen der Staatsanwaltschaft,

29. Die Verhandlungen über die Erlage von Kostenvorschüssen, die darüber zu ertheilenden Bescheinigungen und erfolgenden Abrechnungen.

30. Die Abschriften der Gerichtsvollzieherurkunden und anderer Schriftstücke, wenn der Streitgegenstand unter 257 ℳ 15 ₰. fällt, ferners die Vormerkungen der Gerichtsvollzieher nach Art. 286 der Civilprozessordnung.

31. Die Ausfertigungen gerichtlicher Entscheidungen bei den Einzelngerichten, jedoch sind sie taxpflichtig.

32. Die von dem Gerichtsschreiber auszustellende Bescheinigung auf eine Privaturkunde zum Zwecke der Feststellung ihres Datums, jedoch unterliegen sie einer Taxe von 1 ℳ 10 ₰.

33. Bei Festsetzung der Zuständigkeit, die hierauf bezüglichen Eingaben, Verhandlungen, Entscheidungen und Ausfertigungen. Art. 37 der C.P.O.

34. Bei Ablehnung von Richtern und Gerichtsschreibern, wenn dem Gesuche stattgegeben wird. Art. 50 u. 52 der C.P.O.

35. Die einfachen Abschriften der Protokolle über Beweisaufnahmen für die Anwälte und Partheien.

36. Die Auszüge der oberrichtlichen und oberstrichterlichen Urtheile, welche im Falle der Urtheilsabänderung den Untergerichten mitgetheilt werden müssen.

37. Die Empfangsscheine über die vor der Klagestellung gegen den k. Fiskus erforderlichen Gesuche an die nächst höhere Verwaltungsstelle um Abhilfe. Art. 176 der C.P.O.

38. Die Ausfertigungen der gemeindlichen Vermittlungsämter bei Rechtsstreitigkeiten unter Gemeindeeinwohnern. Gem.-Ordn. v. 29. April 1869, Art. 100 u. 144.

**Durch Reichsgesetze wurden Stempelbefreiungen ausgesprochen:**

1. Für Impfscheine und ärztliche Zeugnisse über Impfbefreiungen bei der erstmaligen Ausstellung. (R Ges. vom 8. April 1874 §§ 10 u. 11.)

2. Nach dem Gesetze: „Beurkundung des Personenstandes und die Eheschliessung."

Alle Einträge in die Register, sowie die Verhandlungen, Correspondenzen, Constatirungen und Bescheinigungen der Standesbeamten. (Es sind nur die Gebühren für die Gemeindekassen zu entrichten.) Ferners die Offizialanzeigen und Mittheilungen an die Standesbeamten bei Geburten und Sterbefällen. S. Bekanntm. vom 8. Mai 1876 JMbl. S. 214 ff.

3. Die Staatsaufnahmsurkunden für Deutsche. (R.Ges. v. 1. Juni 1870 § 24.)

4. Die Staatsentlassungsurkunden, soferne der Gesuchsteller sofort den Besitz der Staatsangehörigkeit in einem andern deutschen Bundesstaate darthut. (R.Ges v. 1. Juni 1870 § 24.)

5. Alle auf die Heeresergänzung bezüglichen amtlichen Verrichtungen und Verhandlungen mit Ausnahme der durch strafbare Handlungen bedingten. (R.Ges. v. 2. Mai 1874 § 35.)

6. Nach dem Gesetze: „Markenschutz"; ausser der zu entrichtenden Gebühr von 50 ℳ für die erste Eintragung eines Waarenzeichens weitere Eintragungen in das Zeichenregister, die Uebertragungen in ein anderes Zeichenregister, die Berichtigungen und Löschungen, sowie die Anmeldungen, welchen stattgegeben wird, und die Verfügungen einer Eintragung, Löschung oder Bekanntmachung. (A. V. v. 1. April 1875 J.Mbl. S. 93.)

7. Nach dem Gesetze: „Musterschutz"; alle Eingaben, Verhandlungen, Atteste, Beglaubigungen, Zeugnisse, Auszüge etc., welche die Eintragung in das Musterregister betreffen.

Die Gebühren, welche für die Eintragung und Niederlegung der Muster etc. entrichtet werden müssen, sind in § 12 des Gesetzes vom 11. Januar 1876 angegeben und sind als Stempeltaxen zu verrechnen. (J.Mbl. 1876 S. 153 ff.)

## D. Die Form der Stempelerhebung für die stempelpflichtigen Schriftstücke.

Die sämmtlichen Gerichte (Gerichtsschreibereien), die Notare, dann diejenigen Verwaltungsbehörden, welche ärarialische Taxen erheben und verbuchen, haben zu allen stempelpflichtigen Schriftstücken — Verhandlungen, Ausfertigungen, Abschriften, Auszügen und Beilagen die gesetzliche Stempelgebühr als Stempeltaxe zu erheben und gleich den übrigen Staatstaxen zu behandeln. Behörden und Aemter, welche keine Staatstaxen erheben und verbuchen, insbesondere die Gemeindebehörden, Schulbehörden, Pfarrämter und die amtlichen Aerzte, desgleichen Anwälte, Gerichtsvollzieher dann Private sind verpflichtet, zu allen stempelpflichtigen Schriftstücken Stempelmarken zu verwenden.

Zu diesem Zwecke gibt es Stempelmarken in Werthbeträgen:

| | | | |
|---|---|---|---|
| von | — ℳ | 10 | ₰. |
| „ | — „ | 20 | „ |
| „ | — „ | 50 | „ |
| „ | 1 „ | — | „ |
| „ | 2 „ | — | „ |
| „ | 4 „ | — | „ |
| „ | 10 „ | — | „ |

Die Marken müssen für sämmtliche Bogen **eines** Schriftstückes, insoferne es ein zusammenhängendes Ganzes bildet, zusammen auf der ersten Seite des ersten Bogens oben links ungefähr 3 Centimeter von dem linken Papierrande entfernt vor der Aushändigung beziehungsweise Einreichung oder Vorzeigung bei einer Behörde aufgeklebt werden, selbstverständlich wenn hiedurch nicht die Leserlichkeit einer Urkunde beeinträchtigt wird, in welchem Falle die Marken an einem anderen freien Platze anzubringen sind.

Sind zu einem Schriftstücke mehrere Stempelmarken nothwendig, so sind dieselben in einer Reihe neben einander bis zur Mitte der Seite (ungefähr 3 Marken neben einander) und erforderlichen Falles in weiteren Reihen darunter aufzukleben. Die verwendeten Stempelmarken müssen rein und ungebraucht und dürfen auch nicht beschädigt sein.

Die Behörden d. h. die gesetzlich zunächst zur Controle berufenen Beamten haben bei dem Einlauf oder der Uebergabe stempelpflichtiger Schriftstücke nach sorgfältiger Prüfung bezüglich der Stempelpflicht die verwendeten Marken zu kassiren:

a) bei allen Schriftstücken, welche bei einer Behörde präsentirt werden, durch Ueberschreiben jeder Stempelmarke mit dem Präsentatum, so dass der Einlaufstag zum Theil durch die Mitte der Marke und ein weiterer Theil auf das Schriftstück links und rechts von der Marke zu stehen kommt;

b) bei allen übrigen stempelpflichtigen Schriftstücken, welche mit einem Präsentatum nicht versehen werden, durch Aufdrückung des amtlichen Farbdrucksiegels, so dass wenigstens die Hälfte des Siegels auf jede Marke zu stehen kommt. Auch den Notaren und Gerichtsvollziehern obliegt dieselbe Behandlungsweise bezüglich der ihnen zu Handen kommenden stempelpflichtigen Schriftstücken.

Die Behörden und Aemter, welche ärarialische Taxen nicht verrechnen, dann die Gerichtsvollzieher haben vor Aushändigung ihrer eigenen gestempelten Ausfertigungen und Akte an die Betheiligten die Kassirung der Stempelmarken mittels Aufdrückens ihres Amtssiegels in der oben sub b beschriebenen Weise vorzunehmen.

Bezüglich der Kassirung der Stempelmarken zu den Schriftstücken der Advokaten wurden Vorschriften erlassen, welche die Kassirung von Stempelmarken zum Theil den Behörden zuweisen, für Anwaltsakte aber dem Anwalte auferlegten. Diese Ausscheidung ist aber eine zeitraubende und erfordert bei einer grossen Expedition eine dem Zwecke nicht entsprechende grosse Aufmerksamkeit. Desshalb wurde die Kassirung der Stempelmarke durch die Advokaten aller von ihnen gefertigten Schriften bei den bedeutendsten Gerichten unbeanstandet zugelassen und wurden auch die Finanzbehörden angewiesen, dieses Verfahren nicht zu beanstanden. Die Kassirung durch die Advokaten hat in der Weise zu geschehen, dass ein Theil des Datums des Schriftstückes (Tag und Monat) durch die Mitte der Stempelmarke (in den ovalen Schild), dagegen ein weiterer Theil sowie die Ortsbezeichnung auf das die Marke rechts und links umgebende Papier geschrieben wird und ausserdem der Advokat seinen Namen oder Namenszug eigenhändig beifügt oder mittelst Stempel so beifügt, dass ein Theil desselben auf die Marke und ein Theil auf das Schriftstück zu stehen kommt.

Privaten haben ausser der richtigen Stempelmarkenaufklebung keine weiteren Verpflichtungen und nur die Vorschriften über das Papierformat zu beobachten.

# E. Papierformat.

Zu den gleich bei der Abfassung oder Errichtung stempelpflichtigen Schriftstücken dürfen nur ganze beschnittene Bögen von 34 Centimeter Höhe und 41 Centimeter Breite verwendet werden, und zwar ohne Unterschied, ob die Stempelentrichtung mittels Visirung oder durch Markenverwendung stattfindet.

Da diese Bestimmung zunächst die Rücksicht auf bessere Aufbewahrung und Registrirung der Akten, sowie der Rechnungsbelege im Auge hatte, so wird dieselbe auch auf die Schriftstücke in Armensachen auszudehnen sein, wobei aber bemerkt wird, dass den Finanzbehörden, (Rentämtern) von der vorgesetzten Stelle bekannt gegeben wurde, dass es nicht in der Absicht lag, wegen geringer, die ordnungsmässige Aktenbildung nicht störender Abweichungen vom Normalmaasse Strafeinschreitung zu veranlassen.

Vom Formatzwang sind ausgenommen:

a) die Handelspapiere, ältere inländische Urkunden, alle Urkunden des Auslandes, dann die Ausfertigungen und Eingaben jeder Art, welche im Auslande vorgenommen werden;

b) Schriftstücke von Stellen und Behörden, sowie Gerichtsvollzieherakte geringeren Umfanges, dann Quittungen und Conti, zu welchen auch halbe Bögen von gleicher Höhe und halber Breite der ganzen Bögen wie bisher verwendet werden;

(Der Art. 7 des prov. Tax- u. Stempelgesetzes vom 20 Juni 1870, wonach Gerichtsvollzieherakte auf das zuzustellende Schriftstück selbst geschrieben werden können, ist aufrecht erhalten, ebenso die Vorschrift, dass die Anfertigung von Wechselprotest-Urkunden auf Briefpapier in Quartformat zu geschehen hat. (Instr. v. 3. Juli 1856 § 3.)

c) Formularpapiere der innern Verwaltung;

d) Private können sich in Gegenständen der nicht streitigen Rechtspflege, wie in Verlassenschaften, Pflegschaften, Hypothekensachen, in Firmensachen bei den Handelsgerichten etc., sowie in solchen der Verwaltung zu ihren Eingaben auch der Briefbögen in Quartform bedienen. Hiebei wird hervorgehoben, dass die Liquidationen der inländischen Gläubiger in Ganten also nicht unter diese Ausnahmsbestimmung fallen.

# F. Strafen.

In Ansehung der Uebertretungen gegen die Stempelvorschriften gelten folgende Bestimmungen:

1. Strafen gegen Privatpersonen.

a) Wer bei seinen stempelpflichtigen Schriftstücken, für welche nicht die Visirung vorgeschrieben ist, die Verwendung der vorschriftsmässigen Stempelmarken unterlässt oder solche geringeren Werthes verwendet, hat den fehlenden Betrag gegen nachträgliche Stempelvisirung nachzuzahlen und nebstdem das Vierfache desselben als Geldstrafe zu erlegen. (Ges. vom 8. Nov. 1875 Art. 18 lit. a.)

b) Wer Stempelmarken um höheren Preis als den treffenden Stempelbetrag verkauft oder eine höhere Vergütung dafür in Ansatz bringt, verfällt in eine Geldstrafe von 15 bis 60 ℳ, je nach der Grösse des unerlaubten Gewinnes. (Ges. vom 8. Nov. 1875 Art. 18 lit. b.)

c) Jede Zuwiderhandlung gegen die Vorschriften über das Format des stempelpflichtigen Papiers oder über die Art der Markenverwendung unterliegt einer Ordnungsstrafe von 50 ₰. (Ges. v. 8. Nov. 1875 Art. 18 lit. c.)

2. Srafen gegen die Beamten.

d) Jede nicht mit der gehörigen Stempelmarke versehene Eingabe soll nicht angenommen werden. Werden jedoch bei Stellen, Behörden und Beamten nicht mit den gesetzlichen Marken versehene Schriften eingereicht und angenommen, und werden nicht gleich die Anzeigen unmittelbar an dasjenige Rentamt, in dessen Amtssprengel der Beamte seinen Wohnort hat, gemacht, so haben dieselben die Strafe des dreifachen Stempelbetrages zu entrichten. Die gleiche Strafe trifft die Gerichtsvollzieher, welche stempelpflichtige Schriftstücke, die ihnen zur Abschriftnahme mitgetheilt werden, annehmen, ohne dass sie mit dem geeigneten Stempel versehen sind. Diese Uebertretungen werden im Disciplinarwege verhandelt und sind daher die Anzeigen an die vorgesetzte Disciplinarstelle des betr Beamten zu richten. (Ges. v. 11. Sept. 1825 Ziff. X 3 u. XI Abs. 4 u. v. 8. Nov. 1875 Art. 19 Abs. 1.)

e) Wenn ein Beamter, in Folge besonderer gesetzlicher Bestimmung auch ein Gerichtsvollzieher, bei einer Ausfertigung die Verwendung der normalmässigen Stempelmarke unterlässt, verfällt er in die Strafe des zehnfachen Betrages. (Ges. v. 11. Sept. 1825 Ziff. X 4 u. v. 8. Nov. 1875 Art. 19 Abs. 2.)

f) Wenn ein Beamter, auch ein Gerichtsvollzieher, von einer Partei die Stempelgebühr erhebt, ohne die Stempelmarke zu verwenden, so verfällt er in die Strafe des zwanzigfachen Betrages, mit Vorbehalt der Behandlung nach dem Strafgesetzbuche, wenn rechtswidrige Absicht hervorgeht. (Ges. v. 11. Sept. 1825 Ziff. X 5 u. v. 8. Nov. 1875 Art. 19 Abs. 2.) *

3. Schriftstücke, velche mit anderen als den bayer. Stempelmarken, z. B. mit Wechselstempelmarken oder Postmarken versehen sind, gelten in Bezug auf Straffälligkeit als nicht gestempelt. (Ges. v 8. Nov. 1875 Art. 21.)

4. Eine Strafeinschreitung findet nicht statt, wenn stempelpflichtige Schriftstücke von einem ausserhalb Bayern gelegenen Orte aus unmittelbar an eine bayerische Behörde in den Landestheilen r. d. Rh. eingesendet werden. (F.M E. v. 16. Febr. 1876. J.M.Bl. 1876 S 139.)

5. Die Anzeigen haben die hiezu verpflichteten Stellen, Behörden und Beamte über die sub. lit. a, b, c, e und f aufgeführten und wahrgenommenen Stempelhinterziehungen und Ordnungswidrigkeiten unmittelbar an dasjenige Rentamt zu richten, in dessen Amtssprengel ihr eigener Wohnsitz liegt. Zur Umgangnahme einer Anzeige sind dieselben in keinem Falle befugt. (F.M.E v. 11. Dez. 1875 § 7 Abs. 3 J.M.Bl. 1875 S 336)

Mit der Anzeige ist womöglich das Schriftstück im Original und im Falle der Unentbehrlichkeit ein genauer beglaubigter, tax- und stempelfreier Auszug zu übersenden. Das Rentamt hat sodann das Administrativverfahren einzuleiten und im Falle der freiwilligen Unterwerfung die Strafe, Stempelnachholung mittels Visirung und

---

* Ob die Strafbestimmungen sub. lit. e und f auch auf Beamte anzuwenden sind, welche die Stempelgebühr im Wege der Visirung zu verrechnen haben, dieselbe aber unterlassen, ist zweifelhaft, da das Gesetz nur von einer Verwendung spricht. Ausser Zweifel steht, dass auch dadurch die Stempelgefälle hinterzogen werden können.

eine Taxe zu 1 ℳ 10 ₰ für das rentamtliche Protokoll einzuheben, welche Taxe in den Straffällen sub lit. c wegzufallen hat. (F.M.E. v. 11. Dez. 1875 § 7 Abs. 4, 5. 6 und 7.)

6. Unterwirft sich der Betheiligte dem rentamtlichen Administrativverfahren nicht, so sind die Gerichte zuständig und zwar:

a) im Falle die Geldbusse, welche im Verhältnisse der hinterzogenen Stempelabgabe gegen Einen der Betheiligten erkannt werden kann. den Betrag von 300 ℳ nicht übersteigt, im ersten Rechtszuge die Stadt- und Landgerichte (Strafabtheilung) und zwar in dessen Sprengel die Hinterziehung entdeckt wurde, und im zweiten Rechtszuge die Bezirksgerichte;

a) bezüglich aller übrigen Stempelhinterziehungen im ersten Rechtszuge die Bezirksgerichte und im zweiten die Appellationsgerichte.

In den Fällen sub b hat die Untersuchung derjenige Einzelnrichter zu führen, in dessen Amtssprengel die Verfehlung entdeckt wurde. (Ges. v. 8. Nov. 1875 Art. 23 u. Erl. v. 31. Dez. 1871. J.M.Bl 1872 S. 35.)

7. Ausser der Berufung ist im Ungehorsamsverfahren der Einspruch und gegen das zweitinstanzielle Urtheil die Nichtigkeitsbeschwerde an den obersten Gerichtshof zulässig. Die Berufungsfrist gegen das Urtheil des Einzelnrichters ist 8 Tage, dieselbe Frist läuft im Ungehorsamsverfahren, wenn der Einspruch erhoben wird. Die Berufungsfrist gegen das Urtheil des Bezirksgerichts als erste Instanz ist 3 Tage, im Ungehorsams-Verfahren die Berufungs- und Einspruchsfrist dagegen 8 Tage. Die Frist der Nichtigkeitsbeschwerde zum obersten Gerichtshofe beträgt 3 Tage, in Versäumungsfällen aber 8 Tage.

8. Die Zuständigkeit der Finanzbehörden zur Entscheidung der Vorfrage, ob und welcher Stempel zu einem Schriftstücke zu verwenden ist, wurde durch oberstrichterliches Erkenntniss vom 6. April 1876 auch nach den neuen gesetzlichen Bestimmungen ausgesprochen.

9. Im Falle der Uneinbringlichkeit der Geldstrafen findet eine Umwandlung in Haft in den aufgeführten 6 Fällen nicht statt. (Ges. v. 8. Nov. 1875 Art. 22 Abs. 2.)

10 Bezüglich der Verjährung gelten in Ermangelung von besonderen gesetzlichen Vorschriften die allgemeinen Bestimmungen über Verjährung der Uebertretungen. Die Strafverfolgung der Hinterziehungen verjährt demnach in 3 Monaten. Die Verjährung beginnt mit dem Ablaufe der Zeit, innerhalb welcher der Stempel zu verwenden gewesen wäre. Der Beginn der Stempelpflicht ist in § 4 d. F.M.E. v. 11. Dez. 1875 (J.M.Bl. 1875 S. 333) bestimmt.

11. Die Instruirung von Begnadigungsgesuchen und zwar gleichviel, ob die Zuerkennung der Stempelstrafe durch ein gerichtliches Urtheil oder durch eine rentamtliche Verfügung erfolgte, kommt der einschlägigen Staatsanwaltschaft zu.

12. Die Anfertigung unächter und Fälschung ächter Stempelmarken, sowie der Gebrauch falscher oder gefälschter, endlich die Verwendung oder Feilhaltung schon einmal verwendeter wird nach dem Reichsstrafgesetze §§ 275, 276 u. 364 bestraft und sind die desfallsigen Anzeigen an den Staatsanwalt des zuständigen Bezirksgerichts zu richten.

# Beilage XVII.

# Deutsche Wechselstempelsteuer.

Das norddeutsche Wechselstempelsteuergesetz v. 10. Juni 1869[1]) wurde mit Reichsgesetz vom 22. April 1871 § 4[2]) auch im Königreiche Bayern am 1. Juli 1871 eingeführt und wurden unterm 14. Juni 1871 vom k. b. Staatsministerium der Finanzen Ausführungs-Bestimmungen erlassen.[3])

Von diesen gesetzlichen Vorschriften haben bereits die in Ziffer IX—X der angeführten Fin.-Min.-Entschl. vom 14. Juni 1871 in Bezug genommenen Bestimmungen, »Die Zuständigkeit und das Verfahren in Wechselstempelstrafsachen betr.«, durch das Einführungsgesetz zum deutschen Strafgesetzbuch v. 26. Dez. 1871[4]) Aenderungen erfahren. Ferners wurden die in Ziff VII d. F. M.-E. v. 14. Juni 1871 enthaltenen Vorschriften bezüglich der Art und Weise der Verwendung der Bundesstempelmarken durch die in der Bekanntmachung des Reichskanzlers v. 11. Juli 1873[5]) erlassenen Bestimmungen ersetzt. Aus Anlass dieser Bekanntmachung hat das k. b. Staatsministerium der Finanzen unterm 11. Okt. 1873[6]) weitere Vorschriften erlassen. In Anwendung der noch geltenden und dieser neuen Vorschriften ist bei der Verwendung (Cassirung) von Stempelmarken zu beachten:

1) Dass auf dem Wechsel (oder den demselben nach § 24 des Bundesgesetzes gleichgestellten Papieren) der volle Stempelbetrag rechtzeitig, d. h. ehe ein inländischer Wechsel von dem Aussteller, ein ausländisher Wechsel von dem ersten inländischen Inhaber aus den Händen gegeben, verwendet wird und zwar in Reichsstempelmarken und in folgender Abstufung:

| Wechselsumme | Stempelbetrag | Wechselsumme | Stempelbetrag |
|---|---|---|---|
| bis 150 ℳ | — ℳ 10 ₰ | von 3601 bis 3900 ℳ | 1 ℳ 95 ₰ |
| von 151 „ 300 „ | — „ 15 „ | „ 3901 „ 4200 „ | 2 „ 10 „ |
| „ 301 „ 600 „ | — „ 30 „ | „ 4201 „ 4500 „ | 2 „ 25 „ |
| „ 601 „ 900 „ | — „ 45 „ | „ 4501 „ 4800 „ | 2 „ 40 „ |
| „ 901 „ 1200 „ | — „ 60 „ | „ 4801 „ 5100 „ | 2 „ 55 „ |
| „ 1201 „ 1500 „ | — „ 75 „ | „ 5101 „ 5400 „ | 2 „ 70 „ |
| „ 1501 „ 1800 „ | — „ 90 „ | „ 5401 „ 5700 „ | 2 „ 85 „ |
| „ 1801 „ 2100 „ | 1 „ 5 „ | „ 5701 „ 6000 „ | 3 „ — „ |
| „ 2101 „ 2400 „ | 1 „ 20 „ | „ 6001 „ 6300 „ | 3 „ 15 „ |
| „ 2401 „ 2700 „ | 1 „ 35 „ | „ 6301 „ 6600 „ | 3 „ 30 „ |
| „ 2701 „ 3000 „ | 1 „ 50 „ | „ 6601 „ 6900 „ | 3 „ 45 „ |
| „ 3001 „ 3300 „ | 1 „ 65 „ | „ 6901 „ 7200 „ | 3 „ 60 „ |
| „ 3301 „ 3600 „ | 1 „ 80 „ | „ 7201 „ 7500 „ | 3 „ 75 „ |

---

1) Beilage z. bayer. Ges.-Bl. 1870/71 S. 87.
2) JMbl. 1871 S. 96.
3) JMbl. 1871 S. 138—153.
4) J.- u. FME. v. 31. Dez. 1871, JMbl. 1872 S. 34.
5) JMbl. 1873 S. 188—189.
6) JMbl. 1873 S. 190—193.

| Wechselsumme | Stempelbetrag | Wechselsumme | Stempelbetrag |
|---|---|---|---|
| von 7501 bis 7800 ℳ | 3 ℳ 90 ₰. | von 11101 bis 11400 ℳ | 5 ℳ 70 ₰. |
| „ 7801 „ 8100 „ | 4 „ 5 „ | „ 11401 „ 11700 „ | 5 „ 85 „ |
| „ 8101 „ 8400 „ | 4 „ 20 „ | „ 11701 „ 12000 „ | 6 „ — „ |
| „ 8401 „ 8700 „ | 4 „ 35 „ | „ 12001 „ 12300 „ | 6 „ 15 „ |
| „ 8701 „ 9000 „ | 4 „ 50 „ | „ 12301 „ 12600 „ | 6 „ 30 „ |
| „ 9001 „ 9300 „ | 4 „ 65 „ | „ 12601 „ 12900 „ | 6 „ 45 „ |
| „ 9301 „ 9600 „ | 4 „ 80 „ | „ 12901 „ 13200 „ | 6 „ 60 „ |
| „ 9601 „ 9900 „ | 4 „ 95 „ | „ 13201 „ 13500 „ | 6 „ 75 „ |
| „ 9901 „ 10200 „ | 5 „ 10 „ | „ 13501 „ 13800 „ | 6 „ 90 „ |
| „ 10201 „ 10500 „ | 5 „ 25 „ | „ 13801 „ 14100 „ | 7 „ 5 „ |
| „ 10501 „ 10800 „ | 5 „ 40 „ | „ 14101 „ 14400 „ | 7 „ 20 „ |
| „ 10801 „ 11100 „ | 5 „ 55 „ | „ 14401 „ 14700 „ | 7 „ 35 „ |

und so fort von je 300 ℳ — 15 ₰. Stempel mehr.

2) dass die Marken auf der Rückseite der Urkunden, insofern dieselbe unbeschrieben ist, genau am obern Rande der Breit- oder Schmalseite desselben, so dass der obere Rand der Marken mit dem der Urkunde abschliesst, und, wenn jedoch die Urkunde bereits beschrieben, unmittelbar unter dem letzten Giro aufgeklebt werden müssen;

3) die verwendeten Marken sollen ausser dem Cassationsvermerk nichts enthalten. Irgendwie durchkreuzte Marken werden nicht verwendeten gleichgeachtet;

4) die verwendeten Marken müssen mit ihrer Rückseite direkt auf den Wechsel geklebt werden, es dürfen sich unter denselben keine Schriftzeichen befinden. Falsch kassirte Marken dürfen nicht mit richtig kassirten überklebt, sondern müssen vorher abgelöst werden;

5) ausser dem Anfangsbuchstaben des Namens (Firma) des Verwenders muss das Datum der Verwendung in arabischen Ziffern in die Marke und zwar, wenn mehrere verwendet, in jede einzelne geschrieben werden, z. B. 8/12 75 und nicht 8/XII 75 oder 8/10 ber.

Enthält der Cassationsvermerk mehr als nach dem Vorstehenden erforderlich, so ist derselbe dennoch gültig;

6) bei Verwendung eines schwarzen oder farbigen Stempels ist darauf zu achten, dass jede Marke ordnungsmässig für sich kassirt wird, d. h. dass die zur Kassation nöthigen Buchstaben etc. auf jeder einzelnen Marke sich befinden;

7) bei der Cassation ist es nicht mehr nothwendig, dass der Anfangsbuchstabe des Ortes hinzugefügt wird, ebenso braucht der neben den Marken bleibende leere Raum nicht mehr durchkreuzt, jedoch darf derselbe zu keinerlei Niederschreibungen benützt werden;

8) bei einer sich öfters wiederholenden Emission von neuen Wechselstempelmarken ist zu bemerken, dass zu Wechseln früheren Datums nicht erst Marken verwendet werden, welche einen späteren Emissionsdatum als die Wechsel haben, denn dadurch würde die nicht rechtzeitige Kassirung der Marken ersehen werden;

9) Stempelmarken, welche nicht in der vorgeschriebenen Weise verwendet sind, werden als nicht verwendet angesehen und als Wechselstempel-Hinterziehungen behandelt;

10) die Wechselstempelhinterziehung unterliegt einer Geldbusse im 50fachen Betrage des hinterzogenen Stempels und ist von jedem nach § 4—12 des Gesetzes Betheiligten besonders und ganz zu entrichten;

11) für die bei den Postanstalten angekauften, demnächst aber verdorbenen Marken und Blankets kann nur die Erstattung beansprucht werden, wenn der Schaden mindestens einen Thaler beträgt, wenn Zufall oder Versehen vollständig erwiesen wird und der Anspruch innerhalb 14 Tagen bei dem k. Oberpostamte angemeldet wird.

12) Die Wechselstempelhinterziehungen verjähren in fünf Jahren.

13) Die Zuständigkeit und das Verfahren bei Wechselstempelhinterziehungen ist dasselbe, wie es bezüglich der Hinterziehungen bayerischer Stempel vorgezeichnet ist. Siehe lit. F Ziff. 5, 6 u. 7 der Beilage XVI.

Die Amtsverpflichtungen der Gerichte, Notare und Gerichtsvollzieher bezüglich der Wahrnehmung der richtigen Wechselstempelverwendung, sowie das Verfahren, das dieselben bei Wahrnehmung von Wechselstempelhinterziehungen zu beobachten haben, ist in der Entschliessung des kgl. Staatsministeriums der Justiz vom 6. Juni 1871 (JMbl. 1871 S. 111—113) vorgezeichnet.

---

## Beilage XVIII.

# Prämienstempel.

**Inhaberpapiere mit Prämien,** welche ohne Reichsgenehmigung im Inlande nach dem 14. Juni 1871 und im Auslande nach dem 30. April 1874 ausgegeben worden, sind ausser Verkehr gesetzt, und bei gleicher Strafe müssen solche vor dem 1. Mai 1871 ausgegebene ausländische Schuldverschreibungen bis zu 100 Thaler Nominalwerth mit 5 Sgr. und darüber mit 10 Sgr. abgestempelt sein, wozu sie spätestens am 15. Juli 1871 einzureichen waren. — Restitution ist nur aus entschuldbaren Gründen zulässig.

## Beilage XIX.

# Form des schriftlichen Amtsverkehres.

Eine Zusammenstellung der hierüber in Bayern bestehenden Vorschriften auf der Grundlage der Bekanntmachung der 5 Civilstaatsministerien v. 6. April 1874. (JMBl. 1874 S. 108.) Mit Formularien.

§ 1. Die bestehenden Vorschriften, welche die Form der unmittelbar an **Seine Majestät den König** zu richtenden Vorstellungen betreffen, bleiben in Kraft.

(Hiernach sind die Vorstellungen auf weissem Papier im Formate des stempelpflichtigen Papieres auf **ganzer** Seite zu schreiben mit der Ueberschrift:

»Allerdurchlauchtigster, Grossmächtigster König!
Allergnädigster König und Herr!«

mit der Anrede: »Euere Königliche **Majestät**« oder »Euere **Majestät**« und mit der Schlussformel:

»In allertiefster Ehrfurcht verharrt (erstirbt)
Euerer Königlichen Majestät
allerunterthänigst treugehorsamster
N. N.«)

§ 2. In **Eingaben von Privaten und Rechtsanwälten** an öffentliche Behörden und Stellen ist auf der ersten halbgebrochenen Blattseite anstatt einer **Anrede**, am oberen Rande links die **Adresse**, z. B. an das kgl. Staatsministerium des Innern, und der kurz zu fassende **Betreff** nebst der Zahl und Art etwaiger **Beilagen**, am oberen Rande rechts der **Wohnort** und das **Datum** anzugeben.

Rechts unterhalb des Datums ist sofort mit dem sachlichen **Vortrage** zu beginnen.

Auf der zweiten und den folgenden Seiten **kann***) die ganze Breite des Bogens mit Ausnahme eines gegen die Mitte desselben frei zu lassenden mässigen Raumes beschrieben werden.

Auf den Schluss des sachlichen Vortrages hat unmittelbar die **Namensunterschrift** des Verfassers mit der im Nachstehenden bezeichneten Beifügung zu folgen, und zwar:

a) in Eingaben an den kgl. Staatsrath und die kgl. Staatsministerien, dann an den kgl. obersten Gerichtshof:
»Ehrerbietigst gehorsamst«;

b) in Eingaben an die kgl. Central- und Kreisstellen:
»gehorsamst«;

c) in Eingaben an die übrigen Behörden:
»gehorsam.«

---

*) Man darf also auch halbbrüchig (rechts) fortschreiben.

**Doppelschriften (Duplikate)** sind nur dann vorzulegen, wenn deren Vorlage durch besondere Umstände geboten ist.

Die vom kgl. Staatsministerium der Justiz den Gerichten etc. zur thunlichst gleichmässigen Beachtung im JMBl. 1874 S. 140 bekannt gegebene Entschliessung des kgl. Staatsministeriums des Innern vom 22. April 1874 besagt hiezu folgendes:

1. Die Vorschriften über die Vereinfachung des dienstlichen schriftlichen Verkehres sind für den Verkehr sowohl **zwischen den Behörden und Stellen,** als auch **zwischen diesen und Privaten** massgebend.

2. Es wäre in der Regel nicht zu rechtfertigen, Eingaben von Privaten blos deshalb abzulehnen oder zurückzugeben, weil sie von der vorgeschriebenen Form abweichen. Es ist aber immerhin dahin zu wirken, dass auch die Eingaben von Privaten mit der Zeit die angeordnete Form annehmen. Es wird in dieser Beziehung der Erwägung der obenerwähnten Stellen und Behörden überlassen, ob nicht die Privatindustrie zu dem Zwecke anzuregen wäre, dass die vorgeschriebenen Formularien für Eingaben von Privaten zum Verkaufe bereit gehalten werden.

6. Der Erwägung der Stellen und Behörden wird es überlassen, ob es nicht im Interesse der Erzielung möglichster Gleichheit der bei den untergeordneten Behörden zur Benützung gelangenden Formularien in Bezug auf Papier und typische Ausstattung veranlasst erscheint, die nothwendigen Formularien herstellen zu lassen und gegen den Selbstkostenpreis abzugeben.

In diesem Falle wird gewünscht, die Formularien im Wege des Buchdruckes herzustellen, dagegen von lithographischer oder autographischer Herstellung derselben abzusehen.

**Ausnahmen** s. § 8.

Bezüglich der einschlagenden Bestimmungen der **Stempelgesetze** s. die Kalenderbeilage über Stempelnormen (Beilage XVI).

Für die Eingaben sind folgende Formulare vorgeschrieben.

## Form. I a. Eingabe an die nachgenannten Centralstellen.

. . . . . am . . ten . . . . . 187 .

An
1) den k. Staatsrath.
2) das k. Staatsministerium (des Innern, der Justiz etc.)
3) den k. obersten Gerichtshof.

Betreff:
. . . . .
. . . . .

(Erste Seite:)

Beilagen:
. . . . (Zahl u. Art) . . . . . . . . . . . . . .

(Folgende Seiten,)
(mit einem mässigen freizulassenden Raume in d. Mitte d. Bogens.)
. . . . . . . . . . . . . . . . .
. . . . . . . . . . . . . . . . .

Ehrerbietigst gehorsamst
N. N.

## Form. I b. Eingabe an die übrigen k. Centralstellen und die k. Kreisstellen.

. . . . . am . . ten . . . . . 187

An

1) die k. Regierung von Oberbayern, Kammer des Innern (der Finanzen).
2) das k. Appellationsgericht in Nürnberg.
3) etc. etc.

Betreff:

. . . . . .

. . . . . .

Beilagen:

. . . . (Zahl u. Art) . . . .

(Erste Seite:)

. . . . . .

(Folgende Seiten,)
(mit einem mässigen freizulassenden Raume in d. Mitte d. Bogens.)

. . . . . . . . . . . .

Gehorsamst
N. N.

## Form. I c. Eingabe an die übrigen Behörden (Unterbehörden).

. . . . . am . . ten . . . . . 187 .

An

1) das k. Bezirksamt N.
2) das k. Bezirksgericht N.
3) das k. Landgericht N.
4) den Herrn Staatsanwalt am k. Bezirksgerichte N.
5) etc. etc.

Betreff:

. . . . . .

. . . . . .

Beilagen:

. . . . (Zahl u. Art) . . . .

(Erste Seite:)

. . . . . .

(Folgende Seiten,)
(mit einem mässigen freizulassenden Raume in d. Mitte d. Bogens.)

. . . . . . . . . . . .

Gehorsam
N. N.

§ 3. Die nämlichen Vorschriften gelten für die Form der **amtlichen Berichte an vorgesetzte Behörden und Stellen** und ist bei diesen ausserdem noch oberhalb der Adresse der Name des berichtenden Amtes, dann unterhalb des Betreffes das Datum und die Geschäftsnummer des etwaigen veranlassenden Auftrages und der Name des Referenten anzugeben, falls der Berichterstatter nicht selbst der Referent ist.

Amtliche Vorlagen an vorgesetzte Behörden und Stellen mittels **Randberichtes** sind in allen Fällen zulässig, in welchen eine umfassendere Sachwürdigung nicht erforderlich ist und Berichts-Entwürfe bei der berichtenden Behörde entbehrlich sind.

Man vergleiche § 5 und 7 unten.

Für die Berichte ist folgendes Formular vorgeschrieben:

## Form. II zum Berichte einer Behörde an eine vorgesetzte Stelle.

Nr. . . .

K. Bezirksamt . . . . . am . . ten . . . . . 187 .

. . . . . .

An
die k. Regierung von . . . .
Kammer des Innern.

Betreff:

. . . . . . . . (Erste Seite:)

. . . . . . . . . . . . . .

Zu Rgg.-Entschl. v. . . ten . 187. . . . . . .
Nr. . . .

Referent: Bez.-Amt . . . . .
(Mit 1 Amtsakt.)

(Folgende Seiten wie bei Form. I.)

. . . . . . . . . . . . .

. . . . . . . . . . . . .

Gehorsamst
N. N. Bezirksamtmann.

**§ 4. In Erlassen öffentlicher Behörden und Stellen an untergeordnete Aemter,** sowie **an Rechtsanwälte** und **Privatpersonen** ist die bisher übliche Ueberschrift auf der ersten Blattseite (am oberen Rande links) durch Bezeichnung der Geschäftsnummer und des Betreffs, sowie etwaiger Beilagen (am oberen Rande rechts) durch Angabe des Amtssitzes und des Datums zu ersetzen.

Am Schlusse des Erlasses hat die amtliche Fertigung Platz zu finden, an deren bisheriger Form vorbehaltlich der Bestimmungen des § 2 Abs. IV oben keine Aenderung eintritt.

Am unteren Rande linker Hand ist die Adresse beizufügen.

**Entschliessungen, welche die Central- und Kreisstellen auf Grund collegialer Berathung erlassen,** sind, soweit es bisher üblich war, auch künftig mit der Ueberschrift:

»Im Namen Seiner Majestät des Königs«

zu versehen.

Die **amtliche Schreibweise** hat sich jener Sprache zu nähern, welche im schriftlichen Privatverkehre angewendet wird, ohne in Weitläufigkeit zu verfallen.

Wenn nicht an eine Unterbehörde, sondern an die Person eines Staats- oder Gemeindebeamten in Dienstsachen geschrieben wird, so ist in der Adresse die Bezeichnung „**Herr**“ und im Inhalte des Schreibens die Anrede „**Sie**“ zu gebrauchen.

In gleicher Weise ist in der Regel auch bei den an Privatpersonen zu richtenden amtlichen Schreiben zu verfahren.

Der Gebrauch von **Fremdwörtern** ist in amtlichen Schreiben thunlichst zu vermeiden.

Amtliche Erlasse in einfachen Geschäftssachen, bei denen die Anfertigung eines **Entwurfes (Conceptes)** zu den Acten nicht nöthig erscheint, können in **Urschrift** (gegen kurze Actenvormerkung) den Betheiligten zugeschlossen werden.

Die Min.-Entschl. v. 22. April 1874 besagt hiezu Folgendes:

3. Den k. Regierungspräsidien ist es in allen Fällen, den Stellen und Behörden aber in Gegenständen der einfachen Verwaltung gestattet, in der ersten Person und zwar den Regierungspräsidien und Behörden ohne Collegialverfassung — Bezirksämtern, Baubehörden, Bezirksärzten u. s. w. — in der ersten Person der Einheit — »ich« — den Collegialstellen und Behörden — Magistraten — in der ersten Person der Mehrheit — »wir« — zu schreiben. In allen streitigen Verwaltungsrechtssachen haben Behörden wie Stellen in Text und Fertigung als Gesammtbehörde aufzutreten und die Schreibweise in der dritten Person der Einheit zu wählen.

Bezüglich der Erlasse der Bezirksgerichte an die Stadt- und Landgerichte s. unten bei § 7.

Für Erlasse an untergeordnete Behörden sind folgende 3 Formulare vorgeschrieben:

## Form. III a für eine Regierungs-Entscheidung in einer Verwaltungsrechtssache.

Nr. . . .

. . . . . am . . ten . . . . . 187 .

Betreff:

. . . . . . .
. . . . . . .

(Mit 6 Zeugnissen.)

Im Namen Seiner Majestät des Königs.

. . . . . . . . . .
. . . . . . . . . .

K. Regierung von . . . . . . .
Kammer de . . . . .

N. N.
Regierungspräsident.

coll. N. N. Regierungssecretär.

An
das k. Bezirksamt
N. N.

## Form. III b für eine andere Regierungs-Entschliessung.

Nr. . . .

. . . . . am . . ten . . . . . 187

K. Regierung

. . . . . . . .

Kammer des Innern.

Betreff:

. . . .

. . . .

. . . . . .

. . . . . .

N. N.
k. Regierungspräsident.

coll. N. N. Regierungssecretär.

An
Herrn N. N.
zu
N. N.

## Form. III c für einen Erlass einer anderweiten Behörde.

Nr. . . .

. . . . . am . . ten . . . . . 187 .

K. Bauamt

. . . . . .

Betreff:

. . . .

. . . .

. . . . .

. . . . .

N. N.
k. Bauamtmann.

An
den Herrn Bürgermeister
N. N.
zu
N. N.

§ 5. **Die den k. Civil-Staatsministerien untergeordneten Stellen und Behörden** haben mit allen öffentlichen Organen dieser Ministerien, sowie mit Rechtsanwälten und Privatpersonen im ganzen Umfange des Königreiches dann in **unmittelbaren Geschäftsverkehr** zu treten, wenn weder eine Mitwirkung, noch eine Kenntnissnahme von Seite jener Stellen und Behörden nothwendig ist, welche den Betheiligten zunächst vorgesetzt sind.

Die Min.-Entschl. v. 22. April 1874 besagt hiezu Folgendes:

4. Behufs Erzielung einer nicht unbedeutenden Geschäftsvereinfachung wird die genaue Beachtung der Bestimmungen in § 5 der Bekanntmachung vom 6. ds. Mts. gewärtiget.

Es unterliegt nach diesen Bestimmungen insbesondere keinem Anstande, dass Stellen und Behörden in den vorgesehenen Fällen auch mit untergeordneten Organen anderer Stellen und Behörden in unmittelbaren Geschäftsverkehr treten, wie auch eine direkte Berichterstattung in den erwähnten Fällen nicht ausgeschlossen ist. Aufträge an Behörden, welche der requirirenden Behörde nicht unmittelbar untergeordnet sind, sind in Ersuchsform zu halten. Die in dieser Weise requirirten Behörden haben den ergangenen Ansinnen die entsprechende Folge zu leisten.

§ 6. Sind Entschliessungen einer vorgesetzten Behörde oder Stelle (ausser den in § 5 vorgesehenen Fällen) durch eine Unterbehörde **mehreren Betheiligten** schriftlich zu eröffnen, so hat erstere die erforderliche Zahl von **Abdrücken** ihrem Auftrage sofort beizufügen

In ähnlicher Weise ist zu verfahren, wenn einer Behörde **Formularien (Tabellen)** mit dem Auftrage zugeschlossen werden, dieselben untergeordneten Organen zur Bearbeitung mitzutheilen.

§ 7. **Schreiben der in § 5 benannten Stellen und Behörden an solche von gleichem Dienstrange** sind in Form **einfacher Geschäftsnoten** (mit Hinweglassung von Ueberschriften, Anreden und Schlussformeln) abzufassen; insoferne die Einfachheit des Gegenstandes es gestattet, ist den betreffenden Actenstücken eine **Randbemerkung** beizufügen und hiedurch die Ausfertigung einer Note zu vermeiden.

Derartige in gerader (directer) Redeweise abzufassende Noten haben anstatt der bisher üblichen Protokollsextrakte auch in dem Falle Anwendung zu finden, wenn eine umfassendere schriftliche Mittheilung zwischen den beiden Kammern einer Kreisregierung nothwendig ist.

Bezüglich der **Staatsanwälte** besagt eine Justizministerialentschliessung vom 18. Juni 1874 (JMBl. S. 170) was folgt:

In § 42 der Dienstesvorschriften für die Staatsanwälte vom 20. Juni 1862 ist angeordnet, dass die Staatsanwälte im Verkehr unter sich und mit den Gerichten und Gerichtshöfen, soferne nicht lediglich einfache Noten oder Anträge in Strafsachen in Frage stehen — sich stets der gleichen Form der Mittheilung zu bedienen haben. Dieselbe Vorschrift findet sich auch für die Gerichte in Nr. VI und VII der Justizministerialentschliessung v. 26. Juni 1862 (JMbl. 1863 S. 11) und bezüglich des Verkehres der Gerichtsschreiber unter sich und mit den Gerichten in Nr. 11 der Justizministerialentschliessung vom 3. Juli 1870 (JMbl. 1870 S. 406).

Die vorbezeichneten Anordnungen beruhen auf Erwägungen, welche durch die allgemeine Bekanntmachung vom 6. April lfd. Js. — die Vereinfachung des dienstlichen schriftlichen Verkehres betreffend — (Ges.- u. Verordn.-Bl. Nr. 15) nicht berührt werden und sind daher auch für die Folge in Anwendung zu bringen.

Die äussere Form dieser Mittheilungen bestimmt sich übrigens nunmehr nach Form. IV der im Justizministerialblatte für 1874 S. 139 bekannt gegebenen Entschliessung des k. Staatsministeriums des Innern vom 22. April lfd. Js.

Durch eine Justizministerialentschliessung vom 28. August 1875 (JMbl. S. 186) ist darauf hingewiesen, dass durch die allgemeine Bekanntmachung vom 6. April 1874 die für den Geschäftsverkehr zwischen den **Bezirksgerichten** einerseits und den Stadt- und Landgerichten anderseits in Ziff. VI der Justizministerialentschliessung vom 26. Juni 1862 (JMbl. 1863 S. 11) getroffenen Anordnungen nicht berührt wurden, dass übrigens für die äussere Form der gegenseitigen Mittheilungen dieser Gerichte nunmehr das der Entschliessung des k. Staatsministeriums des Innern vom 22. April 1874 beigegebene (nachstehende) Form. IV massgebend ist.

## Form. IV eines Anschreibens einer Behörde an eine coordinirte Behörde.

Nr. . . . ..... am . . ten ..... 187 .

1) K. Bezirksamt
. . . . . .
2) K. Landgericht
. . . . . .
3) K. Bezirksgericht
. . . . . .

Betreff:

. . . .
. . . .

. . . .
. . . .

N. N.
Zu 1) K. Bezirksamtmann.
Zu 2) K. Landrichter.
Zu 3) K. Bezirksgerichtsdirektor.

Zu 1) An
das k. Rentamt
. . . . . . .
Zu 2) An
das k. Bezirksgericht
. . . . . . .
Zu 3) An
das k. Landgericht
. . . . . . . .

§ 8. Die im Vorstehenden enthaltenen Vorschriften treten unbeschadet besonderer gesetzlicher Bestimmungen sofort in Wirksamkeit.

Die bereits vorhandenen Formularien für amtliche Ausfertigungen dürfen nur bis znm Schlusse des Jahres 1874 noch benützt werden.

(Zu den Ausnahmen gehören insbesondere die Vorschriften der Prozessordnungen, dann bleiben gemäss Min.-Entschl. v 22. April 1874 Ziff. 5 auch die Bestimmungen der Ziff. 10 des Ministerialausschreibens v. 22. November 1863 Nr. 2114, den Geschäftsgang bei den Verwaltungsämtern betr. und das Min.-Ausschr. v. 1. Dezember 1872 Nr. 14610, den Geschäftsgang bei den Kreisregierungen betr. (Amtsblatt des k. St.-Min. d. Innern S. 157) auch für die Folge in Kraft.

Ueber die Correspondenz mit französischen Polizeibehörden s. Min.-Entschl. v. 10. März 1875. Min.-Bl. d. J. 1875 S. 132.)

# Beilage XX.
# Rechtsstatistik
## des Königreichs Bayern.

Die Quellen der Gesetzgebung im Königreiche Bayern bestehen seit der Verfassungsurkunde für das deutsche Reich vom 16. April 1871 abgesehen vom kanonischen Rechte und dem Gewohnheitsrechte

A. in den Reichsgesetzen;
B. in den Landesgesetzen für das ganze Königreich Bayern;
C. in den Landesgesetzen für Bayern diesseits des Rheins;
D. in den Provinzial- und Statutarrechten einzelner Bezirke und Ortschaften Bayerns d. u. j. d. Rh.

In den nachstehenden Uebersichten sind die noch geltenden wichtigeren Gesetze aufgeführt.

Hiezu ist noch Folgendes zu bemerken:

**Zu A.** Nach Art. 4 der Verfassungsurkunde für das Deutsche Reich unterliegen der Gesetzgebung und Beaufsichtigung des Reichs die nachstehenden Angelegenheiten:

1) Die Bestimmungen über Freizügigkeit, Heimaths- und Niederlassungs-Verhältnisse, Staatsbürgerrecht, Passwesen und Fremdenpolizei und über den Gewerbebetrieb, einschliesslich des Versicherungswesens,*) soweit diese Gegenstände nicht schon durch den Art. 3 der Verfassung erledigt sind, in Bayern jedoch mit Ausschluss der Heimats- und Niederlassungsverhältnisse, desgleichen über die Colonisation und die Auswanderung nach ausserdeutschen Ländern;
2) die Zoll- und Handelsgesetzgebung und die für die Zwecke des Reichs zu verwendenden Steuern;
3) die Ordnung des Maass-, Münz- und Gewichtssystems, nebst Feststellung der Grundsätze über die Emission von fundirtem und unfundirtem Papiergelde;
4) die allgemeinen Bestimmungen über das Bankwesen;
5) die Erfindungspatente;
6) den Schutz des geistigen Eigenthums;
7) Organisation eines gemeinsamen Schutzes des Deutschen Handels im Auslande, der Deutschen Schiffahrt und ihrer Flagge zur See und Anordnung gemeinsamer konsularischer Vertretung, welche vom Reiche ausgestattet wird;
8) das Eisenbahnwesen, in Bayern vorbehaltlich der Bestimmung im Art. 46**) und die Herstellung von Land- und Wasserstrassen im Interesse der Landesvertheidigung und des allgemeinen Verkehrs;
9) der Flösserei- und Schiffahrtsbetrieb auf den mehreren Staaten

*) Bezüglich des Immobiliarversicherungswesens ist die Zustimmung Bayerns vorbehalten. (E.-G. v. 16. April 1871; Schlussprot. v. 23. November 1870, Z. IV.)

**) Hiernach sind die in den Art. 42—46 der Reichs-Verf.-Urk. getroffenen Bestimmungen auf Bayern nicht anwendbar.

gemeinsamen Wasserstrassen und der Zustand der letzteren, sowie die Fluss- und sonstigen Wasserzölle;

10) das Post- und Telegraphenwesen, jedoch in Bayern und Württemberg nach Massgabe der Bestimmung in Art. 52 *);

11) die Bestimmungen über die wechselseitige Vollstreckung von Erkenntnissen in Civilsachen und Erledigung von Requisitionen überhaupt;

12) sowie über die Beglaubigung von öffentlichen Urkunden;

13) die gemeinsame Gesetzgebung über das gesammte bürgerliche Recht, das Strafrecht und das gerichtliche Verfahren; **)

14) das Militärwesen des Reichs ***) und die Kriegsmarine;

15) Massregeln der Medizinal und Veterinärpolizei;

16) die Bestimmungen über die Presse und das Vereinswesen.

Alle übrigen Angelegenheiten sind der Landesgesetzgebung vorbehalten.

Das Bundesgebiet besteht aus den 25 Staaten: Preussen, Bayern, Sachsen, Württemberg, Baden, Hessen, Meklenburg-Schwerin, Sachsen-Weimar, Meklenburg-Strelitz, Oldenburg, Braunschweig, Sachsen-Meiningen, Sachsen-Altenburg, Sachsen-Coburg-Gotha, Anhalt, Schwarzburg-Rudolstadt, Schwarzburg-Sondershausen, Waldeck, Reuss älterer Linie, Reuss jüngerer Linie, Schaumburg-Lippe, Lippe, Lübeck, Bremen und Hamburg mit 58 Stimmen im Bundesrathe, wovon Bayern 6 Stimmen hat, und mit 382 Stimmen im Reichstage, wovon Bayern 48 Stimmen abgibt.

Da der norddeutsche Bund schon eine Reihe von Bundesgesetzen besass, wurden beim Abschluss der Versailler-Verträge mit Bayern und Württemberg vom 23. und 25. November 1870 diejenigen Bundesgesetze bezeichnet, welche für den neuen Bund fortdauernde Geltung haben sollen, und durch den § 2 des Einführungsgesetzes vom 16. April 1871 als Reichsgesetze erklärt wurden.

Diese Gesetze sind im nachstehenden Verzeichnisse A aufgeführt. Hievon wurde in Bayern sofort mit dem Bündnissvertrage v. 23. Nov. 1870, sohin am 1. Februar 1871, nur das norddeutsche Wahlgesetz eingeführt. Im Uebrigen bleibt nach Ziffer III. §. 8 Abs. 2 des Versailler-Vertrages vom 23. Nov. 1870 und § 2 des Verfassungs-Einführungsgesetzes vom 16. April 1871 die Erklärung der im Norddeutschen Bunde ergangenen Gesetze zu Reichsgesetzen für das Königreich Bayern, soweit diese Gesetze auf Angelegenheiten sich beziehen, welche verfassungsmässig der Gesetzgebung des Deutschen Bundes unterliegen, der Reichsgesetzgebung vorbehalten. Ein solches Reichsgesetz ist unterm 22. April 1871 erlassen worden, worin jene Bundesgesetze benannt sind, welche — mit verschiedenen Einführungsterminen und theilweise mit Abänderungen — auch für Bayern Giltigkeit haben sollen.

Noch ist bezüglich der Reichsgesetze zu bemerken, dass nach Art. 2 der RVerf.-Urk., soferne nicht in dem publicirten Gesetze

---

*) Sohin ausschliesslich der reglementarischen und Tarifbestimmungen für den internen Verkehr innerhalb Bayerns, der internen telegraphischen Correspondenz und des Grenzverkehrs.

**) Die Ausdehnung auf das gesammte bürgerliche Recht geschah erst durch R.Ges. v. 20. Dez. 1873 (RGBl. S. 379).

***) Gemäss Schlussbestimmung zum XI. Abschnitt der Reichs-Verf.-Urkunde in Bayern nach näherer Bestimmung des Bündnissvertrages vom 23. Nov. 1870. unter 3 §. 5.

ein anderer Anfangstermin seiner verbindlichen Kraft bestimmt ist, die letztere mit dem vierzehnten Tage nach Ablauf desjenigen Tages beginnt, an welchem das betreffende Stück des Reichsgesetzblattes in Berlin ausgegeben worden ist.

**Zu B.** Hier sind die wichtigeren Landesgesetze Bayerns seit der Verfassungsurkunde und zwar sowohl jene, welche für das ganze Königreich, als auch jene, welche nur für das rechtsrheinische gelten, chronologisch zusammengestellt. Die Beschränkung auf das rechtsrheinische Gebiet ist in der letzten Spalte mit »r.« angezeigt.

Zur Erleichterung des Nachschlagens ist ein alphabetisches Inhaltsverzeichniss beigefügt.

---

# Verzeichniss A zur Beilage XX.
## Reichsgesetze.

| Zahl | Datum des Gesetzes / der Einf. in B. | Betreff. |
|---|---|---|
| 1 | 12. Okt. 1867. / 13. Mai 1871. | Das Gesetz über das Passwesen. (Beil. zum bay. Ges.-Bl. 1870/71 S. 6) (Die erläut. bay. Minist. Entschl. v. 9. Mai 1871 s. im KABl. f. Ob. 1871 S. 858.) |
| 2 | 25. Okt. 1867. / 13. Mai 1871. | Gesetz betr. die Nationalität der Kauffahrteischiffe und ihre Befugniss zur Führung der Bundesflagge. (Beil. z. bayr. GBl. 1870/71 S. 8.) |
| 3 | 1. Nov. 1867. / 13. Mai 1871. | Gesetz über die Freizügigkeit (Beil. z. b. GBl. 1870/71 S. 13) (Hiezu bay. Min.-Entschl. v. 4. Mai 1871. KABl. f. Ob. 1871 S. 861.) |
| 4 | 8. Nov. 1867. / 13. Mai 1871. | Gesetz, betr. die Organisation der Bundes-Consulate, sowie die Amtsrechte und Pflichten der Bundes-Consuln. (Beil. z. bay. GBl. 1870/71 S. 45). (Hiezu § 3 des Einf.-G. v. 22. April 1871 s. Z. 38.) |
| 5 | 9. Nov. 1867. | Das Wehrgesetz. (S. unt. Ziff. 47.) |
| 6 | 14. Nov. 1867. | Gesetz über die vertragsmässigen Zinsen. |
| 7 | 4. Mai 1868. | Gesetz über die Beseitigung der polizeilichen Ehebeschränkungen. |
| 8 | 29. Mai 1868. / 13. Mai 1871. | Gesetz, betr. die Aufhebung der Schuldhaft. (Beil. zum bay. Ges.-Bl. 1870/71 S. 17.) |
| 9 | 14. Juni 1868. / 13. Mai 1871. | Gesetz über die Unterstützung Schleswig-Holnsteinischer Officiere etc. (Beil. z. bay. Ges.-Bl. 1870/71 S. 18.) |
| 10 | 25. Juni 1868. / 1. Juni 1875. | Gesetz, betr. die Quartierleistung für die bewaffnete Macht während des Friedenszustandes. S. Z. 74, 99, 98.) |

| Zahl | Datum des Gesetzes / der Einf. in B. | Betreff. |
|---|---|---|
| 11 | 1. Juli 1868. / 13. Mai 1871. | Gesetz, betr. die Schliessung und Beschränkung öffentlicher Spielbanken. (Beil. z. b. GBl. 1870/71 S. 22.) |
| 12 | 4. Juli 1868. / 1. Aug. 1873. | Gesetz über die Erwerbs- und Wirthschaftsgenossenschaften (Bundesges.-Bl. 1868. S. 415.) (Hiezu Ges. betr. die Declaration des § 1 des Gesetzes v. 4. Juli 1868 u. 19. Mai 1871, RGBl. 1871 S. 101.) Vgl. Nr. 75. |
| 13 | 17. Aug. 1868. / 1. Jan. 1872. | Gesetz über die Maass- und Gewichtsordnung. (Das Einf.-Ges. s. unt. Z. 48.) S. auch Z. 83. |
| 14 | 7. April 1869. / 1. Jan. 1872. | Gesetz über Massregeln gegen die Rinderpest. (Das Einf.-Ges. s. u. Z. 45, 76.) |
| 15 | 16. Mai 1869. | **Gesetz über die Einführung der Telegraphen-Freimarken.** |
| 16 | 31. Mai 1869. / 1. Febr. 1871. | Das Wahlgesetz für den Reichstag des norddeutschen Bundes. (Mit Reglement des Bundesrathes vom 28. Mai 1870.) (Bay. GBl. 1870/71 S. 255 und 263.) |
| 17 | 2. Juni 1869. / 13. Mai 1871. | Gesetz, betr. die Cautionen der Bundesbeamten. (Beil. z. b. Ges.-Bl. 1870/71 S. 23.) |
| 18 | 5. Juni 1869. / 13. Mai 1871. | Gesetz, betr. die Einführung der Allgemeinen Deutschen Wechselordnung, der Nürnberger Wechselnovellen und des Allgemeinen deutschen Handelsgesetzbuches als Bundesgesetze. (Beil. z. b. Ges. Bl. 1870/71 S. 27.) (Die bay. Einführungs-Gesetze bleiben als Landesgesetze insoweit in Kraft, als sie nur eine Ergänzung und nicht eine Abänderung dieser Reichsgesetze enthalten. § 2 des D. EG.) |
| 19 | 5. Juni 1869. | Gesetz über Portofreiheiten. S. Z. 55. |
| 20 | 10. Juni 1869. / 1. Juli 1871. | Gesetz, betr. die Wechselstempelsteuer. (Beil. z. b. Ges.-Bl. 1870/71 S. 53.) (Hiezu bay. V. v. 8. Mai 1871. RBl. 1871 S. 921; Bay. Fin- und Hand.-Minist.-Entschl. v. 9. Juni 1871 mit Bekanntm. des Bundesraths v. 13. Dez. 1869 zur Ausf. des Ges., v. 13. Dez. 1869 betr. den Debit d. Bundesstempelm. u. gest. Blankets z. Entricht. d. Wechselstempelst., sowie das Verf. bei Erstattung verdorbener Stempelm. u. Blankets u. v. 21. Febr. 1870 betr. den Debit von Bundesstempelm. u. gest. Blankets zur Entricht. der Wechselstempelst. zum Betrage von $22^1/_2$ Groschen. Bay. Reg.-Bl. 1871. S. 1025; Bek. betr. d. Abänd. d. Vorschr. üb. d. Verw. d. W.St.M. v. 11. Juli 1873 (RGBl. S. 295). J.-Min.-Entschl- v. 6. Juni 1871. JMBl. 1871 |

| Zahl | Datum des Gesetzes / der Einf. in B. | Betreff. |
|---|---|---|
| | | S. 111. (ME. v. 31.Dez. 1871. JMBl. 1872 S.34.) Bek. v. 13. Dez. 1874. (RGBl. S. 148.) |
| 21 | 12. Juni 1869. / 1. Juli 1871. | Gesetz, betr. die Errichtung eines obersten Gerichtshofes in Handelssachen. (Beil. z. bay. Ges.-Bl. 1870/71 S. 62.) (Hiezu §. 5 des Ges. v. 22. April 1871 betr. die Einführung Nordd. Bundesgesetze in Bayern) u. unt. Z. 68. 69. |
| 22 | 21. Juni 1869. / 13. Mai 1871. | Gesetz, betr. die Beschlagnahme des Arbeits- oder Dienstlohnes. (Beil. z. B. Ges.-Bl. 1870/71 S. 30.) |
| 23 | 21. Juni 1869. / 1. Juli 1871. | Gesetz, die Gewährung der Rechtshülfe betr. (Beil. z. B. Ges.-Bl. 1870/71 S. 73.) (Hiezu § 6 des Ges. v. 22. Apr. 1871 betr. die Einf. Nordd. Bundesgesetze in Bayern) u. bezügl. Württemberg die k. B. Minist.-Erkl. v. 8. Jan. 1873 (Rbl. S. 297.) |
| 24 | 21. Juni 1869. / 1. Jan. 1873. | Gewerbeordn. (RGBl. S. 245.) Vgl. Nr. 57 u. 85. |
| 25 | 3. Juli 1869. / 13. Mai 1871. | Gesetz, betr. die Gleichberechtigung der Confessionen in bürgerlicher u. staatsbürgerl. Beziehung. (Beil. z. B. Ges.-Bl. 1870/71 S. 32.) |
| 26 | 3. März 1870. / 13. Mai 1871. | Gesetz über die Unterstützung Schleswig-Holsteinischer Soldaten etc. (Beil. z. B. Ges.-Bl. 1870/71 S. 33.) |
| 27 | 27. März 1870. / 1. Jan. 1872. | Gesetz über die Ausgabe von Banknoten. (Beil. z. B. Ges.-Bl. 1870/71 S. 43.) S. Nr. 55, 95, 107. |
| 28 | 4. Mai 1870. / 13. Mai 1871. | Gesetz, betr. die Eheschliessung und die Beurkundung des Personenstandes von Bundesangehörigen im Auslande. (Beil. z. B. Ges.-Bl. 1870/71 S. 36.) |
| 29 | 13. Mai 1870. / 1. Juli 1871. | Gesetz über die Beseitigung der Doppelbesteuerung. (Beil. z. B. Ges.-Bl. 1870/71 S. 41.) |
| 30 | 31. Mai 1870. / 1. Jan. 1872. | Das Strafgesetzbuch und das Einführungsgesetz hiezu. (Einf.-Ges. s. Beil. z. B. Ges.-Bl. 1870/71 S. 85.) (In Bayern hat es bis auf Weiteres bezüglich des §. 4 des Einf.-Ges. z. StGB. bei den einschlägigen Bestimmungen des Militärstrafrechts und des Standrechtes sein Verbleiben. Einf.-Ges. v. 22. April 1871. §. 7. Abs. 2.) S. unten Z. 39. |
| 31 | 1. Juni 1870. / 13. Mai 1871. | Gesetz über die Abgaben von der Flösserei. (Beil. z. B. Ges.-Bl. 1870/71 S. 87.) (Hiezu Einf.-Ges. v. 22. April 1871. §8.) |
| 32 | 1. Juni 1870. / 13. Mai 1871. | Gesetz über die Erwerbung und den Verlurst der Bundes- und |

| Zahl | Datum des Gesetzes / der Einf. in B. | Betreff. |
| --- | --- | --- |
| | | Staatsangehörigkeit. (Beil. z. B. Ges.-Bl. 1870/71 S. 89.) (Hiezu Einf.-Ges. v. 22. April. 1871 § 9.) |
| 33 | 6. Juni 1870. | Gesetz über den Unterstützungswohnsitz. |
| 34 | 11. Juni 1870. / 1. Jan. 1872 | Gesetz, betr. das Urheberrecht an Schriftwerken, Abbildungen, musikalischen Kompositionen und dramatischen Werken. (Beil. z. B. Ges.-Bl. 1870/71 S. 110.) (Hiezu Einf.-Ges. v. 22. April 1871 § 11, wonach Art. 68 d. Bay. Ges. v. 28. Juni 1865 aufrecht bleibt.) |
| 35 | 11. Juni 1870. / 13. Mai 1871. | Gesetz, betr. die Commandit-Gesellschaften auf Aktien und Aktiengesellschaften. (Beil. z. B. Ges.-Bl. 1870/71 S. 95.) (Hiezu Einf.-Ges. v. 22. Apr. 1871 § 10 u. 71 B. Just.-Minist.-Entschl. v. 10. Mai 1871 B. R.-Bl. 1871 S. 925.) |
| 36 | 16. Juni 1870. / 1. Jan. 1872. | Gesetz über die Ausgabe von Papiergeld. (Beil. z. B. G.-Bl. 1870/71 S. 44.) |
| 37 | 16. April 1871. / 4. Mai 1871. | Gesetz, betr. die Verfassung des Deutschen Reiches mit der **„Verfassungsurkunde für das Deutsche Reich.“** (Bundesgesetzblatt 1871 S. 63.) Das Einf.-Ges. enthält 3 Paragraphen, wonach namentlich die Bestimmungen unter III. §, 8 und unter IV. des Vertrages mit Bayern v. 23. Nov. 1870 — B. Ges.-Bl. 1870/71 S. 181 und neu redigirt: S. 201. I. dann die Vereinbarungen in dem Schlussprotokolle v. 23. Nov. 1870 — B. Ges.-Bl. 1870/71 S. 185—194 in XVI Sätzen — für Bayern aufrecht bleiben. — Die Verfassungsurkunde behandelt in 78 Artikeln folgende XIV Abschnitte: I. Bundesgebiet Art. 1; — II. Reichsgesetzgebung Art. 2—5; (Zusatz zu Art. 4 Nr. 9 s. u Z. 67; zu Art 4 Nr. 13 s. u. Z 84.); — III. Bundesrath Art. 6—10; — IV. Präsidium Art. 11—19; — V. Reichstag Art. 20—32; (Art. 28 Abs. II ist aufgehoben s. unten Z. 66); — VI. Zoll- und Handelswesen Art. 33—40; — VII. Eisenbahnwesen Art. 41—47; — VIII. Post- und Telegraphenwesen Art. 48 - 52; Art. 52: Vorbehalte für Bayern; — IX. Marine und Schiffahrt Art. 53—55; — X. Konsulatwesen Art. 56; — XI. Reichskriegswesen Art. 57—68 (die jedoch in Bayern nur nach näherer Bestimmung des Bündnissvertrages v. 23. Nov. 1870 unter III. § 5; Bund.-Ges.-Bl. 1871 S. 19—21 zur Anwendung kommen) s. Z. 47, 90; — XII. Reichsfinanzen Art. 69—73 |

| Zahl | Datum des Gesetzes / der Einf. in B. | Betreff. |
|---|---|---|
| | | (mit Vorbehalt in Bezug auf das bayerische Heer); — XIII. Schlichtung von Streitigkeiten und Strafbestimmungen Art. 74—77; — XIV. Allgemeine Bestimmungen Art. 78. |
| 38 | 22. April 1871. / 13. Mai 1871. | Gesetz. betr. die Einführung Norddeutscher Bundesgesetze in Bayern. (Bundesges.-Bl 1871 S. 87. Beilage z. B. G.-Bl. S. 2 ff. wo alle in Bayern eingeführten 22 Gesetze des N.B. abgedruckt sind.) |
| 39 | 15. Mai 1871. / 1. Jan. 1872. | Gesetz, betr. die Redaktion des Strafgesetzbuches für den Norddeutschen Bund als Strafgesetzbuch für das Deutsche Reich. (Mit dem Strafgesetzbuch für das Deutsche Reich. (RGBl. 1871 S. 127—205.) S. oben Z. 30, unten B. Z. 101.) |
| 40 | 7. Juni 1871. / 28. Juni 1871. | Gesetz, betr. die Verbindlichkeit zum Schadenersatz für die bei dem Betriebe von Eisenbahnen, Bergwerken etc. herbeigeführten Tödtungen und Körperverletzungen. (RGBl. 1871 S. 207.) |
| 41 | 8. Juni 1871. / 28. Juni 1871. | Gesetz, betr. die Inhaberpapiere mit Prämien. (RGBl. 1871 S. 210.) (Hiezu Vollz.-V. v. 1. Juli u. 4. Dezbr. 1871 RGBl. 304 und 408.) |
| 42 | 9. Juni 1871. / 28. Juni 1871. | Gesetz, betr. die Vereinigung von Elsass und Lothringen mit dem Deutschen Reiche. (RGBl. S. 212.) |
| 43 | 28. Okt. 1871. / 1. Jan. 1872. | Gesetz über das Postwesen des deutschen Reichs. (RGbl. S. 347; JMBl. S. 325.) Nach § 50 sind reglementäre Anordnungen f. Bayern vorbehalten. (Reglement des Reichskanzlers v. 30. Nov. 1871. Bayr. Rbl. S. 1945. Bayr. Posttransportordnung v. 1. Januar 1876. G.V.Bl. S. 49.) |
| 44 | 28. Okt. 1871. / 1. Jan. 1872. | Gesetz über das Posttaxwesen im Gebiete des Deutschen Reichs. (RGbl. S. 358. Das Gesetz findet nicht Anwendung auf den inneren Postverkehr in Bayern. (Reglem. etc. wie bei 43.) S. u Z. 71. 80. 93. |
| 45 | 2. Nov. 1871. / 1. Jan. 1872. | Gesetz über die Einführung des Norddeutschen Bundesgesetzes, Massregeln gegen die Rinderpest betr. v. 7. April 1869 in Bayern und Württemberg. RGbl. S. 372. Beil. I. z. Bayr. Ges-Bl. 1871/72 S. 2. mit Instr. v. 26. Mai 1869. (S. oben Ziff. 14.) |
| 46 | 11. Nov. 1871. / 21. Dez. 1871. | Gesetz, betr. die Bildung eines Reichskriegsschatzes. (RGbl. S. 403.) |

| Zahl | Datum des Gesetzes / der Einf. in B. | Betreff. |
| --- | --- | --- |
| 47 | 24. Nov. 1871. / 1. Jan. 1872. | Gesetz über die Einführung des Gesetzes des Norddeutschen Bundes, betr. die Verpflichtung zum Kriegsdienste vom 9. November 1867 in Bayern. (RGbl. S. 398; Beil. III. z. bayr. Ges.-Bl. 1871/72.) Für Bayern bleiben vorbehalten a) der Versailler Vertrag vom 23. Nov. 1870 Ziff. III. § 5 Nr. III; b) das Wehrverfassungsgesetz v. 30. Jan. 1868 Art. 22, 33 Abs. 1, 34, 82 u. 89. Das b. Gesetz über das Wehrgeld ist aufgehoben. S. A. 5, 90, 100; B. 66, 120. |
| 48 | 26. Nov. 1871. / 1. Jan. 1872. | Gesetz betr. die Einführung der Maass- und Gewichtsordnung für den Norddeutschen Bund vom 17. August 1868 in Bayern. (RGbl. S. 397; Beil. II. S. 21 z. bayr. Ges.-Bl. 1871/72. Bundesaichordnung v. 16. Juli 1869 u. Vollz.-V. v. 6. Dez. 1869 u. 16. Aug. 1871 (Beil. II. zum bayr. Ges.-Bl. 1871/72 S. 21.) Bek. v. 22. März 1876 Ges.- u. VBl. S. 318. — Für Bayern sind die bisherigen Feldmaasse bis 1. Januar 1878 u. die Art. 11 u. 12 der bayr. Maass- u. Gewichtsordnung v. 29. April 1869 vorbehalten, wogegen Art. 15—20 der Deutschen Maass- u. Gewichts-O. auf Bayern keine Anwendung finden. — Bayr. Aichordnung v. 1. Febr. 1876 Ges.- u. VBl. S. 218. |
| 49 | 4. Dez. 1871. / 21. Dez. 1871. | Gesetz, betr. die Ausprägung von Reichsgoldmünzen. (RGbl. S. 404.) S. Z. 81. |
| 50 | 9. Dez. 1871. / 28. Dez. 1871. | Gesetz, betr. die Friedenspräsenzstärke des Deutschen Heeres u. die Ausgaben für die Verwaltung desselben für die Jahre 1872, 1873 u. 1874. (Rgbl. S. 411.) |
| 51 | 4. Dez. 1871. / 28. Dez. 1871. | Gesetz, betr. die Feststellung des Haushaltsetats des Deutschen Reichs f. d. Jahr 1872. (RGbl. S. 412.) (Matrikularbeiträge Bayerns 5,671,353 Thl.) |
| 52 | 10. Dez. 1871. / 1. Jan. 1872. | Gesetz, betr. die Ergänzung des Strafgesetzbuches für das Deutsche Reich. (RGbl. S. 442) § 130 a. |
| 53 | 21. Dez. 1871. / 12. Jan. 1872. | Gesetz, betr. die Beschränkungen des Grundeigenthums in der Umgebung von Festungen. (RGbl S. 459.) |
| 54 | 31. Mai 1872. | Gesetz wegen Erhebung der Brausteuer (RGbl. S. 153.) |
| 55 | 29. Mai 1872. / 1. Juli 1872. | Gesetz, betr. die Einführung des Gesetzes über die Portofreiheiten v. 5. Juni 1869 im Verkehr mit Bayern u. Württemberg. (RGbl. S. 167.) (S. oben Z. 19.) |

| Zahl | Datum des Gesetzes / der Einf. in B. | Betreff. |
|---|---|---|
| 56 | 16. Juni 1872. / 1. Juli 1872. | Gesetz, betr. die Verlängerung der Wirksamsamkeit des Ges. üb. die Ausgabe von Banknoten v. 27. März 1870. (RGbl. S. 169.) S. Z. 27. |
| 57 | 12. Juni 1872. / 1. Juli 1872 u. 1. Jan. 1873. | Gesetz, betr. die Einführung der Gewerbeordnung des Norddeutschen Bundes v. 21. Juni 1869 (B. Gbl. 1869 S. 245) in Bayern und die Abänder. einiger Strafbestimm. d. Gewerbeordnung. (RGbl. S. 170.) Zu Z. 24. S. Z. 85, 96. |
| 58 | 20. Juni 1872. / 1. Okt. 1872. | Einführungsgesetz zum Militärstrafgesetzbuche für das Deutsche Reich. (RGbl. S. 173.) S. Z. 59. |
| 59 | 20. Juni 1872. / 1. Okt. 1872. | Militär-Strafgesetzbuch für d. Deutsche Reich. (RGbl. S. 174.) S. Z. 58. |
| 60 | 21. Juni 1872. | Telegraphenordnung für das Deutsche Reich. (RGbl. S. 213.) |
| 61 | 1. Juli 1872. / 1. Okt. 1872. | Ges., betr. die Gebühren u. Kosten bei d. Consulaten des Deutsch. Reichs. (RGbl. S. 245.) |
| 62 | 4. Juli 1872. / 24. Juli 1872. | Gesetz, betr. den Ordon der Gesellschaft Jesu. (RGbl. S. 253.) Mit Bek. des Reichskanzlers v. 5. Juli 1872 (RGbl. S. 254.) S. Z. 72. |
| 63 | 5. Juli 1872. / 30. Juli 1872. | Gesetz, betr. die Kontrole des Reichshaushalts für das Jahr 1872. (RGbl. S. 265.) |
| 64 | 27. Dez. 1872. / 1. März 1873. | Seemannsordnung (RGbl. 1872. S. 409.) |
| 65 | 27. Dez. 1872. / 1. März 1873. | Ges. betr. die Verpflichtung deutscher Kauffahrteischiffe zur Mitnahme hülfsbedürftiger Seeleute. (Rgbl. 1872 S. 432.) |
| 66 | 24. Febr. 1873. / 13. März 1873. | Ges. betr. die Abänderung des Art. 28 der Reichsverfassung. (Zu Ziff. 37.) |
| 67 | 3. März 1873. / 21. März 1873. | Ges. betr. einen Zusatz zu dem Art. 4 Nr. 9 der Reichsverfassung. (Zu Z. 37.) |
| 68 | 29. März 1873. / 18. April 1873. | Ges. betr. die dem Reichsoberhandelsgerichte gegen Rechtsanwalte u. Advokaten zustehenden Disziplinarbefugnisse. |
| 69 | 31. März 1873. / 18. April 1873. | Ges. betr. die Rechtsverhältnisse der Reichsbeamten. |
| 70 | 12. Mai 1873. / 29. Mai 1873. | Ges. betr. das Aufgebot und die Amortisation verlorener od. vernichteter Schuldurkunden des Nordd. Bundes u. des Deutschen Reichs. |
| 71 | 17. Mai 1873. / 1. Jan. 1874. | Ges. betr. einige Abänderungen des Ges. über das Posttaxwesen im Gebiete des Deutschen Reichs. (Zu Z. 44. 80. 93.) |
| 72 | 20. Mai 1873. / 6. Juni 1873. | Bekanntm. des Reichskanzlers v. 20. Mai 1873, betr. die Ausführung des Gesetzes über den Orden der Gesellschaft Jesu. (Zu Z. 62.) |
| 73 | 25. Mai 1873. / 11. Juni 1873. | Gesetz über die Rechtsverhältnisse der zum dienstlichen Gebrauche einer Reichsverwaltung bestimmten Gegenstände. |

| Zahl | Datum des Gesetzes / der Einf. in B. | Betreff. |
|---|---|---|
| 74 | 13. Juni 1873. / 3. Juli 1873. | Gesetz über die Kriegsleistungen. (RGbl. S. 129.) Vgl. Z. 99. 98. 10. |
| 75 | 23. Juni 1873. / 11. Juli 1873 u. 1. August 1873. | Gesetz betreff. die Einführung des Gesetzes des Norddeutschen Bundes über die privatrechtliche Stellung der Erwerbs- und Wirthschafts-Genossenschaften vom 4. Juli 1868 im Königreiche Bayern (RGbl. S. 146.) S. Bay. RBl. 1873. S. 1241. Zu Ziff. 12. |
| 76 | 9. Juni 1873. / 27. Juni 1873. | Revidirte Instruktion zu dem Gesetze vom 7. April 1869, Massregeln gegen die Rinderpest betr. (RGbl. S. 147.) Bay. ME. v. 8. Aug. 1873. (Rbl. S 1257.) Zu Z. 14. 45. |
| 77 | 27. Juni 1873. / 17. Juli 1873. | Gesetz betreff. die Errichtung eines Reichseisenbahnamtes. (RGbl. S. 161.) |
| 78 | 30. Juni 1873. / 17. Juli 1873. | Gesetz betreff. die Bewilligung von Wohnungsgeldzuschüssen an die Offiziere und Aerzte des Reichsheeres und der kaiserl. Marine, sowie an die Reichsbeamten. (R.-Gbl. S. 166.) |
| 79 | 28. Juni 1873. / 17. Juli 1873. | Gesetz betreffend die Registrirung der Kauffahrteischiffe. (RGbl. S. 184.) |
| 80 | 8. Juli 1873. / 27. Juli 1873. | Bekanntmachung des Reichskanzlers betreff. die portopflichtige Correspondenz zwischen Behörden verschiedener Bundesstaaten. (R.-Gbl. S. 232.) S. Z. 43 41. |
| 81 | 9. Juli 1873. / 29. Juli 1873. | Münzgesetz. (RGbl. S. 233.) S. Z. 49. 87. 88.) S. Z. 103. |
| 82 | 12. Juli 1873. / 1. Okt. 1873. | Die neue Redaktion des Zolltarifs. |
| 83 | 7. Dez. 1873. / 1. Jan. 1874. | Ges. betr. die Abänderung der Maass- und Gewichtsordnung. (Meile) (RGbl. S. 377.) |
| 84 | 20. Dez. 1873. / 7. Jan. 1874. | Ges. betr. die Abänderung der Nr. 13 des Art. 4 der Reichsverfassung. (RGbl. S. 379.) |
| 85 | 2. März 1874. / 21. März 1874. | Gesetz betr. die einer besond. Genehmigung bedürfenden gewerblichen Anlagen. (R.-Gbl. S. 19.) Zu Z. 57. |
| 86 | 8. April 1874. / 1. April 1875. | Impfgesetz. (RGbl. S. 31.) Bay. Vollz. Verordn. v. 24. Febr. 1875. (GBl. S. 117) und v. 28. April 1875 (GBl. S. 403). S. B. 123. |
| 87 | 20. April 1874. / 14. Mai 1874. | Gesetz wegen Abänderung des Art. 15 des Münzgesetzes. Zu Z. 81. |
| 88 | 30. April 1874. / 19. Mai 1874. | Gesetz betr. die Ausgabe von Reichskassenscheinen. (RGbl. S. 40.) Zu Z. 81. |
| 89 | 4. Mai 1874. / 20. Mai 1874. | Gesetz betr. die Verhinderung der unbefugten Ausübung von Kirchenämtern. (RGbl S. 43.) |
| 90 | 2. Mai 1874. / 23. Mai 1874. | Reichsmilitärgesetz (RGbl. S 45.) (In Bayern vorbehaltlich des Bündnissvertr. v. 23. Nov. 1870. III. § 5.) |

| Zahl | Datum des Gesetzes / der Einf. in B. | Betreff. |
|---|---|---|
| 91 | 7. Mai 1874. / 1. Juli 1874. | Gesetz über die Presse. (RGbl. S. 65.) |
| 92 | 24. Jan. 1874. / 28. Juli 1874. | Vertrag zw. Deutschland und der Schweiz wegen gegenseitiger Auslieferung der Verbrecher. (RGbl. S. 113.) Mit Zusatzart. v. 6. Juli 1874. |
| 93 | 3. Nov. 1874. / 1. Jan. 1875. | Gesetz betr. Abänderung des Gesetzes über das Posttaxwesen. (Zu Z. 44 u. 71.) |
| 94 | 30. Nov. 1874. / 1. Mai 1875. | Gesetz über den Markenschutz. (RGBl. S. 143. Bayer. Vollz. V. v. 1. April 1875. Gbl. S. 266.) |
| 95 | 21. Dez. 1874. / 1. Jan. 1875. | Gesetz betr. die Ausgabe von Banknoten. (Vgl. Nr. 27.) |
| 96 | 4. Jan. 1875. / 25. Jan. 1875. | Verordnung, betr. den Verkehr mit Arzneimitteln. RGbl. S. 5. Zu Z. 57.) |
| 97 | 6. Febr. 1875. / 1. Jan. 1876. | Gesetz betr. die Beurkundung des Personenstandes und die Eheschliessung. (RGbl. S. 23.) |
| 98 | 9. Febr. 1875. / 1. Juni 1875. | Gesetz betr. die Einführung des Gesetzes über die Quartierleistung in Bayern. (RGbl. S. 41.) S. Z. 74. 99. 10. (Bay. Vollz. I. v. 8. Juli 1875, G.- u. VBl. S. 513.) |
| 99 | 13. Febr. 1875. / 1. Juni 1875. | Gesetz über die Naturalleistungen für die bewaffnete Macht im Frieden. (RGbl. S. 52.) S. Z. 74. 98. 10. (Bay. Vollz. I. v. 28. Sept. 1875, G.- u. VBl. S. 579.) |
| 100 | 12. Febr. 1875. / 6. März 1875. | Gesetz über den Landsturm. (RGbl. S. 63.) |
| 101 | 15. Febr. 1875. / 6. März 1875. | Gesetz betr. die Ausübung der militärischen Controle über die Personen des Beurlaubtenstandes, die Uebungen derselben, sowie die gegen sie zulässigen Disziplinarstrafmittel. (RGbl. S. 65.) |
| 102 | 17. Febr. 1875. / 1. Jan. 1876. | Gesetz betr. das Alter der Grossjährigkeit. (RGbl. S. 71.) |
| 103 | 17. Febr. 1875. | Verordnung, betr. die einheitliche Benennung der Reichsgoldmünzen. (RGbl. S. 72.) Zu Z. 81. |
| 104 | 24. Dez. 1874. / 13. März 1875. | Auslieferungsvertrag zwischen d. deutschen Reiche und Belgien. (RGbl. S. 73.) |
| 105 | 12. Nov. 1874. / 19. März 1875. | Konvention über die Regulirung v. Hinterlassenschaften zwischen d. deutschen Reich und Russland. (RGbl. S. 136.) |
| 106 | 14. März 1875. / 1. April 1875 u. 1. Jan. 1876. | Bankgesetz. (RGbl. S. 177). Vgl. Z. 95, 88, 87, 81, 49, 41, 36, 27. |
| 107 | 9. Okt. 1874. | Vertrag, betr. die Gründung eines allgemeinen Postvereins. |
| 108 | 20. Dez. 1875. | Gesetz, betr. die Abänderung des § 4 des Gesetzes über das Postwesen des Deutschen Reichs v. 28. Okt. 1871. |

| Zahl | Datum des Gesetzes / der Einf. in B. | Betreff. |
|---|---|---|
| 109 | 20. Dez. 1875. / 5. Jan. 1876. | Gesetz, betr. die Naturalisation von Ausländern, welche im Reichsdienste angestellt sind. |
| 110 | 6. Jan. 1876. / 1. Febr. 1876. | Gesetz, betr. die Abänderung des Art. 15 des Münzgesetzes vom 9. Juli 1873. |
| 111 | 9. Jan. 1876. / 1. Juli 1876. | Gesetz, betr. das Urheberrecht an Werken der bildenden Künste. Vollz.-Vorschr. des Reichsk. v 7. Dez. 1870, 29. Febr. 1876 u. der Bay. Minist. v. 22. März 1876. (G.- u. VBl. 1876 S. 301 - 314.) |
| 112 | 10. Jan. 1876. / 1. Juli 1876. | Gesetz, betr. den Schutz der Photographien gegen unbefugte Nachbildung. |
| 113 | 11. Jan. 1876. / 1. April 1876. | Gesetz, betr. das Urheberrecht an Mustern und Modellen. Vollz.-Vorschr. des Reichsk. v. 29. Febr. 1876 u. d. Bay. Minist. v. 17. März 1876. (G.- u. VBl. 1876 S. 287 u. 295.) |
| 114 | 26. Febr. 1876. / 20. März 1876. | Gesetz, betr. die Abänderung von Bestimmungen des Strafgesetzbuches für das Deutsche Reich v. 15. Mai 1871 u. die Ergänzung desselben. -- Mit dem neuredigirten Texte des StGB. |
| 115 | 29. Febr. 1876. / 1. April 1877. | Gesetz, betr. das Etatsjahr für den Reichshaushalt. |
| 116 | 7. April 1876. / 26. April 1876. | Gesetz über die eingeschriebenen Hülfskassen. |
| 117 | 8. April 1876. / 26. April 1876. | Gesetz, betr. die Abänderung des Titels VIII der Gewerbeordnung. |

## Verzeichniss B zur Beilage XX.
## Landesgesetze für das Königreich Bayern.

| Zahl | Datum | Betreff. | rechtsrh. |
|---|---|---|---|
| 1 | 26. Mai 1818. | Verfassungsurkunde für das Königreich Bayern. (Mit Beilagen und Zusätzen.)<br>a. Folgende 10 Edikte sind der Verfassungsurkunde als Beilagen angefügt:<br>I. über das Indigenat, (s. Ges. vom 15. Aug. 1828);<br>II. über die äusseren Rechtsverhältnisse der Einwohner des Königreichs Bayern in Beziehung auf Religion | — |

| Zahl | Datum | Betreff. | rechtsrh. |
|---|---|---|---|
| | | und kirchliche Gesellschaften, mit 2 Anhängen: 1) das die inneren katholischen Kirchenangelegenheiten im Königreiche ordnende Concordat und 2) das Edikt über die inneren kirchlichen Angelegenheiten der protestantischen Gesammtgemeinde, (s. Ges. v. 1. Juli 1834, die griechischen Glaubensgenossen etc. betr. und Ges. v. 4. Juni 1848, die protestantischen Generalsynoden etc. betr.); <br>III. über die Freiheit der Presse und des Buchhandels (s. Edikt v. 4. Juni 1848); <br>IV. die staatsrechtlichen Verhältnisse der vormals reichsständischen Fürsten, Grafen und Herren betr.; <br>V. über den Adel im Königreiche Bayern; <br>VI. über die gutsherrlichen Rechte und die gutsherrliche Gerichtsbarkeit, (s. Ges. v. 4. Juni 1848); <br>VII. über die Familienfideikommisse, (s. Ges. v. 11. Sept. 1825); <br>VIII. über die Siegelmässigkeit; <br>IX. über die Verhältnisse der Staatsdiener, (s. K. V. v. 1. Jan. 1805, Hauptlandespragmatik über die Dienstverhältnisse der Staatsdiener u. K. V. v 16. Aug. 1817 über die Umzugsgebühren d. Bediensteten); <br>X. über die Ständeversammlung, (s. Ges. v 4. Juni 1848, die Wahl der Landtagsabgeordneten betr.; vom 4. Juni 1848, die ständische Initiative betr.; v. 25. Juli 1850, den Geschäftsgang des Landtags betr.; v. 28. Mai 1852, die Ernennung des I. Präsidenten d. K. d. Reichsräthe betr. <br>b. Ueber die noch geltenden Bestimmungen der bayerischen Gerichtsordnung von 1753 s. die Zusammenstellung derselben von A. Vierling, bei Beck in Nördlingen 1875. <br>c. Ausser dem »Bayerischen Landrechte« vom Jahre 1756 und dem Strafgesetzbuche v. 1813 Thl. II, bestehen noch folgende, von demselben A. Vierling bei Beck in Nördlingen 1876 in seinen »Fragmentarischen civilrechtlichen Gesetzen etc.« zusammengestellte | |

| Zahl | Datum | Betreff. | rechtsrh. |
|---|---|---|---|
| | | ältere Generalmandate mit Gesetzeskraft für die älteren Landestheile:<br>1) Landesdirektionsverordnung vom 2 Mai 1806, die Sponsalien betr.;<br>2) GM. v. 18. Aug. 1806, die Erbseinsetzung der armen Seele betr.;<br>3) GM. v. 9. März 1807, die Erbfolge in den Verlassenschaften der Bamberg'schen Geistlichkeit betr.;<br>4) GM. v. 27. April 1807, die einjährigen Gelübde der Nonnen betr.;<br>5) GM. v. 19. Juni 1807, die Sponsalien-Klagen der Protestanten betr.;<br>6) Edikt über die Konfiskationen v. 29. August 1808;<br>7) GM. v. 12. Dez. 1809, die Testamentsexekution bei Sterbfällen der Geistlichen betr.;<br>8) GM. v. 10. Okt. 1810, die Anfertigung der Amortisationsedikte betr.;<br>9) GM. v. 17. Aug. 1813, Erläuterung der V. v. 10. Okt. 1810, die Ausfertigung der Amortisationsedikte betr.;<br>10) GM. v. 11. Juni 1816, die in Civilsachen gegen Militärpersonen anzuwendenden Gesetze betr.;<br>11) GM. v. 12. März 1817, die auf jeden Inhaber (au porteur) lautenden Staats- oder sonst öffentlichen Fondspapiere betr. | |
| 2 | 1. Juni 1822. | Die Einführung des Hypothekengesetzes und der Prioritätsordnung betr. S. Z. 56 u. 57. | r. |
| 3 | 1. „ „ | Hypothekengesetz. S. Z. 56 u. 57. | r. |
| 4 | 1. „ „ | Die Prioritätsordnung. S. Z. 44. | r. |
| 5 | 15. Aug. 1828. | Ueber die allgemeine Grundsteuer. (Mit Novellen v. 25. Aug. 1831 u. 28. März 1852.) | — |
| 6 | 12. Aug. 1828. | Die Militärgerichtsbarkeit in bürgerlichen Rechtssachen betr. | — |
| 7 | 28. Dezbr. 1831. | Einige civilrechtliche Gegenstände für den Fall des Eindringens der asiatischen Cholera betr. (Letztwillige Verfügungen und Nothfristen.) | — |
| 8 | 28. „ „ | Ueber das Staatsschuldenwesen. | — |
| 9 | 17. Nov. 1837. | Ueber die Zwangsabtretung von Grundeigenthum für öffentliche Zwecke. | — |
| 10 | 15. April 1840. | Landtagsabschied III. B. I.: die Aufhebung des Abzugs der Armen- u. Schul-Quarten von allen frommen Vermächtnissen betr. | — |

| Zahl | Datum | Betreff. | rechtsrh. |
|---|---|---|---|
| 11 | 4. Juni 1848. | Die Ablösung des Lehenverbandes betr. | — |
| 12 | 4. „ „ | Ueber die Verantwortlichkeit der Minister. S. Z. 19. | — |
| 13 | 4. „ „ | Die Aufhebung der gutsherrlichen Gerichtsbarkeit, dann Aufhebung, Fixirung u. Ablösung von Grundlasten betr. S. Z. 35, 36, 67, 109. | r. |
| 14 | 10. Nov. 1848. | Die Abänderungen des II. Theiles des Strafgesetzes vom Jahre 1813 betr. (Mit dem Strafgesetzbuche v. J. 1813 Th. II.) S. Ziff. 56. 71. 101. | r. |
| 15 | 18. Nov. 1849. | Ueber Abschaffung der Strafe des bürgerlichen Todes. | — |
| 16 | 26. Febr. 1850. | Ueber die Versammlungen und Vereine. | — |
| 17 | 12. März 1850. | Ueber die Verpflichtung des Ersatzes des bei Aufläufen verursachten Schadens. | — |
| 18 | 17. „ „ | Zum Schutz gegen den Missbrauch der Presse. | — |
| 19 | 30. „ „ | Den Staatsgerichtshof u. das Verfahren bei Anklagen gegen d. Minister betr. V. Z. 12. | — |
| 20 | 30. „ „ | Die Ausübung der Jagd betr. S. Z. 83. | r. |
| 21 | 28. Mai 1850. | Die Competenzkonflikte betr. | — |
| 22 | 15. Juni 1850. | Ersatz des Wildschadens betr. | — |
| 23 | 25. Juli 1850. | Die Bestrafung der Jagdfrevel betr. S. RG. Z. 30 u. 39. | — |
| 24 | 25. „ „ | Die Einführung der allgemeinen Deutschen Wechselordnung in Bayern betr. (Mit der Allgemeinen deutschen Wechselordnung.) S. ob. Reichsges v. 5. VI. 69. Z. 18. 128. | — |
| 25 | 25. „ „ | Ueber die Einrichtung des die Kunststrassen befahrenden Fuhrwerks. | — |
| 26 | 4. Mai 1851. | Das Einschreiten der bewaffneten Macht zur Erhaltung der gesetzlichen Ordnung betr. S. unten Z. 101. | — |
| 27 | 29. Juni 1851. | Die bürgerlichen Rechte der israelitischen Glaubensgenossen betr. S. oben RG. v. 3. VII. 69. Z. 25. | — |
| 28 | 29. „ „ | Die kaufmänischen Anweisungen betr. | — |
| 29 | 28. März 1852. | Forstgesetz. | r. |
| 30 | 28. Mai 1852. | Die Distriktsräthe betr. | — |
| 31 | 28. „ „ | Die Landräthe betr. | — |
| 32 | 28. „ „ | Ueber die Benützung des Wassers. S. Z. 121. | — |
| 33 | 28. „ „ | Ueber die Bewässerungs- und Entwässerungs-Unternehmungen zum Zwecke der Bodenkultur. | — |
| 34 | 28. „ „ | Ueber den Uferschutz und den Schutz gegen Ueberschwemmungen. | — |
| 35 | 28. „ „ | Ueber die Ausübung und Ablösung des Weiderechts auf fremdem Grund und Boden. Zu Z. 13. | r. |
| 36 | 28. „ „ | Die Sicherung, Fixirung und Ablösung | r. |

| Zahl | Datum | Betreff. | rechtsrh. |
|---|---|---|---|
| | | der auf dem Zehentrechte lastenden kirchlichen Baupflicht betr. Zu Z. 13. | |
| 37 | 28. Mai 1852. | Die Siegelmässigkeit betr. | r. |
| 38 | 28. „ „ | Ueber das Taxregulativ für die Verhandlungen der nichtstreitigen Rechtspflege, sowie der innern, dann Polizei- und Finanzverwaltung. | r. |
| 39 | 28. „ „ | Die Feuerversicherungsanstalt für Gebäude in d. Gebietstheilen d. d. Rh. betr. S. Z. 119. | r. |
| 40 | 22. Febr. 1855. | Die Aufhebung der Lex Anastasiana und anderer bezüglich der Abtretung von Rechten vorgeschriebenen Beschränkungen betr. | r. |
| 41 | 31. Mai 1856. | Die Einkommensteuer betr. | — |
| 42 | 31. „ „ | Die Kapitalrentensteuer betr. | — |
| 43 | 1. Juni 1856. | Die Gewerbsteuer betr. | — |
| 44 | 1. Juli 1856. | Den § 19 der Prioritätsordnung vom 1. Juni 1822 betr. Zu Z. 4. | r. |
| 45 | 22. Febr. 1858. | Ueber die landwirthschaftlichen Erbgüter. | r. |
| 46 | 26. März 1859. | Die Gewährleistung bei Viehveräusserungen betr. | — |
| 47 | 26. „ „ | Die Einrede des nicht gezahlten Geldes oder Heiratgutes betr. | r. |
| 48 | 26. „ „ | Die Verjährungsfristen betr. | r. |
| 49 | 10. Juli 1861. | Die Aufhebung der Straffolgen betr. S. Z. 101 u. Rbl. 1873 S. 1665. | — |
| 50 | 29. „ „ | Verjährung der Staatsschuldurkunden betr. | — |
| 51 | 10. Nov. 1861. | Landtagsabschied III. §. 28: 1. die Geschlechtsvormundschaft betr. 2. die Einstandsrechte betr. 3. die Form einiger Rechtsgeschäfte betr. 4. die Verletzung über die Hälfte btr. | — |
| 52 | 10. „ „ | Die Einführung des Allgemeinen deutschen Handelsgesetzbuches betr. (Mit dem Allgemeinen Deutschen Handelsgesetzbuch.) S. oben RG. v. 3. VII. 69. Ziff. 18. u. 64. unten Z. 116. | — |
| 53 | 10. „ „ | Die Einführung des Strafgesetzbuches und des Polizeistrafgesetzbuches für das Königr. Bayern betr. (Mit Strafgesetzbuch u. Polizeistrafgesetzbuch.) S. oben RG. v. 31. V. 1870. Z. 30. 39. unten Ziff. 100, 101. | — |
| 54 | 10. „ „ | Den Vollzug der Freiheitsstrafen durch Einzelnhaft betr. S. wie bei 53. | — |
| 55 | 10. „ „ | Ueber die Aufbringung des Bedarfs für die deutschen Schulen. | — |
| 56 | 10. „ „ | Die Gerichtsverfassung betr. | r. |
| 57 | 10. „ „ | Das Notariat betr. S. Z. 89. 108. | r. |

| Zahl | Datum | Betreff. | rechtsrh. |
|---|---|---|---|
| 58 | 10. Nov. 1861. | Die Zusammenlegung der Grundstücke betr. Art. 25 gilt auch f. d. Pfalz. | r. |
| 59 | 5. Oktbr. 1863. | Einige Bestimmungen der Allgemeinen deutschen Wechselordnung betr. (Nürnberger-Novellen.) S. oben RG. v. 3. VII. 69. Ziff. 18. | — |
| 60 | 28. Juni 1865. | Schutz der Urheberrechte an literarischen Erzeugnissen und an Werken der Kunst betr. S. oben RG. v. 11. VI. 70. Ziff. 34. | — |
| 61 | 10. Juli 1865. | Die Aufhebung von Beschränkungen der Unterofficiere und Soldaten in der Verfügung über ihr Vermögen betr. | — |
| 62 | 26. März 1867. | Die Entschädigung der Vieheigenthümer für ihre im Falle des Ausbruchs der Rinderpest im Inlande getödteten Thiere betr. | — |
| 63 | 16. Nov. 1867. | Die Erhebung einer Abgabe von Salz betr. | — |
| 64 | 5. Dezbr. 1867. | Die Abänderung der gesetzlichen Bestimmungen über die Zinsen betr. | — |
| 65 | 30. Januar 1868. | Das Gewerbswesen betr. | — |
| 66 | 30. „ „ | Die Wehrverfassung btr. S. A. Z. 47. B. 120. | — |
| 67 | 28. Febr. 1868. | Ueber die Ablösbarkeit der auf Grund und Boden haftenden oder mit einer Gewerbsrealität verbundenen Ehehaftsverhältnisse. | r. |
| 68 | 16. April 1868. | Ueber Heimath, Verehelichung und Aufenthalt. S. unten Z. 104. | — |
| 69 | 2. Mai 1868. | Ueber Schliessung und Trennung der Ehen der keiner anerkannten Religionsgesellschaft angehörenden Personen. | r. |
| 70 | 16. „ „ | Ueber den Malzaufschlag. Bis zur Gleichstellung der Taxges. nur diess. d. Rh. giltig. S. Z. 99. | r. |
| 71 | 16. „ „ | Das Ungehorsamsverfahren in den zur Zuständigkeit der Bezirksgerichte gehörigen Straffällen betr. Zu Ziff. 14. | r. |
| 72 | 16. „ „ | Die Vermarkung der Grundstücke betr. | — |
| 73 | 16. „ „ | Die Abänderung einiger Bestimmungen des Straf- und Polizeistrafgesetzbuches betr. S. oben Ziff. 53, unten Z. 101 u. RG. v. 31. V. 70. Ziff. 30. 39. | — |
| 74 | 28. Aug. 1868. | Die Besteuerung des Tabaks betr. (Zollvereinsges.) | — |
| 75 | 20. März 1869. | Das Berggesetz betr. | — |
| 76 | 6. April 1869. | Die Abgabe von Bergwerken betr. | — |
| 77 | 6. „ „ | Die Personalhaft betr. S. unt. Z. 85 u. ob. RG. v. 29. Mai 68. Ziff. 8. | — |
| 78 | 29. „ „ | Die Mass- und Gewichtsordnung betr. S. A. Z. 48. | — |
| 79 | 29. „ „ | Die privatrechtliche Stellung der Erwerbs- und Wirthschaftsgesellschaften betr. S. A. Z. 75. | — |

| Zahl | Datum | Betreff. | rechtsrh. |
|---|---|---|---|
| 80 | 29. April 1869. | Die Aktiengesellschaften, bei denen der Gegenstand des Unternehmens nicht in Handelsgeschäften besteht, betr. | — |
| 81 | 29. „ „ | Die privatrechtliche Stellung von Vereinen betr. | — |
| 82 | 29. „ „ | Die öffentliche Armen- und Krankenpflege betr. S. Z. 122. | — |
| 83 | 29. „ „ | Das Wehrgeld betr. S. A. Z. 47. | — |
| 84 | 29. „ „ | Die Einführung einer Prozessordnung in bürgerlichen Rechtsstreitigkeiten für das Königreich Bayern betr. | — |
| 85 | 29. „ „ | Prozessordnung in bürgerlichen Rechtsstreitigkeiten für das Königr. Bayern. | — |
| 86 | 29. „ „ | Die Einführung des Militärstrafgesetzbuches und der Militärstrafgerichtsordnung für das Königreich Bayern betr. | — |
| 87 | 29. „ „ | Das Militärstrafgesetzbuch für das Königreich Bayern. S Z. 107. | — |
| 88 | 29. „ „ | Die Militärstrafgerichtsordnung für das Königreich Bayern. S. Z. 107. 110. | — |
| 89 | 29. April 1869. | Landtagsabschied § 60: die Auslegung des Art. 14 des Notariats-Gesetzes vom 10. November 1861 betr. Zu Ziff. 57. | r. |
| 90 | 29. „ „ | Die Gemeindeordnung für die Landestheile diesseits d. Rheins betr. S. Z. 103. | r. |
| 91 | 8. Juli 1869. | Die Besteuerung des Zuckers betr. Zollvereinsgesetz. | — |
| 92 | 26. Sept. 1869. | Kgl. Deklaration des Zollvereinsgesetzes | — |
| 93 | 26. „ „ | Die Sicherung der Zollvereinsgrenze in den vom Zollgebiete ausgeschlossenen Hamburgischen Gebietstheilen. | — |
| 94 | 21. Juni 1870. | Einige provisorische Bestimmungen über Tax- und Stempelgebühren in bürgerlichen Rechtssachen betr. Abth. I: Für Bayern diesseits d. Rheins. Vergl. Ziff. 38. 113. 125. Abth. II: für die Pfalz. Fortdauer bis zum Schlusse d. XI. F.-Per. s. Ges. v. 27. X. 71. | r. |
| 95 | 14. Jan. 1871. | Die Abänderung der Bestimmungen des Art. 200 des Polizeistrafgesetzbuches vom 10. Nov. 1861 betr. S. oben Z. 53, unten Z. 101. | — |
| 96 | 14. „ „ | Die Interzessionen betr. | r. |
| 97 | 18. Febr. 1871. | Landt.-Abschied § 20, den Ankauf der Früchte auf der Wurzel betr. | — |
| 98 | 18. „ „ | Landt.-Abschied § 21, die Rechtsverhältnisse der Miether und Pächter von Liegenschaften gegenüber den neuen Erwerbern betr. | — |
| 99 | 18. „ „ | Die metrischen Maasse im Aufschlagwesen betr. Zu Z. 70. | r. |

| Zahl | Datum | Betreff. | rechtsrh. |
|---|---|---|---|
| 100 | 26. Dez. 1871. | Polizeistrafgesetzbuch für Bayern. S. ob. Z. 53. | — |
| 101 | 26. „ „ | Den Vollzug der Einführung des Strafgesetzbuches für das deutsche Reich in Bayern betr. S. A. Z. 30. 39. 52. B. Z. 53. 100. 114. 117. | — |
| 102 | 19. Jan. 1872. | Den Geschäftsgang des Landtages betr. | — |
| 103 | 19. „ „ | Die Abänderung einiger Bestimmungen der Gemeindeordnung für die Landestheile d. d. Rh. vom 29. April 1869 btr. Zu Z. 90. | r |
| 104 | 23. Febr. 1872. | Die Abänderung einiger Bestimmungen des Gesetzes vom 16. April 1868 über Heimath, Verehelichung und Aufenthalt betr. Zu Z. 68 | — |
| 105 | 24. März 1872. | Die Ergänzung des Pferdebedarfes für das kgl. Heer im Falle der Mobilisirung betr. | — |
| 106 | 28. April 1872. | Abschied für den Landtag des Königreichs Bayern. | — |
| 107 | 28. „ „ | Die durch die Einführung des Strafgesetzbuches für das deutsche Reich bedingten Abänderungen der Militarstrafgesetze betr. Zu Z. 87, 88. | — |
| 108 | 28. „ „ | Den Art. 104 des Notariatsgesetzes vom 10. Nov. 1861 betr. Zu Ziff. 57. | r. |
| 109 | 28. „ „ | Die Grundentlastung betr. Zu Z. 13. | r. |
| 110 | 27. Sept. 1872. | Die durch die Einführung des Militärstrafgesetzbuches für d Deutsche Reich bedingten Abänderungen der Militärstrafgerichtsordnung für das Königreich Bayern. Zu Ziff. 88. 107. | — |
| 111 | 29. Dez. 1873. | Die Todeserklärung der in Folge des Krieges von 1870/71 vermissten Personen betr. | — |
| 112 | 29. „ „ | Das Vermögen und die Schulden der Landwehr älterer Ordnung betr. | — |
| 113 | 29. „ „ | Die vorläufige Fortdauer des Gesetzes, einige provisorische Bestimmungen üb. die Tax- u. Stempelgebühren in bürgerlichen Rechtssachen betr. Zu Z. 94. | r. |
| 114 | 25. Jan. 1874. | Die Zuständigkeit der Gerichte in Strafsachen. Zu Z. 101. | — |
| 115 | 7. Febr. 1874. | Die provis. Steuererhebung u. vorläuf. Bestreitung besonderer Ausgaben pro 1874 betr. | — |
| 116 | 27. Juli 1874. | Gesetz die Abänderung des Art. 19. Abs. 1 des Ges. v. 10. Nov. 1861 über die Einführung des allgem. deutschen Handelsgesetzbuches betr. S. Z. 52. | — |
| 117 | 27. „ „ | Gesetz den Art. 28 des Ges. v. 26. Dez. 1871 über den Vollzug der Einführung | — |

| Zahl | Datum | Betreff. | rechtsrh. |
|---|---|---|---|
| | | des Strafgesetzbuches für das Deutsche Reich in Bayern betr. Zu Z. 101. | |
| 118 | 27. Juli 1874. | Ges. die Todeserklärung der in Folge d. Krieges von 1866 vermissten Personen betreffend. S. Z. 111. | — |
| 119 | 3. April 1875. | Gesetz, die Brandversicherungsanstalt für Gebäude in den Landestheilen r. d. Rheines betr. (Gbl. S. 269.) S. Z. 39. | r. |
| 120 | 15. „ „ | Gesetz die Aufhebung des Art. 22 des Wehrverfassungsgesetzes vom 30. Januar 1868. Gbl. S. 358. Zu Z. 66 A. 47. | — |
| 121 | 15. „ „ | Gesetz die Bestimmungen des Art. 89 d. Ges. v. 28. Mai 1852 über die Benützung des Wassers b. Gbl. S. 360. Zu Z. 32. | — |
| 122 | 15. „ „ | Landtagsabschied Gbl. S. 333. § 41 Abänderung des Art. 20, Abs. I. d. Ges. v. 29. April 1869, die öffentliche Armen- u. Krankenpflege betr. Zu Z. 82. | — |
| 123 | 15. „ „ | Gesetz, die Bestreitung der Impfkosten in der Pfalz betr. (Ges.- u. Vbl. S. 361.) Zu A. 86. | — |
| 124 | 15. „ „ | Gesetz, die bayerische Hypotheken- und Wechselbank betr. (Ges.- u. Vbl. S. 363.) Zu A. 106. | — |
| 125 | 8. Nov. 1875. | Gesetz, Abänderungen der Tax- u. Stempelgesetze betr. (Ges.- u. Vbl. S. 655.) Zu Z. 38. 94. 113. | — |
| 126 | 8. „ „ | Gesetz, die Bestimmung von Geldstrafen u. einigen Geldsätzen nach der Reichswährung betr. (Ges.- u. Vbl. S. 665.) | — |
| 127 | 21. „ „ | Wehrordnung für das Königreich Bayern. (Ges.- u. Vbl. S. 771.) S. A. 47, B 66. | — |
| 128 | 13. März 1876. | Gesetz, die Aufhebung der Bestimmung über allgemeine Zahltage für die Stadt Augsburg im Art. 6 des Gesetzes vom 25. Juli 1850 zu der allgemeinen deutschen Wechselordnung betr. (Ges.- u. Vbl. S. 281.) Zu Z. 24. | — |
| 129 | 13. „ „ | Gesetz, die Abänderung des Art. 472 des in der Pfalz geltenden Strafprozessgesetzbuches betr.) (Ges.- u. Vbl. S. 281.) | — |
| 130 | 2. Juni 1876. | Gesetz, die Erhebung einer Gebühr für das Halten von Hunden betr. (Ges.- u. Vbl. S. 353.) Vollz.-Vorschr. v. 17. Juni 1876 (Ges.- u. Vbl. S. 359), v. 18. Juni 1876 (l. c. S. 360), v. 19. Juni 1876 (l. c. S. 366), v. 20. Juni 1876 (l. c. S. 367). | — |

# Alphabetisches Register
## zu den Verzeichnissen A und B der Beilage XX.

## Beilage XXI.

# Personallisten

der Staatsminister, der sämmtl. Justizbeamten, der Regierungspräsidenten, der Distriktspolizeibeamten, der Rentbeamten, Notare, Advokaten und Gerichtsvollzieher

## des Königreichs Bayern

nach dem Stande vom 31. Aug. 1876.

(Für die gütigen Mittheilungen und Berichtigungen bessten Dank!)

---

Inhalt.



## A.

# Die sechs königlichen Staatsministerien.

### I. Staatsministerium des k. Hauses und des Aeussern.

Se. Exzellenz Adolph v. Pfretschner, Staatsrath im ord. Dienste. (K3. — M1. — NCV1 — OL1 — RA3. — SA3. — SEH1 — WK1 — KHW1.) (St.M. 30. Juli 1866,)

### II. Staatsministerium der Justiz.

Se. Exzellenz Dr. Joh. Nep. v. Fäustle, Staatsrath im ord. Dienste (K2b. — M3 — VKreuz — PK3. — WF1.) (StM. 21. Aug. 1871.)

III. Staatsministerium des Innern.

Se. Exzellenz Sigmund H. von Pfeufer, Staatsrath (K3. — M2b. — MV3. — HG. u. 3. — OEK3. — PK3.) (StM. 21. Aug. 1871.

IV. Staatsministerium des Innern für Kirchen- und Schulangelegenheiten.

Se. Exzellenz Dr. Johann von Lutz, Staatsrath im ordentl. Dienst (K3. — M1. — OFI3. — PK1. PRA3. — JK1.) (StM. 20. Dez. 1869.)

V. Staatsministerium der Finanzen.

Se. Exzellenz Georg von Berr, Staatsrath i. o. Dienste. (K3. — M3. — VKz. — PK3. — MWK3.) (StM. 28. Sept. 1872.)

VI. Kriegsministerium.

Se. Exzellenz Josef von Maillinger, Staatsrath im ordentl. Dienste, Generallieutenant. (MJ3. — K3. — M3. — MV3. — OEK3. — PMV. — PEK1.) (StM. 4. April 1875.)

# B.

# Justizbeamte des Königreichs Bayern.

## I. Liste.

## Staatsministerium der Justiz.

A. Minister:

| | | | |
|---|---|---|---|
| Fäustle Dr. Joh. N. v., Staatsrath | Just.-Min. | München | 21. Aug. 1871. |
| im ord. Dienste (K2b.—M3.) | Just.-M.-R. | » | 23. Dez. 1870. |
| VKz.—PK3.—WF1. Excell.) | OAGR. | » | 7. » 1868. |
| | JMAss. | » | 29. Dez. 1864. |
| | Stadtrichter (Vorst.) | München l. I. | 28. Mai 1862. |
| | AGAss. | Neuburg | 7. März 1860. |
| | BGRath | Donauwörth | 27. April 1858. |
| | BGAss. | Augsburg | 5. Merz 1857. |
| | AGAcc. | Neuburg | |
| | Rechtspr. | Augsburg | |
| | Rechtspr. | Göggingen. | |

B. Ministerialräthe:

| | | | | |
|---|---|---|---|---|
| 1 | Eisenhart Aug. (Sekr. d. K.) (BL3. — OFJ2 Kz.—JK4.—TnNJ2.—WK3.—K3.) | MR. | München | 5. Jan. 1870. |
| 2 | Loë Max (K3.—M3.—JK4.—RA3.—FEL.4.) | MR. | » | 4. „ 1871. |
| 3 | Schmitt Dr. Gottfr. (M3.—PK2.—W.K3) | » | » | 23. Sept. 1872. |
| 4 | Röckelein Johann (M3.) Gen.-Sekr. | » | » | 20. Aug. 1875. |

C. Oberappellationsgerichtsräthe:

| | | | |
|---|---|---|---|
| Behringer Wilh. | OAGR. | München | 4. Nov. 1875. |

D. Appellationsgerichtsräthe:

| | | | | |
|---|---|---|---|---|
| 1 | Kastner Wilh. (M3.) | AGR. | München | 24. Aug. 1873. |
| 2 | Brunnhuber Joh. Nep. (M3.) | » | » | 24. Aug. 1873. |
| 3 | Rothenfelder Otto (M3.) | » | » | 27. Febr. 1874. |
| 4 | Petersen Friedr. | » | » | 12. Juni 1874. |
| 5 | Hauser Dr. Lorenz | » | » | 22. Apr. 1875. |

E. Bezirksgerichts-Staatsanwalt:

| | | | | |
|---|---|---|---|---|
| 1 | Bomhard Ernst | I. StA. | München | 31. Aug. 1871. |
| 2 | Weis Ludw. | BGR. | » | 21. Dez. 1875. |

F. Bezirksgerichtsräthe:

| | | | | |
|---|---|---|---|---|
| 1 Jnch Jul. | BGR. | München | 12. Juni 1874. |
| 2 Heller Wilh. | » | » | 31 Dez. 1874. |

G. Bezirksgerichtsassessoren:

| | | | |
|---|---|---|---|
| Barensfeld Frz. (verw. 12. VII. 74.) | BGA. | München | 12. April 1871. |

H. Ministerial-Secretäre etc. etc.

| | | | |
|---|---|---|---|
| Böhm Fr Xav. (K.w.Rath) | G. exp. S. | München | 24. Okt. 64. |
| Deitmeyer Jakob (K. Rath.) | geh. Rechn.-Com. | „ | 15 Juli 71 |
| Fickel Joh. Gg. | geh. Registr. | „ | 27 Mai 74 |
| Gürtler Frz. X. | Kanzlei-Sekr. | „ | 15. Juli 71. |
| Pfeiffer Heinr | „ | „ | 17. Nov. 74. |
| Gebhard Ign. Nep. | „ | „ | — |

## II. Liste.

### Oberappellationsgericht des Königreichs, zugleich Cassationshof für die Pfalz.

A. Präsident.

| | | | |
|---|---|---|---|
| Neumayer Dr. Ludw v. (K3. — M1. — RSt2.) | OAGP. | München | 7. Dez. 69. |

B. Direktoren:

| | | | |
|---|---|---|---|
| 1 Kalb Dr. Joh. G. v. (K3.—M2b.) | I. D. | München | 7. Dez. 68. |
| 2 Wolf Ad. Ritter v. (K3.—M3.—SEH2b.) | II. D. | „ | 22. Jan. 73. |
| 3 Gresbeck Frdr. v. (K3.—M2b.) | III. D. | „ | 26. Juli 73. |

C. (27) Räthe:

| | | | |
|---|---|---|---|
| 1 Braun Ludw (M3.) | OAGR. | München | 3. Dez. 59. |
| 2 Langlois Dr. Ant. v. (K3.—M3.) | „ | „ | 20. Jan. 61. |
| 3 Beselmüller Lorenz (K3. M3.) | „ | „ | 1. Dez. 64. |
| 4 Decrignis Carl Aug. v (K3. M3.) | „ | „ | 11. Dez. 64. |
| 5 Halm Ludw. | „ | „ | 20. Mai 65. |
| 6 Schuler Theodor | „ | „ | 4. Juli 66. |
| 7 Dirrigl Johann B. (M3.) | „ | „ | 14. Nov. 67. |
| 8 Flembach Fdr. Ant. v. | „ | „ | 10. Dez. 67 |
| 9 Freytag Theod (M3.—VKz.) | „ | „ | 7. Dez. 68. |
| 10 Höfling Dr Phil. | „ | „ | 28. „ 69. |
| 11 Arnold Frdr. | „ | „ | 31. Dez. 69. |
| 12 Koch Moriz | „ | „ | 16. März 70. |
| 13 Langlois Dr. Jos. v. | „ | „ | 16. April 70. |
| 14 Stoiber Jos. Rudolph (M3.) | „ | „ | 15. Juni 70. |
| 15 Merz Albert | „ | „ | 22. Dez. 70. |
| 16 Gumppenberg Karl Frhr. v. Kämm. | „ | „ | 19. April 71. |
| 17 Schmidt Karl Heinrich | „ | „ | 20. April 71. |
| 18 Wulffen Frdr. Frhr. v. Käm. (PK4. — OH. u. V. — VKz.) | „ | „ | 13. Jan. 73. |
| 19 Hofmann Karl | „ | „ | 26. Juli 73. |
| 20 Fruhmann Wilh. | „ | „ | 13. Dez. 73. |
| 21 Barth Wilh. (HE3) | „ | „ | 10. Mai 74. |
| 22 Kurz Dr. Heinr. K. (OEK3.) | „ | „ | 20. Aug. 74. |
| 23 Zinkgraf Karl Th. | „ | „ | 13. Oct. 74. |
| 24 May Dr. Andr. | „ | „ | 14. Dez. 74. |
| 25 Herold Gottlieb | „ | „ | 12. Jan 75. |
| 26 Dercum Herm. | „ | „ | 8. Febr. 76. |
| 27 Mattenheimer Karl (M3.) | „ | „ | 22. März 76. |

## III Liste.

# Appellationsgerichts-Präsidenten und Direktoren.

**A. Appellationsgericht in München (für Oberbayern).**
(Zugleich Handelsappellationsgericht für Ober- und Niederbayern.)
Präs. Haubenschmied Ferd. v AGP München 26. Aug 76.
Reichsrath (K3.–M2b.)
Dir. Kamerknecht Karl v (K3.–M3.) I D „ 7 Mai 73.

**B. Appellationsgericht in Passau (für Niederbayern).**
Präs. Steyrer Clem. v. (K3. M2b.) AGP Passau 25. Okt 67.
Dir Schiber Jos v (K3. — M3.) I. D. „ 10. Mai 70.

**C. Appellationsgericht in Zweibrücken (für die Pfalz).**
(Zugleich Handelsappellationsgericht für diesen Kreis.)
Präs. Weis Dr Ldw. v (K3. – M3.) AGP Zweibrücken 20. April 71.
Dir Kieffer Frdr (M3. – OH3.) AGD „ 28. Mai 76.

**D. Appellationsgericht in Bamberg (für Unter- u Oberfranken).**
Präs. Schebler Karl v. (K3–M3–BL3. AGP Bamberg 18. Aug. 74.
OH u. V)
Dir 1. Gareis Willi v (K3.–M2b.) I. D. „ 11 März 54.
„ 2. Knappe Dr. Jul. v. (K3.–M3.) I. D „ 21. April 62.

**E. Appellationsgericht in Nürnberg (für Oberpfalz u. Mittelfranken).** (Zugleich Handelsappellationsgericht für Oberpfalz, Oberfranken, Mittelfranken und Unterfranken.)
Präs. Kleinschrod Ernst v (K3.—M3.) AGP Nürnberg 26. Aug 76.
Dir. 1 Sedlmayr Andreas I. D „ 30. Mai 70.
„ 2 Hettich Karl I D „ 10 Mai 74.

**F. Appellationsgericht in Augsburg (für Schwaben u. Neuburg).**
(Zugleich Handelsappellationsgericht für diesen Kreis.)
Präs. Wirschinger Dr H. v (K3 – M2b) AGP Augsburg 29. Juni 66.
Dir Schmitt Jos. (M3.) I. D „ 26. Juli 75.

## IV. Liste

# (100) Appellationsgerichts-Räthe.

| | | | | |
|---|---|---|---|---|
| 1 | Serini Phil. Jak (M3) | AGR. | Zweibrücken | 28. Jan. 51 |
| 2 | Täuffenbach Karl v Kämmerer | „ | Nürnberg | 19 Aug. 54. |
| 3 | Westermayer Richard (M3.) | „ | Augsburg | 24. Juni 58. |
| 4 | Köppel Friedr Wilh | „ | Passau | 17. Juli 58. |
| 5 | Enhuber M.R.v Kamrj.(M3.-VKz.) | „ | München | 19. Juni 59. |
| 6 | Branca Max Frhr v., Kammerj. | „ | „ | 25. Jan 60. |
| 7 | Grabner Maximilian | „ | Augsburg | 10. März 60. |
| 8 | Gerstner Georg | „ | Bamberg | 9. Okt. 60. |
| 9 | Krätzer Dr Adolph | „ | Passau | 8. Sept. 64. |
| | | | Rang seit | 8. April 61 |
| 10 | Mähler Alois | „ | München | 18. Aug. 65. |
| | | | Rang seit | 8. April 61. |
| 11 | Abt Friedr. August | „ | Passau | 18. Febr. 66. |
| | | | Rang seit | 28. Mai 62. |
| 12 | Mayer Dr Max Theod. | „ | Augsburg | 28. Mai 62. |
| 13 | Merkel J. Kasp. Gottlieb (M3.) | „ | Nürnberg | 21 April 62. |

| | | | | |
|---|---|---|---|---|
| 14 | Schallern Frdr Aug v | AGR. | Nürnberg | 21 April 62 |
| 15 | Fortsch Otto (MJ) | „ | Nürnberg | |
| 16 | Schlag Friedr | „ | Passau | |
| 17 | Wolt Wilh | „ | Bamberg | |
| 18 | Pfeufer Jos. Friedr | „ | Passau | |
| 19 | Zinn Friedr | „ | „ | 12. Jan. 66. |
| | | | Rang seit | 21 Nov 63. |
| 20 | Oberst Adolph Xaver | „ | Augsburg | 24. Juni 66. |
| | | | Rang seit | 21 Nov. 63. |
| 21 | Tröltsch Sigm. Frhr. v | „ | Augsburg | 21 Nov 63 |
| 22 | Gürster Jos. | „ | Nürnberg | 25 Febr 64 |
| 23 | Hohenleitner Bernh. | „ | Augsburg | 8. Sept 64 |
| 24 | Maier Joh Bapt. | „ | Bamberg | 7 Okt 64 |
| 2ı | Martin Grz. Xaver | „ | Nurnberg | 12 Dez 64 |
| 26 | v d. Pfordten Ludw | „ | Bamberg | 25 Febr 65. |
| 27 | Nest Jos. | „ | München | 3. März 65. |
| 28 | Hofmann Friedr | „ | Bamberg | 3. März 65 |
| 29 | Cramer Christ Ferd. W | „ | Nurnberg | 19. Marz ı5. |
| 30 | Heinleth Frz. Alex v | „ | München | 19 März 65. |
| 31 | Hermann Otto Frhr v Kämmerer | „ | München | 20 Mai 65. |
| 32 | Edenhofer Frz Xav | „ | Passau | 14 Juli 65 |
| 33 | Greiner Frdr | „ | Nürnberg | 22. Sept 65 |
| 34 | Koller Gg. | „ | Munchen | 30. Sept 65 |
| 35 | Molitor L Alois | „ | Zweibrücken | 19. Okt. 65. |
| 36 | Vogt Philipp Ferd. | „ | München | 5. Dez. 65. |
| 37 | Herold Wilh. | „ | München | 5. Dez 65. |
| 38 | Schieder Quirin | „ | Nurnberg | 12 Febr 66 |
| 39 | Obermüller Georg | „ | München | 18. Febr. 66. |
| 40 | Dürrschmidt Heinrich Otto | „ | München | 27 April 66. |
| 41 | Grosch Julius | „ | Bamberg | 23. Aug. 66. |
| 42 | Wagner Dr Karl (HP3a) | „ | Bamberg | „ „ „ |
| 43 | Miller Jos. | „ | München | 25. März 67. |
| 44 | Lucas Vikt Mich. | „ | München | 11 Mai 67 |
| 45 | Stramer Joh Heinrich | „ | Nurnberg | 15. Juni 67. |
| 46 | Foll Theodor | „ | Zweibrücken | 6 Aug. 67. |
| 47 | Seiffert Frdr Ludw. | „ | Bamberg | 9 Sept. 67 |
| 48 | Flessa Carl Christoph | „ | Passau | 5. Jan 68. |
| 49 | Erras Jos. | „ | Passau | 16. Jan 68. |
| 50 | Oppelt Joh W | „ | Bamberg | 5. Febr 68. |
| 51 | Fischer Gg. | „ | Passau | 15. Juni 68. |
| 52 | Edel Max | „ | Nürnberg | 21 Juni 68. |
| 53 | Schnurbein Marc. Frhr v | „ | Augsburg | 23. Juli 68. |
| 54 | Haus Ludw | „ | Bamberg | 23. Juli 68 |
| 55 | Sigmund Ant. | „ | Augsburg | 12. Nov 68. |
| 56 | Huber-Liebenau Th. v. | „ | Nürnberg | 3. Dez 68. |
| 57 | Mayer Aug. | „ | Passau | 8. Dez 68. |
| 58 | Bruder Aug. | „ | Bamberg | 7 Febr 69. |
| 59 | Ketterl Josef | „ | Bamberg | 27. Aug 69. |
| 60 | Neuper Aug. | „ | Bamberg | 22 Dez. 69. |
| 61 | Lössl Rich. v. | „ | München | 31. Dez 69. |
| 62 | Lunglmayr Eduard | „ | München | 16. März 70. |
| 63 | Widmann Eduard v. | „ | Augsburg | 15. Juni 70. |
| 64 | Sigmund Hugo | „ | München | 15 Juni 70. |
| 65 | Reitzmann Wilh. Heinr. | „ | Nürnberg | 16. Juli 70. |
| 66 | Hermann Ldw | „ | „ | 4. Dez. 70 |
| 67 | Kleiner Otto | „ | Nürnberg | 22. Dez. 70. |
| 68 | Hibl Hermann | „ | Nürnberg | 16. Jan. 71 |

| | | | | |
|---|---|---|---|---|
| 69 | Kühbacher Albert | AGR. | Passau | 21. Aug. 71. |
| 70 | Gässler Aug. v. | „ | Nürnberg | 31. Aug. 71. |
| 71 | Meyer Karl | „ | Augsburg | 21. Dez. 71. |
| 72 | Uebel Frdr. Chr. | „ | Zweibrücken | 14. Jan. 72. |
| 73 | Kast Caj. | „ | Zweibrücken | 10. März 72. |
| 74 | Thoma Karl Aug. (M4.) | „ | Zweibrücken | 19. Sept. 72. |
| 75 | Bibra Wilh. Frhr. v. (M3.) | „ | München | |
| 76 | Roidl Jos. | „ | München | 11. Dez. 72. |
| 77 | Fuchs Max Heinrich | „ | München | 13. Jan. 73. |
| 78 | Hauck Ernst | „ | Bamberg | 26. Juli 73. |
| 79 | Scharrer Ludwig | „ | München | 18 Dez. 73. |
| 80 | Pechmann Adalb. Frhr. v. | „ | Augsburg | 10. Merz 74. |
| 81 | Streicher Franz | „ | Passau | 10. Mai 74. |
| 82 | Wolfram Rudolph | „ | Nürnberg | 12. Juni 74. |
| 83 | Bezold Gust. v. | „ | Augsburg | 9. Juli 74. |
| 84 | Schwab Frdr. | „ | Nürnberg | 22. Juli 74. |
| 85 | Kopp Franz | „ | Augsburg | 15. Aug. 74. |
| 86 | Gerlach Ant. | „ | Bamberg | 17. Sept. 74. |
| 87 | Miltner Theod. | „ | „ | „ |
| 88 | Rüdel Stephan (M3) | „ | Nürnberg | 5. Nov. 74. |
| 89 | Wolff Jos. | „ | Zweibrücken | 18. Nov. 74. |
| 90 | Schröder Jos. | „ | Augsburg | 25. Dez. 74. |
| 91 | Meinel Karl Frdr. | „ | Bamberg | 21. Jan. 74. |
| 92 | Wucherer Chr. Mich. | „ | München | 27. März 75. |
| 93 | Fitting Jak. | „ | Zweibrücken | 1. Okt. 75. |
| 94 | Welsch Otto | „ | München | 3. Okt. 75. |
| 95 | Schuler Aug. | „ | Zweibrücken | 16. Dez. 75. |
| 96 | Stadelmann Jos. Chr. | „ | Bamberg | 16. Merz 76. |
| 97 | Winkler v. Mohrenfels Ldw. | „ | „ | 22. Merz 76. |
| 98 | Nössel Karl | „ | Zweibrücken | 30. Merz 76. |
| 99 | Mecheln Theod. van | „ | München | 18. Mai 76. |
| 100 | Müller Mich. | „ | Nürnberg | 28. Aug. 76. |

## V. Liste.

## (39) Bezirksgerichts-Directoren.

| | | | | |
|---|---|---|---|---|
| 1 | Lippmann Frz. Alex. (M3.) | BD. | Landshut | 14. Dez. 50. |
| 2 | Kahl Friedr. Adolph (M3) | „ | Schweinfurt | 23. Juli 57. |
| 3 | Striegel Friedr. (M3) | „ | Kronach | „ |
| 4 | Luz Fedor (M3.) | „ | Ansbach | 3. Nov. 64. |
| 5 | Nero August | „ | Freising | 21. Sept. 62. |
| 6 | Paur Ludw. (M3) | „ | Straubing | 21. April 62. |
| 7 | Gleitsmann Jakob (M3.) | „ | Lohr | 25. Febr. 64. |
| 8 | Böhe Frz. Vikt. (M3.) | „ | Bamberg | 7. Okt. 64. |
| 9 | Rohrmüller Jos. | „ | Passau | 24. Juni 66. |
| 10 | Kopp Jul. (M3) | „ | München l. | 12. Dez. 64. |
| 11 | Pachmayr Ant | „ | Pfarrkirchen | 28. Febr. 65. |
| 12 | Praxmarer Josef (M3.) | „ | München r. I. | 7. Nov. 65. |
| 13 | Neubig Wilh. | „ | Würzburg | 11. Aug. 66. |
| 14 | Vollmuth Theodor | „ | Neustadt a. S. | 21. Mai 67. |
| 15 | Gareis Heinr. | „ | Aichach | 27. Nov. 67. |
| 16 | Lämminger Rudolph | „ | Memmingen | 23. April 68. |
| 17 | Heiligenstein Konrad v. | „ | Regensburg | 29. Juli 68. |
| 18 | Landgraf Wilh. | „ | Bayreuth | 21. Okt. 68. |
| 19 | Mehling Jos. (M3. — OEKS.) | „ | Aschaffenburg | 7. Dez. 68. |
| 20 | Stubenrauch Max v. | „ | Kempten | 18. Mai 69. |

| | | | |
|---|---|---|---|
| 21 Schmauss Karl Ed. | BD. | Nürnberg | 20. März 70. |
| 22 Günther Georg | „ | Augsburg | 21. Juni 70. |
| 23 Harsdorf Alex. Frhr. v. (M3) | II.BD. | München l. | 25. Juni 70. |
| 24 Petz Frdr. (VKz.) | BD. | Weilheim | 12. Apr. 71. |
| 25 Schmidt Frd. W. | „ | Amberg | 15. Juni 71. |
| 26 Müller Jul. Ferd. | „ | Kaiserslautern | 24. Mai 72. |
| 27 Niedermaier Joh. | „ | Weiden | 20. Juli 72. |
| 28 Pichlmayr Dionys | „ | Neunburg v. W. | 14 Febr. 73. |
| 29 Steinle Karl | „ | Donauwörth | 9. Mai 73. |
| 30 Zölch Jos. | „ | Windsheim | 23. Sept. 73. |
| 31 Föll Frdr. W. | „ | Landau Pf. | 8. Jan. 74. |
| 32 Haas Ernst | „ | Zweibrücken | 1. Apr. 74. |
| 33 Wimmer Gg. | „ | Hof | 27. Juli 74. |
| 34 Mayr Clem. | „ | Traunstein | 14. Aug. 74. |
| 35 Heigl Jos. | „ | Deggendorf | 17. Nov. 74. |
| 36 Häcker Phil. | „ | Eichstädt | 14. Okt. 75. |
| 37 Mayer Phil. | „ | Wasserburg | 18. Jan. 76. |
| 38 Donle E. Fr. K. | „ | Fürth | 5. Mai 76. |
| 39 Koch Karl | „ | Frankenthal | 19. Juli 76. |

## VI. Liste.

### (243) Bezirksgerichts-Räthe.

| | | | |
|---|---|---|---|
| 1 Otto Matthäus Christoph (BGD. R. u. T. seit 28. V. 71.) | BR. | Nürnberg | |
| 2 Hommel Friedr. | „ | Ansbach | 28. Febr. 53. |
| 3 Eyselein Jos. Heinr. | „ | Fürth | 2. Nov. 55. |
| 4 Gugel Frdr. | „ | Zweibrücken | 17. Juni 56. |
| 5 Schubert Gg. Karl Theod. | „ | Bamberg | 9. Juli 56. |
| 6 Ruppert Konr. | „ | Würzburg | 8. Sept. 57. |
| 7 Hörmann Eduard v. | „ | Nürnberg | „ „ „ |
| 8 Lunz Joh. | „ | Hof | „ „ „ |
| 9 Haffenbrädl Alois Frhr. v. | „ | Regensburg | „ „ „ |
| 10 Hacker Friedr. | „ | Kempten | „ „ „ |
| 11 Freundorfer Karl | „ | Wasserburg | „ „ „ |
| 12 Schwaiger Jul. | „ | Donauwörth | „ „ „ |
| 13 Bauer Wilh. | „ | München l. | „ „ „ |
| 14 Senestrey Karl Jos. (HP3.-OFJ3.) | „ | Traunstein | „ „ „ |
| 15 Schneider Phil. Ernst | „ | Schweinfurt | „ „ „ |
| 16 Seitz Jos. Alois | „ | Donauwörth | „ „ „ |
| 17 Welff Erdm. Jak. | „ | Neunburg v. W. | „ „ „ |
| 18 Lindheimer Dr. Karl v. | „ | Regensburg | „ „ „ |
| 19 Hundertpfund Joh. | „ | Regensburg | „ „ „ |
| 20 Braun Wilh. | „ | Aschaffenburg | „ „ „ |
| 21 Frank Alois | „ | Weiden | 4. Juli 58. |
| 22 Riedl Andr. | „ | Bayreuth | 13. Dez. 58. |
| 23 Raab Oskar | „ | Ansbach | 18. Dez. 58. |
| 24 Prugger Alex. | „ | Landshut | 21. Mai 59. |
| 25 Wutz Jos. | „ | Landshut | 25. Nov. 59. |
| 26 Siess Michael | „ | Landshut | 9. Jan. 60. |
| 27 Schuller Anton | „ | Deggendorf | 9. Jan. 60. |
| 28 Wening Fr. X. v. | „ | Donauwörth | 7. März 60. |
| 29 Leimbach Gustav | „ | München r. | 20. Juni 60. |
| 30 Lotzbeck Ludw. Jul. | „ | Nürnberg | 9. Okt. 60. |
| 31 Kiliani Friedr. | „ | Neustadt a. S. | 9. Okt. 60. |
| 32 Eigner Joh. Bapt. | „ | Neunburg v. W. | 9. Okt. 60. |

| | | | | |
|---|---|---|---|---|
| 33 | Schweiger Ludw | BR. | Deggendorf | 27. Nov 60 |
| 34 | Wiesend Franz Ant | „ | Memmingen | 19. Dez 60 |
| 35 | Kolb Adam | „ | Augsburg | 28. Mai 62. |
| 36 | Kuffner Lorenz | „ | Kempten | „ |
| 37 | Ochsenmaier Anton | „ | Amberg | „ |
| 38 | Loibl Joh. Bpt | „ | „ | „ |
| 39 | Oberhofer Karl | „ | Landshut | „ |
| 40 | Birner Frz. X. | „ | Aichach | „ |
| 41 | Hebendanz Martin | „ | Regensburg | „ |
| 42 | Rüdinger Jos. | „ | Aschaffenburg | „ |
| 43 | Hueb Karl v Hofjunker | „ | Passau | „ |
| 44 | Hartmann Jul. Im. | „ | Bayreuth | „ |
| 45 | Gleichauf Ludw | „ | Kempten | „ |
| 46 | Ruppenthal Theodor | „ | Freising | „ |
| 47 | Kopp Anton | „ | Aschaffenburg | „ |
| 48 | Vollert Joh. Bpt | „ | Würzburg | „ |
| 49 | Huber Andr | „ | München r | 27 Aug. 62. |
| 50 | Wittmann Thomas | „ | Weiden | 21. Nov 62. |
| 51 | Fischer Theod. | „ | Aichach | 2. Dez 62 |
| 52 | Haindl Eugen | „ | Wasserburg | 23. Dez. 62. |
| 53 | Flessa Ernst | „ | Augsburg | 27 Jan 63 |
| 54 | Bibel Ludw Aug. | „ | Nürnberg | 29. März 63. |
| 55 | Bottiger Karl Joh. | „ | Bamberg | „ |
| 56 | Reiffel Gg. | „ | Frankenthal | 9. Juli 63. |
| 57 | Dotterweich Adolph | „ | Würzburg | 24 Juli 63. |
| 58 | Kauer Ant. | „ | Kronach | 29. Sept 63. |
| 59 | Seiferling Gg. Karl | „ | Weiden | 21 Nov 63. |
| 60 | Hiller Frz Alois | „ | Augsburg | „ |
| 61 | Kisskalt Joh. Mart | „ | Fürth | 21 Jan 64. |
| 62 | Wehner Aug. | „ | Augsburg | 2. Juni 64 |
| 63 | Knirlberger Georg | „ | Regensburg | 28. Nov 64 |
| 64 | Reiss Franz Jos. | „ | Bamberg | 10. Jan. 65. |
| 65 | Harlander Otto | „ | München r | 10. Jan 65. |
| 66 | Röder Nikolaus | „ | Aschaffenburg | 10. Jan. 65. |
| 67 | Hutter Friedrich | „ | München r I. | 13. Jan. 65 |
| 68 | Sibin Constantin | „ | Schweinfurt | 13. Febr 65. |
| 69 | Engelhard Anton | „ | Aichach | 28. Febr 65 |
| 70 | Glück Friedrich (VKz.) | „ | Windsheim | 25. Febr. 65. |
| 71 | Kienhofer Ludw. | „ | Deggendorf | 11 April 65. |
| 72 | Castel Jos. Th. Frhr v. | „ | München l. | 13. April 65. |
| 73 | Arnold Ferd. | „ | Eichstädt | 19 Mai 65. |
| 74 | Sailer Franz | „ | Freising | 20. Mai 65. |
| 75 | Hierl Dr Alois | „ | München r. | 14. Juli 65. |
| 76 | Bayerlein Eduard | „ | Bayreuth | 11. Aug. 65. |
| 77 | Steinbruchel G Fr M. | „ | Nürnberg | 22. Sept. 65. |
| 78 | Markel Jos. | „ | Bamberg | „ |
| 79 | Hammelbacher Mich. | „ | München l. | „ |
| 80 | Schels Aug. | „ | Regensburg | 24. Sept 65. |
| 81 | Heigl Frdr | „ | München l. I. | 3. Nov 65. |
| 82 | Kirschbaum Max v | „ | Bayreuth | 2. Dez 69 |
| 83 | Kobler Joh. Anton | „ | Straubing | 30. Sept 65. |
| 84 | Schieder Clem. | „ | Memmingen | „ |
| 85 | Habersbrunner Joh. N. | „ | Regensburg | 30. Sept 65. |
| 86 | Haupt Andr v (react. 6. I. 74.) | „ | Bamberg | 13. Oct. 65. |
| 87 | Kilp Dr. Fr. Theod. | „ | Straubing | 6. Nov 65. |
| 88 | Herrbach Joh. | „ | Bamberg | 25. Dez 65. |
| 89 | Reuter Friedr. | „ | Aschaffenburg | 12. Jan 66. |
| 90 | Oertel Dr. Julius | „ | Kempten | 18. Febr 66 |

| | | | | |
|---|---|---|---|---|
| 91 | Braun Theod. v. | BR. | Bayreuth | 15. April 66. |
| 92 | Volk Karl | „ | Nürnberg | 29. „ 66. |
| 93 | Krieger Alois | „ | Donauwörth | 24. Juni 66. |
| 94 | Merkel Adolph | „ | Neustadt a S. | 24. „ 66. |
| 95 | Riedel Max | „ | Weilheim | 6. Juli 66. |
| 96 | Maurer Karl | „ | Ansbach | 12. „ 66. |
| 97 | Gleitsmann Fr. X. W. | „ | München l. | 24. „ 66. |
| 98 | Kiliani Hermann | „ | Augsburg | 9. Nov. 66. |
| 99 | Müller Josef | „ | Würzburg | 14. Dez. 66. |
| 100 | Arnold Hermann | „ | München r. I. | „ |
| 101 | Dobeneck Const. Frhr. v. | „ | Hof | 11. Jan. 67. |
| 102 | Riedl Frz. | „ | Passau | „ |
| 103 | Behr Otto | „ | Würzburg | 19. Jan. 67. |
| 104 | Baumer Karl Frdr. Wald. v. | „ | Ansbach | 1. März 67. |
| 105 | Bacher Wolfg. | „ | Passau | 25. „ 67. |
| 106 | Schmitt Phil. v. | „ | Freising | 22. Mai 67. |
| 107 | Pürkhauer Max Fr. W. | „ | Nürnberg | 18. Juni 67. |
| 108 | Schnitzlein Karl Frdr. | „ | Ansbach | 18. Aug. 67. |
| 109 | Knötzinger Jos. | „ | Neunburg v. W. | „ |
| 110 | Fritz Friedr. | „ | Eichstädt | 9. Sept. 67. |
| 111 | Geret Victor | „ | Windsheim | „ |
| 112 | Wütscher Andr. | „ | Eichstädt | 9. Okt. 67. |
| 113 | Reisenegger Jakob | „ | Pfarrkirchen | 11. Okt. 67. |
| 114 | Maier Dr. Herm. | „ | München r. | 23. Dez. 67. |
| 115 | Moralt Otto | „ | München l. | 10. Jan. 68. |
| 116 | Zech Frdr. Graf v. | „ | Straubing | 16. „ 68. |
| 117 | Rösen Karl | „ | München r. | 18. „ 68. |
| 118 | Herz Karl | „ | Nürnberg | 15. „ 68. |
| 119 | Streit Heinr. | „ | Neustadt a S. | 27. März 68. |
| 120 | Endres Phil. Otto | „ | Ansbach | 15. Juni 68. |
| 121 | Lampel Karl Andr. | „ | Hof | 23. Juli 68. |
| 122 | Wolf ~~Otto Konr.~~ | „ | Straubing | „ |
| 123 | Michahelles Karl | „ | Augsburg | „ |
| 124 | Strössenreuther Christoph | „ | Schweinfurt | 7. Sept. 68. |
| 125 | Oegg Karl | „ | Lohr | „ |
| 126 | Erbelding Ernst | „ | Kaiserslautern | 22. Nov. 68. |
| 127 | Hungerkhausen Frdr. K. v. | „ | Neunburg v.W. | 1. Nov. 68. |
| 128 | Vocke Heinr. | „ | Donauwörth | 4. Nov. 68. |
| 129 | Killinger | „ | Weiden | 13. Nov. 68. |
| 130 | Eck Leopold | „ | Kronach | 3. Dez. 68. |
| 131 | Röhrle Karl | „ | Augsburg | „ |
| 132 | Dammer Frdr. | „ | Nürnberg | 25. „ |
| 133 | Kirschner Kasp. | „ | München l. J. | „ |
| 134 | Braungart Rud. | „ | Schweinfurt | 7. Febr. 69. |
| 135 | Sicherer Theod. v. | „ | Eichstätt | 18. Mai 69. |
| 136 | Kober Gust. (react. 30. V. 75.) | „ | Passau | 21. Aug. 69. |
| 137 | Seitz Dr. Jos. | „ | Lohr | 3. Oct. 69. |
| 138 | Reder Dr. Ant. | „ | Weilheim | 31. Dez. 69. |
| 139 | Seibert Augustin | „ | Landshut | 17. Jan. 70. |
| 140 | Pramberger Ad. | „ | Landshut | „ |
| 141 | Weippert Heinr. | „ | Lohr | 29. Jan. 70. |
| 142 | Carben Wilh. | „ | Würzburg | 14. März 70. |
| 143 | Röder Angelus | „ | Schweinfurt | 9. April 70 |
| 144 | Irmischer Karl | „ | München l. | 16. April 70. |
| 145 | Moritz Joh. | „ | Wasserburg | 24. April 70. |
| 146 | Stöger Hermann | „ | Weilheim | 10. Mai 70. |
| 147 | Rösling Frdr. | „ | Fürth | 16. Juli 70. |
| 148 | Schneider Gg. Frz. | „ | Hof | „ |

| | | | | |
|---|---|---|---|---|
| 149 | Hader Andr. | BR. | Bamberg | 18. Aug. 70. |
| 150 | Spoth Gg. | „ | Würzburg | 5. Sept. 70. |
| 151 | Lehmaier Jos. Fug. | „ | Aichach | 14. Nov. 70. |
| 152 | Kreitner Ludw. | „ | Augsburg | „ |
| 153 | Wesselack Frz. Xav. | „ | Pfarrkirchen | 22. Dez. 70. |
| 154 | Zeis Anton | „ | Donauwörth | 5. Jan. 71. |
| 155 | Kliem Karl Th. | „ | Würzburg | 26. Jan. 71. |
| 156 | Müller Aug. | „ | Hof | „ |
| 157 | Geigel Rup. | „ | Memmingen | 12. April 71. |
| 158 | Kohlhagen Frz. v. | „ | Bayreuth | 15. Juni 71. |
| 159 | Bonnet Otto Frhr. v. | „ | Augsburg | 18. Aug. 71. |
| 160 | Haas Ludw. H. v. (VKz) | „ | Ansbach | 25. Aug. 71. |
| 161 | Kreller Christ. | „ | Schweinfurt | 31. „ „ |
| 162 | Schmidt Frz. Xav. | „ | Amberg | „ |
| 163 | Fahr Daniel | „ | Frankenthal | 18. Okt. 71. |
| 164 | Höhnes Karl Cas. | „ | „ | „ |
| 165 | Eckhard Aug. | „ | Kaiserslautern | „ |
| 166 | Bauer Frz. Xav. | „ | Zweibrücken | „ |
| 167 | Drossbach Jos. | „ | Lohr | 21. Dez. 71. |
| 168 | Stummer Thom. | „ | Regensburg | 20. Juli 72. |
| 169 | Biersack Ant. | „ | Straubing | 24. Juli 72. |
| 170 | Platz Jacob | „ | Zweibrücken | 31. Aug. 72. |
| 171 | Bossert Jul. | „ | Frankenthal | 3. Sept. 72. |
| 172 | Hacke Wilh. | „ | München I. | 19. Okt. 72. |
| 173 | Henggi Karl A. | „ | Wasserburg | 10. Nov. 72. |
| 174 | Dimroth Karl | „ | München I. | 11. Dez. 72. |
| 175 | Baum Wilh. | „ | Frankenthal | 13. Jan. 72. |
| 176 | Karmann Math. | „ | Straubing | 26. Juli 73. |
| 177 | Welzel Christoph | „ | Amberg | 21. Sept. 73. |
| 178 | Schuberth Joh. M. | „ | Pfarrkirchen | 23. Sept. 73. |
| 179 | Kirchgessner Aug. | „ | Windsheim | 24. Sept. 73. |
| 180 | Mayr Otto Bas. | „ | Kempten | 29. Okt. 73. |
| 181 | Weiss Joh. Bapt. | „ | Amberg | 9. Dez. 73. |
| 182 | Enderlein Frdr. | „ | Fürth | 27. Febr. 74. |
| 183 | Salzmann Frz. | „ | Wasserburg | 8. März 74. |
| 184 | Söltl Otto | „ | München I. J. | 16. März 74. |
| 185 | Berghammer Mich. | „ | Traunstein | 8. April 74. |
| 186 | Wollner Karl | „ | Fürth | 25. April 74. |
| 187 | Drausnick Frdr. E. | „ | Weilheim | 10. Mai 74. |
| 188 | Englert Adam | „ | Lohr | 26. Mai 74. |
| 189 | Böcking Ferd. | „ | Landau Pf. | 5. Juni 74. |
| 190 | Rinecker Frz. | „ | Aschaffenburg | 12. Juni 74. |
| 191 | Becker Jak. | „ | Landau Pf. | „ |
| 192 | Neumeier Karl | „ | Pfarrkirchen | 9. Juli 74. |
| 193 | Leusser Phil. | „ | Würzburg | 22. Juli 74. |
| 194 | Schattenmann Frdr. | „ | Augsburg | 14. Aug. 74. |
| 195 | Ott Johann | „ | Kronach | 17. Sept. 74. |
| 196 | Höhn Dr. Seb. | „ | Schweinfurt | 8. Okt. 74. |
| 197 | Schmidt Karl | „ | Pfarrkirchen | „ |
| 198 | Neumüller Jos. | „ | Neunbg. v. W. | 17. Nov. 74. |
| 199 | Völderndorff Heinr. Frhr. v. | „ | Schweinfurt | „ |
| 200 | Kühles Andr. | „ | Passau | 25. Dez. 74. |
| 201 | Weigel Wilh. (react.) | „ | Kempten | |
| 202 | Frank Max B. | „ | Traunstein | 27. März 75. |
| 203 | Hellmansberger Jos. | „ | „ | 21. April 75. |
| 204 | Heerwagen Ldw. | „ | Kronach | 22. „ |
| 205 | Fuchs Otto Karl Frhr. v. Kmrj. | „ | Windsheim | 10. Juni 75. |
| 206 | Mattenheimer Emil Frz. | „ | Bayreuth | 15. Juni 75. |

| | | | | |
|---|---|---|---|---|
| 207 | Bruch Otto | BR. | Zweibrücken | 24. Sept. 75. |
| 208 | Trettor Dr. K. A. | „ | Augsburg | 3. Okt. 75. |
| 209 | Stauber Jos G. | „ | Amberg | 5. „ „ |
| 210 | Hindringer Gg. | „ | Würzburg | 14. „ „ |
| 211 | Stichter Joh. V. | „ | Landau | 29. „ „ |
| 212 | Mayer Jos. | „ | Neustadt a. S. | 11. Nov. 75. |
| 213 | Scherer Aug. Dan. | „ | Kaiserslautern | „ |
| 214 | Geiger Jos. Eg. | „ | München l. | 18. Dez. 75. |
| 215 | Kapfhammer Math. | „ | Traunstein | 21. „ „ |
| 216 | Krauss Joh. Friedr. | „ | Regensburg | 7. Febr. 76. |
| 217 | Brügel Karl | „ | Fürth | 14. „ „ |
| 218 | Heintz Eduard | „ | Kaiserslautern | 13. Merz 76. |
| 219 | Müller Eberhard | „ | Aschaffenburg | 16. „ „ |
| 220 | Stengel Anton Frhr. v. | „ | Bamberg | 22. „ „ |
| 221 | Kühlmann Karl | „ | Freising | 3. Mai 76. |
| 222 | Radlkofer Otto | „ | München l. | 18. „ „ |
| 223 | Sand Max Em. | „ | Würzburg | 28. „ „ |
| 224 | Zimmermann Karl | „ | Deggendorf | 1. Juni 76. |
| 225 | Pfaffinger Ulrich | „ | Weiden | 2. „ „ |
| 226 | Wolff Adolph | „ | Kaiserslautern | 19. Juli 76. |
| 227 | Gardill Max | „ | Eichstätt | 22. Aug. 76. |
| 228 | Ehrne-Melchthal Rup. v. | „ | München r. | „ |
| 229 | Haasy Frz. J. v. | „ | Passau | „ |
| 230 | Eilles Joh. B. | „ | Aichach | „ |
| 231 | Briel Adalb. | „ | München l. | „ |
| 232 | Rothmiller Ed. | „ | „ | „ |
| 233 | Barsch H. L. H. G. | „ | „ | „ |
| 234 | Mussinan Otto | „ | Wasserburg | 29. Sept. 76. |
| 235 | Reber Oskar | „ | Landshut | „ |
| 236 | Schmidsiller Konr. | „ | Nürnberg | „ |
| 237 | Hess Wolfgang | „ | Regensburg | „ |
| 238 | Schropp Anton | „ | Weilheim | „ |
| 239 | Waldenfels Karl A. Frhr v. | „ | Bamberg | „ |
| 240 | Schilcher Karl | „ | Landshut | „ |
| 241 | Göbel Adam | „ | München r. | „ |
| 242 | Bibra Ernst Frhr. v. | „ | Bayreuth | „ |
| 243 | Schweller Anton | „ | Landshut | 30. Sept. 76. |

## VII. Liste.

## (296) Stadt- und Landrichter.

| | | | | |
|---|---|---|---|---|
| 1 | Koch Jak. | L. | Kaiserslautern | 28. März 43. |
| 2 | Pybringer Joh. Mich. | „ | Weissenhorn | 9. Mai 50. |
| 3 | Steinbach Joh. Gg. | „ | Dettelbach | 3. Okt. 50. |
| 4 | Alwens Karl (M3) | „ | Bergzabern | 6. Jan. 51. |
| 5 | Dümmler Max Ant. | „ | Waldmünchen | 15. Aug. 51. |
| 6 | Freyseng Heinr. | „ | Dürkheim | 16. Febr. 52. |
| 7 | Platzer Ferd. Jos. | „ | Marktbibart | 27. Jan. 53. |
| 8 | Ungemach Ignaz (M3.) (AGR.) | „ | Würzburg | 3. Okt. 53. |
| 9 | Eisenbeiss Phil. Friedr. W. (VKz.) | „ | Marktbreit | 27. Juli 54. |
| 10 | Culman Ed. (M3.) | „ | Ludwigshafen | 25. Juli 64. |
| 11 | Schmahl Aug. (VKz.PK4.) | „ | Neustadt a. H. | 25. Juli 56. |
| 12 | Hofmann Augustin | „ | Bayreuth | 25. Juli 56. |
| 13 | Weber Gg. Joh. | StL. | Aschaffenburg | 19. Jan. 57. |
| 14 | Hahn Adam (M3) | „ | Würzburg | 13. Juni 57. |
| 15 | Barthelme Frz. | St. | Würzburg | 8. Sept. 57. |
| 16 | Furtenbach Karl v. | „ | Nürnberg | „ |

| | | | | |
|---|---|---|---|---|
| 17 | Bornhuber Friedr | L. | Türkheim | 8. Sept 57 |
| 18 | Gruner Friedr W | „ | Ottobeuern | 4. Nov 57 |
| 19 | Rebhan Jul | „ | Schesslitz | 31. Jan 58. |
| 20 | Stadlbauer Jos. | „ | Beilngries | 3. Juli 58 |
| 21 | Braun Jul | „ | Thurnau | 19. Mai 59 |
| 22 | Mayer Franz X. | „ | Arnstein | 29. Dez 59 |
| 23 | Schaaf Robert | „ | Zweibrücken | 23. Dez 59 |
| 24 | Ebenauer Friedr. Karl Aug. (M3) | St.L. | Rothenb. a. T. | 10. „ „ |
| 25 | Schmitt Martin (M3) | I.St.L. | Schweinfurt | 12. Juni 60 |
| 26 | Greiner Wilh | St.L. | Ansbach | 27 Juli 60. |
| 27 | Vaillant Ldw R. | L. | Obermoschel | 18. Mai 61 |
| 28 | Müller Christ. Gottfr | „ | Oberviechtach | ? |
| 29 | Fries Hermann | „ | Speyer | 28. Mai 62 |
| 30 | Enzensberger Wilh | „ | Zusmarshausen | „ |
| 31 | Kreutzer Ludw | „ | Schongau | 19 Dez. 60 |
| 32 | Bannig Adolph Friedr | „ | Wassertrüdingen | „ |
| 33 | Kiesner Joh. Bpt | „ | Bischofsheim | „ |
| 34 | Kiechle Joh. Gg | „ | Lauingen | „ |
| 35 | Stadlbauer Christian | „ | Immenstadt | „ |
| 36 | Stettner Grabenhofen Joh. Chr. v. | St.L. | Weissenburg | „ |
| 37 | Oppert Adolph | L. | Landau a. I. | „ |
| 38 | Gietl Karl | „ | Trostberg | „ |
| 39 | Lebender Albert | I.St.L. | Erlangen | „ |
| 40 | Bach Max Eduard | L. | Füssen | „ |
| 41 | Lang Valentin | „ | Nürnberg | „ |
| 42 | Hoflinger Jak. | „ | Deggendorf | „ |
| 43 | Schieder Engelbert | „ | Burghausen | „ |
| 44 | Schrodel Ludw Heinr | „ | Falkenstein | „ |
| 45 | Killinger Heinr Friedr | „ | Windsheim | 28. Mai 62. |
| 46 | Schultheiss Anton | II.St.L. | Schweinfurt | „ |
| 47 | Eichbichler Peter | L. | Schrobenhausen | „ |
| 48 | Hellersberg Eugen v (M3.) | „ | Dachau | „ |
| 49 | Brandstetter Jos. | „ | Herrieden | „ |
| 50 | Hoppe Georg | „ | Wolfratshausen | „ |
| 51 | Wirth Franz | „ | Auerbach | „ |
| 52 | Huler Jak. (M3.) | „ | Werneck | „ |
| 53 | Roidl Joh. Mich. | St.L. | Schwabach | „ |
| 54 | Rubenbauer Bernhard | L. | Arnstorf | „ |
| 55 | Lang Ant. Balt. | „ | Wasserburg | „ |
| 56 | Bauer Ludw (VKz.) | „ | Landsberg | „ |
| 57 | Mayer Mich. | „ | Waldsassen | „ |
| 58 | Kuttler Ferd. | „ | Sonthofen | „ |
| 59 | Hosslin Wilh. v | „ | Gunzenhausen | „ |
| 60 | Patin Peter | „ | Scheinfeld | „ |
| 61 | Gengler Joh (M3) | St.L. | Straubing | „ |
| 62 | Mann Frz. Karl | L. | Ebern | „ |
| 63 | Trabert Daniel | „ | Mellrichstadt | „ |
| 64 | Kroyer Antonin | „ | Lauf | „ |
| 65 | Bauer Theod. | „ | Miltenberg | „ |
| 66 | Preis Karl Friedr | „ | Burgebrach | „ |
| 67 | Weber Friedr Wilh. | „ | Selb | „ |
| 68 | Seidel Karl | „ | Grönenbach | „ |
| 69 | Schramm Joh. Heinr. (M3) | „ | Bamberg I | „ |
| 70 | Mack Ign Frz. | „ | Klingenberg | „ |
| 71 | Wagner Heinr. | „ | Tegernsee | „ |
| 72 | Kuttenbaum Kilian | „ | Karlstadt | „ |
| 73 | Boxler Friedr | „ | Diessen | „ |
| 74 | Klüg Ludw | „ | Mainburg | „ |

| | | | | |
|---|---|---|---|---|
| 75 | Banzer Ant. | L. | Regensburg | 28. Mai 62. |
| 76 | Hiedl Hermann | „ | Passau I. | „ |
| 77 | Bauer Max | „ | Gemünden | „ |
| 78 | Schneider Franz Konrad Jos. | „ | Bamberg II. | „ |
| 79 | Bedall Max | St.L. | Kempten | „ |
| 80 | Erlbeck Eduard | L. | Augsburg | „ |
| 81 | Royackers Heinrich | „ | Volkach | „ |
| 82 | Fischer Ludw. Wilh. | „ | Oberdorf | „ |
| 83 | Barth Ign. Frhr. v. Kämmerer | „ | Berchtesgaden | „ |
| 84 | Körber Ant. Karl | „ | Rottenburg NB. | „ |
| 85 | Küffner Peter Karl | „ | Hilpoltstein | „ |
| 86 | Binder Jos. | „ | Wertingen | „ |
| 87 | Unold Gg. v. | St.L. | Memmingen | „ |
| 88 | Wurzer Jos. (M3.) | L. | Dillingen | „ |
| 89 | Kurz Frz. Xav. | St.L. | Donauwörth | „ |
| 90 | Blum Jos. | L. | Lohr | „ |
| 91 | Schiessl Jos. | „ | Regenstauf | „ |
| 92 | Schab Sigm. v. Hofjunker (VKz. PK3.) | „ | Starnberg | „ |
| 93 | Löffelholz Gotth. Em. Fr. Frhr. v. | „ | Cadolzburg | „ |
| 94 | Edel Gg. | „ | Münnerstadt | „ |
| 95 | Eder Anton (M3.) | „ | Burglengenfeld | „ |
| 96 | Mayr Joh. Bpt. | „ | Neuulm | „ |
| 97 | Hauser Jos. Friedr. | St.L. | Freising | „ |
| 98 | Parst Anton | L. | Passau II | „ |
| 99 | Dollacker Gg. | St.L. | Amberg | „ |
| 100 | Breyer Richard | L. | Eltmann | „ |
| 101 | Höss Joh. Bpt. | „ | Bruck | „ |
| 102 | Löw Karl Heinr. G. J. | St.L. | Fürth | „ |
| 103 | Debon Andr. (RA3.) (M3.) | L. | Kissingen | „ |
| 104 | Pfeuffer Gg. | „ | Euerdorf | „ |
| 105 | Reiter Gg. Andr. | „ | Ochsenfurt | „ |
| 106 | Lex Gg. | „ | Eggenfelden | „ |
| 107 | Seifert Jos. Adrian | „ | Sesslach | „ |
| 108 | Rein Karl | St. | Würzburg | „ |
| 109 | Volkamer K. W. | „ | Augsburg | „ |
| 110 | Bestelmayer Gg. Theod. | „ | Nürnberg | „ |
| 111 | Stadler Karl | L. | Geisenfeld | 12. Juni 62. |
| 112 | Nagel Gg. | „ | Schillingsfürst | 27. Sept. 62. |
| 113 | Stauffer Joh. Gg. Ferd. | „ | Roth | 21. Nov. 62 |
| 114 | Rasberger Jos. | „ | Osterhofen | 13. Jan. 63. |
| 115 | Stöckl Frz. | „ | Aub | 25. „ 63. |
| 116 | Bachmeyer Aug. Balt. | „ | Forchheim | 4. Febr. 63. |
| 117 | Dost Rudolph | „ | Roding | 19. Febr. 63. |
| 118 | Hoffmeister Joh. | St.L. | Kaufbeuern | 1. Mai 63. |
| 119 | Fischer Jos. | L. | Kipfenberg | 29. April 63. |
| 120 | Jung Kasp. | „ | Illertissen | 21. Mai 63. |
| 121 | Dorsch Christ. Bernh. | St. | Bayreuth | 28. Mai 63. |
| 122 | Stenger Bened. | L. | Schwandorf | 14. Juni 63. |
| 123 | Weissmann Wilh. Friedr. Z. | „ | Pegnitz | 18. „ 63. |
| 124 | Sondermann Hermann | „ | Münchberg | 23. „ 63. |
| 125 | Rossbach Philipp | „ | Obernburg | 24. „ 63. |
| 126 | Krämer Jos. | „ | Brückenau | 8. Aug. 63. |
| 127 | Wolfart Bened. Jos. | „ | Mitterfels | 21. Nov. 63. |
| 128 | Kummer Albert | St.L. | Neuburg a. D. | „ |
| 129 | Roth Mich. | L. | Simbach | „ |
| 130 | Plessinger Wilh. L. | „ | Schöllkrippen | „ |
| 131 | Münch Christian | „ | Baunach | „ |

| | | | | | | |
|---|---|---|---|---|---|---|
| 132 | Disqué Adam | L. | Germersheim | 7. | Jan. | 64. |
| 133 | Demper Peter Eduard (Ab. f. St.) | I.St | München l. | 25. | Febr | 64. |
| 134 | Stengel Nik. Frhr. v. | St. | Passau | 30. | April | 64. |
| 135 | Schels Max | L. | Traunstein | 7 | Mai | 64. |
| 136 | Hann Jakob | „ | Rotthalmünst. | 15. | Jan. | 65. |
| 137 | Friedrich Anton | II.St. | Regensburg | 26. | „ | 65. |
| 138 | Reischle Karl Jos. | L. | Mühldorf | 12. | April | 65. |
| 139 | Krieg Christ. Theod. | „ | Uffenheim | 13. | April | 65. |
| 140 | Landgraf Leopold | „ | Kulmbach | 30. | April | 65. |
| 141 | Püls Andreas | „ | Sulzbach | 30. | April | 65. |
| 142 | Bergmann Karl H. G. | „ | Wunsiedl | 20. | Mai | 65. |
| 143 | Hoffmeister Nik. Jul. | St.-L. | Eichstädt | 12. | Juni | 65. |
| 144 | Winkler Ferd. | L. | Neunburg v. W | | „ | |
| 145 | Leist Karl Jos. Friedrich | St. | Bamberg | 14. | Juli | 65. |
| 146 | Heinrich Rudolph | L. | Monheim | | „ | |
| 147 | Haindl Franz Xav. | „ | Vilshofen | 21. | Aug. | 65. |
| 148 | Dornhöfer Andrä | „ | Nordhalben | 22. | Sept. | 65. |
| 149 | Enders Fr | „ | Vilsbiburg | | „ | |
| 150 | Ammon Phil. v. (V) | St. | Regensburg | 30. | Sept | 65. |
| 151 | Käppel Karl | St.L. | München r. I. | 7. | Nov. | 65. |
| 152 | Mark Sebastian | L. | Moosburg | 10. | Nov. | 65. |
| 153 | Heuber Otto | „ | Mindelheim | 22. | Dez. | 65. |
| 154 | Eberhardt Joh. | „ | Landstuhl | 20. | Merz | 66. |
| 155 | Eppelsheim Frdr. | „ | Grünstadt | 19. | April | 66. |
| 156 | Kuby Ferd. | „ | Edenkoben | 24. | Mai | 66. |
| 157 | Graf Anton | | Greding | 10. | Juni | 66. |
| 158 | Pfitzer Jak. | „ | Tölz | 25. | Juli | 66. |
| 159 | Ludwig Frdr Karl | L | Ellingen | 11. | Aug. | 66. |
| 160 | Becker Lamb. | „ | Anweiler | 20. | Sept. | 66. |
| 161 | Wiedemann Ldw. | „ | Kirchheimbol. | 18. | Okt. | 66. |
| 162 | Grieser Gg. | „ | Hengersberg | 26. | Dez. | 66. |
| 163 | Cantler Joh. Bapt. | „ | Erding | 13. | Febr. | 67. |
| 164 | Kitzing Martin | „ | Hammelburg | 1. | Merz | 67. |
| 165 | Strössner Ulrich | „ | Lichtenfels | 5. | „ | 67. |
| 166 | Jungbauer Jos. | „ | Kötzting | 13. | „ | 67 |
| 167 | Franz Melch. | „ | Marktheidenf. | 17 | „ | 67. |
| 168 | Eberhard Konrad Math. | „ | Thiersheim | 19. | Apr. | 67. |
| 169 | Inngruber Dominikus | „ | Abensberg | 19. | „ | 67 |
| 170 | Kappler Frz | „ | Neustadt a. S. | 22. | Mai | 67. |
| 171 | Sperger Joh. Paul | „ | Stadtamhof | 24. | „ | 67. |
| 172 | Banzer Jos. | L. | Rothenfels | 3. | Juni | 67. |
| 173 | Pettendorfer Alois | „ | Weiden | | „ | |
| 174 | Rauch Lor. | „ | Aibling | 26. | „ | 67. |
| 175 | Ziegler Jak. | St. | München l. I. | 28. | Aug. | 67. |
| 176 | Grünberger Max | L. | Aichach | 9. | Sept. | 67. |
| 177 | Krumbach Gottfried | „ | Friedberg | 12. | „ | 67. |
| 178 | Lindig Franz | „ | Amorbach | 2. | Okt. | 67. |
| 179 | Bauer Anton | „ | Pfaffenhofen | 18. | Okt. | 67 |
| 180 | Lombardino Leo Triph. | „ | Göllheim | 10. | Dez. | 67. |
| 181 | Kieffer Karl (PK4.) | „ | Frankenthal | | „ | |
| 182 | Maussner Joh. Gg. | St.L. | Landshut | 19. | Jan. | 68. |
| 183 | Stritzl Wilh. | L. | Neumarkt OB. | 15. | „ | 68. |
| 184 | Köhler Rud. (AGR.) | St. | Augsburg | 24. | „ | 68. |
| 185 | Bauer Franz | L. | Landau Pf. | 13. | Merz | 68. |
| 186 | Graf David | „ | Rockenhausen | 28. | März | 68. |
| 187 | Stöckel G. K. (react.) | „ | Stadtprozelten | 4. | Apr | 68. |
| 188 | Kästner L. W. Frdr. | II.StL. | Erlangen | 19. | Mai | 68. |
| 189 | Nürmberger Frdr W. | L. | Herzogenaurach | 5. | Juli | 68. |

| | | | | |
|---|---|---|---|---|
| 190 | Schwarz Michael | L. | Kelheim | 10. Okt 68 |
| 191 | Schmid Ant. | „ | Griesbach | 22. Okt. 68. |
| 192 | Frey Phil Jak. | „ | Haag | 1 Nov 68. |
| 193 | Müller Christian | „ | Hersbruck | 25. Nov 68 |
| 194 | Seiler Heinr | „ | Höchtadt | 15. Dez. 68. |
| 195 | Bolkard Ant. | „ | Wiesentheid | 2 Febr 69. |
| 196 | Karges Wilh. (VKz. PK4.) | „ | Hassfurt | 10 März 69 |
| 197 | Gack Ottmar | St.L. | Günzburg | 6. „ 69 |
| 198 | Kunstmann Karl | St. | Augsburg | 8. „ 69 |
| 199 | Bader Val. | L. | Weiler | 18. „ 69 |
| 200 | Plasi Christ. | „ | Eschenbach | 21 Okt 69 |
| 201 | Pickl Josef | „ | Werdenfels | 27 Okt. 69 |
| 202 | Model Frdr | „ | Neustadt a. A. | 27. Nov. 69 |
| 203 | Pixis Emil | „ | Kusel | 26. Dez. 69 |
| 204 | Ziegler Josef | „ | Königshofen | 31. März 70 |
| 205 | Fick Emil | „ | Erbendorf | 7 April 70 |
| 206 | Westermayr Mich. | „ | Freyung | 24. April 70. |
| 207 | Fritsch Aug. | „ | Buchloe | 16. Juni 70. |
| 208 | Schorner Gg. | „ | Leutershausen | 16. Juli 70. |
| 209 | Buff Herm | „ | Heidenheim | 9. Okt. 70 |
| 210 | Schwarz Joh. | „ | Wörth | 11. Jan. 71 |
| 211 | Sterzl Eduard | „ | Tirschenreuth | 15. „ 71 |
| 212 | Schülein Frz. | „ | Dorfen | 26. „ 71 |
| 213 | Eyberger Eduard | „ | Heilsbronn | 13 Febr 71 |
| 214 | Umbscheiden Theod. | „ | Winweiler | 15. März 71 |
| 215 | Selling Emil | „ | Ludwigstadt | 28. Febr 71 |
| 216 | Jaud Paul | „ | Laufen | 15. März 71. |
| 217 | Carner Rud. | St.L. | Hof | 15. Juni 71 |
| 218 | Ravizza Julius | L. | Viechtach | 14. Aug. 71 |
| 219 | Hurt Frdr. | „ | Dinkelsbühl | 25. Sept. 71 |
| 220 | Hatry Jul. | „ | Homburg | 8. Okt. 71. |
| 221 | Möller Heinr | „ | Staffelstein | 21 Nov. 71. |
| 222 | Wessinger Ant. | „ | Miesbach | „ |
| 223 | Niller Andr. | „ | Vohenstrauss | 24. Nov 71. |
| 224 | Walchner Thadd. | „ | Vilseck | 18. Dez. 71. |
| 225 | Schroder Frz. | „ | Altotting | 21 Dez. 71. |
| 226 | Hämmerl Max | „ | Bogen | 5. Jan. 72. |
| 227 | Lang Max | „ | Regen | 23. „ 72. |
| 228 | Lettenmaier Gust. | „ | Schwabmünch. | 6. Febr 72. |
| 229 | Zeidler Erh. | St.L | Nordlingen | 15. Marz 72. |
| 230 | Kuhn Gust. | L. | Dahn | |
| 231 | Gottner Jos. | „ | Prien | 5. April 72. |
| 232 | Schub Jos. | „ | Furth | 12. Juli 72. |
| 233 | Mayer Hier. | „ | Riedenburg | 10. Aug. 72. |
| 234 | Kastner Ldw. Aug. | „ | Hollfeld | „ |
| 235 | Mangold Jos. | „ | Weissmain | „ |
| 236 | Stegmuller Alois | „ | Tittmoning | „ |
| 237 | Schultz Adam | „ | Pirmasens | 31 Aug. 72. |
| 238 | Pauli Aug. | „ | Kandel | 7 Sept. 72. |
| 239 | Behringer Frz. | „ | Obergünzburg | 12. Okt. 72. |
| 240 | Kraus Joh. Ad. | St.L. | Kitzingen | 20. „ 72. |
| 241 | Meindl Jos. | St.L. | Ingolstadt | 10 Nov. 72. |
| 242 | Böhm Ferd. | St. | München l. | 28. „ 72. |
| 243 | Schneider Jos. | L. | Babenhausen | 11 Dez. 72, |
| 244 | Heldmann Ant. | „ | Neustdt.a/WN. | 13. Jan. 73. |
| 245 | Leveling Karl v. | „ | München l. I. | 12. Merz 73. |
| 246 | Huggenberger Jos. | „ | Krumbach | 13. April 73. |
| 247 | Maurer Eduard | „ | Wolfstein | 6. Juni 73. |

| | | | | |
|---|---|---|---|---|
| 248 | Moser Frdr. | L. | Pottenstein | 2. Juli 73. |
| 249 | Koller Konr. | „ | Gräfenberg | 26. Juli 73. |
| 250 | Löhr Gg. | „ | Weidenberg | „ |
| 251 | Daxenberger Joh. E. | „ | Mallersdorf | „ |
| 252 | Hartmann Jos. | „ | Cham | „ |
| 253 | Barth Karl | St. | München l. I. | 21. Sept. 73. |
| 254 | Zölch Ldw. | StL. | Lindau | 18. Dez. 73. |
| 255 | Rottmann Eduard Fr. | L. | Gerolzhofen | 3. Jan. 74. |
| 256 | Gradel Wilh. | St. | München l. I. | 11. Jan. 74. |
| 257 | Wallner Gg. | St.L. | Landshut | 12. Jan. 74 |
| 258 | Thürauf Leonh. | St. | Nürnberg | 16. Jan. 74. |
| 259 | Wilde Ludw. | L. | Waldfischbach | 1. Juli 74. |
| 260 | Zoll Karl | „ | Parsberg | 17. Juli 74. |
| 261 | Kleemann Frdr. | „ | Berneck | 27. Juli 74. |
| 262 | Reverdys Karl | „ | Pfarrkirchen | 15. Aug. 74. |
| 263 | Gross Frz. | „ | Nabburg | 29. Sept. 74. |
| 264 | Glaser Adolph | „ | Lauterecken | 11. Nov. 74. |
| 265 | Mehltretter Jos. | „ | NeumarktOPf. | 14. Dez. 74. |
| 266 | Lehner Matth. | „ | Kastl | 11. Febr. 75. |
| 267 | Damm Jak. | „ | Otterberg | 22. Febr. 75. |
| 268 | Rumpler Konr. | „ | Stadtsteinach | 6. März 75. |
| 269 | Sonntag Gust. | „ | Rehau | 7. „ 75. |
| 270 | Wieser Frz. X. | „ | Neukirchen | 10. „ 75. |
| 271 | Schmidt Joh. Christ. | „ | Rothenbuch | 10. Mai 75. |
| 272 | Probst Mich. | „ | Burgau | 17. „ 75. |
| 273 | König Ludwig | „ | St. Ingbert | 26. „ 75. |
| 274 | Geis Joh. | „ | Kemnath | 3. Juni 75. |
| 275 | Renner Gregor | „ | Ebermanstadt | 4. „ 75. |
| 276 | Oehrlein Peter | B. | Kronach | 14. Juli 75. |
| 277 | Seitz Wilh. | L. | Hemau | 9. Aug. 75. |
| 278 | Spatny Jos. | „ | Waldkirchen | 23. „ „ |
| 279 | Merkl Gg. | „ | Höchstadt a.A. | 2. Nov. 75. |
| 280 | Schäfer Lor. | „ | Feuchtwangen | 10. „ „ |
| 281 | Simon Jos. A. | „ | Naila | 14. „ „ |
| 282 | Altmann Frz. X. | „ | Nittenau | 14. „ „ |
| 283 | Greb Leo | „ | Alzenau | 15. „ „ |
| 284 | Schrott Aug. | „ | Reichenhall | 22. Dez. 75. |
| 285 | Brühschwein Nik. | „ | Kirchenlamitz | 10. Jan. 76. |
| 286 | Lammerer Joh. B. | „ | Wegscheid | 15. „ „ |
| 287 | Auer Anton | St.L. | Rosenheim | 1. Febr 76. |
| 288 | Kastner Heinr. | L. | Dingolfing | 28. Merz 76. |
| 289 | Schreiner Jul. | „ | Markterlbach | 2. April 76. |
| 290 | Hohenegger Raim. | „ | Oettingen | 15. Mai 76. |
| 291 | Perchtold Ldw. A. | „ | Grafenau | 16. Juni 76. |
| 292 | Spach Eugen. | „ | Hornbach | 19. „ „ |
| 293 | Friederich Frdr. | „ | Altdorf | 14. Juli 76. |
| 294 | Klein Jos | „ | Ebersberg | 24. „ „ |
| 295 | Seubert Phil. | „ | Waldmohr | 22. Aug. 76. |
| 296 | Schum Eduard | „ | Weilheim | „ |

## VIII. Liste.

### (116) Bezirksgerichts-Assessoren.

1 | 2 | 3 | 4 | Diese Assessoren sind während des Druckes des Kalenders zu Räthen befördert und daher bei Liste VI noch angereiht worden.

5
6 Diese Assessoren sind während des Druckes des Kalenders
7 zu Rathen befördert und daher bei Liste VI noch ange-
8 reiht worden.
9

| | | | | |
|---|---|---|---|---|
| 10 | Walter Johann | BA. | Amberg | 22. Mai 65. |
| 11 | Hoglauer Herm | „ | Passau | 14. Juli 65. |
| 12 | Glaser Hermann | „ | Kronach | 22 Sept 65. |
| 13 | Pessl Joh. v | „ | München I. | „ |
| 14 | Laun Karl | „ | Donauworth | „ |
| 15 | Zaska Jos | „ | Aichach | 30 Sept 65. |
| 16 | Sutor Jos v | „ | Donauwörth | „ |
| 17 | Geigel Philipp | „ | Nürnberg | „ |
| 18 | Epfelbacher Wolfg | „ | Straubing | „ |
| 19 | Klingseisen Ant. | „ | Deggendorf | 7 Nov. 65. |
| 20 | Bihler Carl | „ | Kempten | 6. Nov 65. |
| 21 | Dell Ludw | „ | Fürth | 21. Nov. 65. |
| 22 | Esper Georg | „ | München I. | 19. Dez. 65. |
| 23 | Regemann Max v | „ | Schweinfurt | 12. Jan 66. |
| 24 | Stengel Otto Frhr. v | „ | Weilheim | „ |
| 25 | Heidester Anton | „ | Pfarrkirchen | 18 Febr 66 |
| 26 | Offner Franz | „ | Memmingen | 21 Febr 66. |
| 27 | Prosinger Alois | „ | Straubing | 23. Merz 66. |
| 28 | Hofmann Bernhard | „ | Ansbach | „ |
| 29 | Fürst Gustav | „ | Augsburg | „ |
| 30 | Ertl Otto | „ | Weilheim | „ |
| 31 | Koch August | „ | Lohr | 6. April 66. |
| 32 | Bauer Joh. Bpt. | „ | Wasserburg | „ |
| 33 | Ruppert Jos. | „ | Neustadt a. S. | 30. Mai 66. |
| 34 | Vierling Albert | „ | Bamberg | 24. Juni 66. |
| 35 | Sonnenburg Hermann v. | „ | Aichach | „ |
| 36 | Neuland Friedrich | „ | Würzburg | 12. Juli 66. |
| 37 | Stockel Joh. Paul | „ | Kronach | 11 Aug. 66. |
| 38 | Heller Wilhelm | „ | Aichach | 14. Dez. 66. |
| 39 | Schirmer Aug. | „ | Windsheim | 2. Jan. 67 |
| 40 | Reiner Kosmas | „ | Kempten | 11 „ 67 |
| 41 | Schaupert Gg. | „ | Nürnberg | 13. Febr. 67. |
| 42 | Meyer Dr Jul | „ | Ansbach | „ |
| 43 | Rehm Heinr | „ | Furth | 5. Merz 67 |
| 44 | Meyer Friedr | „ | Hof | 15. April 67 |
| 45 | Schoppe Karl G. | „ | Windsheim | 19. April 67 |
| 46 | Stengel Peter | „ | Schweinfurt | 22. Mai 67 |
| 47 | Korb Karl v. | „ | Freising | „ |
| 48 | Hauser Frz. | „ | Pfarrkirchen | 3. Juni 67 |
| 49 | Wissel Joh | „ | Lohr | „ |
| 50 | Kistenfeger Jos. | „ | Memmingen | 20. „ 67 |
| 51 | Geiger Ludw | „ | Memmingen | 26. Juni 67. |
| 52 | Bodensteiner Seb. | „ | Freising | 16 Juli 67. |
| 53 | Aschenbrenner Ldw. | „ | München r. | 18. Aug 67 |
| 54 | Ilgen Ldw | „ | Nürnberg | 9 Sept. 67 |
| 55 | Waldmann Jos. | „ | Deggendorf | „ |
| 56 | Boll Gg. | „ | Eichstadt | 18. Okt 67 |
| 57 | Stettner Max | „ | Amberg | 16 Jan. 68. |
| 58 | Hildenbrand Otto | „ | Pfarrkirchen | „ „ |
| 59 | Reissenbach Val | „ | München l. | 7 Juni 68. |
| 60 | Verstl Jos. | „ | Weilheim | 14. „ 68. |
| 61 | Veicht Peter | „ | Neunbg. v W | 15. „ 68. |
| 62 | Sauer Franz | „ | Kronach | 21 „ 68. |
| 63 | Leicht Joh. Bapt. | „ | Weiden | 5. Juli 68. |

| | | | | | |
|---|---|---|---|---|---|
| 64 | Papellier Heinr. (o. st.) | BA. | Nürnberg | 26. Juli | 68. |
| 65 | Schunk Heinr. | „ | München l. | 9. „ | 68. |
| 66 | Heintke Gg. | „ | Weiden | 1. Aug. | 68. |
| 67 | Sperl Gust. | „ | München l. I. | 6. Aug. | 68. |
| 68 | Stadler Georg | „ | Straubing | 10. Okt. | 68. |
| 69 | Friedberger Adalb. | „ | Amberg | 14. Oct. | 68. |
| 70 | Weber Anton (HGR.) | „ | Würzburg | 25. Nov. | 68. |
| 71 | Krämer Frz. | „ | Schweinfurt | 3. Dez. | 68. |
| 72 | Kremer Ludw. | „ | Würzburg | 7. Dez. | 68. |
| 73 | Schmitt Mich. | „ | Neustadt a. S. | 25. Dez. | 68. |
| 74 | Zimmermann Christ. | „ | Ansbach | 29. Dez. | 68. |
| 75 | Then Jos. Ad. | „ | Schweinfurt | 7. Febr. | 69. |
| 76 | Erhard Heinr. | „ | Neustadt a. S. | 10. März | 69. |
| 77 | Dorfmüller Wilh. | „ | Wasserburg | 5. April | 69. |
| 78 | Schmelcher Wilh. | „ | Regensburg | 21. April | 69. |
| 79 | Warmuth Aug. | „ | Augsburg | 8. Mai | 69. |
| 80 | Schilcher Frz. v. | „ | München r. I. | 10. Mai | 69. |
| 81 | Donle Ernst | „ | Hof | 18. Mai | 69. |
| 82 | Mantel Aug. | „ | Traunstein | 27. Mai | 69. |
| 83 | Belzner Aug. G. | „ | Hof | 22. Juni | 69. |
| 84 | Kunkel Ldw. | „ | Lohr | 19. Sept. | 69. |
| 85 | Rücker K. v. | „ | Fürth | 17. Okt. | 69. |
| 86 | Hermann Otto | „ | Neunburg v. W. | 22. Dez. | 69. |
| 87 | Dennerl Anton | „ | Donauwörth | 31. Dez. | 69. |
| 88 | Scheuerer Frz. Xav. | „ | Aschaffenburg | 29. Jan. | 70. |
| 89 | Meier Karl | „ | Freising | 9. Febr. | 70. |
| 90 | Kirchgessner Gottfr. | „ | Würzburg | 14. Merz | 70. |
| 91 | Hoffmann Theod. | „ | Windsheim | 7. April | 70. |
| 92 | Hörmann Karl | „ | München l. I. | 16. April | 70. |
| 93 | Baur-Breitenfeld W. v. | „ | Straubing | 24. April | 70. |
| 94 | Ammon Luitp. v. | „ | Landshut | 15. Juni | 70. |
| 95 | Götz Ferd. | „ | Straubing | „ | |
| 96 | Schlöner Wilh. | „ | Passau | 25. „ | 70. |
| 97 | Quante Frdr. | „ | Straubing | 16. Juli | 70. |
| 98 | Wenninger Ant. | „ | Fürth | „ | |
| 99 | Langenbrunner Jos. | „ | Passau | 30. „ | „ |
| 100 | Weber Aug. | „ | Bayreuth | 18. Aug. | 70. |
| 101 | Lang Frdr. | „ | Landshut | 4. Dez. | 70. |
| 102 | Wohlfahrt Joh. | „ | Amberg | 26. Jan. | 71. |
| 103 | Hönlein Long. | „ | Lohr | 10. Febr. | 71. |
| 104 | Keyl Ottmar | „ | Neunbg. v. W. | 13. „ | „ |
| 105 | Kremer Cölest. | „ | Eichstädt | 5. Merz | 71. |
| 106 | Frank Ernst | „ | Regensburg | 20. Juli | 71. |
| 107 | Hertlein Adolf | „ | „ | 24. Aug. | 71. |
| 108 | Kessler Georg | „ | Bamberg | 28. Sept. | 71. |
| 109 | Fillweber Math. | „ | Weiden | 21. Nov. | 71. |
| 110 | Witt Jos. | „ | Deggendorf | 24. „ | „ |
| 111 | Müller Mich. | „ | Augsburg | 6. Febr. | 72. |
| 112 | Röder Franz | „ | Lohr | 9. Merz | 72. |
| 113 | Leeb Leo | „ | Landshut | 20. Mai | 72. |
| 114 | Reither Eduard | „ | Landau Pf. | 29. Juni | 72. |
| 115 | Lotter Joh. B. | „ | Traunstein | 10. Aug. | 72. |
| 116 | Mettenleitner Engelbert | „ | Bayreuth | 11. Okt. | 72. |
| 117 | Schuster Mich. | „ | Kempten | 12. „ | „ |
| 118 | Halenke Ant. | „ | Deggendorf | 28. „ | „ |
| 119 | Wachter Gg. Frdr. v. | „ | Augsburg | 13. April | 73. |
| 120 | Dauenbauer Jak. | „ | Zweibrücken | 6. Juni | 73. |
| 121 | Mörtl Frdr. | „ | Traunstein | 2. Juli | 73. |
| 122 | Paur Max | „ | Deggendorf | 26. „ | „ |

| | | | | |
|---|---|---|---|---|
| 123 | Freyburger Dr. K. | BA. | Frankenthal | 31. Juli 73. |
| 124 | Baumann Frz. W. | „ | Kaiserslautern | „ |
| 125 | Girisch Joh. | „ | München l. I. | 12. Juni 74. |

## IX. Liste.

### (310) Stadt- und Landgerichts-Assessoren.

| | | | | |
|---|---|---|---|---|
| 1 | Strehl Karl Frdr. Sigm. | L. | Bayreuth | 12. April 49. |
| 2 | Hopfner Max | „ | Vilsbiburg | „ |
| 3 | Maier Karl (R. u. T. eines St.- u. L.-R. seit 1875.) | St.L. | Aschaffenburg | „ |
| 4 | Esper Karl Gg. Christ. Const. (Rang u. Tit. eines Stadt- u. Landrichters 26. XII. 73.) | St.L. | Erlangen | „ |
| 5 | Thalhauser Lor. Gg. | L. | Tirschenreuth | 3. Juni 58. |
| 6 | Sichlern Heinr. v. | St.L. | Rosenheim | 12. Juni 62. |
| 7 | Manstorfer Heinr. | L. | Rottenbg. NB. | 29. April 63. |
| 8 | Schonbeck Jos. | „ | Mitterfels | „ |
| 9 | Bauer Karl Jos. | „ | Volkach | 19. Juni 63. |
| 10 | Freudling Friedr. | „ | Laufen | 27. Sept. 63. |
| 11 | Kuhn Melch. | „ | Euerdorf | „ |
| 12 | Schmidmayr Gottlieb | „ | Wörth | 21. Nov. 63. |
| 13 | Rein Otto | „ | Gemünden | 24. Dez. 63. |
| 14 | Schimml Mich. | „ | Weiden | 18. April 64. |
| 15 | Scherer Edmund | „ | Hofheim | 23. Juli 64. |
| 16 | Simon Kasp. Ldw. | „ | Marktheidenf. | 11. Sept. 64. |
| 17 | Käs Jos. M. | „ | Höchstädt | 11. Okt. 64. |
| 18 | Hager Josef | „ | Lohr | 16. „ „ |
| 19 | Bablitschky Lorenz | „ | Haag | 25. „ „ |
| 20 | Lang Paul | St. | München l. I. | 13. Jan. 65. |
| 21 | Götz Wilh. | L. | Riedenburg | 15. „ „ |
| 22 | Schmid Isidor | St. | Augsburg | 26. „ „ |
| 23 | Ruppert Karl Jul. | L | Schollkrippen | 16. Febr. 65. |
| 24 | Reichelmeyr Leo | „ | Ellingen | 25. „ „ |
| 25 | Bäuerlein Alois | „ | Wertingen | 11. März 65. |
| 26 | Geiger Ldw. | „ | Neustadt a. S. | 20. „ „ |
| 27 | Flurl Mich. | „ | Simbach | 13. April 65. |
| 28 | Rumpf Aug. | „ | Rotthalmünst. | 15. April 65. |
| 29 | Meyer Hugo | „ | Kulmbach | 30. April 65. |
| 30 | Schlegler Karl | „ | Forchheim | „ |
| 31 | Eichenmüller Heinr. | „ | Würzburg | „ |
| 32 | Schweller Anton | „ | Ebersberg | befördert. |
| 33 | Müller Gustav | St.L. | Günzburg | 11. Juli 65. |
| 34 | Mayr Gg. | L. | Augsburg | 14. „ „ |
| 35 | Schöner Christian | „ | Pappenheim | 11. „ „ |
| 36 | Aichberger Anton | „ | Vilshofen | 14. „ „ |
| 37 | Henneberger Max Ludw. | „ | Passau II | 11. Aug. 65. |
| 38 | Koch Karl | „ | Oettingen | 22. Sept. 65. |
| 39 | Megele Anton | „ | Vilsbiburg | „ |
| 40 | Schmitt Jos. | St.L. | Landshut | „ |
| 41 | Haider Aug. | St. | Würzburg | 10. Nov. 65. |
| 42 | Kalbskopf Wilhelm | L. | Schrobenhaus. | 22. Dez. 65. |
| 43 | Körber Friedr. | St.L. | Nordlingen | „ |
| 44 | Schönfessel Karl | L. | Augsburg | 9. Febr. 66. |
| 45 | Pollmann Hugo | „ | Hersbruck | 18. Febr. 66. |
| 46 | Hirschberg Bernhard Frhr. v. | „ | Nürnberg | 21. Febr. 66. |

| | | | |
|---|---|---|---|
| 47 Schechner Jos. | St.L | Freising | 28. Febr. 66. |
| 48 Mayer Maximilian | L. | Altdorf | " |
| 49 Paulus Carl | " | Aichach | 6. April 66. |
| 50 ~~Meidinger Ant.~~ | " | Mainburg | 1. Mai 66. |
| 51 Bauerschubert Emil | " | Stadtprozelten | 18. Juni 66. |
| 52 Louisoder Gregor | St.L. | Lindau | 19. Juni 66. |
| 53 Drexel Friedr | " | Amberg | 23. Juli 66 |
| 54 ~~Wolfring Friedr~~ | L. | Neumarkt OPf. | " |
| 55 Fritsch Paul | St. | München I. | " |
| 56 Eberth Leopold | L. | Bamberg II. | 23. Aug. 66. |
| 57 Hegele Kasimir | " | Neuulm | 1 Sept 66. |
| 58 Sizzo Frz. X. | St.L. | Freising | 9. Dez. 66. |
| 59 Scherer Frdr | " | Schweinfurt | 14. Dez 66. |
| 60 Niebler Frz | " | München r I | " |
| 61 Speiser Nikol | L. | Mindelheim | 26. Dez. 66. |
| 62 Jocham Friedr | St.L. | Neuburg a. D | 13. Febr 67 |
| 63 Simon Karl | L. | Miltenberg | 1 März 67 |
| 64 Gleifenstein Mich. | " | Regensburg | 13 März 67 |
| 65 ~~Heidemann Karl~~ | St. | München I. | 12. April 67 |
| 66 Baumann Mich. | L | Abensberg | 19. April 67. |
| 67 Stobäus Joh. Frdr. | " | Nabburg | 29. April 67 |
| 68 Prückner Albert | St.L. | Ansbach | 11 Mai 67. |
| 69 Pistner Anton | L. | Kipfenberg | " |
| 70 Brandmaier Math. | " | Dachau | 22 Mai 67 |
| 71 Schwendler Peter | " | Passau I. | 24. Mai 67 |
| 72 Rebay Adalb v | " | Weiler | 8. Juni 67. |
| 73 Landgraf Wilhelm | " | Waldmünchen | 20. " 67 |
| 74 Schreitmüller Frz. Xav. | " | Geisenfeld | 18. Aug 67 |
| 75 Cavallo Bernhard | St. | Bamberg | 23. Aug 67 |
| 76 Leidner Karl | L. | Greding | 1 Sept 67 |
| 77 Zacher Josef | L. | Moosburg | 12. Sept. 67 |
| 78 Sandner Christoph | " | Cadolzburg | 15. 67. |
| 79 Schneidawind Gg | " | Uffenheim | " |
| 80 Bibra Karl Frhr v | St. | Regensburg | 11 Okt 67. |
| 81 Aumüller Jakob | L. | Kissingen | 12. Dez 67. |
| 82 Bergmüller Vitus | " | Friedberg | 10. Jan. 68 |
| 83 Zürn Max | St. | München I. | 5. Febr 68. |
| 84 Zeymer Gustav | L. | Heilsbronn | " |
| 85 Killermann Joh. Gg. | " | Arnstorf | 15. Febr 68. |
| 86 Fey Joh. | St.L. | Amberg | 20. Febr 68. |
| 87 Wilhelm Jos | " | Amberg | 24 März 68. |
| 88 Wiesner Joh. Bapt. | L. | Würzburg | 27 März 68. |
| 89 Röhrle Otto | St. | Augsburg | 23. April 65. |
| 90 Römer Nik. | St.L. | Rothenburg a.T | 24. Mai 68. |
| 91 Böck Karl | St.L. | Eichstädt | 14. Juni 68. |
| 92 Obenhuber Karl | L. | Bischofsheim | " |
| 93 Birkenbach Gg. Albert | " | Kissingen | 26. Juni 68. |
| 94 Eckmann Jakob | " | Auerbach | " 68. |
| 95 Sellner Hugo | " | Werneck | " 68. |
| 96 Wenzel Albert | L. | Ludwigsstadt | 6 Aug. 68. |
| 97 Staimer Mich. Frz | L. | Stadtamhof | 1. Aug. 68. |
| 98 Oettl Karl | " | Illertissen | 6. Aug. 68 |
| 99 Zwerger Ludw. | St.L. | Kaufbeuern | " |
| 00 Fux Frz. | L. | Brückenau | " |
| 01 Lucas Ant. | " | Neunburg v W | 22. Okt. 68. |
| 02 Plöderl Joh. Ev | " | Altötting | 1. Nov 68. |
| 03 Beck Gg | St.L. | Kitzingen | 4 Nov 68. |
| 04 Osterrieder Frz. Xav. | St. | Kempten | 13. Nov 68. |

| | | | | |
|---|---|---|---|---|
| 105 | Praetorius Jos. v. | St. | München I. | 21. Nov. 68. |
| 106 | Klotz Joh. B. | L. | Oberdorf | 3. Dez. 68. |
| 107 | Föringer Heinr. | St. | München I. | 13. Dez. 68. |
| 108 | Brügel Theod. | L. | Roth | 19. Dez. 68. |
| 109 | Hayd Joh. B. | „ | Eggenfelden | 21. Dez. 68. |
| 110 | Kreibig Wilh. | St. | München I. I. | 25. Dez. 68. |
| 111 | Mayr Gg. | St.L. | München r. I | 29. Dez. 68. |
| 112 | Meissner Jos. | L. | Königshofen | 2. Febr. 69 |
| 113 | Stahl Heinr. | „ | Dettelbach | 12. März 69. |
| 114 | Collasowitz Albr. | „ | Kastl | 21. März 69. |
| 115 | Kellein Karl | „ | Herrieden | 2. April 69. |
| 116 | Wohlfahrt Lor. | „ | Gerolzhofen | 8. April 69. |
| 117 | Dirnberger Jos. | „ | Vilshofen | 9. April 69. |
| 118 | Schaupp Frz. | „ | Viechtach | 13. April 69. |
| 119 | Dereser Adam | „ | Rothenbuch | 3. Mai 69. |
| 120 | Sattler Joh. | „ | Wassertrüdingen | 6. Mai 69. |
| 121 | Stoll Heinr. | „ | Lichtenfels | 8. Mai 69. |
| 122 | Wimmer Theod. | „ | Schongau | 27. Mai 69. |
| 123 | Buck Frz. X. (ex. st.) | St. | Passau | 22. Juni 69. |
| 124 | Anns Wilh. v. | L. | Lauf | 3. Okt. 69. |
| 125 | Stürzenbaum Karl | „ | Markterlbach | 27. Nov. 69. |
| 126 | Schlaug Gg. | „ | Kronach | 27. Nov. 69. |
| 127 | Lillbopp Const. | „ | Waldsassen | 2. März 70. |
| 128 | Schneider Jos. | „ | München I. | 14. März 70. |
| 129 | Hoffmann Gg. | „ | Hassfurt | 31. März 70. |
| 130 | Schreyer Gustav | „ | Bogen | 7. Apr. 70. |
| 131 | Lengrisser Joh. N. v. | St. | München I. | 11. Mai 70. |
| | | | react. | 25. Nov. 75. |
| 132 | Hönig Heinr. | L. | Weismain | 20. Mai 70. |
| 133 | Gessner Phil. | „ | Obernburg | 12. Juni 70. |
| 134 | Bergold Adam | St. | Würzburg | 12. Juni 70. |
| 135 | Schlosser Jak. | L. | Buchloe | 16. Juni 70. |
| 136 | Schumann Frdr. | „ | Feuchtwangen | 16. Juli 70. |
| 137 | Reindl Theodor | St. | Bamberg | 15. Juli 70. |
| 138 | Praun Mich. | L. | Scheinfeld | 5. Sept. 70. |
| 139 | Oelhafen Karl v. | St.L. | Dinkelsbühl | 9. Okt. 70. |
| 140 | Hecht Joh. B. | „ | Nördlingen | 22. Okt. 70. |
| 141 | Pretzner Joh. B. | L. | Aibling | 14. Nov. 70. |
| 142 | Schwaiger Ant. | „ | Bruck | 14. Nov. 70. |
| 143 | Hess Alois | „ | Pfarrkirchen | 22. Dez. 70. |
| 144 | Meister Adolph | „ | Nürnberg | 7. „ 71. |
| 145 | Westermayer Jos. | „ | Wasserburg | 11. „ 71. |
| 146 | Huber Frz. Xav. | „ | Osterhofen | 15. „ 71. |
| 147 | Görz Ldw. | „ | Schesslitz | 25. „ 71. |
| 148 | Hemmerlein Math. | St. | Nürnberg | 29. „ 71. |
| 149 | Kraus Erhard | L. | Staffelstein | 1. Febr. 71. |
| 150 | Hofmann Frdr. | St.L. | Schwabach | 28. „ 71. |
| 151 | Schneeweiss Albert v. | „ | Memmingen | 15. „ 71. |
| 152 | Eschenlohr Dominik. | L. | Monheim | 18. „ 71. |
| 153 | Liebl Georg | „ | Waldkirchen | 12. Apr. 71. |
| 154 | Lupin Frdr. Frhr. v. | L. | Tölz | 15. Juni 71. |
| 155 | Malm Joh. Gg. | St.L. | Hof | 15. „ |
| 156 | Asimont Eduard | L. | Pfaffenhofen | 14. Aug. 71. |
| 157 | Dachauer Ant. | St.L. | Straubing | 25. Aug. 71. |
| 158 | Holzinger Gg. | L. | Neustadt a. A. | 28. Sept. 71. |
| 159 | Loschge Gust. | „ | Naila | „ |
| 160 | Schlag Paul | „ | Burgau | 18. Okt. 71. |
| 161 | Remy Theod. | „ | Weissenhorn | „ |

| | | | | |
|---|---|---|---|---|
| 162 | Heinlein Joh. | St. | Nürnberg | 8. Nov 71. |
| 163 | Neff Jos. | L. | Füssen | 23. Nov 71. |
| 164 | Hundrisser Osk | „ | Weidenberg | 18. Dez. 71. |
| 165 | Greiner Otto | „ | Kronach | 21. Dez. 71. |
| 166 | Brunner Karl | „ | Vohenstraus | 5. Jan. 72 |
| 167 | Neuner Joh. Ev | „ | Erding | 8. März 72. |
| 168 | Plötz Heinr. | „ | Landau a. I. | 10. März 72. |
| 169 | Schleizer Karl | „ | Gunzenhausen | 15. März 72. |
| | | | react. | 3. Mai 76. |
| 170 | Geiger Eduard | „ | Trostberg | 5. Apr. 72. |
| 171 | Fleischmann Mart. | „ | Münchberg | 23. Apr. 72. |
| 172 | Steuer Mich. | „ | Schwabmünchen | 16. Mai 72. |
| 173 | Birkner Ferd | St. | Nürnberg | 12 Juli 72. |
| 174 | Koch Gottl. v. | L. | Pegnitz | 24. Juli 72. |
| 175 | Crailsheim Ernst Frhr. v. | „ | Würzburg | 10. Aug. 72. |
| 176 | Märkl Frnst | „ | Immenstadt | „ |
| 177 | Schmid Heinr. | „ | Regen | 11 Sept. 72. |
| 178 | Arzberger Johann | „ | Rain | 30. „ 72. |
| 179 | Hofmann Mich. | „ | Arnstein | 19 Okt. 72. |
| 180 | Gross Karl Frhr. v | St. | Würzburg | 20. „ 72. |
| 181 | Jouvin Eugen | L. | Grönenbach | 9. Nov 72 |
| 182 | Buchheit Gottl. | „ | Münchberg | 9. „ 72. |
| 183 | Arnold Karl Frdr. | St. | München I. | 10. „ 72. |
| 184 | Schramm Gg. | „ | Passau | 28. „ 72. |
| 185 | Sutor Ldw. v. | L. | Heidenheim | 11 „ 72. |
| 186 | Cammerer Joh. Bapt. | | Eschenbach | 13. Jan. 73. |
| 187 | Roschl Ludw. | „ | Kandel | 8. Febr 73. |
| 188 | Ehrlich Eugen | St.L. | Straubing | 14. „ 73. |
| 189 | Petz Christoph v. | L. | Rehau | 28. „ 73. |
| 190 | Krieg Hermann | „ | Erding | 12. März 73. |
| 191 | Kapp Wilh. | „ | Hilpoltstein | 2 Juli 73. |
| 192 | Donle Frd. | St.L. | Kempten | 18. „ 73. |
| 193 | Schrodt Alb. | „ | Fürth | 24. Sept. 72 |
| 194 | Hennch Jos. | L. | Rothenfels | 26. Juli 73. |
| 195 | Bogner Anton | „ | Neukirchen | 26. „ 73. |
| 196 | Leeb Albr. | St.L. | Ingolstadt | 26. „ 73 |
| 197 | Pulstinger Frdr | L. | Lauingen | 26. „ 73. |
| 198 | Mayer Jos. | L. | Starnberg | 21. Sept. 73. |
| 199 | Boller Ph. | „ | Burglengenfeld | 23. Sept. 73. |
| 200 | Pfeuffer Gg. | „ | Vohenstraus | 10. Okt. 73. |
| 201 | Wich Max | StL. | Eichstädt | 17. Nov. 73. |
| 202 | Gros Christ. | L. | Karlsstadt | 20. Nov 73 |
| 203 | Utting Edm. | „ | Sulzbach | 18. Dez 73. |
| 204 | Ebenhoch Georg | „ | Laufen | 4. Jan. 74. |
| 205 | Weinmann Heinr. | StL. | Landshut | 12. Jan. 74 |
| 206 | Berlin Max | St. | Nürnberg | 16. Jan. 74. |
| 207 | Cnepf Adolph | StL. | Fürth | 27. Febr. 74. |
| 208 | Braun Christ. | „ | Ingolstadt | 8. März 74. |
| 209 | Fischer Rudolph | L. | Thiersheim | 10. März 74. |
| 210 | Rauch Leonh. | „ | Grafenau | 7. April 74. |
| 211 | Graf Joh. Bapt. | „ | Traunstein | 8. April 74. |
| 212 | Greis Max | St. | München I. I. | 11. April 74. |
| 213 | Dürig Karl | StL. | Schwabach | 25. April 74. |
| 214 | Böhm Karl | L. | Cham | 10. Mai 74. |
| 215 | Clarus Eduard | St. | Nürnberg | 10. Mai 74. |
| 216 | Molitor Hugo | L. | Kelheim | 26. Mai 74. |
| 217 | Raab Alois | „ | Stadtsteinach | 5. Juni 74. |
| 218 | Then Mart. | „ | Alzenau | 12. Juni 74. |

| | | | | | |
|---|---|---|---|---|---|
| 219 | Hetzel Joh. | St. | Augsburg | 15. Juni | 74. |
| 220 | Dompierre Friedr. | L. | Herzogenaurach | 9. Juli | 74. |
| 221 | Schmelz Herm. | „ | Mellrichstadt | 17. Juli | 74. |
| 222 | Münch Erdmann | St. | Bayreuth | 22. Juli | 74. |
| 223 | Dütsch Mich. | L. | Windsheim | 27. Juli | 74. |
| 224 | Peter Phil. | „ | Kirchenlamitz | 1. Aug. | 74. |
| 225 | Kollmayr Ferd. | StL. | Donauwörth | 14. Aug. | 74. |
| 226 | Zink Ferd. | „ | Ingolstadt | 15. Aug | 74. |
| 227 | Jacubezky Jak. | St. | München l. I. | 20. Aug | 74. |
| 228 | Schatte Karl Frhr. | L. | Regenstauf | 17 Sept | 74. |
| 229 | Hauk Jos. | „ | Höchstadt | 17. Sept. | 74. |
| 230 | Praun Alex. v. | St. | Regensburg | 28. Sept. | 74. |
| 231 | Mack Oskar | L. | Ebern | 29. Sept. | 74. |
| 232 | Bold Johann | „ | Zweibrücken | 7 Okt | 74. |
| 233 | Hannwaker Joh. | „ | Dürkheim | 7 Okt. | 74. |
| 234 | Hautmann Ant. | „ | Mühldorf | 8. Okt | 74. |
| 235 | Lehner Jos. | „ | Kötzting | 12 Okt | 74. |
| 236 | Linprun Alfred v. | „ | Weilheim | 17. Nov | 74 |
| 237 | Gummi Eduard | StL. | Hof | 17 Nov. | 74. |
| 238 | Fuchsberger Otto | „ | Bayreuth | 17. Nov | 74. |
| 239 | Solch Joh. B. | L. | Landau a. I. | 14. Dez. | 74. |
| 240 | Koglmayer Frz. X. | „ | Freyung | 25. Dez. | 74. |
| 241 | Spannagel Theod. | „ | Kaiserslautern | 5. Jan. | 75. |
| 242 | Krafft Christr v. | StL. | Ansbach | 7 Jan. | 75. |
| 243 | Kastner Mich. | „ | München r. I. | 11 Jan. | 75. |
| 244 | Kammel Georg | L. | Dingolfing | 29. Jan. | 75. |
| 245 | Braun Jos. Otto | „ | Türkheim | 11. Febr | 75. |
| 246 | Schunk Kasp. | „ | Eltmann | 21. Febr | 75. |
| 247 | Heun Peter | „ | Baunach | 6. März | 75. |
| 248 | Fleischmann Leop. | „ | Wunsiedel | 7. März | 75. |
| 249 | Linner Joh. B. | „ | Hemau | 10. März | 75. |
| 250 | Schnell Jul. | St. | München l. I. | 27. März | 75. |
| 251 | Schäfer Aug. | L. | Landau Pf. | 30. März | 75. |
| 252 | Zoller Ldw. Frhr. v. | St. | München l. I. | 21 April | 75. |
| 253 | Schuster Aug | L. | Wertingen | 22. April | 75. |
| 254 | Dauser Bernh. | „ | Münnerstadt | 10. Mai | 75. |
| 255 | Kohlmann Gg. | „ | Pottenstein | 11. Mai | 75. |
| 256 | Spengel Otto | St.L. | Strau ing | 17 Mai | 75 |
| 257 | Metz Nikol. | L. | Aub | 3. Juni | 75. |
| 258 | Schirmer Adolph | „ | Bamberg I. | 4. Juni | 75. |
| 259 | Hetzel Christoph | „ | Bamberg II. | 10. Juni | 75. |
| 260 | Zimmermann Joh. | „ | Neustadt a. W | 10. Juni | 75. |
| 261 | Wolf Dr. Ign. | St. | Bamberg | 15. Juni | 75. |
| 262 | Neppenbacher Karl | L. | Karlstadt | 14. Juli | 75. |
| 263 | Clement Phil. | „ | Grünstadt | 19. Juli | 75. |
| 264 | Pfister Eduard | „ | Kemnath | 3. Aug. | 75. |
| 265 | Jehle Mich. | „ | Landsberg | 9. Aug | 75. |
| 266 | Attenberger H. | „ | Wegscheid | 23. Aug | 75. |
| 267 | Ströhlein Ado. | St.L. | Aschaffenburg | 19. Sept. | 75. |
| 268 | Aurich Bruno | L. | Ludwigshafen | 24 Sept. | 75. |
| 269 | Baltheiser Jul. | „ | Hollfeld | 30 Sept. | 75. |
| 270 | Hofmann Gg. W | St. | Nürnberg | 2. Okt | 75. |
| 271 | Fischer Jos. | L. | Ottobeuern | 3. Okt | 75 |
| 272 | Rebay Max | „ | Deggendorf | 5. Okt | 75. |
| 273 | Yblagger Ernst | „ | München l. I. | 14. Okt | 75 |
| 274 | Eberlein K. G. H F. | „ | Berneck | 31 Okt | 75 |
| 275 | Hipper Joh | „ | Aichach | 2. Nov | 75. |
| 276 | Achtinger Jak. | „ | Rosenheim | 11 Nov | 75. |

| | | | | |
|---|---|---|---|---|
| 277 | Adam Ant. | L. | Ebermannstadt | 14. Nov. 75. |
| 278 | Bayersdorfer Carl | „ | Passau I. | 14. Nov. 75. |
| 279 | Wild Eduard | „ | Klingenberg | 15. Nov 75. |
| 280 | Schuster Max | „ | Sonthofen | 18. Dez. 75. |
| 281 | Braun Xaver | „ | Parsberg | 21. Dez. 75. |
| 282 | Heusler Max v | „ | Wolfratshausen | 22. Dez. 75. |
| 283 | Finsterwald Karl Aug. | „ | Dingolfing | 6. Jan. 76. |
| 284 | Roth Rob. | „ | Selb | 10. Jan. 76. |
| 285 | Kückinger Mich | „ | Dorfen | 15. Jan. 76. |
| 286 | Lotz Heinr. | „ | Ochsenfurt | 16. Jan. 76. |
| 287 | Hofmockel Frdr | St.L. | Neuburg a. d. D. | 1 Febr. 76. |
| 288 | Schönwetter Eduard | L. | Zusmarshausen | 7 Febr. 76. |
| 289 | Rötzer Joh. Ad | „ | Gräfenberg | 14. Febr. 76. |
| 290 | Tillmann Rudolf | „ | Germersheim | 18. Febr. 76. |
| 291 | Lobenhoffer Paul | „ | Neustadt a. H. | „ |
| 292 | Wolff Ludw. | „ | Vilseck | 23. Febr. 76. |
| 293 | Hertel Burkh. | St. | Augsburg | 2. März 76. |
| 294 | Buttner Jos. | L. | Dillingen | 16. März 76. |
| 295 | Höchtlen Aug. Al. | St. | München l. I. | 22. März 76. |
| 296 | Reismüller Joh. | L. | Griesbach | 28. März 76. |
| 297 | Scharner Georg | „ | Beilngries | 2. April 76. |
| 298 | Gotz Herrmann | „ | Neumarkt a. R. | 8. April 76. |
| 299 | Heindl Alwin | „ | Krumbach | 15. April 76. |
| 300 | Diem Max | „ | Hengersberg | 18. April 76. |
| 301 | Schedel Max v | St.L. | Fürth | 28. April 76. |
| 302 | Hierl Gg. | L. | Oberviechtach | 1. Juni 76. |
| 303 | Dotterweich Joh. B | „ | Burgebrach | 2. Juni 76. |
| 304 | Mittermüller W | „ | Mallersdorf | 16. Juni 76. |
| 305 | Praun Sigm. v. | „ | ~~Neustadt~~ a A | 14. Juli 76 |
| 306 | Schlosser Ludw | „ | Miesbach | 24 Juli 76. |
| 307 | Pfister Bernhardt | „ | Bergzabern | 22 Aug. 76. |
| 308 | Feyrlein Xav | „ | Hammelburg | „ |
| 309 | Lammer Dr. Joh. | St.L. | Schweinfurt | 28. Aug. 76. |
| 310 | Epstein Adolf | St. | München l. I. | „ |

## X. Liste.

# Gerichtsschreiber und Sekretäre.

### A. Beim Staatsministerium der Justiz

(S. oben Liste I.)

### B. Beim Oberappellationsgerichte.

| | | | |
|---|---|---|---|
| Müller Ludwig | OG. | München | 29. Juli 72. |
| Valta Max v | Secr. | „ | |
| Wachter Aug. v | UG. | „ | 22. Okt. 70. |
| Kugler Josef | UG. | „ | 12. Aug. 71. |
| Mayerhofer Oskar | UG. | „ | 28. Sept. 74. |

### C. Bei den Appellationsgerichten.

a. Obergerichtsschreiber.

| | | | | |
|---|---|---|---|---|
| 1 | Schön Joh. Bapt. | OG. | Augsburg | 12. Juni 70. |
| 2 | Baier Michael | „ | Bamberg | „ |
| 3 | Schieder Albin | „ | Passau | „ |
| 4 | Klostermair Frz. | „ | Nürnberg | „ |
| 5 | Fasching Karl | „ | München | 29. Juli 72. |
| 6 | Müh Jos. | „ | Zweibrück. | 13. Jan. 69 |

b. Untergerichtsschreiber.

| | | | | |
|---|---|---|---|---|
| 1 | Schum Konrad | UG. | Bamberg | 13. Juni 70. |
| 2 | Laucher Eug. | " | Passau | 14. " " |
| 3 | Besendorfer Aug. | " | München | 12. Aug. 71. |
| 4 | Schmid Frz. Ser. | UG. | München | 29. Juli 72. |
| 5 | Deisenhofer Math. | " | Nürnberg | 30. Sept. 72. |
| 6 | Rettig Simon | I.UG. | Zweibrück. | 13. Jan. 73. |
| 7 | Assn Jos. | " | Nürnberg | 8. März 73. |
| 8 | Kauffmann Herm. | UG. | Bamberg | 14. Aug. 73. |
| 9 | Zanon Karl Frdr. | " | Nürnberg | 17. April 74. |
| 10 | Hatzfeld Ldw. Phil. | II.UG. | Zweibrück. | 26. Nov. 74. |
| 11 | Gmeinwieser Josef | UG. | Passau | 3. Aug. 75. |

c. Sekretäre.

| | | | | |
|---|---|---|---|---|
| 1 | Geiger Georg Fr. | Sekr. | Augsburg | 28. Okt. 66. |
| 2 | Benker Friedr. Karl | " | Nürnberg | 18. Febr. 66. |
| 3 | Götz Frz. Jak. | " | München | |
| 4 | Meier Heinrich | " | München | |
| 5 | Greif Carl | " | München | |
| 6 | Mennacher Seb. | " | München | 23. Jan. 67. |
| 7 | Dalbon Jos. | " | Bamberg | 21. Okt. 67. |
| 8 | Fürthmaier Ant. | " | München | 23. Okt. 74. |

## D. Bei den Bezirksgerichten.

a. Obergerichtsschreiber.

| | | | | |
|---|---|---|---|---|
| 1 | Rossé Frdr. | B.u.HOG. | Kaiserslautern | 20. Nov. 59. |
| 2 | Merkel Gust. | " | Zweibrücken | 25. Juni 70. |
| 3 | Grün Karl | " | Augsburg | 12. Juni 70. |
| 4 | Müller Gustav | HOG. | München l. I. | " |
| 5 | Stadler Heinr. | BOG. | Traunstein | " |
| 6 | Heiss Jul. | " | Weiden | " |
| 7 | Dollfuss Aug. | B.u.HOG. | Ansbach | " |
| 8 | Bertels Ernst | " | Aschaffenburg | " |
| 9 | Henneberger David | BOG. | Neustadt a. S. | " |
| 10 | Schierlinger Wilhelm | B.u.HOG. | Würzburg | " |
| 11 | Siebenlist Aug. | BOG. | Eichstädt | " |
| 12 | Bergler Joh. B. | B.u.HOG. | Amberg | " |
| 13 | Mittermayer Jos. | " | Regensburg | " |
| 14 | Gistl Peter | B.u.HOG. | Landshut | " |
| 15 | Höpfel Friedr. | " | Bayreuth | " |
| 16 | Schäffer Alois | " | Schweinfurt | " |
| 17 | Bögler Karl | BOG | Freising | " |
| 18 | Maier Michael | " | Windsheim | " |
| 19 | Fuchs Joh. Ph. | BOG. | Aichach | " |
| 20 | Boos Frz. Loth. | " | Wasserburg | " |
| 21 | Sommer Jos. | " | Deggendorf | " |
| 22 | Hauber Karl | " | Donauwörth | " |
| 23 | Emmerling Julius | B.u.HOG. | Passau | " |
| 24 | Nobis Joseph | BOG. | Weilheim | " |
| 25 | Panrucker Friedr. | B.u.HOG. | München r. I. | " |
| 26 | Laturner Simon | BOG. | Straubing | " |
| 27 | Schwemmer Joh. B. | BOG. | Neunburg v. W. | " |
| 28 | Messert Joh. Nep. | " | Pfarrkirchen | " |
| 29 | Hintermeier Jos. | B.u.HOG. | Memmingen | " |
| 30 | Geissler Gg. | BOG. | Kronach | " |
| 31 | Poller Gustav | B.u.HOG. | Bamberg | " |
| 32 | Voigt Wilh. | BOG. | Lohr | " |

| | | | | |
|---|---|---|---|---|
| 33 | Hauck Wilh. | B.u.H.OG. | Fürth | 12. Juni 70. |
| 34 | Einwaag Christoph | „ | Hof | „ |
| 35 | Maier Gg. | „ | Nürnberg | „ |
| 36 | Pfirmann Jos. | „ | Landau Pf. | 28. Mai 71. |
| 37 | Frauendorfer Thom. | BOG. | Kempten | 24. Juli 72. |
| 38 | Denig Hippolyt | B.u.HOG. | Frankenthal | 16. Aug. 72. |
| 39 | Rodler Theod. | BOG. | München l. I. | 22. Juni 76. |

b. Untergerichtschreiber.

| | | | | |
|---|---|---|---|---|
| 1 | Reil Joh. B. | BUG. | Amberg | 11. Okt. 64. |
| 2 | Koch Aug. | „ | Donauwörth | 30. März 67. |
| 3 | Schneeweiss Adolph | „ | Ansbach | 16. Juni 70. |
| 4 | Dörfler Joh. Mich. | „ | Würzburg | 28. Mai 62. |
| 5 | Schlachter Karl | „ | Eichstädt | 7. Juli 70. |
| 6 | Obermillacher Joh | „ | Straubing | 5. Juli 70. |
| 7 | Hubman Ant. | „ | Pfarrkirchen | „ |
| 8 | Stenglein Albert | „ | Hof | 5. Juli 70. |
| 9 | Müller Frdr. | „ | Aschaffenburg | „ |
| 10 | Iblher Aug. | „ | München l. I. | 9. Aug. 74. |
| 11 | Steinbrecher Osk. | „ | München l. | 4. Okt. 70. |
| 12 | Hoffmann Eduard | „ | Freising | 7. Nov. 70. |
| 13 | Adam Andr. | „ | Deggendorf | 28. Mai 71 |
| 14 | Weinzierl Frz. X. | „ | Straubing | „ |
| 15 | Friederich Sigm. | „ | Memmingen | 9. Juli 71. |
| 16 | Grienbeck Math. | „ | Neunburg v. W. | 25. Aug. 71. |
| 17 | Naager Jos. | „ | München l. I. | |
| 18 | Dibell Angelo | „ | Landshut | 31. Aug. 71. |
| 19 | Ehrenfried Jos. | „ | Regensburg | 24. Juli 72. |
| 20 | Uschold Frdr. | „ | Amberg | 25. Okt. 72. |
| 21 | Endres Gg. | „ | Donauwörth | 28. „ 72. |
| 22 | Schwarz Ant. | „ | Regensburg | 11. Dez. 72. |
| 23 | Rabus Ferd. | „ | Fürth | 10. März 73. |
| 24 | Wittmann Ludw. | „ | Nürnberg | 26. Juli 73. |
| 25 | Hopf Jos. | „ | Straubing | 12. Okt. 74. |
| 26 | Dorn Benno | „ | Augsburg | 23. Okt. 74. |
| 27 | Tein Frdr. v. | „ | Weilheim | 17. Nov. 74. |
| 28 | Hirsch Frdr. | „ | Ansbach | 7. Jan. 75. |
| 29 | Schorr Joh. Ev. Theod. | „ | Nürnberg | 14. Febr. 75. |
| 30 | Jackermaier Lor. | „ | München | 10. April 75. |
| 31 | Walter Joh. B. | „ | Neustadt a. S. | 11. Mai 75. |
| 32 | Schecher Otto Friedr. | „ | Nürnberg | 30. Sept. 75. |
| 33 | Sofleiss Jos. | „ | Aichach | 2. Nov. 75. |
| 34 | Verstl Gg. | „ | Würzburg | 17. Dez. 75. |
| 35 | Wolpert Jos. | „ | Bayreuth | 10. Jan 76. |
| 36 | Rehm Ernst | „ | Kronach | 2. Juni 76. |
| 37 | Pfirstinger Aug. | „ | München l. I. | 22. Juni 76. |
| 38 | Brunner Cäsar | „ | Wasserburg | 6. Juli 76. |
| 39 | Voggenreiter Ldw. | „ | München l. I. | 22. Aug. 76. |

c. Sekretäre.

| | | | | |
|---|---|---|---|---|
| 1 | Eyberger Franz Jos. | Sekr. | Nürnberg | 28. Mai 52. |
| 2 | Toussaint Aug. | „ | Regensburg | „ |
| 3 | Eberl Karl | „ | Amberg | „ |
| 4 | Saile Karl | „ | Passau | 15. „ 58. |
| 5 | Kapp Karl Friedr. | „ | Neustadt a. S. | 23. Dez. 64. |
| 6 | Meyer Joh. Adam | „ | Schweinfurt | 24. April 63. |
| 7 | Teicher Gg. | „ | Bayreuth | 28. Mai 52. |
| 8 | Günther Jos. | „ | Passau | „ |

| | | | | |
|---|---|---|---|---|
| 9 | Kalb Wilh. | Sekr. | Memmingen | 28. Mai 52. |
| 10 | Eisenhut Joh. Mich. | " | Schweinfurt | " |
| 11 | Schäfer Gg. | " | Aschaffenburg | " |
| 12 | Bauer Joh. | " | Weiden | " |
| 13 | Felbinger Lorenz | " | Weilheim | " |
| 14 | Marth Peter | " | Bamberg | " |
| 15 | Küneth Joh. Gg. | " | Hof | " |
| 16 | Reiner Karl | " | Traunstein | " |
| 17 | Winkler Gg. | " | Windsheim | " |
| 18 | Ecker Mich. | " | Aichach | " |
| 19 | Bernklau Jos. | " | Deggendorf | " |
| 20 | Kistler Nik. | " | Augsburg | " |
| 21 | Wissel Jos. Anton | " | Lohr | 31. Dez. 63. |
| 22 | Zimmerer Josef | " | Eichstädt | 12. Sept. 64 |
| 23 | Knogler Clem. | " | Freising | 29. Okt. 64. |
| 24 | Kugler Marquard | " | München r. | 13. Jan. 66. |
| 25 | Haas Kasp. Valentin | " | Bamberg | 18. Febr. 66. |
| 26 | Weinmayr Johann | " | Landshut | 26. Mai 66. |
| 27 | Hensler Jos. | " | Kempten | 12. März 67. |
| 28 | Reber Karl | " | München l. I. | 25. März 67. |
| 29 | Weber Karl Jul. | " | Bamberg | 1. Nov. 62. |
| 30 | Zetl Adolph | " | Wasserburg | 12. Jan. 63. |
| 31 | Frühwein Ludw. | " | München r. I. | 29. Apr. 63. |
| 32 | Schmid Joh. Bapt. | " | Augsburg | 21. Febr. 66. |
| 33 | Lechner Christoph | " | München l. I. | 14. Dez. 66. |
| 34 | Zorn Karl | " | Schweinfurt | " |
| 35 | Stockhammer Gg. (react.) | " | Traunstein | 14. Juli 65. |
| 36 | Salzgeber Franz | " | Windsheim | 5. Febr. 68. |
| 37 | Seidenbusch Ludw. | " | Würzburg | 27. Merz 68. |
| 38 | Pirngruber Friedr. | " | Landshut | 6. Aug. 68. |
| 39 | Lützelburg Wilh. Frhr. v. | " | Augsburg | 6. Aug. 68. |
| 40 | Schleifer Josef | " | Kempten | 7. Sept. 68. |
| 41 | Lockemann Heinr. | " | Würzburg | 3. Dez. 68. |
| 42 | Schiffmann Jos. | " | Weiden | 19. Mai 69. |
| 43 | Berninger Karl | " | Lohr | 27. Aug. 69. |
| 44 | Behringer Gg. | " | Fürth | 27. Nov. 69. |
| 45 | Conrad Frdr. | " | Augsburg | 7. Apr. 70. |
| 46 | Köppel Ferd. (MF u. SchGS.) | " | Nürnberg | 9. Jan. 74. |

## E. Bei den Stadt- und Landgerichten.

Das eingeklammerte „(J.)“ bedeutet die Eigenschaft als Jurist – vorm. Rechtspraktikant oder Staatsanwaltsvertreter; diejenigen G.Schr., bei welchen sich ein solches J. nicht befindet, sind Nichtjuristen. Gschl. = Geschäftsleitender Gerichtsschreiber.

| | | | | |
|---|---|---|---|---|
| 1 | Schmidtborn Adolph (J.) | L. | Kandel | 4. Sept. 37. |
| 2 | Gassenberger Jak. (J.) | " | Frankenthal | 27. Dez. 45. |
| 3 | Wenz Karl (J.) | " | Neustadt a. H. | 3. Jan. 46. |
| 4 | Kreichgauer Josef (J.) | " | Anweiler | 16. Sept. 46. |
| 5 | Grau Nikol. (J.) | " | Landstuhl | 20. Dez. 46. |
| 6 | Schatz Fr. Ant. | St.L. | Kaufbeuern | 28. Mai 62. |
| 7 | Aulenbach Friedr. (J.) | L. | Dürkheim | 27. Apr. 52. |
| 8 | Drissl Frz. | " | Bamberg | 22. Juni 63. |
| 9 | Sporer Ferdinand | L. | Schrobenhausen | 28. Mai 62. |
| 10 | Kösel Max | St.L. | Kempten | " |
| 11 | Grill Joh. Wilhelm (Geschl.) | " | Fürth | " |
| 12 | Kraus Joh. Pet. Sigm. | St. | Nürnberg | " |
| 13 | Krebser Joh. Paul | St.L. | Erlangen | " |

| | | | | |
|---|---|---|---|---|
| 14 | Ramlo Ferd. Joach. | St. | München I. | 28. Mai 62. |
| 15 | Weicht Gg. (J.) | L. | Zweibrücken | 12. Okt. 58. |
| 16 | Rapp L. Chr. W. (J.) | " | Otterberg | 6. März 60. |
| 17 | Schreyer Karl | " | Tirschenreuth | 28. Mai 62. |
| 18 | Bach Adolph | " | Mitterfels | " |
| 19 | Eisenbarth Frz. X. (J.) | " | Erding | " |
| 20 | Schütz Jos. (J.) | " | Weissenhorn | " |
| 21 | Lindermayer Ludw. (J.) | " | Diessen | " |
| 22 | Wolff Bened. (J.) | " | Parsberg | " |
| 23 | Lehner Joh. Lor. (J.) | " | Erbendorf | " |
| 24 | Kastner Jak. (J.) | " | Neumarkt Opf. | " |
| 25 | Voggenauer Wolfg. (J.) | " | Ebersberg | " |
| 26 | Ressl Joh. (J.) (Gschl.) | St. | Regensburg | " |
| 27 | Wimmer Karl (J.) | L. | Osterhofen | " |
| 28 | Willacker Max Jos. | " | Klingenberg | " |
| 29 | Stettner Ludw. | St.L. | Günzburg | " |
| 30 | Mantel Mich. | L. | Ochsenfurt | " |
| 31 | Hartmann Frz. Ser. | " | Bruck | " |
| 32 | Költsch Ernst Adolph | " | Thiersheim | " |
| 33 | Zehnter Karl | " | Thurnau | " |
| 34 | Heldmann Frz. v. Paula | " | Greding | " |
| 35 | Barth Jos. Anton | " | Dillingen | " |
| 36 | Queitsch Bernh. | " | Hemau | " |
| 37 | Künsberg Ludw. Erh. Ernst | " | Lauf | " |
| 38 | Kessler Joh. Jak. | " | Münchberg | " |
| 39 | Adam Frdr. W. | " | Herrieden | " |
| 40 | Kuchler Nik. | " | Monheim | " |
| 41 | Gretler Josef | L. | Weiler | " |
| 42 | Fuss Pangratz | " | Bamberg II. | " |
| 43 | Schafstek Franz | St. | Würzburg | " |
| 44 | Bolckart Franz Sal. | L. | Landsberg | " |
| 45 | Bohmann Andr. | St.L. | Dinkelsbühl | " |
| 46 | Lippenberger Joh. Mart. | L. | Deggendorf | " |
| 47 | Kühlwein Joh. Jos. | " | Lichtenfels | " |
| 48 | Mauser Gg | " | Passau II. | " |
| 49 | Hellerich Joh. Ernst | " | Berneck | " |
| 50 | Käshofer Joh. | " | Kronach | " |
| 51 | Pfeiffer Johann | St.L. | Nördlingen | " |
| 52 | König Christ. Theod. | " | Ingolstadt | " |
| 53 | Rüger Christ. Jak. | L. | Sulzbach | " |
| 54 | Gilles Bernh. | " | Regenstauf | " |
| 55 | Arold Joh. Gg. Mart. | " | Hersbruck | " |
| 56 | Obermaier Greg. Ant. | " | Altötting | " |
| 57 | Weis Leop. | " | Nabburg | " |
| 58 | Fürst Jak. (Gschl.) | St. | München I. | " |
| 59 | Wurm Joh. B. | L. | Tegernsee | " |
| 60 | Strassner Wilhelm Seb. | " | Pappenheim | " |
| 61 | Riess Joh. Wolfg. | St.L. | Fürth | " |
| 62 | Nies Joh. Mauritius | L. | Brückenau | " |
| 63 | Vogel Thomas | " | Bayreuth | " |
| 64 | Brechtelsbauer Joh. Math. | " | Marktheidenfeld | " |
| 65 | Prinner Anton | " | Regensburg | " |
| 66 | Friedrich Gottlieb | " | Riedenburg | " |
| 67 | Herbst Wilhelm | " | Uffenheim | " |
| 68 | Ulsenheimer Joh. Frdr. | St.L. | Rothenburg a. T. | " |
| 69 | Ochsenmaier Jos. | L. | Kemnath | " |
| 70 | Freundl Mich. | " | Traunstein | " |
| 71 | Stumpf Joh. Gg. | St.L. | Eichstädt | " |

| | | | | |
|---|---|---|---|---|
| 72 | Holzschuher Mich. | L. | Rain | 28. Mai 62. |
| 73 | Pischinger Frdr. | „ | Dettelbach | „ |
| 74 | Schels Jos. Paul | St.L. | Amberg | „ |
| 75 | Herold Alois | L. | Eggenfelden | „ |
| 76 | Hirth Mich. | „ | Ebermannstadt | „ |
| 77 | Freund Mich. | „ | Werneck | „ |
| 78 | Hessel Aug. Joh. W. | „ | Feuchtwangen | „ |
| 79 | Heide Simon | St.L. | Kempten | „ |
| 80 | Böck Jos. | L. | Mindelheim | „ |
| 81 | Hacker J. Mich. (TB) (Gschl.) | St. | Nürnberg | „ |
| 82 | Rupprecht Wilh. Jos. | St.L. | Ansbach | „ |
| 83 | Zellhöfer Joh. Mich. | St.U. | Nürnberg | „ |
| 84 | Schneider Karl Rob. | L. | Scheßlitz | „ |
| 85 | Munkert Konrad Joh. | „ | Oettingen | „ |
| 86 | Limpert Karl Christian | StL. | Schweinfurt | „ |
| 87 | Knab Joh. Gg. | L. | Lohr | „ |
| 88 | Lauer Joh. Val. | „ | Windsheim | „ |
| 89 | Friedl Jos. Ant. | StL. | Schwabach | „ |
| 90 | Unger Ernst Chr. Fr. (Gschl.) | „ | Schweinfurt | „ |
| 91 | Habermann Joh. Nik. | L. | Gunzenhausen | „ |
| 92 | Erb Christ. Frdr. | „ | Wiesentheid | „ |
| 93 | Gsell Frdr. | „ | Marktbibart | „ |
| 94 | Maggauer Christ. | „ | München I. | „ |
| 95 | Reiner Ludwig Joh. Mich. | St.L. | Fürth | „ |
| 96 | Appoldt Gg. Chr. | L. | Heilsbronn | „ |
| 97 | Fischer Lor. | „ | Wunsiedel | „ |
| 98 | Lippert Anton Karl | „ | Ebern | „ |
| 99 | Wolfram Joh. Peter | „ | Neustadt a. S. | „ |
| 100 | Rothfischer Anton | L. | Dingolfing | „ |
| 101 | Andreae Karl | „ | Würzburg | „ |
| 102 | Pongratz Ant. | „ | Vilshofen | „ |
| 103 | Schiedermaier Gust. | „ | Dachau | „ |
| 104 | Streit Heinr. Christoph | „ | Selb | „ |
| 105 | Seuffert Joh. Bapt. (Geschl.) | St. | Bamberg | „ |
| 106 | Engelhardt Joh. | L. | Kirchenlamitz | „ |
| 107 | Süss Josef | „ | Augsburg | „ |
| 108 | Redlich Chr. Adolph | St.L. | Hof | „ |
| 109 | Krauseneck Karl | L. | Auerbach | „ |
| 110 | Hacker Hermann | „ | Altdorf | „ |
| 111 | Lüttich Alois | „ | Ellingen | 16. Juli 63. |
| 112 | Strauss Jak. | St.L. | Freising | 28. Mai 62. |
| 113 | Fröhlich Tobias | „ | Aschaffenburg | „ |
| 114 | Gmeiner Mich. | L. | Burglengenfeld | „ |
| 115 | Soyter Joh. Bapt. | „ | Moosburg | „ |
| 116 | Goll Martin | St. | Würzburg | „ |
| 117 | Müller Jos. | „ | Augsburg | „ |
| 118 | Fischer Joh. Andr. | L. | Bamberg I | „ |
| 119 | Eberz Joh. Bapt. | St. | München I. | 25. Juli 64. |
| 120 | Heitle Joh. | St.L. | Neuburg a. D. | 28. Mai 62. |
| 121 | Stöhr Gg. | L. | Weiden | „ |
| 122 | Gigglberger Mich. | „ | Vohenstrauss | „ |
| 123 | Bauer Konrad Christoph | St. | Nürnberg | „ |
| 124 | Schmerl Leonh. | „ | Würzburg | „ |
| 125 | Brunner Max Joh. | L. | Schwabmünchen | „ |
| 126 | Leidl Joh. Bapt. | St.L. | Landshut | „ |
| 127 | Schmid Max | L. | Viechtach | „ |
| 128 | Hogger Ferd. | „ | Reichenhall | „ |
| 129 | Lindner Wolfg. | „ | Falkenstein | „ |

| | | | | |
|---|---|---|---|---|
| 130 | Preu Ernst | L. | Mellrichstadt | 28. Mai 62. |
| 131 | Allio Max | „ | Kelheim | „ |
| 132 | Betz Mich. | St.U. | Augsburg | „ |
| 133 | Trammer Otto | L. | Oberviechtach | „ |
| 134 | Hagenauer Alois | „ | Laufen | „ |
| 135 | Weber Jos. | „ | Waldmünchen | „ |
| 136 | Bauer Karl | „ | Staffelstein | „ |
| 137 | Bergmann Ph. Gottfr. | „ | Herzogenaurach | „ |
| 138 | Reichenbecher Friedr. Wilh. | „ | Cadolzburg | „ |
| 139 | Baumüller Joh. Gg. (Gschl.) | St. | Würzburg | „ |
| 140 | Kleinhanns Anton | L. | Aichach | „ |
| 141 | Kernn Christian Franz | St. | Bayreuth | „ |
| 142 | Tholmann Philibert | L. | Miesbach | „ |
| 143 | Müller Heinr. (Gschl. f. C.) | St. | München l. | „ |
| 144 | Arzberger Joh. Kaspar | L. | Kulmbach | „ |
| 145 | Henky Gg. | St. | Regensburg | „ |
| 146 | Appel Karl Aug. | „ | München l. | „ |
| 147 | Ringler Friedr. | L. | Illertissen | „ |
| 148 | Sturm Karl Rud. (J.) | „ | Kaiserslautern | 7. Juli 62. |
| 149 | Reischl Steph. (J.) | „ | Pfaffenhofen | 7. Sept. 62. |
| 150 | Deisenberger Jos. (J.) | „ | Mühldorf | 6. Okt. 62. |
| 151 | Schöller Anton | St. | München l. | 6. Okt. 62. |
| 152 | Stoll Jos. | L. | Wörth | 20. Okt. 62. |
| 153 | Pattberg Edm. (J.) | „ | Hidenheim | 22 Nov. 62. |
| 154 | Hammersdorf Phil. | „ | Bernzabern | 8. Dez. 62. |
| 155 | Seebauer Jakob | „ | Neuburg v. W. | 16. Dez. 62. |
| 156 | Metschnabel Fr. Xav. (J.) | „ | Obergünzburg | 22. Jan. 63. |
| 157 | Wagenheimer Fr. Xav. | „ | Türkheim | 28. Febr. 63. |
| 158 | Mayer Gg. Andr. | „ | Vilsbiburg | 30. März 63. |
| 159 | Wenninger Anton | „ | Höchstädt | 18. Juni 63. |
| 160 | Kerker Fr. X. M. L. (J.) | L. | Grönenbach | 27. Juni 63. |
| 161 | Guggenberger Joh. Adam | „ | Hassfurt | 21. Nov. 63. |
| 162 | Schillinger Seb. (J.) | „ | Kipfenberg | „ |
| 163 | Brehm Joh. Gg. (J.) | „ | Scheinfeld | „ |
| 164 | Pramberger Ant. | „ | Eschenbach | 17 Dez. 63. |
| 165 | Störcher Joh. | „ | Burgebrach | 8. Febr. 64. |
| 166 | Würth Seb. | „ | Vilseck | 23. Febr. 64. |
| 167 | Stocke Frz. (J.) | „ | Ludwigshafen | 16. Febr. 64. |
| 168 | Heilmann Mart. | „ | Aub | 31. Merz 64. |
| 169 | Fichtl Anton | „ | Friedberg | 15. April 64. |
| 170 | Baumer Adam (J.) | „ | Waldsassen | 18. April 64. |
| 171 | Schwab Andreas (J.) | „ | Gemünden | 20. Mai 64. |
| 172 | Habermehl Mich. | „ | Edenkoben | 28. Mai 65. |
| 173 | Gebert Vincenz | „ | Passau I. | 12. Sept. 64. |
| 174 | Lechner Anton (J.) | „ | Neumarht OB. | 29. Okt. 64. |
| 175 | Gänger Jos. | „ | Rottenburg NB. | 15. Jan. 65. |
| 176 | Kraus Adam Seb. (J.) | „ | Arnstein | 25. Febr. 65. |
| 177 | Willkomm Eduard | „ | Wertingen | 17. Merz 65. |
| 178 | Semmler Karl (J.) | St.L. | Lindau | 24. Juli 65. |
| 179 | Schöner Wilh. (J.) | „ | Furth | 19. Okt. 65. |
| 180 | Volkmann Frz. | „ | Buchloe | 3. Nov. 65. |
| 181 | Schulz Adam Heinr. | „ | Germersheim | 8. Nov. 65. |
| 182 | Wolf Ludw. | „ | Weilheim | 4. Dez. 65. |
| 183 | Schweigart Ludw. | „ | Sonthofen | 12. Jan. 66. |
| 184 | Kaul Karl | „ | Homburg | 2. Dez. 67. |
| 185 | Rosenberger Carl | „ | St. Ingbert | 18. Merz 66. |
| 186 | Ried Anton (J.) | „ | Beilngries | 26. Mai 66. |
| 187 | Pfaff Joh. Gg. | St.L. | München r. J. | 22. Juni 66 |

| | | | | |
|---|---|---|---|---|
| 188 | Goldbach Heinrich | St. | Augsburg | 24. Juni 66. |
| 189 | Schwarz Karl Heinr. | L. | Leutershausen | 10. Aug. 66. |
| 190 | Anwander Xaver | „ | Rockenhausen | 27. Jan. 67. |
| 191 | Seeliger Aug. | „ | Grafenau | 23. Febr. 66. |
| 192 | Gebrath Edmund | St. | Passau | 8. Merz 67. |
| 193 | Wörle Bartlmä | L. | Trostberg | 12. Merz 67. |
| 194 | Wasner Jos. | „ | Hollfeld | 16. April 67. |
| 195 | Lehmann Gottfr. (J.) | St.L. | Kitzingen | 19. April 67. |
| 196 | Seidel Joh. A. | L. | Höchstadt a. d. A. | „ |
| 197 | Edenhofer Anton | St.L. | Straubing | „ |
| 198 | Zeitlhöfler Mich. | „ | München r. J. | 20. Mai 67. |
| 199 | Barthelmes Seb. | „ | Pegnitz | 15. Juni 67. |
| 200 | Forster Frz (J.) (Geschl.) | „ | Landshut | 11. Juli 67. |
| 201 | Fichtner Martin (J.) | L. | Kötzting | 16. Juli 67. |
| 202 | Schauer Valentin (J.) | „ | Alzenau | 16. Sept. 67. |
| 203 | Schülein Fried. (J.) | „ | Ludwigsstadt | 29. Jan. 68. |
| 204 | Ziegler Alois (J.) (Gschl. St.) | St. | München l. | „ |
| 205 | Gerhauser Mich. (J.) | L. | Prien | 13. Juni 68. |
| 206 | Rothenberger Ldw. Hrm. (J.) | „ | Wassertrüdingen | „ |
| 207 | Rothmayr Joh. B. | „ | Wörth | 5. Juli 68. |
| 208 | Hessler Alex. (J.) | „ | Weissmain | 23. Juli 68. |
| 209 | Postius Jul. | „ | Blieskastel | 22. Sept. 68. |
| 210 | Schneider Frz. | St. | München l. | 23. Juli 68. |
| 211 | Fürst Karl (J.) | St.L. | Memmingen | 31. Okt. 68. |
| 212 | Hager Alois (J.) | „ | Weissenburg | 15. Dez. 68. |
| 213 | Hauser Seb. | L. | Tölz | 10. Mai 69. |
| 214 | Reissinger Martin | „ | Landau Pf. | 31. Mai 69. |
| 215 | Volkamer Christ. v. (J.) | St. | Regensburg | 6. Juni 69. |
| 216 | Baumgartner Jos. (J.) | L. | Wolfratshausen | 6. Juli 69. |
| 217 | Hauth Joh. (J.) | „ | Schillingsfürst | 12. Aug. 69. |
| 218 | Griebel Joh. (J.) | „ | Gerolzhofen | 15. Aug. 69. |
| 219 | Schiedermayer Joh. E. (J.) | „ | Roding | 30. Nov. 69. |
| 220 | Beitmüller Ant. (J.) | „ | Simbach | 19. Dez. 69. |
| 221 | Schlechter Karl (J.) | „ | Haag | 14. Jan. 70. |
| 222 | Zeiller Jos. (J.) | „ | Abensberg | 16. April 70. |
| 223 | Klein Frz. Xav. (J.) | „ | Bogen | 28. Mai 70. |
| 224 | Rückert Mart. (J.) | „ | Eltmann | 3. Juni 70. |
| 225 | Lederer Gg. (J.) | „ | Münnerstadt | 12. Juni 70. |
| 226 | Kainz Karl (J.) | „ | Regen | „ . |
| 227 | Hammerschmid Christian (J.) | „ | Pottenstein | 29. Juni 70. |
| 228 | Dapping Heinr. | „ | Wolfstein | 7. Juli 70. |
| 229 | Engel Gg. (J.) | „ | Kastl | 1. Sept. 70. |
| 230 | Hayd Frz. Jos. (J.) | St. | Augsburg | 16. Sept. 70. |
| 231 | Hierholzer Andr. (J.) | L. | Hilpoltstein | 29. Dez. 70 |
| 232 | Goss Joh. Bapt. (J.) | „ | Arnstorf | 4. Jan. 71. |
| 233 | Probst Ulrich (J.) | „ | Füssen | 29. Jan. 71. |
| 234 | Engelhard Jos. (J.) | „ | Forchheim | 31. „ „ |
| 235 | Faber Phil. | „ | Pirmasens | 17. April 71. |
| 236 | Raquet Christian | „ | Kirchheimbolnd. | 19. Juli 71. |
| 237 | Binstadt Jos. (J.) | „ | Markt Erlbach | 19. Sept. 71. |
| 238 | Lermer Jos. (J.) | „ | Rothenbuch | 28. Sept. 71. |
| 239 | Rupprecht Joh. N. (J.) | „ | Neustadt a. A. | „ |
| 240 | Kellenberger Jos. (J.) | „ | Burghausen | 9. Okt. 71. |
| 241 | Thoma Jos. (J.) | „ | Immenstadt | 18. Okt. 71. |
| 242 | Flucke Karl (J.) | „ | Aibling | 27. Okt. 71. |
| 243 | Schmidt Karl (J.) | „ | Nürnberg | 17. Nov. 71. |
| 244 | Müller Fel. (J.) | „ | Schwandorf | 13. Dez. 71. |
| 245 | Streber Karl (J.) | „ | Mallersdorf | 27. Jan. 72. |

| | | | | |
|---|---|---|---|---|
| 246 | Lohr Pet. (J.) | L. | Mainburg | 2. Febr. 72. |
| 247 | Derleth Joh. (J.) | „ | Stadtprozelten | 7. April 72. |
| 248 | Konrad Jos. (J.) | „ | Babenhausen | „ |
| 249 | Rothhammer Aug. (J.) | „ | Neustadt WN. | 24. Mai 72. |
| 250 | Geith Ant. (J.) | „ | Berchtesgaden | 26. Mai 72. |
| 251 | Beyer Gg. (J.) | „ | Roth | 29. Juni 72. |
| 252 | Meichelbeck Joh. P. | „ | Burgau | 16. Juni 72. |
| 253 | Brandl Joh. N. (J.) | „ | Neukirchen | 16. Aug. 72. |
| 254 | Papellier Nik. (J.) | „ | Euerdorf | 5. Sept. 72. |
| 255 | Mayr Rasso (J.) | St.U. | München l. | 1. Dez. 72. |
| 256 | Widmann Mich. (J.) | L. | Nittenau | 4. Dez. 72. |
| 257 | Leonhard Karl W. (J.) | „ | Hornbach | 11. Dez. 72. |
| 258 | Ostlielder Otto (J.) | „ | Göllheim | „ |
| 259 | Ginkel Frz. (J.) | „ | Lauterecken | „ |
| 260 | Streber Sim. (J.) | „ | Lauingen | 21. Dez. 72. |
| 261 | Kraus Joh. (J.) | „ | Grünstadt | 3 Merz 73. |
| 262 | Bickert Jak. (J.) | „ | Winnweiler | „ |
| 263 | Schaub Jak. (J.) | „ | Dahn | „ |
| 264 | Haring Mich. (J.) | „ | Amorbach | 19. Mai 73. |
| 265 | Schaller Dan. (J.) | „ | Königshofen | 26. Mai 73. |
| 266 | Kirndorfer Max (J.) | „ | Rehau | 29. Mai 73. |
| 267 | Wörle Gg. (J.) | „ | Freyung | 23. Juni 73. |
| 268 | Bichler Christian (J) | „ | Waldkirchen | 4. Aug. 73. |
| 269 | Schormaier Jos. (J.) | „ | Werdenfels | 8. Okt. 73. |
| 270 | Hinterwimmer Mart. (J.) | „ | Cham | 7. Nov. 73 |
| 271 | Braunstein Konr. (J.) | „ | Dettelbach | 8. Nov. 73. |
| 272 | Schmitz Karl (J.) | „ | Wasserburg | 7. Jan. 74. |
| 273 | Heufling Jos. (J.) | „ | Sesslach | 11. Jan. 74. |
| 274 | Michel Frdr. (J.) | „ | Obermoschel | 18. Merz 74. |
| 275 | Endras Felix (J.) | „ | Neuulm | 4. Juni 74. |
| 276 | Ritter Gg. (J.) | „ | Nordhalben | 8. Aug. 74. |
| 277 | Egger Ad. (J.) | „ | Bischofsheim | 30. „ „ |
| 278 | Lorenz Ludw. (J.) | „ | Geisenfeld | 25. Sept. 74. |
| 279 | Beck Karl (J.) | „ | Baunach | „ |
| 280 | Schuster Ed. (J.) | St.U. | Nürnberg | 23. Okt. 74. |
| 281 | Specht Jos. (J.) | L. | Stadtsteinach | 29. Dez. 74. |
| 282 | Schmidtler Otto (J.) | „ | Hengersberg | „ |
| 283 | Winstel Theod. (J.) | „ | Zusmarshausen | 5. Febr. 75. |
| 284 | Lutz Gottfr. (J.) | „ | Tittmoning | 7. „ „ |
| 285 | Reder Emil (J.) | „ | Schöllkrippen | 8. „ „ |
| 286 | Krieger Adolph (J.) | „ | Kusel | 21. „ „ |
| 287 | Schwager Mich. (J.) | „ | Hofheim | 10. März 75. |
| 288 | Klein Mathias (J.) (vorm. beim App.Ger.-A.) | L.U. | Augsburg | 11. „ „ |
| 289 | Frank Karl (vorm. Adv.) | L. | Dorfen | 21. „ „ |
| 290 | Stengle Ign. (J.) | „ | Rothenfels | 25. „ „ |
| 291 | Baumann Mich. (J.) | St.L. | Rosenheim | 29. „ „ |
| 292 | Kapfinger Ludw. (J.) | St.U. | München l. J. | 4. Mai 75. |
| 293 | Benkert Phil. (J.) | L. | Obernburg | 16. Mai 75. |
| 294 | Günther Arnold v. (J.) | „ | Kirchheimbolanden | „ |
| 295 | Bühler Aug. (J.) | „ | Waldmohr | 30. „ „ |
| 296 | Lindner Aug. (J.) | „ | Rotthalmünster | 10. Juni 75. |
| 297 | Hiedl Anton (J.) | „ | Karlstadt | 16. „ „ |
| 298 | Wermuth Mx. | St.U.G. | München l. | 14. Aug. 75. |
| 299 | Löwenheim Er. (J.) | L. | Kissingen | 15. „ „ |
| 300 | Schefstoss Jak. (J.) | „ | Stadtamhof | 23. „ „ |
| 301 | Hahn Ldw. (J.) | „ | Griesbach | 30. „ „ |
| 302 | Schmid Heinr. (J.) | „ | Landau a. I. | 5. Okt. 75 |

| | | | | |
|---|---|---|---|---|
| 303 | Schnitzlein Eug. (J.) | St.L. | Donauwörth | 11. Okt. 75. |
| 304 | Kaltdorff Val. (J.) | L. | Oberdorf | 11. „ „ |
| 305 | Lang Frdr. (J.) | „ | Miltenberg | 24. „ „ |
| 306 | Gerhard Lor. (J.) | „ | Gräfenberg | 21. Nov. 75. |
| 307 | Wackenreuder Ernst (J.) | „ | Volkach | 25. Jan. 76. |
| 308 | Kellermann Karl (J.) | „ | Ottobeuern | 7. Febr. 76. |
| 309 | Köppel Karl (J.) | „ | Pfarrkirchen | 9. „ „ |
| 310 | Papellier Nik. (J.) | „ | Weidenberg | 26. „ „ |
| 311 | Pokes Math. (J.) | St.U. | München I. | 2. Merz 76. |
| 312 | Weil Jos. (J.) | L. | Weidenberg | 17. „ „ |
| 313 | Ball Gg. Frdr. (J.) | „ | Waldfischbach | 22. „ „ |
| 314 | Fichtl Sim. (J.) | St.U. | Augsburg | 28. Mai 76. |
| 315 | Grohmann Herm. (J.) | L. | Marktbreit | 31. „ „ |
| 316 | Geiger Karl (J.) | „ | Naila | 17. Juni 76. |
| 317 | Rigler Gg. (J.) | „ | Schongau | 29. Juli 76. |
| 318 | Enhuber Karl v. (J.) | „ | Starnberg | 26. Aug. 76. |

## XI. Liste.

## Staatsanwaltschaft.

### A. Generalstaatsanwalt am Oberappellationsgerichte.

| | | | |
|---|---|---|---|
| Unbesetzt. | GStA. | München | |

### B. Staatsanwälte (Substituten des Generalstaatsanwalts) am Oberappellationsgerichte.

| | | | |
|---|---|---|---|
| Küffner Bernh. (M3.) (OStAR.) (zugl. funkt. Gen.St.A.) | II. OASt. | München | 16. Juli 70. |
| Schneider Dr. Eugen | III. „ | „ | 14. März 75. |
| Cucumus Frz. | IV. „ | „ | 31. „ 76 |

### C. Oberstaatsanwälte an den Appellationsgerichten.

| | | | | |
|---|---|---|---|---|
| 1 | Leeb Joh. Nep. v. (M3.—K3.) | OStA. | Passau | 8. April 52. |
| 2 | Stengel Steph. Frhr. v. (M3.) | „ | Augsburg | 15. Apr. 66. |
| 3 | Wallmenich Karl v. (M3.) | „ | Bamberg | 3. Jan. 67. |
| 4 | Hohenadel Gustav (M3.) | „ | Nürnberg | 17. Dez. 67. |
| 5 | Reichert Otto v. (M3.) | „ | München | 5. Juli 68. |
| 6 | Zöller Ludw. | „ | Zweibrücken | 28. Mai 76. |

### D. II. und III. Staatsanwälte (Substituten der Oberstaatsanwälte) an den Appellationsgerichten und I. Staatsanwälte an den Bezirksgerichten.

| | | | | |
|---|---|---|---|---|
| 1 | Herfeld Jos. | I.BSt. | Zweibrücken | 1. Aug. 66. |
| 2 | Oberniedermayer Anton | II.ASt. | Nürnberg | 30. Mai 64. |
| 3 | Elsperger Wilh. | I.BSt. | Donauwörth | 10. Febr. 65. |
| 4 | Wülfert Karl Frdr. | „ | München r. J. | 18. Aug. 65. |
| 5 | Allfeld Phil. | I.BSt. | Landshut | 1. Juni 61. |
| 6 | Rinecker Josef Anton | „ | Lohr | 12. Jan. 66. |
| 7 | Gottfried Wilh. | „ | Regensburg | 18. Febr. 66. |
| 8 | Rieder Josef | „ | Neunburg v. W. | 18. Aug. 67. |
| 9 | Ammon Oskar v. | „ | Fürth | 29. Apr. 66. |
| 10 | Lösch Karl Ferdinand | II.ASt. | Bamberg | 15. Apr. 66. |
| 11 | Widnmann Joh. Gg. | I.BSt. | Passau | 24. Juni 66. |
| 12 | Schönninger Oskar | „ | Augsburg | 3. Jan. 67. |
| 13 | Stubenrauch Ludwig v. | II.ASt. | München | 25. März 67. |

| | | | |
|---|---|---|---|
| 14 Biehler Karl | I.BSt. | Freising | 24. Jan. 68. |
| 15 Scherer Leop. | „ | Aschaffenburg | 29. „ 70. |
| 16 Pfordten Germ. v. der | „ | Bayreuth | 5. Febr. 68. |
| 17 Bonn Frz. | II.ASt. | München | 7. Dez. 68. |
| 18 Ebner Karl Frhr. v. | I.BSt. | Nürnberg | 25. Dez. 68. |
| 19 Toussaint Dr. Karl | III.ASt. | Nürnberg | 21. Juni 70. |
| 20 Schmauderer Jos. | I.BSt. | Deggendorf | 17. Jan. 70. |
| 21 Collasowitz Burkard | „ | Eichstadt | 19 Sept. 69. |
| 22 Edelmann Albert | „ | Weilheim | 31. Dez. 69. |
| 23 Herrmann Gg. | „ | Kronach | 22. Dez. 70. |
| 24 Baumann Andr. | „ | Bamberg | 8. Nov. 71. |
| 25 Mayr Karl | I.BSt. | Amberg | 24. Aug. 71 |
| 26 Held Karl | „ | Ansbach | 24. April 70. |
| 27 Bandel Christian | „ | Aichach | 12. April 71. |
| 28 Hessert Heinr. | II.ASt. | Zweibrücken | 11. Nov. 71. |
| 29 Holle Frdr. | I.BSt. | Neustadt a. S. | 21. Dez. 71. |
| 30 Schmidt Eug. | „ | Kaiserslautern | 21. Juli 72. |
| 31 Leonrod Leop. Frhr. v. (M.3) | „ | München | 19. Okt. 72. |
| 32 Söltl Dr. Frdr. | II.AStA. | Augsburg | 30. Mai 73. |
| 33 Petri Hermann | „ | Zweibrücken | 6. Juni 73. |
| 34 Lupin Agath. Frhr. v. | I.BSt. | Weiden | 21. Sept. 73. |
| 35 Braun Karl | „ | Würzburg | 10. Merz 74. |
| 36 Filberich Heinr. | „ | Hof | 12. Juni 74. |
| 37 Bögel Ant. | „ | Traunstein | 11. Aug. 74. |
| 38 Crämer Heinrich | „ | Memmingen | 5. Nov. 74. |
| 39 Dannegger Alb. | „ | Pfarrkirchen | 17. Nov. 74. |
| 40 Seeholzer Mich. | II.ASt. | Passau | „ |
| 41 Gebhard Karl | I.BSt. | Straubing | 21. Jan. 75. |
| 42 Brandt Eduard | „ | Kempten | 22. April 75. |
| 43 Hosemann Karl | „ | Landau | 3. Nov. 75. |
| 44 Fritz Gg. W. | „ | Windsheim | 5. Febr. 76. |
| 45 Neugirg Wolfg. M. | III.ASt. | Bamberg | 16. Merz 76. |
| 46 Osthelder Karl | I.BSt. | Frankenthal | 13. Mai 76. |
| 47 Roith Joh. Bapt. | „ | Schweinfurt | 1. Juni 76. |

**E. II. Staatsanwälte (Substituten der Staatsanwälte) an den Bezirksgerichten.**

| | | | |
|---|---|---|---|
| 1 Auer Max | II.B.St. | Weilheim | 28. Juli 68. |
| 2 Schmid Karl | „ | Ansbach | 23. April 68. |
| 3 Mayer Friedr. | „ | Lohr | 8. April 69. |
| 4 Deuber Jos. | „ | Nürnberg | 25. Dez. 68. |
| 5 Merk Otto | „ | Schweinfurt | 19. Sept. 69. |
| 6 Zuerl Joh. | „ | Weiden | 29. Dez. 68. |
| 7 Wolfi Kasp. | „ | Passau | 21. Dez. 68. |
| 8 Heumann Adalb. | „ | Bayreuth | 22. Dez. 69. |
| 9 Trogg Joh. Nep. | „ | Freising | 26. Merz 70. |
| 10 Meisner Franz | „ | Aichach | 7. April 70. |
| 11 Schmidt Chr. Ldw. | „ | Würzburg | 14. Mai 70. |
| 12 Strasser Alb. | „ | Donauwörth | 17. April 72. |
| 13 Seiferling Karl W. | „ | Bamberg | 21. Juni 70. |
| 14 Gebhard Aug. | „ | Eichstädt | 25. Aug. 71. |
| 15 Oegg Phil. | „ | Neustadt a. S. | 28. Sept. 71. |
| 16 Mühlberger Jos. | „ | Landshut | 4. Dez. 70. |
| 17 Martin Ldw. | „ | Augsburg | 25. April 72. |
| 18 Held Otto | „ | Kronach | 9. Nov. 72. |
| 19 Nöthig Jak. | „ | Aschaffenburg | 10. Nov. 72. |
| 20 Hofmann Hugo | „ | Deggendorf | 14. Febr. 73 |

| | | | | |
|---|---|---|---|---|
| 21 | Mayr Joh. | II.B.St. | Fürth | 30. Mai 73. |
| 22 | Englhardt Aug. | „ | Memmingen | 21. Sept. 73. |
| 23 | Graf Frdr. | „ | Pfarrkirchen | 23. „ „ |
| 24 | Bracher Otto | „ | Kempten | 12. Juni 74. |
| 25 | Ahles Rudolph | „ | Windsheim | 20. Aug. 74. |
| 26 | Luther Michl | „ | Amberg | 27. Sept. 74. |
| 27 | Lifer Oskar | „ | Wasserburg | 17. Nov. 74. |
| 28 | Zaun Ant. | „ | Neunburg v. W. | 25. Dez. 74. |
| 29 | Ziegler Dr. Frz. v. (im k. Kab. verw.) | „ | München l. | 27. „ „ |
| 30 | Weber Frz. | „ | Straubing | 21. April 75. |
| 31 | Schmidbauer Max | III.B.St. | München l. | 24. Okt. 75. |
| 32 | Brünings Theod. | II B.St. | Landau Pf. | 11. Nov. 75. |
| 33 | Bogner Christ. | „ | Regensburg | 16. Merz 76. |
| 34 | Wilhelm Karl | „ | Traunstein | 22. „ „ |
| 35 | Mayerhöfer Hugo | „ | Hof | 28. „ „ |
| 36 | Jan Frdr. v. | „ | Frankenthal | 22. Aug. 76. |
| 37 | Müller Ldw. | „ | Kaiserslautern | 22. „ „ |
| 38 | Schnarz Joh. | IV.B St. | München l. | 28. „ „ |
| 39 | Lippmann Dr. Gg. K. | II.B.St. | München r. | 28. „ „ |

**F. Functionirende Substituten der Staatsanwälte an den Bezirksgerichten.**

| | | | | |
|---|---|---|---|---|
| 1 | Schuhmann Frz. | F.St.S. | Ansbach | 26. Juli 73. |
| 2 | Zimmerer Eugen | „ | Straubing | 12. Jan. 74 |
| 3 | Wolfenstetter Andr. | „ | Hof | 27. Juli 74. |
| 4 | Welser Frdr. Frhr. v. | „ | München r. | 28. Sept. 74. |
| 5 | Huss Frdr. | „ | Augsburg | 18. April 75. |
| 6 | Seelig Herm. | „ | Regensburg | 24. „ „ |
| 7 | Fischach Karl | „ | Donauwörth | 10. Juni 75. |
| 8 | Döbner Dr. Osk. | „ | Bamberg | 15. „ „ |
| 9 | Payr Jos. | „ | Straubing | 9. Aug. 75. |
| 10 | Bastian Karl | „ | Zweibrücken | 24. Sept. 75. |
| 11 | Roth Ldw. | „ | Würzburg | 16. Jan. 76. |
| 12 | Pauli Alfred | „ | Frankenthal | 18. Febr. 76. |
| 13 | Pachmayr Ferd. | „ | Kaiserslautern | „ |
| 14 | Bucher Heinr. | „ | Landshut | 2. Merz 76. |
| 15 | Liederskron Ad. v. | „ | München l. | 22. „ „ |
| 16 | Pohl Karl A. H. | „ | Bayreuth | 28. Mai 76. |
| 17 | Büttner Paul | „ | Nürnberg | 14. Juli 76. |
| 18 | Weber Gg. | „ | Amberg | 24. „ „ |

# Alphabetisches Verzeichniss
der
# sämmtlichen Justiz-Beamten.
(Liste I—XI).

Bem. Die römische Zahl bedeutet die Liste, die arabische bedeutet die Reihenfolge in der Liste; die grossen Buchstaben nach der römischen Zahl weisen auf die Unterabtheilungen einer Liste hin.

# C.

# Verwaltungsbeamte.

(Regierungs-Präsidenten, Bezirksamtmänner, Bezirksamts-Assessoren, unmittelbare rechtskundige Bürgermeister und Magistratsräthe, Polizeidirektion München, Rentbeamte)

(Nach dem Stande vom 31. August 1876.)

## I. (8) Regierungs-Präsidenten.

1. von Oberbayern (München):
Hermann Hugo Frhr. v. — k. Kämmerer (K3. — M3. — OEK2. — OFJ2. — SA2b. — ScF3a.)

2. von Niederbayern (Landshut):
Lipowsky Felix Frdr. v. (K3. — M2b. — VKz. — FEL4. — JK2. — OFJ2. — RA2m.B. — Sp.J2a.m.St)

3. von der Pfalz (Speyer):
Braun Paul v. StR. i. a.o. D. (K3. — M2a. — BZL2b. — FEL4. — RA3.)

4. von der Oberpfalz und von Regensburg (Regensburg):
Pracher Max v. (K3. — M3. — VKz. — PK3.)

5. von Oberfranken (Bayreuth):
Burchtorff Karl Alex. v. (M3. — JK3. — PK2. — RA2. — RSt2m.St.)

6. von Mittelfranken (Ansbach):
Feder Dr. Gottfried von, (K2b. — M2b. — GE4.) 3. Okt. 66.

7. von Unterfranken und Aschaffenburg (Würzburg):
Luxburg Friedrich Graf von, k. Kämmerer. (K3. — M2b. — GE3. — P.E.Kw.2. — PRA2 — RA2. — WF2b.)

8. von Schwaben und Neuburg (Augsburg):
Hörmann Winfried von, Excell. Staatsrath im ausserord. Dienste. (K3. — M2a. — SEH3a. — PK3. — SF1.)

## II. Bezirksamtsbeamte.

a. (152) Bezirksamtmänner.

| | | | |
|---|---|---|---|
| 1 Martin Frdr. RR. | (M3—VKz.) | Regensburg | 8. Febr. 48. |
| 2 Wiesend Gg. RR. | (M3—VKz.) | Landau a. I. | 16. Sept. 49. |
| 3 Braun Karl W. | (M3—NCV3.— VKz.) | Augsburg | 17. Dez. 49. |

| | | | |
|---|---|---|---|
| 4 | Römich L. RR. (M3—VKz.) | Speyer | 15. Jan. 50. |
| 5 | Zink Jul. Peter (M3.) | Uffenheim | 3. Merz 50. |
| 6 | Kollmann Ldw. RR. (M3—VKz.) | Kirchheimbolanden | 23. Okt. 50. |
| 7 | Forster Chr. Zach. Carl RR. (M3—PRA3.) | Erlangen | 4. Nov. 50. |
| 8 | Girisch Gg. RR. (M3—VKz.) | Dillingen | 11. Aug. 51. |
| 9 | Freyberg L. Frhr. v. Kämm. RR. (M3.) | München l. I. | 6. Sept. 51. |
| 10 | Landgraf Joh. Ch. Th. (M3. — PK. 4 m. r. K.) | Kulmbach | 27. Dez. 52. |
| 11 | Desch Karl RR. (M3—VKz.) | Laufen | 31. Juli 53. |
| 12 | Widenmann Aug. RR. (M3.) | Karlstadt | 6. Sept. 53. |
| 13 | Richter Ld. Herm. (M3.) | Gunzenhausen | 6. Okt. 53. |
| 14 | Medicus Dr. K. L. F. RR. (M3 —VKz. PK4. m. n. K.)) | Kaiserslautern | 18. Dez. 53. |
| 15 | Böckler Frz. Jos. | Gerolzhofen | 29. Mai 54. |
| 16 | Audriczy Alois Frhr. v. | Mühldorf | 3. Juli 54. |
| 17 | Nickels Otto Ferd. RR. (M3.) | Würzburg | 27. Nov. 54 |
| 18 | Bauer M. J. (M3.) | Dinkelsbühl | 31. März 55. |
| 19 | Hausladen Mx. L. RR. | Dachau | 7. Mai 55. |
| 20 | Lintl Gust. (M3—VKz.) RR. | Naila | 19. Aug. 55. |
| 21 | Rupprecht Joh. B. | Illertissen | 7. Dez. 55. |
| 22 | Illing Karl RR. | Kempten | 8. Aug. 56. |
| 23 | Damm Aug. (M3—VKz.) | Zweibrücken | 15. Okt. 56. |
| 24 | Berchtold F. (M3.) | Füssen | 16. Okt. 56. |
| 25 | Haag Phil. | Neustadt a. d. WN. | 16. Okt. 56. |
| 26 | Praun Sigm. Chr. v. RR. (M3.) | Rothenburg a. d. T. | 2. Nov. 56. |
| 27 | Kellein Andr. K. RR (M3—VKz.) | Bayreuth | 19. Jan. 57. |
| 28 | Forster Edu. (M3.) | Burglengenfeld | 3. Mai 57. |
| 29 | Ruchti Andr. | Erding | 3. Aug. 57. |
| 30 | Mayr Ldw. | Miesbach | 3. Aug. 57. |
| 31 | Rösch Eugen (VKz.) | Memmingen | 18. Aug. 58. |
| 32 | Stahl Gg. | Heilsbronn | 27. Sept. 58. |
| 33 | Rauner Narz. v. (M3 — VKz.) | Rehau | 25. März 59. |
| 34 | Schütz Math. Frdr. Alex. | Fürth | 16. Sept. 59. |
| 35 | Stang Karl (M3.) | Kronach | 28. Juni 61. |
| 36 | Krieger Joh. P. (M3—VKz.) | Donauwörth | 21. April 62. |
| 37 | Tettenhammer F. P. | Höchstadt a. d. A. | 21. April 62. |
| 38 | Döderlein Dr. Ad. H. Jos. (M3—SA3. — RA3. — VKz.) | Schweinfurt | 30. Aug. 62. |
| 39 | Taübler Matthäus (M3.) | Freising | 12. Dez. 62. |
| 40 | Harlander Mor. | Hemau | 17. Febr. 63. |
| 41 | Mösmang J. N. (VKz.) | Altötting | 27. März 63. |
| 42 | Baumer Joh. Gottfr. v. (M3.) | Neustadt a. d. A. | 7. Juni 63. |
| 43 | Burgmaier Barth. (VKz.) | Pfarrkirchen | 17. Febr. 64. |
| 44 | Brand Gottl. Rud. Ldw. | Weissenburg | 20. März 64. |
| 45 | Weinbach M. v. Kämm. (RA3.) | Ochsenfurt | 28. März 64. |
| 46 | Köfferle Frdr. Jos. | Waldmünchen | 23. Mai 64. |
| 47 | Traut F. Jos. (M3—RA3.) | Neustadt a. d. S. | 11. Aug. 64. |
| 48 | Faber Krl. Gg. RR. (M3—VKz.) | Ansbach | 22. Sept. 64. |
| 49 | Deuerling Aegid | Forchheim | 29. Okt. 64. |
| 50 | Ordnung Karl (VKz.) | Wunsiedel | 14. Aug. 64. |
| 51 | Loritz Joh. B. | Vohenstrauss | 24. Febr. 65. |
| 52 | Wimmer Jos. (VKz. PK4 m. r. K.) | Bruck | 8. März 65. |
| 53 | Escherich Max | Wolfstein | 12. März 65. |
| 54 | Keyssler F. K. H. A. (M3. PK4.) | Nürnberg | 15. März 65. |
| 55 | Schönchen Karl | Mallersdorf | 8. Sept. 65. |
| 56 | Lurz Raim. Frhr. v. | Berchtesgaden | 19. Okt. 65. |

| | | | |
|---|---|---|---|
| 57 | Wiedenhofer Mich. | Landshut | 3. Nov. 65. |
| 58 | Schweykart J. | Tölz | 11. Nov. 65. |
| 59 | Geist Adolph | Schwabach | 24. März 66. |
| 60 | Schilling Joh. B. | Straubing | 25. März 66. |
| 61 | Schalk Euch. Alb. (VKz.) | Hammelburg | 7. Juni 66. |
| 62 | Reiter Jos. | Dingolfing | 8. Juli 66. |
| 63 | Fischer Mich. | Passau | 21. Aug. 66. |
| 64 | Hauck Thom. | Scheinfeld | 20. Sept. 66. |
| 65 | Distler Joh. | Amberg | 26. Sept. 66. |
| 66 | Götz Gottfr. Wilh. Joh. | Bamberg II. | 10. Okt. 66. |
| 67 | Zametzer Andr. | Eichstädt | 12. Okt. 66. |
| 68 | Waidhaas Ant. | Oberdorf | 25. Nov. 66. |
| 69 | Mörs E. J. v. (VKz.) | Germersheim | 19. Juni 67. |
| 70 | Maier Frz. X. | Landsberg | 10. Juli 67. |
| 71 | Asmuth Gust. | Obernburg | 24. Okt. 67. |
| 72 | Ullrich Gg. | Lohr | 25. Mai 68. |
| 73 | Thurn Ferd. (VKz.) | Hersbruck | 31. Aug. 68. |
| 74 | Mittermayer Theod. | Aschaffenburg | 3. Sept. 68. |
| 75 | Zahler Leop. | Tirschenreuth | 2. Jan. 69. |
| 76 | Beisler Herm. | Neuburg a. d. D. | 11. Jan. 69. |
| 77 | Angerer Mart. | Alzenau | 26. Febr. 69. |
| 78 | Steinling Wilh. Frhr. v. (VKz.) | Ingolstadt | 23. März 69. |
| 79 | Pfeiffer Frdr. | Neumarkt i. d. OPf. | 30. April 69. |
| 80 | Siebert Frz. Jos. (PK3—VKz.) | Neustadt a. d. H. | 5. Mai 69. |
| 81 | Röder Wilh. v. | Feuchtwangen | 8. Mai 69. |
| 82 | Harold Adalb. Frhr. v. Kammjr. (VKz.) | Landau i. d. Pf. | 15. Mai 69. |
| 83 | Wimmer Gotth. (VKz.) | Roding | 26. Juli 69. |
| 84 | Dandl Gg. | Kötzting | 10. Okt. 69. |
| 85 | Spengler Wilh. (VKz.) | Mindelheim | 17. Okt. 69. |
| 86 | Anselm Aug. | Nabburg | 11. Dez. 69. |
| 87 | Grässmann Max | Sulzbach | 14. Dez. 69. |
| 88 | Reuder Mich. | Günzburg | 10. März 70. |
| 89 | Weckerle Andr. | Schrobenhausen | 10. März 70. |
| 90 | Vogel Greg. (VKz.) | Kitzingen | 17. April 70. |
| 91 | Weigert Mich. | Kemnath | 11 Mai 70. |
| 92 | Richstein Albr. | Hof | 13. Mai 70. |
| 93 | Heckenstaller K. | Traunstein | 24. Aug. 70. |
| 94 | Mehltretter Jos. | Marktheidenfeld | 3. Okt. 70. |
| 95 | Boveri Alb. | Bamberg I. | 22. Okt. 70. |
| 96 | Sabalitschka Lor. | Zusmarshausen | 18. Jan. 71. |
| 97 | Schmid Rob. | Stadtamhof | 24. Febr. 71. |
| 98 | Lehner Peter | Viechtach | 22. März 71. |
| 99 | Pündter Emil | Eschenbach | 19. April 71. |
| 100 | Vogler Dr. B. (M3—HP3a.) | Miltenberg | 28. Juli 71. |
| 101 | Stadelmann W. | Hassfurt | 30. Juli 71. |
| 102 | Thaler Georg K. | Friedberg | 26. Sept. 71. |
| 103 | Reiser Joh. E. | Pfaffenhofen | 18. Okt. 71. |
| 104 | Späth Theod. | Bergzabern | 18. Okt. 71. |
| 105 | Weiss Frdr. | Beilngries | 22. Nov. 71. |
| 106 | Rudhard Frz. M. | Staffelstein | 29. Dez. 71. |
| 107 | Volkheimer K. (PEK2w.) | Miltenberg | 2. April 72. |
| 108 | Heydte Otto Frhr. v. d. | Pegnitz | 30. April 72. |
| 109 | Osann Hermann | Frankenthal | 8. Mai 72. |
| 110 | Fischer E. (VKz.) | Neuulm | 31. Mai 72. |
| 111 | Ruf Ldw. v. | Eggenfelden | 16. Aug. 72. |
| 112 | Tautphöus Albr. Frhr. v. | Brückenau | 7. Sept. 72. |
| 113 | Syller Wilh. | Schongau | 2. Okt. 72. |

| | | | |
|---|---|---|---|
| 114 | Deyerl Christ. | Nördlingen | 16. Nov. 72. |
| 115 | Ordnung Frdr. | Teuschnitz | 17. Nov. 72. |
| 116 | Kittel Jos. | Kelheim | 25. Nov. 72. |
| 117 | Bachmaier M. | Rottenburg i. NB. | 4. Febr. 73. |
| 118 | Pechmann Wilh. Frhr. v. Kämm. | Deggendorf | 28. Febr. 73. |
| 119 | Weingärtner Frz. | Mellrichstadt | 28. Febr. 73. |
| 120 | Scheibenpflug Gg. | Bogen | 30. April 73. |
| 121 | Auer Heinr. | Rosenheim | 13. Mai 73. |
| 122 | Zeller K. | Lichtenfels | 16. Mai 73. |
| 123 | Breithinger F. | Kaufbeuern | 19. Mai 73. |
| 124 | Spöhrer W. (VKz.) | Homburg | 13. Juni 73. |
| 125 | Arnold Seb. | Neunburg v. W. | 10. Juli 73. |
| 126 | Kneussl J. B. | Sonthofen | 22. Juli 73. |
| 127 | Schmitt Gust. (VKz.) | Pirmasens | 12. Jan. 74. |
| 128 | Stenger Peter | Wasserburg | 21. März 74. |
| 129 | Pösl Math. | Königshofen | 22. März 74. |
| 130 | Beyer Joh. Math. | Münchberg | 18. Mai 74. |
| 131 | Frank Lothar | Weilheim | 28. Juni 74. |
| 132 | Rudhart Aug. | Werdenfels | 28. Juni 74. |
| 133 | Pfaff Joh. Jos. | Bogen | 22. Juli 74. |
| 134 | Hauptmann Ad. | Griesbach | 25. Sept. 74. |
| 135 | Edelhard Frz. X. | Wertingen | 25. Sept. 74. |
| 136 | Rost Karl | Vilshofen | 18. Okt. 74. |
| 137 | Hauer Gg. A. Fr. | Grafenau | 6. Nov. 74. |
| 138 | Böhm Frdr. | Ebern | 16. Dez. 74. |
| 139 | Auer Jul. v. (PK4) | Lindau | 3. Mai 75. |
| 140 | Rauh Eug. | Kusel | 5. Mai 75. |
| 141 | Haider Frdr. K. J. (M3. — PK4. — RSt. 3.) | Wegscheid | 5. Mai 75. |
| 142 | Predl Max v. | Krumbach | 26. Mai 75. |
| 143 | Würz Joh. B. | Ebermanstadt | 3. Aug. 75. |
| 144 | Krämer Jos. | Berneck | 27. Aug. 75 |
| 145 | Eschenbach Ph. | Vilsbiburg | 24. Okt. 75. |
| 146 | Rabel Ant. | Ebersberg | 2. Nov. 75. |
| 147 | Spiess Albert | Stadtsteinach | 7. Nov. 75. |
| 148 | Du Prel Frdr. Frhr. v. (Badk.) (OP2.) | Kissingen | 22. Nov. 75. |
| 149 | Schuster Erh. | Cham | 4. Febr. 76. |
| 150 | Westermann Dav. | Aichach | 29. Juli 76. |
| 151 | Vogler Dr. Bernh. | München r. d. I. | 29. Juli 76. |
| 152 | Reiss Michael | Velburg | 29. Juli 76. |

b. (212) Bezirksamtsassessoren.

| | | | |
|---|---|---|---|
| 1 | Müller Wilh. | Günzburg | 9. Aug. 51. |
| 2 | Ludwig Ldw. | Teuschnitz | 7. Jan. 56. |
| 3 | Gebhardt Karl | Zusmarshausen | 15. Juni 57. |
| 4 | Müller Frz. | Waldmünchen | 18. Sept. 57. |
| 5 | Schlederer A. | Oberdorf | 18. Sept. 57. |
| 6 | Hartmann Jos. | Ansbach | 26. April 58. |
| 7 | Mayer Gg. | Königshofen | 24. Sept. 58. |
| 8 | Ramer J. B. | Neunburg v. W. | 19. Sept. 59. |
| 9 | Fleischmann Gg. | Hassfurt | 13. April 60. |
| 10 | Hiltner Aug. | Passau | 27. Juli 60 |
| 11 | Hohe Frdr. | Roding | 20. Juni 61. |
| 12 | Schäfer Frdr. | Zweibrücken | 19. Sept. 61. |
| 13 | Jungkunz Ad. | Bamberg II | 28. Mai 62. |
| 14 | Kalb Leonh. | Mühldorf | 28. Mai 62. |
| 15 | Schmidbauer A. | Vilshofen | 28. Mai 62. |

| | | | |
|---|---|---|---|
| 16 | Schuster Eberh. | Kemnath | 28. Mai 62. |
| 17 | Salb Joh. (SEKc.) | Lichtenfels | 12. Dez. 62. |
| 18 | Wagner K. (RSt3.) | Aschaffenburg | 12. Dez. 62. |
| 19 | Weber Frz. P. | Landshut | 12. Dez. 62. |
| 20 | Ulrich Frz. X. | Kaufbeuern | 12. Dez. 62. |
| 21 | Sonntag Bernh. | Bamberg I. | 3. März 63. |
| 22 | Kandler Jos. | Pfarrkirchen | 7. März 63. |
| 23 | Stumpf Jos. | Regensburg | 10. März 63. |
| 24 | Schwertschlag J. | Illertissen | 20. April 63. |
| 25 | Späth Rud. Wolfg. P. | Donauwörth | 20. April 63. |
| 26 | Gress Gg. (RSt3—VKz.) | Kissingen | 27. Mai 63. |
| 27 | Spangenberger G. | Karlstadt | 13. Juni 63. |
| 28 | Fischer Ant. M. | Passau | 5. Aug. 63. |
| 29 | Kaiser Kaj. | München l. d. I. | 5. Aug. 63. |
| 30 | Weiss Theod. | Nördlingen | 5. Aug. 63. |
| 31 | Armansperg M. Graf v. | Sonthofen | 11. Aug. 63. |
| 32 | Braun Joh. | Vilshofen | 5. Okt. 63. |
| 33 | Graf Ferd. | Regensburg | 5. Okt. 63. |
| 34 | Hager Lor. | Ingolstadt | 5. Okt. 63. |
| 35 | Körber Heinr. | Vohenstrauss. | 5. Okt. 63. |
| 36 | Reisinger Joh. St. | Beilngries | 5. Okt. 63. |
| 37 | Thelemann Frdr. | Forchheim | 5. Okt. 63. |
| 38 | Tröger Ad. Heinr. | Hof | 5. Okt. 63. |
| 39 | Wiener Christ. | Rottenburg i. NB. | 5. Okt. 63. |
| 40 | Fuchs Matthäus | Königshofen | 5. Okt. 63. |
| 41 | Hermann Hr. Chr. H. | Mindelheim | 5. Okt. 63. |
| 42 | Hörburger Franz K. | Hersbruck | 5. Okt. 63. |
| 43 | Möhl Ldw. | Regen | 5. Okt. 63. |
| 44 | Peringer Simp. | Donauwörth | 5. Okt. 63. |
| 45 | Malterer Gg. | Lichtenfels | 2. Febr. 64. |
| 46 | Pletzer Gg. Ad. | Uffenheim | 2. Febr. 64. |
| 47 | Streibl Joh. Nep. | Altötting | 2. Febr. 64. |
| 48 | Fuchs Frz. Ldw. Frhr. v. Kmjr. | Würzburg | 19. April 64. |
| 49 | Rothmund Jos. | Aschaffenburg | 11. Aug. 64. |
| 50 | Rattinger Emil | Rosenheim | 5. Sept. 64. |
| 51 | Aigner Max | Traunstein | 11. Sept. 64 |
| 52 | Bezzel Theod. | Nürnberg | 11. Sept. 64. |
| 53 | Gumposch Steph. | Eggenfelden | 11. Sept. 64. |
| 54 | Hebel Frdr. W. | Mellrichstadt | 11. Sept. 64 |
| 55 | Kienle Joach. | Memmingen | 11. Sept. 64. |
| 56 | Mayer Gg. | Bamberg II. | 11. Sept. 64. |
| 57 | Reiter St. | Altötting | 11. Sept. 64. |
| 58 | Roder J. Frhr. v. | Schwabach | 11. Sept. 64. |
| 59 | Weber Gg. Sim. | Nürnberg | 11. Sept. 64. |
| 60 | Hess Ldw. | Miesbach | 23. Jan. 65. |
| 61 | Kirschenhofer J. N. | Dillingen | 23. Febr. 65. |
| 62 | Käppel Frdr. | Weissenburg | 15. März 65. |
| 63 | Riedl Frz. | Landsberg | 15. März 65. |
| 64 | Gerber Ad. | Würzburg | 16. März 65. |
| 65 | Gradl Jak. | Pfaffenhofen | 16. März 65. |
| 66 | Mulzer Joh. Nep. | Weilheim | 16. März 65. |
| 67 | Jobst Dionys | Deggendorf | 17. März 65. |
| 68 | Schiber Frz. v. | Berchtesgaden | 7. April 65. |
| 69 | Scherber Gg. | Sulzbach | 3. Juli 65. |
| 70 | Brandt Aug. | München r. d. I. | 21. Nov. 65 |
| 71 | Bereg Jos. | Neumarkt i. OPf. | 28. Nov. 65. |
| 72 | Landgraf Ch. H. A. v. | Nürnberg | 11. Febr. 66. |
| 73 | Dessauer K. | Kissingen | 26. Febr. 66. |

| | | | |
|---|---|---|---|
| 74 | Ebner Ign. | Schweinfurt | 23. März 66. |
| 75 | Erras Mart. | Wolfstein | 25. März 66. |
| 76 | Müller J. E. | Rothenburg a. T. | 30. März 66. |
| 77 | Lermer A. | Dingolfing | 21. Aug. 66. |
| 78 | Neumayer A. | Roding | 10. Nov. 66. |
| 79 | Endras Pet. | Memmingen | 26. Nov. 66. |
| 80 | Riederer Th. | Bruck | 4. Dez. 66. |
| 81 | Hochkirch K. | Stadtamhof | 7. März 67. |
| 82 | Wagner Frz. X. | Stadtamhof | 7. Juni 67. |
| 83 | Geib Adalb. | Germersheim | 1. Juli 67. |
| 84 | Haag H. | Laufen | 10. Juli 67. |
| 85 | Feilitsch Er. Frhr. v. | Neustadt a. d. A. | 21. Sept. 67. |
| 86 | Flasser H. | Wasserburg | 10. Okt. 67. |
| 87 | Braun Frdr. v. (VKz.) | Bayreuth | 12. Okt. 67. |
| 88 | Schlagintweit Dr. Emil | Kitzingen | 24. Okt. 67. |
| 89 | Krafft Dellmensingen Phil. v. | Kempten | 17. Nov. 67. |
| 90 | Hänlein K. A. | Amberg | 17 Nov. 67. |
| 91 | Axthalb A. v. | Scheinfeld | 3. Dez. 67. |
| 92 | Bauer Ernst | Ebern | 20. Jan. 68. |
| 93 | Morett Frdr. v. | Eichstädt | 13. Juni 68. |
| 94 | Priester Ldw. | Gunzenhausen | 13. Juni 68. |
| 95 | Schimpf Karl | Eggenfelden | 13. Juni 68. |
| 96 | Trümmer K. | Eschenbach | 13. Juni 68. |
| 97 | Wall Joh. | Mindelheim | 14. Juli 68. |
| 98 | Mark Karl | Freising | 11. Aug. 68. |
| 99 | Laroche Luitp. Du Jarys Frhr. v. | Kempten | 17. Aug. 68. |
| 100 | Engl Al. | Neumarkt i. OPf. | 21. Aug. 68. |
| 101 | Geis Emil | München l. I. | 21 Aug. 68. |
| 102 | Hattemer Rom. | Dinkelsbühl | 21. Aug. 68. |
| 103 | Schenk J. | Neuburg a. d. D. | 21. Aug. 68. |
| 104 | Brück K. Frhr. v. Kammerjr. | Eichstädt | 12. Sept. 68. |
| 105 | Döhla Phil. | Landshut | 12. Sept. 68. |
| 106 | Winterl Gg. | Wunsiedel | 12. Sept. 68. |
| 107 | Alwens Mx. | Speyer | 9. Nov. 68. |
| 108 | Seefried Joh. Nep. | Griesbach | 25. Dez. 68. |
| 109 | Reindl Aug. | Hemau | 28. Jan. 69. |
| 110 | Bechtolsheim Herm. Frhr. v. Kämm. | Würzburg | 10. Febr. 69. |
| 111 | Reitzenstein Herm. Frhr. v. | Bayreuth | 13. Febr. 69. |
| 112 | Stockhammern K. v. | Tölz | 26. Febr. 69. |
| 113 | Mühlbauer Frz. | Erding | 5. April 69. |
| 114 | Schwendtner Th. | Ochsenfurt | 21. April 69. |
| 115 | Mayer Konr. | Feuchtwangen | 8. Mai 69. |
| 116 | Blas Mich. | Landau a d. I. | 10. Juni 69. |
| 117 | Hierthes Wilh. | Frankenthal | 12. Juni 69. |
| 118 | Dilg Eug. | Homburg | 15. Juni 69. |
| 119 | Anne Franz | Kelheim | 26. Juli 69. |
| 120 | Hörnes Jos. | Uffenheim | 8. Aug. 69. |
| 121 | Ott Gustav | Wunsiedel | 5. Nov. 69. |
| 122 | Groll Ludw. | Ebersberg | 11. Dez. 69. |
| 123 | Emmert Frdr. | Berneck | 30. Jan. 70. |
| 124 | Aichinger Ant. | Wertingen | 5. März 70. |
| 125 | Gleissner Mx. | Burglengenfeld | 10. März 70. |
| 126 | Löffelholz-Colberg Rud. Frhr. v. | Kitzingen | 17. April 70. |
| 127 | Habrunner Max | Cham | 11. Mai 70. |
| 128 | Hartlieb Sigm. Ad. v. | München r. d. I. | 13. Mai 70. |
| 129 | Heuner Christ. | Obernburg | 25. Juni 70. |
| 130 | Kobell Ldw. v. | Augsburg | 25. Juni 70. |

| | | | |
|---|---|---|---|
| 131 | Heerwagen Frdr. | Fürth | 30. Juli 70. |
| 132 | Ickstadt M. Frhr. v. | Schongau | 12. Sept. 70. |
| 133 | Keller Frdr. Phil. | Straubing | 3. Okt. 70. |
| 134 | Laar Frdr. | Krumbach | 18. Jan. 71. |
| 135 | Pfeiffer Mx. | Vilsbiburg | 22. März 71. |
| 136 | Schneeweiss Mx. v. | Bogen | 12. April 71. |
| 137 | Kastner Sigm. | Kitzingen | 13. April 71. |
| 138 | Müller M. | Neunburg v. W. | 19. April 71. |
| 139 | Schleifer W. | Füssen | 3. Aug. 71. |
| 140 | Hepp Adalbert | Naila | 12. Aug. 71. |
| 141 | Geib Theod. | Neustadt a. d. H. | 18. Okt 71. |
| 142 | Hutter Heinr. | Freising | 22. Nov. 71. |
| 143 | Hannwacker M. | Schweinfurt | 4. Jan. 72. |
| 144 | Feuri Gust. Frhr. v. | Rottenburg i. NB. | 13. Febr. 72. |
| 145 | Thelemann Fr. | Hammelburg | 15. Febr. 72. |
| 146 | Tucher Chr. Frhr. v. | Nördlingen | 12. Febr. 72. |
| 147 | Lutz Theod. | Pfarrkirchen | 20. Febr. 72. |
| 148 | Schmid Mx. | Bergzabern | 16. März 72. |
| 149 | Mathäus H. | Kusel | 4. April 72. |
| 150 | Malsen Alb. Frhr. v., Kämm. | Miesbach (Tegernsee) | 31. Mai 72. |
| 151 | Gick Adam | Stadtsteinach | 10. Juni 72. |
| 152 | Albert Val. | Schrobenhausen | 3. Juli 72. |
| 153 | Kämpf J. G. | Marktheidenfeld | 31. Aug. 72. |
| 154 | Schöller Emil | Dachau | 7. Sept. 72. |
| 155 | Pollack Ldw. | Traunstein | 11. Sept. 72. |
| 156 | Kapraun Gg. | Dillingen | 15. Sept. 72. |
| 157 | Pürkel Ldw. | Nürnberg | 5. Nov. 72. |
| 158 | Heydel Jos. | Günzburg | 16. Nov. 72. |
| 159 | Schenk Gg | Rehau | 17. Nov. 72. |
| 160 | Schön Vikt. | Pegnitz | 20. Nov. 72. |
| 161 | Engelmann Joh. B. | Kelheim | 4. Febr. 73. |
| 162 | Welser Ldw. Frhr. v. | Berchtesgaden (Reichenhall) | 28. Febr. 73. |
| 163 | Messert Frz. | Alzenau | 5. März 73. |
| 164 | Schlichtegroll E. v. | Friedberg | 15. März 73. |
| 165 | Lippert H. | Lohr | 19. März 73. |
| 166 | HörmannAlois | Marktheidenfeld | 21. März 73. |
| 167 | Morhart Gabr. | Deggendorf | 21. März 73. |
| 168 | Asch Frz. P. Frhr. v. | Nabburg | 16. Mai 73. |
| 169 | Münch Frz. X. | Lindau | 16. Mai 73. |
| 170 | Beck Gg. | Mallersdorf | 9. Juni 73. |
| 171 | Gräf Chr. | Pirmasens | 10. Juli 73. |
| 172 | Jäger Joh. | Kronach | 4. Aug. 73. |
| 173 | Gresbeck Frdr. | Kirchheimbolanden | 2. Sept. 73. |
| 174 | Britzlmaier Ldw. | Kaiserslautern | 12. Jan. 74. |
| 175 | Bermann Wilh. | Kötzting | 22. März 74. |
| 176 | Ossenbrunner Jos. | Amberg | 8. April 74. |
| 177 | Gareis Wilh. | Illertissen | 8. April 74. |
| 178 | Schelhorn Adr. v. | Erlangen | 15. April 74. |
| 179 | Poschinger Dr. Heinr. v. | Wasserburg | 28. Juni 74. |
| 180 | Scheder Franz | Obernburg | 26. Nov. 73. |
| 181 | Hübsch Joh. G. Fr. | Bogen | 25. Sept. 74. |
| 182 | Hauth Ant. | Grafenau | „ 74. |
| 183 | Esper Hermann | Neustadt a. d. S. | „ 74. |
| 184 | Thelemann Gg. | Ebermannstadt | 18. Okt. 74. |
| 185 | Wiesend Richard | Viechtach | 6. Nov. 74. |
| 186 | Merkel Rud. | Kulmbach | 4. Dez. 74. |
| 187 | Strauss Karl Frhr. v. | Rosenheim | 5. „ 74. |

| | | | |
|---|---|---|---|
| 188 | Ott Wilh. | Kulmbach | 16. „ 74. |
| 189 | Andrian-Werburg Rud. Frhr. v. | Aichach | 22. März 75. |
| 190 | Jahn Karl H. | „ | „ 75. |
| 191 | Wirschinger Ludw. | Augsburg | 10 April 75. |
| 192 | Pfeufer Benno | Staffelstein | 3. Mai 75. |
| 193 | Reger Ant. | Landau i. d. Pf. | 5. „ 75. |
| 194 | Buchert Karl | Wegscheid | „ 75. |
| 195 | Meixner Ludw. | Mühldorf | 8. „ 75. |
| 196 | Moris Theod. | Hemau | 3. Aug. 75. |
| 197 | Hausladen Frdr. Max | Lohr | 27. Aug 75. |
| 198 | Mayer Frz. K. (react.) | Höchstadt a. A. | 24. Sept. 75 |
| 199 | Peyerl Jos. | Gerolzhofen | 26. Sept. 75 |
| 200 | Schelling Dr. Karl | Brückenau | 19 Okt. 75. |
| 201 | Mahler Luitp. | Forchheim | 24. Okt. 75. |
| 202 | Neumüller Gg. | Hammelburg | 2. Nov. 75. |
| 203 | Schmidt Franz | Neustadt a. d. WN. | 7. Nov. 75. |
| 204 | Müller Dr. L.A. (i. M.d.I. verw.) | München | 8. Nov. 75. |
| 205 | Trümmer Karl | Heilsbronn | 10. Dez. 75. |
| 206 | Jägerhuber Gg. | Werdenfels | 25. Dez. 75. |
| 207 | Rabus K. F. S. A. | Kemnath | 4. Febr. 76. |
| 208 | Henner Phil. | Miltenberg | 16. März 76. |
| 209 | Finzel Thomas | Pfaffenhofen | 5. April 76. |
| 210 | Finzel Anton | Velburg | 20. Juni 76. |
| 211 | Windstosser Jos. | Münchberg | 29. Juli 76. |
| 212 | Cammerer Karl | Tirschenreuth | 26. Aug. 76. |

## III. Rechtsk. Bürgermeister und Magistratsräthe

bei den einer Kreisregierung unmittelbar untergeordn. Magistraten.

| Magistrate. | Rechtskundige Bürgermeister. | Rechtskundige Magistratsräthe. |
|---|---|---|
| | **Oberbayern.** | |
| München | I. ErhardtDr.A. (PK2.)<br>II. Wiedenmayer Dr. Johannes. (PK3.) | Klaussner Ign (M3.)<br>Badhauser Frz. X. (M3.) OFJ3. PG3.)<br>Zöllner Martin.<br>Weber Max.<br>Ruppert Kaspar.<br>Schrott Ludwig<br>Steinhäuser Wilh.<br>Schachner Max<br>Sickenberger Frz.<br>Brunner Ph.<br>Eckert K. |
| Ingolstadt | Doll Math. | Ostermaier Frz. X. |
| Freising | Mauermayr Mart. (VKz.) | — — |
| Rosenheim | Stoll Frdr. | — — |
| | **Niederbayern.** | |
| Landshut | Gehring Dr. Gust. (M3. VKz.—PK4.—HE3.) | Wagner Johann B.<br>Dietsch Jos. |
| Passau | Stockbauer Paul. | Herrlein Anton.<br>List Otto. |
| Straubing | Harlander Frz. Paul. | Mensinger Alois. |

| Magistrate. | Rechtskundige Bürgermeister. | Rechtskundige Magistratsräthe. |
|---|---|---|
| **Oberpfalz und Regensburg.** | | |
| Regensburg | Stobäus Oskar (TCV4.) (M3.) (VKz.) | Beck Max.<br>Heitzer Jos. |
| Amberg | König Vinzenz. (VKz.) | Heldmann Jos. |
| **Oberfranken.** | | |
| Bayreuth | Munker Th. (M3.—VKz.) | Mengert Emil. |
| Bamberg | Schneider Dr. Eugen (M3. OH. u. V. PK4Kz. — SE. — VKz.) | Schneider Friedr.<br>Herd Jos.<br>Steinheimer Mich. |
| Hof | Münch Karl Hermann v. (K3. — M3. — VKz.) | Pohl Karl<br>Mann Karl. |
| **Mittelfranken.** | | |
| Ansbach | Mandel Friedr. W. (M3. — VKz.) | Keller Ldw. |
| Erlangen | Reichold Edmund. | — — |
| Fürth | Langhans Frdr. | Beeg Ernst. |
| Nürnberg | I. Stromer Otto Frhr. v. (PK3.)<br>II. Seiler Christoph W. H. Adolph (M3). (M. WK2b) bürg. | Haller v. Hallerstein Joh. Sigm. Karl Frhr.<br>Schwemmer Chr. Fr. Rud.<br>Marx Johann.<br>Jäger Ferd. |
| Dinkelsbühl | Schoberth Michael | — — |
| Eichstädt | Fehlner Gg. | Schneider Karl. |
| Rothenburg | Scharff Gg. Gottfr. | Mayer Adolph. |
| Schwabach | Reusch Ed. | — — |
| Weissenburg | Fleischmann Aug. | — — |
| **Unterfranken und Aschaffenburg.** | | |
| Würzburg | I. Zürn Dr. Gg. (M3.) | Schackert Gg.<br>Attensamer Karl. (VKz.)<br>Binder Frdr.<br>Michel Phil.<br>Schöppner Karl |
| Aschaffenburg | Will Magnus. (VKz.) | — — |
| Kitzingen | Schmiedel Andr. (VKz.) | — — |
| Schweinfurt | Schultes Friedr. v. (K3.) M3) | Müller Ernst. |
| **Schwaben und Neuburg.** | | |
| Augsburg | I. Fischer Ldw. (PK2.)<br>II. Frisch Nikod. | Zenz Jos. (M3.)<br>Sondermann Albin.<br>Pfeil Gg.<br>Piller Josef<br>Werner Anton |
| Donauwörth | Rauch Gottfr. | — — |
| Günzburg | Landmann A. (VKz.) | |
| Kaufbeuern | Scholz Jos. | |
| Kempten | Korrn Franz Ser. | — — |
| Lindau | Lossow Oskar. (VKz.) | — — |
| Memmingen | Röck Jul. (M3.—VKz.) b. | Seiler Frdr. Jul. |
| Neuburg | Sing Karl. (M3—VKz.) | Ziegler Frz. |
| Nördlingen | Reiger Balth. | — — |

## IV. Polizeidirektion München.

Polizei-Direktor: Feilitsch Max. Frhr. v. (Reg.-Direktor). Kämmerer. (M3. — MV4a. — JM.u.L3. — PEK2w. — PRA2.)

Polizei-Räthe: Schuster Eduard (M3); — Bauer Frz. X. (HP3a. — PK4); — Schmidt Phil.; — Maier Adalbert. — Pfister Ph. (OeK3.) — Fürst Jak. Ad.

Polizei-Assessoren: Ries Frz. Sales (Tit.); — Müller Ldw. — Stuntz Hektor. (MV4b. — PK4. m. r. K); — Bürkel Ldw.

## V. (215) Rentbeamte.

| | | | |
|---|---|---|---|
| 1 | Schauberg Lorenz | Dahn (Pfalz) | 16. Nov. 36. |
| 2 | Seel Carl | Obermoschel | 15. Sept. 37. |
| 3 | Scholler Max (M3.) | München I (Stadt) | 22 Okt. 42. |
| 4 | Dütsch Anton | Burghausen | 26. Jan. 43. |
| 5 | Birzer Jakob | Ebersberg | 18. Okt. „ |
| 6 | Reissenegger Anton (M3.) | Regensburg (Land) | 31. Aug. 45. |
| 7 | Zottmann Eduard (M3.) | Bruck | 11. Sept. „ |
| 8 | Eggerth Friedrich (M3.) | München II (Stadt) | 27. Aug. 46. |
| 9 | Ott Maximilian (M3.) | Kempten | 5. Febr. 47. |
| 10 | Roth Leonhard (M3.) | Ansbach | 19. März „ |
| 11 | Wolf Emil (M3.) | Kirchheimbolanden | 7. Okt. 48. |
| 12 | Sieber Johann Bapt. | Mühldorf | 7. „ „ |
| 13 | Pöhlmann Gottl. (M3.) | Würzburg l M. | 19 „ „ |
| 14 | Stetter Emil (M3) | Vilshofen | 30. „ „ |
| 15 | Schnitzelbaumer Joh. B. (M3.) | Pfaffenhofen | 30. März 49. |
| 16 | Vogel Friedrich (M3.) | Nördlingen | 30 April „ |
| 17 | Windisch Carl Wilhelm | Nürnberg II | 2. Sept. „ |
| 18 | Schmidt Conrad (M3.) | Augsburg (Land) | 30. April 50. |
| 19 | Grabner Ludwig | Buchloe | 10. Mai „ |
| 20 | Schreiner Franz Xaver | Wasserburg | 15 „ „ |
| 21 | Seiffert Dr. Friedrich | Illertissen | 10. Nov. „ |
| 22 | Peter Ernst v. | Griesbach | 3. Dez. „ |
| 23 | Schneider Conrad | Ochsenfurt | 8. „ „ |
| 24 | Hundt Max Graf v. | Dachau | 3. Jan. 51. |
| 25 | Brenner Heinrich (M3.) | München (Land) | 22. Aug. „ |
| 26 | Böhner Eduard | Freising | 1. Okt. „ |
| 27 | Bründl Jakob | Burgwindheim | 1. Febr. „ |
| 28 | Parst Hermann | Landshut | 3. Dez. „ |
| 29 | Dichtl Robert | Mindelheim | 15. Febr. 52. |
| 30 | Sommer Heinrich | Donauwörth | 11. No . 48. |
| 31 | Kühlmann Friedrich | Neumarkt O.Pf. | 31. Aug. 52. |
| 32 | Cröninger Friedrich (M3.) | Zusmarshausen | 30. Jan. 53. |
| 33 | Bauer Anton | Culmbach | 26. Febr. 53. |
| 34 | Scharff Ludwig | Memmingen | 16. Aug. „ |
| 35 | Buchner Dionys | Eichstädt | 22. Nov. „ |
| 36 | Wagner Anton | Günzburg | 7. Dez. „ |
| 37 | Schauber Peter | Landau a/I. | 26. April 54. |
| 38 | Bauer Josef | Schongau | 14. Juni „ |
| 39 | Huber Franz Xaver | Dettelbach | 1 Sept. 55. |
| 40 | Scheiber Franz Paul | Weissenhorn | 15. Jan. 56. |
| 41 | Götz Johann Adam | Bamberg | 15. März „ |
| 42 | Kleemann G. Albert (M3) | Wunsiedel | 28. Mai „ |
| 43 | Hasenberger Anton | Mallersdorf | 22. Juli „ |
| 44 | Dietl Eduard | Kelheim | 1. Okt. „ |
| 45 | Wehrl Johann Bapt. | Lichtenfels | 1. „ „ |

| | | | |
|---|---|---|---|
| 46 | Geissler Georg | Passau | 1. Nov. 56. |
| 47 | Schwab Nikolaus | Rain | 3. April 57. |
| 48 | Buchner Heinrich | Ingolstadt | 1. Nov „ |
| 49 | Huber Alois | Immenstadt | 1. März 58. |
| 50 | Marnet Friedrich | Pirmasenz | 1. April „ |
| 51 | Eisenmann Gg. Mathias | Kitzingen | 20. Mai „ |
| 52 | Hiemer Carl | Burgau | 1. Juni „ |
| 53 | Graf Franz Xaver | Ursberg | 1. Juli „ |
| 54 | Leiendecker Georg | Rothenburg | 1. Sept. „ |
| 55 | Nössel Theodor | Speyer | 31. Jan. 59. |
| 56 | Dilger Thaddäus | Höchstadt a D. | 1. Febr. „ |
| 57 | Reichert Friedrich v. | Trostberg | 1. Mai „ |
| 58 | Chlingensberg Anton v. | Landau (Pfalz) | 15. Dez. „ |
| 59 | Baumeister Anton | Forchheim | 1. Juli 60 |
| 60 | Braun Joh. Christian | Königshofen | 14. Aug. „ |
| 61 | Peetz Hartwig (M3.) | Traunstein | 13. Sept. „ |
| 62 | Bauer Gottlieb | Kaufbeuren | 1. Okt. „ |
| 63 | Henninger Georg | Weissenburg | 1. Dez. 60. |
| 64 | Voigt Gg. Heinr. Wilh. | Würzburg r/M. | 1. „ „ |
| 65 | Linsmayer Joseph | Augsburg (Stadt) | 1. „ „ |
| 66 | Hagen Carl Anton | Speinshardt | 14. Jan. 61. |
| 67 | Rhein Johann | Anweiler | 2. Febr. „ |
| 68 | Zeischner Joh. Paul | Rosenheim | 31. Aug. „ |
| 69 | Unold Sigmund von | Lindau | 4. Sept. 61. |
| 70 | Grafenberger Wilhelm | Landsberg | 16. Okt. „ |
| 71 | Friedrich Wilhelm | Simbach | 16. „ „ |
| 72 | Gugel Wilhelm | Dürkheim | 15. Mai „ |
| 73 | Stirner Carl Christoph | Selb | 1. Okt. 62. |
| 74 | Zöpfl Christoph | Würzburg (Stadt) | 26. Nov. „ |
| 75 | Mennel Wolfgang | Gunzenhausen | 29. Nov. „ |
| 76 | Schmitt Franz | Arnstein | 29. „ „ |
| 77 | Schlund Joseph | Deggendorf | 30 „ „ |
| 78 | Ruf Friedrich v. (M3.) | Starnberg | 29. Juli 63. |
| 79 | Amler Joseph | Schwabmünchen | 29. „ „ |
| 80 | Freyhofer Conrad | Bergzabern | 2. Okt. „ |
| 81 | Paur Max | Erding | 3. „ „ |
| 82 | Gramberger Jakob | Neustadt a/D. | 4. „ „ |
| 83 | Gimmi Otto v. | Miesbach | 4. „ „ |
| 84 | Schwartzenberger Albert | Neustadt a/H. | 22. Dez. 65. |
| 85 | Proschek Thomas | Sulzbach | 21. Okt. 63. |
| 86 | Königsthal Gustav von | Neustadt a/A. | 19. Dez. „ |
| 87 | Zick Joh. Martin | Rothenkirchen | 28. Jan. 64. |
| 88 | Hirsch Joh. Michael | Friedberg | 11. April „ |
| 89 | Schmidtkunz Joh. Nepomuk | Eggenfelden | 26. Juni „ |
| 90 | Hess Wilhelm | Hersbruck | 7. Juli „ |
| 91 | Kleinkopf Friedrich | Ludwigshafen | 27. „ „ |
| 92 | Neuer Carl | Homburg | 27. „ „ |
| 93 | Hermann Ludwig | Hemau | 26. Aug. „ |
| 94 | Huber Joseph | Regensburg (Stadt) | 28. „ „ |
| 95 | Gansser Georg Friedrich | Dinkelsbühl | 30. „ „ |
| 96 | Böhm Friedrich | Staffelstein | 2. Juli 65. |
| 97 | Hedenus Ferdinand | Hammelburg | 1. Sept. „ |
| 98 | Spangler Anton | Moosburg | 3. Dez. „ |
| 99 | Baumann Joseph | Amberg | 3. „ „ |
| 100 | Stadler Erhard | Edenkoben | 22. „ „ |
| 101 | Hilger Ludwig | Kaiserslautern | 16. Juni 69. |
| 102 | Stellwaag Joh. Ernst | Schwabach | 30. Jan. 66. |
| 103 | Kaufmann Joh. | Schrobenhausen | 22. Febr. „ |

| | | |
|---|---|---|
| 104 Brunner Aug. | Bayreuth | 30. März 66. |
| 105 Harlander Julius | Tölz | 26. März „ |
| 106 Pischinger August | Ottobeuern | 13. April „ |
| 107 Ritter Ferdinand | Pegnitz | 26. „ „ |
| 108 Bayerlein Anton | Altdorf | 6. Mai „ |
| 109 Hintermaier Anton | Wertingen | 15. „ „ |
| 110 Leiner Friedrich | Kipfenberg | 20. Juli „ |
| 111 Foltz Wilhelm | Landstuhl | 2. Okt. 71. |
| 112 Sartorius Franz | Riedenburg | 7. Nov 66. |
| 113 Ziegler Gregor | Zeil | 11. Jan. 67. |
| 114 Bouda Carl | Zweibrücken | 3. April „ |
| 115 Müller Nepomuk | Dingolfing | 9. „ „ |
| 116 Rösch Carl | Burglengenfeld | 28. Juli „ |
| 117 Duprée Joseph | Wolfstein | 3. Dez. „ |
| 118 Hörger Gabriel | Vilsbiburg | 9. „ |
| 119 Hendschel Franz | Pottenstein | 7. Febr. 68. |
| 120 Eggelkraut Otto von | Schönberg | 6. Aug. „ |
| 121 Kalbskopf Heinrich | Aichach | 26. Sept. „ |
| 122 Döhlemann Friedrich | Laufen | 12. Dez. „ |
| 123 Mennig Peter | Gerolzhofen | 24. Nov. „ |
| 124 Deyerl Carl | Auerbach | 17. Febr. 69. |
| 125 Moschel Hermann | Germersheim | 2. Juni „ |
| 126 Martinet Georg | Klingenberg | 11. Juni 69. |
| 127 Clement Joseph | Oberdorf | 16. „ „ |
| 128 Gerhard Joh. Gottfried | Volkach | 28. Juli „ |
| 129 Zölch Alois | Weissmain | 21. Okt. „ |
| 130 Scheuermann August | Weilheim | 17. „ „ |
| 131 Popp Carl | Cham | 24. „ „ |
| 132 Lammerer Joseph | Waldsassen | 28. „ „ |
| 133 Geiger Nepomuk | Berchtesgaden | 30. Nov. „ |
| 134 Behm August | Fürth | 25. März 70. |
| 135 Meyer Carl | Feuchtwangen | 30. „ „ |
| 136 Peter Adam | Ebern | 26. April „ |
| 137 Meyer Philipp | Windsheim | 29. Juni „ |
| 138 Leth Hugo von | Frankenthal | 8. Juli „ |
| 139 Knab Friedrich | Lichtenberg | 16. „ „ |
| 140 Gilgen Johann Bapt. (PK4.) | Lohr | 25. Juli „ |
| 141 Burkart Carl | Uffenheim | 29. Aug. „ |
| 142 Brenkmann Wilhelm | Beilngries | 23. „ „ |
| 143 Heeg Georg von | Tirschenreuth | 7. Sept. „ |
| 144 Werthensohn Carl | Blieskastel | 6. Dez. „ |
| 145 Lippacher Ludwig | Kemnath | 15. Febr. 71. |
| 146 Riehl Carl | Gemünden | 16. „ „ |
| 147 Wagner Max | Röttingen | 12. Mai „ |
| 148 Gsell Franz Xaver | Bamberg (Stadt) | 15. „ „ |
| 149 Fleissner Otto | Velburg | 28. „ „ |
| 150 Sölch Georg | Mkt. Schorgast | 29. „ „ |
| 151 Schaaf Otto | Vohenstrauss | 29. „ „ |
| 152 Holz Franz Seraph | Neuburg | 3. Juni „ |
| 153 Meyer Christoph | Weiden | 5. „ „ |
| 154 Gerstner Ludwig | Heidenheim | 5. „ „ |
| 155 Forstmaier Georg | Kusel | 2. Okt. „ |
| 156 Stubenrauch von | Füssen | 26. Nov. „ |
| 157 Riedner Otto | Karlstadt | 16. Jan. 72. |
| 158 Winter Johann | Aschaffenburg (Stdt.) | 16. „ „ |
| 159 Kroher Christian | Iphofen | 23. „ „ |
| 160 Grässmann Theodor | Brückenau | 25. „ „ |
| 161 Winnicher Alois | Hilpoltstein | 25. „ „ |

| | | | |
|---|---|---|---|
| 162 | Matulka Joseph | Wolfratshausen | 23. Febr. 72. |
| 163 | Paur Gustav | Lauingen | 24. " " |
| 164 | Hörmann Felix | Weischenfeld | 24. " " |
| 165 | Kempf Emil | Herrieden | 7. Juli " |
| 166 | Vogl August | Pfarrkirchen | 7. " " |
| 167 | Pütterich Conrad | Münnerstadt | 23. Sept. " |
| 168 | Mager Joseph | Stadtsteinach | 23. " " |
| 169 | Buck Max | Zwiesel | 1. Okt. " |
| 170 | Küpach.Otto von | Ebermannstadt | 28 " " |
| 171 | Käfferlein Richard | Kronach | 28. " " |
| 172 | Stenglein Johann Georg | Walderbach | 17. Nov. " |
| 173 | Pfirrmann Hubert | Lauterecken | 19. Jan. 73. |
| 174 | Lieberich Ernst | Windsbach | 28. Febr. " |
| 175 | Wendel Wilhelm | Oettingen | 23. April " |
| 176 | Schmitt Nikolaus | Amorbach | 23. " " |
| 177 | Wimmer Joseph Nepomuk | Neunkirchen a B. | 27. " " |
| 178 | Pertenhammer Alois | Naabburg | 28. April 73 |
| 179 | Becher Christoph | Hof | 27. Mai " |
| 180 | Pflaum Emil | Thurnau | 11. Juni " |
| 181 | Schmidt Johann | Spalt | 26. Juli " |
| 182 | Zauner Mathias | Monheim | 19. Aug. " |
| 183 | Schneider Heinrich | Straubing | 24 Sept. 75. |
| 184 | Wahl Otto | Kandel | 4. Jan. 74. |
| 185 | Doll Julius | Winnweiler | 4. " " |
| 186 | Oswald Martin | Wassertrüdingen | 6. " " |
| 187 | Häfner Andreas | Mellrichstadt | 10. Jan. " |
| 188 | Biéchy Victor | Höchstadt a/Aisch | 12. Jan. " |
| 189 | Hirner Michael | Werdenfels | 13. " " |
| 190 | Nadler Max | Kötzting | 8. Febr. " |
| 191 | Mönch Wilh. | Dillingen | 15. April " |
| 192 | Stenglein Ottmar | Türkheim | 17. " " |
| 193 | Helmschrott Wilh. | Werneck | 13 Mai " |
| 194 | Melhart J. N. | Viechtach | 1. Aug. " |
| 195 | Marr Adam | Hofheim | 1. " " |
| 196 | Keller Gg. Aug. | Münchberg | 1. " " |
| 197 | Etinger Alois | Euerdorf | 7. Nov. " |
| 198 | Vogtherr Sigmund | Bischofsheim | 13. Jan. 75. |
| 199 | Syroth Martin | Schesslitz | 29. April " |
| 200 | Bauer Benno | Obernzell | 8. Juli " |
| 201 | Böck Hugo v. | Waldmünchen | 8. Juli " |
| 202 | König Carl Ludwig | Grünstadt | 20. Aug. " |
| 203 | Panzer Franz Paul | Neunburg v/W. | 19. Sept. " |
| 204 | Bach Mich. | Colmberg | 3. Okt. " |
| 205 | Seidenbusch Joseph | Kastl | 30. " " |
| 206 | Böckler Joh. Paul | Herzogenaurach | 1. Nov. " |
| 207 | Kraus Joh. Georg | Neustadt a/S. | 8. " " |
| 208 | Mahr Franz | Cadolzburg | 14. " " |
| 209 | Morgenroth Julius | Mkt. Erlbach | 29. " " |
| 210 | Plutz Joseph | Mitterfels | 29. " " |
| 211 | Müller Joh. Heinrich | Lengfurt | 15. Dez. " |
| 212 | Fink Joh. Georg | Schweinfurt | 6. Jan. 76. |
| 213 | Schuffenhauer Wilhelm | Aibling | 11. " " |
| 214 | Heim Alb. Ludwig | Greding | 13. Juni " |
| 215 | Müller Johannes | Kissingen | 24. Juli |

# D.

# Advokaten, Gerichtsvollzieher und Notare

des Königreichs Bayern

## nach Kreisen, Bezirksgerichten und Wohnsitzen geordnet.

Stand vom 31. Oktober 1876.

| Bezirksgericht und Wohnsitz. | Advokaten. | Gerichtsvollzieher. | Notare. |
|---|---|---|---|
| | **Oberbayern.** | | |
| **Aichach.** | BaumgartnerJG. | Baumann Gg. | Böck Andreas. |
| | Kuttler Frz. | Kratzer Joh. B. | Radlkofer Gottl. |
| | Martin Theod. | | |
| | Riederer Seb. | | |
| | Weigl Jos. | | |
| | Wimmer Emil. | | |
| Friedberg. | — — | Huber Jos. | Rechenauer J. |
| | | Ibel Anton. | |
| Ingolstadt. | — — | Zetti Andr. | Bauer Simg. |
| | | Strauss Karl. | Mayer Wilh. |
| | | | Seidlmayer M. |
| Rain. | — — | Strober Jos. | Delling Ferd. v. |
| Schrobenhausen. | — — | Barth Alois. | Heigl Frz. |
| | | Strauss Anton. | Metzler Theod. |
| **Freising.** | Eichheim Rud. | Oettel Frdr. | Weninger Vinz. |
| | Hertel Aug. | Rausch Anton. | Karl Al. |
| | Kleiter Leonh. | DallhammerFrz. | |
| | Lang Ludw. | Xaver | |
| | Pletl Joh. Nep. | | |
| | SteineckerFrz.X. | | |
| | Schönmetzler A. | | |
| | Thürmayer Ldw. | | |
| Dorfen. | — — | Keller Ferd. | Hauser Ludw. |
| Erding. | — — | Höninger Ant. | Hobenadel Nik. |
| | | Wargau Ldw. | Piloty Clem. |
| Geisenfeld. | — — | Sutor Alois | Winzheimer A. |
| | | | Heller Christ. |
| Moosburg. | — — | Daschner Jakob, | Falkner v. Sonnenburg Karl. |
| Pfaffenhofen. | — — | Janner Mich. | Holzmann Ldw. |
| | | | Schreyer Joh. B. |
| **München** links u. rechts der Isar. | Aibl Karl, Herrnstr. $27a_2$. | Dix Johann, Schützstr. $10_1$. | Brugger Gottfr. Weinstr. $5_1$. |
| | Aub Max, Marienplatz$2_2$. | Dresch Adam, Maderbräust. 2. | Erhard Max. |
| | Auer A. v. (VKz.) Theatstr. $42_2$. | Feldl Michael, Landschaftst. 1. | Hacker Karl, Rinderm. $20_2$. |
| | Berghofer Karl, Max.-Pl. $20_2$. | Fenzl Stanisl., Müllerstr. $36_2$. | Hausmann Dr. J., (VKz.) Promenadepl. $2_2$. |
| | Bienenfeld Frdr. Herzgspitalst $3_2$. | Friedrich Alois, Schäfflerst. $12_2$. | Käfferlein Dr. J., Eberh. (M3.) Prannerstr. $4_1$. |
| | Boscowitz Nath. Weinstr. $7_2$. | Hellmuth Wilh., Thiereckst. $1_1$. | KummererWilh., Neuhsrstr. $1_2$. |
| | Dietherr Dr. M., Rosenthal $2_2$. | Hofmann Jos. Gruftstr. $5_2$. | |

| Bezirksgericht und Wohnsitz. | Advokaten. | Gerichtsvollzieher. | Notare. |
|---|---|---|---|
| Noch **München** links u. rechts der Isar | Ditterich Jul. Prannersstr. $8_1$.<br>Du Prel M. Frh. v. Neuhauserstr. $5_2$.<br>Dürr Karl, Promenadepl. $13_2$.<br>Ellenrieder K., Rosenstr. $12_1$.<br>Erdmannsdorfer Neuhsrstr. $34_1$.<br>Fischer Alois. Kaufingstr. $31_2$.<br>Freitag Andr., Karlsstr. $14a_1$.<br>Godin Bernhard Frhr. v.<br>Gotthelf J., Promenadest. $10_2$.<br>Gundermann Dr. Salvatorstr. $8_2$.<br>Hagen Franz, Kaufingst. $15_2$.<br>Henle Dr. Sigm., (SCG.) herzgl. Hfr., Fürstenfelderstr. $8_1$.<br>Hettersdorf Frd., Josephspitalstrasse $10^1/_4$.<br>Jahrsdörffer Dr. Theatrstr. $18_2$.<br>Kammerecker W. Löwengr. $14_2$.<br>Kaul Otto Residzstr. $10_3$.<br>Keyl Mich. Sendlingerst 1.<br>Kienhöfer Karl, Marienpl. $12_2$.<br>Kleinschroth A., Neuhsrst. $10_1$.<br>Kolb Karl, Löwengrube $20_2$.<br>Listmayr, J. B. Damstftsstr. $14_2$.<br>Louis Ludwig, Odeonspl. $1_3$.<br>Müller Alois Rosenthal 2.<br>Neuner Ludwig, Herzogspitst. $20_2$.<br>Popp Andreas, Damstftstr. $6_2$. | Kiliani Joseph, Altheimereck $9_1$.<br>Kreitmaier Cl., Rinderm. $12_1$.<br>Klöpfer Ant. Neuhsrstr. $5_1$.<br>Rauh Georg, Rosenthal $15_0$.<br>Rid Nikom. Altheimereck $10_1$<br>Schifferl Franz, Schäfflerst. $4_1$.<br>Schneider Jak., Altheimereck 1.<br>Staudigl Emil, Münzstr. $2_3$.<br>Steininger Ant., Zweibrückstr. 12.<br>Vogl Franz, Neuhsrst. $50_2$. | Mesmeringer A., Herzgspitalst. $9_1$.<br>Ortenau Dr. Ign.<br>Otto Aug. Rinderm. $10_1$.<br>Rothmaier Cl. Au Lilienstr. $26_1$.<br>Rupprecht Wilh. Burgstr. $16_2$.<br>Steub Dr. Ldw., Kaufingst. $18_1$.<br>Vinzenti Wilh. v. (M3.) Kaufingerstrasse $6_2$.<br>Vohmann Gg., Neuhsrstr. $14_2$. |

| Bezirksgericht und Wohnsitz. | Adovkaten. | Gerichtsvollzieher. | Notare. |
|---|---|---|---|
| Noch **München** links u. rechts der Isar. | Rau Dr. Julius, Rindermarkt 6. | | |
| | Riegel Theod. Löwengr $3_1$. | | |
| | Schultes Fr. v., Maffeistr. $1_2$. | | |
| | Sedelmair Ed. v., Dienersstr. $21_3$. | | |
| | Seiderer Clem, Schramerstr. $1_2$. | | |
| | Stenglein (HH.) Dienersstr. 23. | | |
| | Völderndorff, Ed. Frhr. v. Promenadepl. $20_1$. | | |
| | Vorbrugg Aug., Prannersst. $15_2$. | | |
| | Will Karl. Dienersstr. $20_2$. | | |
| **München** r.d. Is. | (Wie oben.) | (Wie oben.) | (Wie oben.) |
| Bruck. | — — | Mennacher Chr. | Friedrich Ed. |
| | | Hörmann Mich. | |
| Dachau. | — — | Eberl Jos. | Pfaffenzeller K. |
| Miesbach. | Porzer Karl. | Krämer Heinr. | Kammerer Ant. |
| Tegernsee. | — — | Merz Karl. | Scheuer Dr. Ad. |
| Wolfratshausen. | — — | Waldhier Joh. | Hezner Adolph. |
| **Traunstein.** | Engerer Wilh, | Steiner Jos. | Nothhaas Joh. |
| | Hutter Dr. Alois. | Fuchs Anton. | |
| | Lautner Jos. | | |
| | Schaaf Max. | | |
| | Schütt Joh. P. | | |
| | Spies Mich. | | |
| Aibling. | — — | Frey Karl. | Godin F. Frh. v. |
| Berchtesgaden. | — — | Dötterbeck Karl. | Ertl Karl. |
| Laufen. | — — | Lottenburger G. | Uebersezig Karl. |
| Prien. | — — | Mühlbauer Jos. | Braun Hier. |
| Reichenhall. | — — | EntmooserKasp. | Wagenbauer A. |
| Rosenheim. | Dittelberger M. | Bulling Friedr. | Moser Anton. |
| | | Scharinger Frz. | Schlosser Kasp. |
| Tittmoning. | — — | — — | Werner Theod. |
| Trostberg. | — — | Kiederle Ant. | Siegert Karl. |
| **Wasserburg.** | Kanzler Joh. B. | Mühldorfer J.E. | Gleissl Flor. |
| | Schlössl Karl. | | Heilmaier Franz. |
| | Schnepf Chr. A. | | |
| | Schwarz Georg. | | |
| | Wiedenbauer M. | | |
| Altötting. | — — | Gückel Adalb. | Castenauer F. X. |
| Burghausen. | — — | Mühlberger Gg. | Eyssel Rud. |

| Bezirksgericht und Wohnsitz. | Advokaten. | Gerichtsvollzieher. | Notare. |
|---|---|---|---|
| Ebersberg. | — — | Ohnesorg Karl. | Kiessling Jul. |
| | | | Zink Steph. |
| Haag. | — — | Fritscher Ado. | Krafft Frdr. |
| Mühldorf. | — — | Zwack Gg. | Peter Hugo v. |
| | | Strebel Heinr. | |
| Neumarkt a/R. | — — | Eichinger Math. | Bachmaier Jos. |
| **Weilheim.** | Gierisch Wolfg. | Raith Vinz. | Erb Frdr. |
| | Grieser Max. | Schreiner Gg. | Reinhard Blas. |
| | Meixner August. | | |
| | Paur Balth. Ed. | | |
| | Putz Alois. | | |
| Diessen. | — — | Hofmann Joh. | Speckner Joh. |
| Landsberg. | — — | Schwaighofer Ig. | Zech Gabriel. |
| | | Maerz Jak. | Zintgraf Heinr. |
| Schongau. | — — | Giehl Andr. | Dietl Anton. |
| | | Schaul Joh. M. | Mair J. G. |
| Starnberg. | — — | Schleussinger K. | Meilbeck Ldw. |
| Tölz. | — — | Brühl Gg. | Eisenberger M. |
| Werdenfels. | — — | Zanzinger Felix. | Möser Theod. |
| | Niederbayern. | | |
| **Deggendorf.** | Brandl Konr. | Keil Frdr. | Schmidtkonz J. |
| | Hutter Max. | Miedel Mart. | Hofer Karl. |
| | Lettenbauer A. | | |
| | Perchtold Karl. | | |
| | Plötz Joh. | | |
| | Seidlmayer Flor. | | |
| | Steyrer Clem. | | |
| Grafenau. | — — | Scherer Wilh. | Allescher Gg. |
| Hengersberg. | — — | Gordt Frz. | Gareis Dr. Karl. |
| Osterhofen. | — — | Wifling Jak. | Wolf Aug. |
| Regen. | — — | Zwack Rudolph. | Duschl Joh. Gg |
| Viechtach. | — — | Dennefeld Gust. | Stopfer Frz. X. |
| **Landshut.** | Biersack Andr. | Gillitzer Mart. | Raumair Konr. |
| | Burkhardt Ant. | Schindelbeck J. | Wein Joh. |
| | Costa Dr. Dom. | Sigmund Jos. | Fauner Ferd. M. |
| | Desch Adolph. | Teufel Jul. | |
| | Erthal Johann. | | |
| | Eschborn Jos. | | |
| | Martini Herm. | | |
| | Pillmayr Mart. | | |
| | Pimpfinger F. K. | | |
| | Richter Karl. | | |
| | Zängerle Oskar. | | |
| Abensberg. | Billinger Karl. | Kollmann Gg. | Geitner Jos. |
| Dingolfing | — — | Ey Frdr. | Sagmeister Xav. |
| | | | Zimmermann Fr. |
| Kelheim. | — — | Wanderer K. A. | Forster Max. |
| Mainburg. | — — | Ulrich Vinz. | Thoma Frdr. |

| Bezirksgericht und Wohnsitz. | Advokaten. | Gerichtsvollzieher. | Notare. |
|---|---|---|---|
| Rottenburg in Niederb. | — — | Weingart Lor. | Mühlbauer Jak. |
| | | | Stadler Mich. |
| Vilsbiburg. | — — | Weeigl Martin. | Barth Emil. |
| | | Neumayer Joh. | |
| **Passau.** | Braun Mich. | Gründl Joh. B. | Hunglinger Frz. |
| | Ferling Ant. | Horstmann Frd. | Martin B. (M3.) |
| | Heizer Karl. | Krämer Adolph. | Wolf Wilh. |
| | Hermanseder Dr. | Kublan Jos. | |
| | Kober Joh. Nep. | | |
| | Lomer Joh. Gg. | | |
| | Naager Franz. | | |
| | Winderl Nik. | | |
| | Wiesnet Aug. | | |
| | Wittmann Gg. | | |
| Freyung. | — — | Pröll Jak. | Fritz Fr. Xav. |
| Vilshofen. | — — | Janton Jos. | StaudingerLeop |
| | | Wiesner Max. | Wening Ad. v. |
| Waldkirchen. | — — | Schaller Jos. | Puchner Jos. |
| Wegscheid. | — — | Strobel Christ. | Zistl Jos. |
| **Pfarrkirchen.** | Händlmayer A. | Müller Jos. | Wild Georg. |
| | Petzold Herm. | Pospischill Eu- | |
| | Reindl Andr. | logius Sigm. | |
| | Riedhammer K. | | |
| | Schwalber Jos. | | |
| | Wolf Karl. | | |
| Arnsdorf. | — — | Sternbauer Wilh. | Steiner Peter. |
| Eggenfelden. | — — | Baumer Andr | Savoye Ldw. v. |
| | | Holzbauer F. X. | |
| Griesbach. | — — | Möller Egid. | Kornmüller E. |
| Landau a. d. Is. | — — | Hartl Jos. | Köstler Gg. |
| | | Schuster Herm. | Pollin Al. |
| Rotthalmünster. | — — | Adlmannseder K. | Spagl Mich. |
| | | Meyer Frdr. | |
| Simbach. | — — | Haggenmüller A. | Englhardt Jak. |
| **Straubing.** | Börger Karl. | Gründl Alois. | Hingerl Jos. |
| | Capeller Heinr. | Neuberger Karl. | Pichlmaier Fr.X. |
| | Huber Ludw. | Wackerbauer G. | Raab Joh. |
| | Kraft Karl. | | |
| | Mirwald Jos. | | |
| | Müller Alois. | | |
| | Schneider Rich. | | |
| | Widmann Jos. | | |
| Bogen. | — — | Stimmelmayer J. | Pfeiler Joh. Fr. |
| Kötzting. | — — | Schmidt Nikol. | Widmann Em. |
| Mallersdorf. | — — | Rüb Joh. | Hofmann Karl. |
| | | Weisbrod Edu. | |
| Mitterfels. | — — | Wittmann Joh.E. | Eggert Mich. |
| Neukirchen. | — — | Dorner Lorenz. | Hammer Joh. |

| Bezirksgericht und Wohnsitz. | Advokaten. | Gerichtsvollzieher. | Notare. |
|---|---|---|---|
| | | **Pfalz.** | |
| **Frankenthal.** | David Korn. | Koch Ph. Heinr. | Forthuber Jos. |
| | Heintz Philipp. | Rehm Adam. | Machwirth Sal. |
| | Horn Hubert. | Schultz Gg. | |
| | Merkel Karl. | | |
| | Müller Ottmar. | | |
| | Thalmann Jos. | | |
| Dürkheim. | — — | Neu Frdr. | Köster Wilhelm |
| | | Waltz Philipp. | (PRA4.) |
| | | — — | Horn Heinr. M. |
| Deidesheim. | — — | — — | Baumann Jos. |
| Freinsheim | — — | — — | Adler Dr. Karl |
| Grünstadt. | — — | Hendel Joh. | Dimroth Aug. |
| | | Michel Karl | Gassert Ldw. |
| Dirmstein. | — — | — — | Geul Otto. |
| Ludwigshafen. | — — | Eswein Bartlm. | Moré K (k.Rth.) |
| | | Mayer Wilh. | Hörner K. Ldw. |
| Neustadt a. d. H. | — — | Hitzlberger Gg. | Neumaier Ant. |
| | — — | Rauber Steph. | Wolffhügel L. (SB) |
| | | Reischl Adam | (VKz.—PK4.) |
| Hasloch. | — — | — — | Obee Karl. |
| Speyer. | — — | Becker Christ. | Hoseus K. (M 3.) |
| | | Fleischmann H. | Eckhard Heinr. |
| | | | Minges Jos. |
| **Kaiserslautern.** | Frenkel Salom. | Christ Phil. | Dexheimer Th. |
| | Gros Frdr. | Diel Jos. Goswin. | Hartmann Karl. |
| | Hatry M. (k.Rth.) | Fitz Phil. | Ilgen Frdr. |
| | Neumayer J. (VKz.) | Mayer Friedr. | |
| | Rüdiger Jos. Ad. | | |
| | Welsch Christ. | | |
| Göllheim. | — — | Völkl Jak. | Klee Jak. |
| Kirchheimbolanden. | — — | Mellarts Frdr. | Faber Robert. |
| | | | Karsch Eduard. |
| Kusel. | — — | Riffel Karl J. | Heck Jak. |
| | | Fitz Phil. | Pasquay Jak. |
| | | | Vogel Ldw. |
| Lauterecken. | — — | Keller Daniel. | Becker Phil. |
| Obermoschel. | — — | Henk Ldw. | König Frdr. L. |
| | — — | Völckel Joh. | |
| Otterberg. | — — | Gotthold J. Ph. | Michel Wilh. |
| Rockenhausen. | — — | Glasser Frdr. | Seel Karl Ldw. |
| Winnweiler. | — — | Brigelmayr J. A. | Biffar Heinr. |
| | | Schaufert J P. (LS.) | Theobald Phil. |
| Wolfstein. | — — | Steidel Karl | Pfülf Karl. |
| | | | Rieth Frz. |
| **Landau.** | Berg Balt. | Kipp Heinr. Aug. | Bastian Ldw. |
| | Keller Jak. | Rettig Jak. | Bolza Frdr. |
| | Kuhn Joh. | Wolf Karl. | Heuck Herm. |
| | Mahla Frdr. Aug. | | Kössler Karl F |
| | Ney Wilh. | | |
| | Scholler Karl W. | | |

| Bezirksgericht und Wohnsitz. | Advokaten. | Gerichtsvollzieher. | Notare. |
|---|---|---|---|
| Herxheim. | — — | — — | Geenen Jos. K. |
| Annweiler. | — — | Cuno Jos. W. Th. | Hepp Otto Heinr. |
| | | Hertel Phil. | Streccius Heinr. |
| Bergzabern. | — — | Tenner Frdr. | Hitzfeld Otto. |
| | | Weismann Phil. | Beaufort Phil. |
| Edenkoben. | — — | Haas Karl. | Börsch Karl. |
| | | Römmich Frdr. | Hoseus Karl. |
| | | | Schmolze Ludw. |
| Germersheim. | — — | Butscher Gg. | Keller Joh. B. |
| | | Merk Wilh. | Hochreuther E. |
| | | Schiess Joh. B. | |
| Kandel. | — — | Zinkgraf Ph. J. | Jung Karl. |
| | | Graf Karl Jos. | Clundt Jul. |
| Rheinzabern | — — | — — | Mellinger Mich. |
| **Zweibrücken.** | Gebhard Ant. | Hasemann K. M. | Guttenberger K. |
| | Giessen Heinr. | Zell Georg. | Pasquay Ldw. |
| | Gink Heinr. | Völkl Jak. | Linder Gottlieb. |
| | Gulden Gust. | | |
| | Hecht Karl M. | | |
| | Löw Eugen. | | |
| | Rosenberger Ed. | | |
| | Tisch Andr. | | |
| Blieskastel. | — — | Wolff Jak. Fr. | Wiest Fr. Aug. |
| Dahn. | — — | Melsheimer K. L. | Gink Phil. Jak. |
| Homburg. | — — | Köbig Adam. | Bartols Frdr. |
| Hornbach. | — — | Adam Karl. | Bollinger Herm. |
| St. Ingbert. | — — | FassbenderPh.J. | Sauer Franz. |
| Landstuhl. | — — | Fleischmann J. | Sartorius Fr. G. |
| | | Meyer Frdr. | Röbel Fr. |
| Pirmasens. | — — | Kirsch Karl Ld. | Wenner Ldw. |
| | | Schultz Wilh. | Schelf Ed. |
| Waldfischbach. | — — | Lutz Karl. | Cuny Frdr. |
| Waldmohr. | — — | Fitz Gg. Mich. | |
| | | Clauss PeterJak. | |

## Oberpfalz und Regensburg.

| Bezirksgericht und Wohnsitz. | Advokaten. | Gerichtsvollzieher. | Notare. |
|---|---|---|---|
| **Amberg.** | Dengler Seb. | Lindner Jos. | Ehrensberger J. |
| | Fleckenstein Cl. | Seidel Franz. | Nürbauer Alois. |
| | Gass Adolf | | |
| | Gassner Ernst. | | |
| | Mayer Gust. | | |
| | Mayr Dr. Wilh. | | |
| | Schatte J. Frhr. v. | | |
| | Wiedenhofer W. (M3.) | | |
| Auerbach. | — — | Plötz Aug. Joh. | Galler Andr. |
| Hilpoltstein. | — — | Klughardt J. K. | Buchner Frz. X. |
| Kastl. | — — | Knauer Ant. | Besold Paul. |
| Neumarkt i. OPf. | — — | Ketnath Joh. M. | EckartChristian. |
| | | WernhammerFr. | |

| Bezirksgericht und Wohnsitz. | Advokaten. | Gerichtsvollzieher. | Notare. |
|---|---|---|---|
| Parsberg. | — — | Tischendörfer C. | Stephinger Andr. |
| Sulzbach. | — — | Huber Ludolph. | Maunz M. (M3.) |
| | | Hauber Wilh. P. | |
| Vilseck. | — — | Hagner Karl. | Hauck Jos. |
| **Neunburg v. W.** | Himmelstoss J. L. | Renner Peter. | Baumer Martin. |
| | Jahn Joh. | Spiessl Joh. | |
| | Martin Hieron. | | |
| | Schneider Joh. N. | | |
| | Wallinger Mich. | | |
| Cham. | — — | Schlicht Joh. G. | Falkner Frdr. |
| Falkenstein. | — — | Wallner Pet. | Scheben K Frh. v. |
| Furth. | — — | Bachmann Hnr. | Kerler Fr. X. |
| Nabburg. | — — | Rieger Joh | Ritter Joh. |
| | | Seyerlein Joh. | |
| Nittenau. | — — | Schmitt Georg. | Griener Jos. O. |
| Oberviechtach. | — — | Abel Max. | Steidl Jos. |
| | | Kürzinger Joh. | |
| Roding. | — — | — — | Schuster Joh. B |
| Waldmünchen. | — — | Oberseider Gg. | Martin Joh. |
| | | Kunz Fr. | |
| **Regensburg.** | Adelmann Karl. | Behr Heinr. | Bernklau Al. |
| | Aichenauer Knr. | Rötzer Karl | Kappelmeyer C. |
| | Buchmann Ad. | Sarg Jos. | Schmauss J. M. |
| | Blocken Leop. v. | Schwarz Christ. | Würdinger Xav |
| | Brandl Kasp. | | |
| | Fürg Adolph | | |
| | Herrmann Vikt. | | |
| | Körbling Gg. | | |
| | Münz Gg. | | |
| | Reinhold Dr. K. Th. | | Stadtamhof: |
| | Sonnenleitner A. | | Wiedenhofer Fr. |
| | Vorbrugg Wilh. | | |
| Burglengenfeld. | — — | Leinenweber L. | Mayr Jos. Ben. |
| Hemau. | — — | Auer Michael. | Kerling Jos. |
| Regenstauf. | — — | Grassmann Max. | Weigert Jos. |
| Riedenburg. | — — | Angerer F. K. M3. | Sölch Joh. |
| Schwandorf. | — — | Sonnenleitner H. | Brunner Jos. |
| Stadtamhof. | — — | Pfäffl Joh. | Wiedenhofer F. |
| Wörth. | — — | Schöffel Joh. M. | Kugler Joh. |
| **Weiden.** | Dostler Wolfg. | Gatterer Jos. | Brunnbauer Ant. |
| | Kaiserswerth J. | | |
| | Kamm Mich. | | |
| | Mayer Gottlieb. | | |
| | Mayer Joh. | | |
| | Prechtl Aug. | | |
| Erbendorf. | — — | Völker Gg. | Märkel Jos. |
| Eschenbach. | — — | Schläfer Mich. | Winkler Joh. |
| Kemnath. | — — | Rank Joh. | Schobert Joh. J. |
| Neustadt a. WN. | — — | Zrenner Mich. | Beck Heinr. |
| Tirschenreuth. | — — | Scherbauer Chr. | Schäffler K. Mich. |

| Bezirksgericht und Wohnsitz. | Advokaten. | Gerichtsvoll-zieher. | Notare. |
|---|---|---|---|
| Vohenstrauss | — — | Hell Cölest.<br>Neubecker Frdr. | Essl Ant. |
| Waldsassen. | — — | Giehrl Joh. B. | Nissl Max. |
| | **Oberfranken.** | | |
| **Bamberg.** | Düll Heinr.<br>Elsner Jos. (M3.)<br>Krampf Jos.<br>Kraus Paul.<br>Kreitmair Frd. M3. OP3.)<br>Meisner Lor.<br>Pflügel Mich.<br>Rapp Adam.<br>Rothlauf Gg.<br>Rödel Heinr.<br>Rupp Aquilin.<br>Schmitt Dr. Jos.<br>Scholler Frd. Ch. VKz.PK4. SEKz.<br>SchüttingerDr.J.<br>Wolf Joh. Pet.<br>Wolfsthal Leon. | Boxdorfer Mart.<br>Loch Aug. Gg.<br>Müller Gg.<br>Riess Joh. Nik.<br>TrottmannPeter. | Gessner Dr. Joh.<br>Krüg Joh.<br>Maltz Karl Ldw.<br>Schlesing Gg. Fr. |
| Burgebrach. | — — | Hörath Gg. Fr. | Döllner Karl A. |
| Ebermannstadt. | — — | Rüdel Gg. Mich. | Romeis Steph.W. |
| Forchheim. | — — | Oppelt Frdr.<br>Walter Frdr. | Wirth Val. |
| Gräfenberg. | — — | Stephan Val. | Klieber Otto. |
| Herzogenaurach | — — | Otto Wilh. | Wörlein Karl |
| Höchstädt a.d.A. | — — | Dauth Karl. | Ziegler Otto. |
| Schesslitz. | — — | Ament Frdr. | Kreppel Fr. |
| **Bayreuth.** | Bachmann Alb.<br>Herding Heinr.<br>Heydenreich H.<br>Käfferlein Ferd.<br>Meyer Gust. | Fichtelberger J.<br>Kögler Wilh.<br>Schmidt Kasp. | Mader Karl A.<br>Skutsch Pinkas. |
| Berneck. | — — | Moll Joh. Gg. Fr. | Burkart Gabr. |
| Hollfeld. | — — | Schuff Joh. | Büttner Gg. |
| Kulmbach. | — — | Ponader Wolfg. | Hofmann Karl R. |
| Pegnitz. | — — | Klingsohr Frdr. | Pausch Gg. Frdr. |
| Pottenstein. | — — | Riedesel G.Frh.v. | Hauptmann Fr. |
| Thurnau. | — — | Kaiser Heinr. | Guth Franz. |
| Weidenberg. | — — | Kraus J. S. A. | Münch Frdr. K. |
| **Hof.** | Guth Ernst.<br>Militzer Ernst.<br>Abel Frdr.<br>Rau Wilh.<br>Scherber Ldw. C.<br>Wenz Ed. v. | Herrmann K. G.<br>Militzer Gg. | Weyse Gustav. |

| Bezirksgericht und Wohnsitz. | Advokaten | Gerichtsvollzieher. | Notare. |
|---|---|---|---|
| Kirchenlamitz. | — — | Wagner Frdr. | Huss Andr. |
| Münchberg. | — — | Richter Christ. | Schlenk Wlfg. H. |
| Naila. | — — | Braun Gg. | Ramge Joh. Fr. |
| | | Gruber Joh. W. | |
| Rehau. | — — | Riedmann Joh. | Schubert Joh. W. |
| Selb. | — — | Fickentscher Fr. | Friedel Flor. |
| Thiersheim. | — — | Wagner Jos. | Endres Georg. |
| | | Meinert Joh. W. | |
| Wunsiedel. | — — | Guerreiu Joh. | Zimmermann E. |
| **Kronach.** | Barlet Mart. | Weitzel Joh. | Fey Karl. |
| | Kahr Adolph. | Wailersbacher G. | Pollmann Ldw. |
| | Kaiser Math. | Zink Erhard. | |
| | PartheymüllerA. | | |
| | Peser Herm. v. | | |
| Lichtenfels. | — — | Rüth Aug. | Wilhelm Andr. |
| Ludwigstadt. | — — | ReichenbecherG. | Raab Dionys. |
| Nordhalben. | — — | Lang Ferd. | Seelinger Max. |
| Sesslach. | — — | Auernhammer A. | Grädinger Andr. |
| Stadtsteinach. | — — | Reuschl Wolfg. | Heubach Chr. Fr. |
| Staffelstein. | — — | Bittermann Knr. | Deuber Heinr. |
| Weissmain. | — — | Anné Ldw. | Drescher Seb. |
| | **Mittelfranken.** | | |
| **Ansbach.** | Berlin Dr. S. M3. | Staudinger Th. | Brand Karl. |
| | Feigel Heinr. | Stiel Heinr. | Pürkhauer Karl |
| | Hänle Sgfr. M3. | | |
| | Kammer Karl. | | |
| | Maurer Jul. | | |
| | Pöllnitz K Frh. v. | | |
| | Rütsch Dr. Jos. | | |
| | SchmidtleinDrO. | | |
| Dinkelsbühl. | Imhof Eduard. | Eichhorn Oskar. | Erkert Aug. Frd. |
| Feuchtwangen | — — | Lindner Ferd. | BermuthEduard. |
| Gunzenhausen. | — — | Kübler Joh. Gg. | FriedrichW.VKz. |
| Heilsbronn. | — — | Kuttenfelder M. | Landgraf Karl. |
| Herrieden. | — — | Stark Adam. | Ehrlicher Guido. |
| Leutershausen. | — — | Walter Joh. | Fick Joh. Bapt. |
| Wassertrüdingen | — — | Preu Karl Aug. | Kretzer Rud. |
| **Eichstädt.** | Berchtold Mich. | Hinterburger M. | Beck Sim. |
| | Kolb Hermann. | Priester Ernst. | Sendlbeck Dr. E |
| | Ottmann J. N. | | |
| | Särve Joh. | | |
| | Schwandner Joh. | | |
| | Voltz Wilh. | | |
| Beilngries. | — — | Gössl Gg. | Meyer Fr. X. |
| | | Hager Joh. Mth. | |
| Ellingen. | — — | Baumeister Jak. | Hummel Karl. |

| Bezirksgericht und Wohnsitz. | Advokaten. | Gerichtsvollzieher. | Notare. |
|---|---|---|---|
| Greding. | — — | Brand Karl. | Müller Andr. |
| Heidenheim. | — — | Fuchs Joh. Gg. | Frauenholz Chr |
| Kipfenberg. | — — | Schwarzmann G. | Frech Frdr |
| Pappenheim. | — — | Schmidsiller A. | Schöntag Frdr. |
| Weissenburg. | — — | Wunder Joh. | Förster Karl. |
| **Fürth.** | Aldinger Jul. | Hellerich Joh. | Graf Eduard |
| | Berolzheimer J. | Heyd Karl. | Wolff Joh. Gg. |
| | Bögner Ulrich. | Sperr Ernst. | |
| | Feust Dr. Ph. | | |
| | Frauenknecht F. | | |
| | GunzenhäuserW. | | |
| | Hönig Wilh. | | |
| | Kronacher Hnr. | | |
| Cadolzburg. | — — | Ruckdäschel W. | Blösst Theod. L. |
| Erlangen. | — — | Kaissling Frdr. | Dietzfelbinger A. |
| | | LauckChristoph. | |
| Roth. | — — | Segerer Eugen. | Pöhlmann Chr. |
| Schwabach. | — — | Osterchrist Jul. | Wündisch G. Fr |
| | | Maid Karl. | |
| **Nürnberg.** | Beckh Hermann | Avril Joh. Mich. | Beck Hermann |
| | Albr. Dürerpl. 4. | L. Karlstr. im | L.Kaiserstr.23 |
| | Berolzheimer Dr. | Leistlein 14/23. | Lindner H. M3. |
| | Häfnerpl. L.17. | Buckel Phil. | S.Schildgasse14. |
| | Bierling Joh. B. | Bindergasse 3. | Meyer Karl |
| | Carolinenstr. 9. | Elbel Georg. | S. Tetzelg. 32. |
| | Brunner Dr. E. | Gottsmann Mart. | Merz Theodor. |
| | Pfannenschmid- | S.Bergstr. Albr.- | L. Adlerstr. 40. |
| | gasse 25. | Dürerpl. 6. | Omeis Gottl. |
| | Eberlein Dr. Fr. | Hofmann Frdr. | Färberstr. 5. |
| | Breitegasse im | Kohlengasse 5. | Rühl Arthur. |
| | Einhorn L. 70. | Hubmann Max | |
| | Erhard O. VKz. | Döbchmannpl 20. | |
| | Weinmarkt 12. | Krausse Joh.G. 2. | |
| | Frankenburger | Brunneng. 18. | |
| | Weinmarkt 10. | Nägele Bernh. | |
| | Fürst Leop. Jo- | S Fünferpl. 10. | |
| | sephspl. L.16/210. | Schmelzer Chr. | |
| | Hahn H. | Carolinenstr. | |
| | Josephplatz 1. | | |
| | Hartmann Brnh. | | |
| | Rathhausg. 6. | | |
| | Hilpert Dan. | | |
| | Hauptmarkt 29. | | |
| | Jäger Dr. Joh.Jk. | | |
| | Waitzenstr. 40. | | |
| | Josephthal, Pfan- | | |
| | nenschmiedg. 5. | | |
| | Kätzlmaier Chr. | | |
| | Hauptstr. 22. | | |
| | Kress G. Frhr. v. | | |
| | Linder Joh. | | |
| | Jacobst.L.2/1110. | | |

| Bezirksgericht und Wohnsitz | Advokaten. | Gerichtsvollzieher. | Notare. |
|---|---|---|---|
| Noch **Nürnberg.** | Niedermayer M3 Adlerstr. 32. | | |
| | Obermeyer Dr. L. Winklerstr. 37. | | |
| | Pemsel Dr. Hm. Maxplatz 28. | | |
| | Praun Eberh. v. Lorenzerspl. 17. | | |
| | Riesch Fr. Carolinenstr. 55. | | |
| | Stapf Dr. Magnus Hauptmarkt 24. | | |
| | Zeitler Fr. Albr. Dürrerpl. 3. | | |
| Altdorf. | — — | Angerer K. Fr. O. | Frauenknecht G. |
| | | Bachmann Karl. | |
| Hersbruck. | — — | Ruttenstein I. M. | Dinkel Joh. Gg. |
| Lauf | — — | Bickel Joh. Gg. | Weingärtner H. |
| | | Singer Joh L. | |
| **Windsheim.** | Enderlein Ernst. | Hahn Gg. Leonh. | Schiffner Chr. Fr |
| | Fürst Jul. | | |
| | Glass Wolfg. | | |
| | Kraussold Hnr. | | |
| | Plochmann Dr. J. | | |
| Bibart. | — — | Schnabel Frdr. | Strebel Rob. Fr. |
| Erlbach. | — — | Bitzinger Gg. A. | Denk Ernst. |
| Neustadt a. d. A. | Sieger Brunno. | Schnitzlein J. M. | Braun Joh. |
| Rothenburg a T. | — — | Plesch Jak. | Keyl Frdr. Alex. |
| Scheinfeld. | — — | Simader Karl A. | Schätzler Ad. |
| Schillingsfürst. | — — | Fischer Alois. | Höfer Albr. |
| Uffenheim. | — — | Six Samuel. | Schneider A. VKz. |
| **Unterfranken und Aschaffenburg.** | | | |
| **Aschaffenburg.** | Dittmann Joh. A. | Lautenschläger | Bayer Fr. Jos. |
| | Heigl Ferd. | Sartorius Ernst. | Stammler Phil. |
| | Hofmann Ant. | Walther Jak. | |
| | Mayersohn Dr. L. | | |
| | Scherer Karl. | | |
| Alzenau. | — — | Röder G. J. K. | Klein Anton. |
| Amorbach. | — — | Kaufmann Gg. | Dürr Georg. |
| Klingenberg. | — — | Fleckenstein Fr. | Faller Wilh. |
| Miltenberg. | — — | Kellner Karl. | Carben Eug. |
| Obernburg. | — — | Cuno Wilh. | Weissensee Phil. |
| Rothenbuch. | — — | Heeg A. I. | Schmitt Mich. |
| Schöllkrippen. | — — | Lemm Wilh. | Büttner Jos. |
| Stadtprozelten. | — — | Popp Simon. | Schecher Friedr. |
| **Lohr.** | Koch Jos. | Englerth Jos. | Huberti Karl E. |
| | Köth Jos. | Fleckenstein J. A. | |
| | Mörschell Karl. | | |
| | Steigerwald Dan. | | |
| | Straub Bernh. | | |
| Brückenau. | — — | Dunkel Ldw. | Kraus Jos. |
| Euerdorf. | — — | Zimmermann Fd. | Scheubel Adam. |

| Bezirksgericht und Wohnsitz. | Advokaten. | Gerichtsvollzieher. | Notare. |
|---|---|---|---|
| Gemünden | — — | Hösslein Mich. | Reinhard Andr. |
| | | Schick Gg. Ad | |
| Hammelburg. | — — | Maier Adalbert. | Kohlhaas Fr. W. |
| Karlstadt | — — | Kleespiess Wilh. | Huberti Eug. |
| | | Plettner Konr. | |
| Marktheidenfeld | — — | Spahn Mich. | Diener Math. |
| Rothenfels. | — — | Geiger Karl. | Kain Jos. |
| **Neustadt a. d. S.** | Endres Joh. K. | Fackler Eduard. | Saam Georg. |
| | Hippeli Karl. | Weisbecker Gg. | |
| | Rothmund Aug. | | |
| | Then Karl. | | |
| | Weber Kasp. | | |
| | Wibel Oskar | | |
| Bischofsheim. | — — | Maier Joh. | Hafner Ulrich. |
| Kissingen. | — — | Straub Frz. | Heller Mich. |
| | | Hesselbach Lor. | |
| Königshofen. | — — | Cuno Joh. | Reuss Juk. |
| | | Steinert Joh. S. | |
| Mellrichstadt. | — — | Benkert Frdr. | Langenbrunner |
| | | Ruttor Jos. | |
| Münnerstadt. | — — | Fleckenstein M. | Zeissner Gg. |
| | | Eitzenhöfer Gg. | |
| **Schweinfurt.** | Bandorf Nik. V. | Eberth Karl. | Förster Andr. |
| | Buhlheller Mich. | Hetz Karl. | Grimm Fr. |
| | Horwitz Isaak. | Schäfer Fr. | |
| | Kleemann Ad. | Scheidter Adam. | |
| | Müller Herm. | | |
| | Rogler Joh | | |
| | Sander Herm. | | |
| | Sattler Wilh. J. | | |
| | Stein Dr. Frdr. | | |
| | Throner Ldw. | | |
| Arnstein. | — — | Werner Otto. | Gentil Fr. Jos. |
| Baunach. | — — | Kuhn Gg. | Bauer Mich. |
| Ebern. | — — | Müller Barthol. | Dürr Gg. Balth. |
| Eltmann. | — — | Neumar Aug. | Walk Martin. |
| | | Markert Ferd. | |
| Gerolzhofen. | — — | Seuberth K. K. | Hippler Andr. |
| Hassfurth. | — — | Kress Joh. | Raab Max Jos. |
| Hofheim. | — — | Kraft Kasp. | Kiessling Theod. |
| Volkach. | — — | Daumenlang W. | Hippler Edm. |
| Werneck. | — — | Eckart Frdr. | Döll Phil. Jos. |
| Wiesentheid. | — — | Kunkel Joh. | Nappenbach Fr. |
| **Würzburg.** | Fleischmann Fr. | Carl Ad. Heinr. | Endress Ant. |
| | (M3.) Ketteng. 5. | Domstrasse 11. | Franziskanerpl 2 |
| | Gerhard Ferd. | Harth Leop. | GrimmK. (VKz.) |
| | Neubaustr. 7. | Ob. Wällerg. 2. | Augustinerg. 10. |
| | Hartmann K. O. | Müller J. B. | Huth Ulrich |
| | Kapuzinerg. 11. | Glockengasse 7. | Eichhorng. 24. |
| | Hofmann Gottfr. | Reissig Jos. | Oppmann J. (M3.) |
| | Julius - Promenade 31. | Domstrasse 16. | Maxstrasse 3. |

| Bezirksgericht und Wohnsitz. | Advokaten. | Gerichtsvollzieher. | Notare. |
|---|---|---|---|
| Noch **Würzbnrg.** | Kaiser Eduard.<br>Lenk Phil. Dominikanerg. 6.<br>Lutzenberger v. Sandgasse 7.<br>Rottmann Ed. Sandgasse 8.<br>Schmitt Theod. Hofstrasse 6.<br>Steidle Dr. J. G. Marktplatz 3.<br>Stenger Steph. Domerschulg. 5.<br>Treutlein Phil. Neubaustr. 18.<br>Unsleber Gottfr. Fischmkt gegenüber d Ldg. Geb. b Lederh. Dorsch.<br>Warmuth Dr A. J. Marktplatz 9.<br>Wiesner Gg. Juliuspromen. 2.<br>Zorn Karl Kapuzinerg. 1. | Schmidt Otto Plattnersgasse 9.<br>Steinacher Mich. Holzthorgasse 2.<br>Wagenhäuser J. Häfnersgasse 3.<br>Wiesneter J. B. Augustinerg. 12. | Seuffert Joh. M. Eichhornstr. 2.<br>Weber Dr. Frdr. Glockengasse 5. |
| Aub. | — — | Brennfleck Jos. | Etzl Peter. |
| Dettelbach. | — — | Schöner Ldw. | Reuss Augustin. |
| Kitzingen. | — — | Durrbeck Rud.<br>Friedrich Ernst. | Fertig Christian.<br>Schamberg Max. |
| Marktbreit. | — — | Rausch Peter. | Alzheimer Ed. |
| Ochsenfurt. | — — | Goller Christian. | Link Jos. |
| | **Schwaben und Neuburg.** | | |
| **Augsburg.** | Barth Bened. A. 12. Schützenh.<br>Barth Dr. Karl. D. 138. b.<br>Bothmer Adolph. Gasthof z. Eisenhut 2 St. Ludwigstr.<br>Braun Karl D. 83. Riedingerpalais.<br>Dischner Georg A. 105. Maxim.-St.<br>Fischer Hugo D. 210 neb. Post.<br>Flemisch Joh. G. D. 142. Hafnerbrg.<br>Gutermann Dr. Ph. v. (M3.) B. 9. Maxstr.<br>Hartmann Andr. D. 48. Maxim.-St. | Hein Gg. Andr.<br>Kleininger Wilh. Steingasse D. 260.<br>Marc Bernhard D. 141. Hafnerbrg.<br>Nenninger Seb. Maximil.-Str. (Stockhaus).<br>Zimmermann W. C203. Schmiedg. | Eckert Karl. Steing. D. 267.<br>Heinrich Wilh. 215 St. Annag.<br>Pfeiffer Joh. Ev. Kesselmarkt 160.<br>Wilhelm L. Ferd. D. 210 neben Post. |

| Bezirksgericht und Wohnsitz. | Advokaten. | Gerichtsvollzieher. | Notare. |
|---|---|---|---|
| Noch **Augsburg.** | Herzfelder Is. A6.<br>Jung Thom. Aug. Carolinenst. C24.<br>Kerstorf Dr. Fr. v., herz. Sachs.-Coburg-Gotha-scher Hofrath (K3.— OFI2.— PRA4.—WK3.) C. 10. Maxstr.<br>Kuttler Joh. B. Ludwigsstr.<br>Mayr Otto B. 244. b. Kähn.<br>Mayrhofer Gust. B. 196. Zeugg.<br>Müller Friedrich Maximiliansstr. FuggerhausB11.<br>Pöhlmann Magn. D. 79. Karlsstr.<br>Putz Eduard Zeuggasse.<br>Summa Ulrich Obere Maxstr.<br>Striebel Joh. B. D. 4.<br>Völk Dr. Jos. C. 44. Carolinenst. | | |
| Buchloe. | — — | Stiehle Xaver. | Göz Karl. |
| Burgau. | — — | Kaperer Georg | Bader Jos. |
| Günzburg. | — — | Chormann Frdr.<br>Faist Math. | Schierlinger W.<br>Pfefferle Jos. |
| Neuulm. | — — | Ley Joh. Gg. | Zierhut Gg. |
| Schwabmünchen | Streitberg Frdr. | Weniger Const. | Schmitt Adolph. |
| Türkheim. | — — | Hopf Wilh. | Grimm Joh. |
| Wertingen. | — — | Springer Marq. | Heimer Max Jos. |
| Zusmarshausen. | — — | Biersack Jak. | Roesl Dr. Gg. E. |
| **Donauwörth.** | Abrell Christian<br>Fleissner Max.<br>Hofer Jos.<br>Prechter Frdr.<br>Unzner Anton. | Böhm Fr. Xav.<br>Rehm Joh. Patr.<br>Schäffer Ernst. | Kaler Ldw.<br>Rosendahl Jak. |
| Dillingen. | Sartori Karl. | Six Leonh. | Kratzer K. Th. |
| Höchstädt. | — — | Steinbauer Frdr. | Hofmann Karl |
| Lauingen. | — — | Membarth Ign. | Mayer Fr. X. |
| Monheim. | — — | Strasser Ant. | Heimbucher M. |
| Neuburg a. d. D. | — — | Distel Karl | Seitz Ldw. Ad.<br>Schneider Joh. |

| Bezirksgericht und Wohnsitz. | Advokaten. | Gerichtsvollzieher. | Notare. |
|---|---|---|---|
| Nördlingen. | Model Aug. | Kaith Kasp. | Arends Conr.<br>Erhard Wilh. |
| Oettingen. | — — | Benedicter Fr. J. | Heggelsmüller J |
| **Kempten.** | Appel Karl.<br>Aschenauer Pet.<br>Kriener Jos.<br>Schwab Joh. B.<br>Vogl Dr. Joh. G<br>Weixler Joh.<br>WestermaierJos.<br>Wirth Dr. Karl. | Vochezer Bened.<br>Funder Alois.<br>Koch Georg.<br>Michael Christ. | Lang Eduard.<br>Krafft - Dellmensingen Konr. v |
| Füssen. | — — | Höss Karl. | Riebel J. B.P. M3. |
| Immenstadt. | — — | Wiesmaier Peter. | Haggenmüller I. |
| Kaufbeuern. | — — | Köchert W. | Kuchenbauer L. |
| .Lindau. | — — | HasslingerJ.Nep. | Gombart Otto. |
| Oberdorf. | — — | Koller Joh. | Eberlein Mich. J. |
| Obergünzburg. | — — | Enzer Franz. | Zängerle Karl. |
| Sonthofen. | — — | Wurm Ludw. | Maior Fr. Xav. |
| Weiler. | — — | Knoller Jos. | Dillenius Heinr. |
| **Memmingen.** | Ammer Nep.<br>Friess Christian.<br>Heymann Karl.<br>Kilp Martin<br>Kranzfelder Alfr.<br>Reischle Theod.<br>Remond Ldw.<br>Wachter Wilh. v. | Wiedemann El. | Hebberling Aug. |
| Babenhausen. | — — | Ehrensperger F. | Voltz Franz Dr. |
| Grönenbach. | — — | Meier Karl | Henneberger A. |
| Hürben (sieh Krumbach.) | | | |
| Illertissen. | — — | Kalb Mich. | Steidle Jos. |
| Krumbach. | — — | Gub Johann.<br>Helm Karl Frdr. | Striedinger Dr.F. K. E.<br>Höglmaier Alois. Wohns.u.Gesch.-Lokal inHürben. |
| Mindelheim. | — — | Schuster Ant. | Rosenberg Karl. |
| Ottobeuern. | — — | Schaller Ant. | Brunner Mich. |
| Weissenhorn. | — — | Nagengast Joh. | Weinhart Ignaz. |

# E.

# Erklärung der in den Personallisten gebrauchten Ordensbezeichnungen.

(Nach dem Hof- und Staats-Handbuche.)

---

(BL5.) Belgischer Leopoldorden, Ritter.
(BZL1.) Badischer Orden vom Zähringer Löwen, Grosskreuz.
(FEL1.) Französischer Ehrenlegionorden. Grosskreuz.
(GE1.) Griechischer Erlöser Orden Grosskreuz.
( » 4.) » » Offizier (gold. Kreuz).
(HL1.) Hessischer (Grossherz.) Ludewigsorden, Grosskreuz.
(HP3a.) Hessischer (Grossherz.) Verdienstorden Philipps des Grossmüthigen, Ritter I. Classe.
(IK1) Orden der Italienischen Krone, Grosskreuz.
( » 2.) » » » » Offizierkreuz.
(K1.) Verdienstorden der bayerischen Krone, Grosskreuz.
( » 2a.) » » » » Grosscommenthur.
( » 2b.) » » » » Commenthur.
( » 3.) » » » » Ritter.
(KHL.) Hessischer (Kurhessischer) Löwenorden.
(KHW1.) Hessischer Wilhelmsorden, Grosskreuz.
(LEK1.) Grossh. Luxemburg. Orden der Eichenkrone, Grosskreuz
(M1.) Bayer. Verdienstorden vom hl. Michael, Grosskreuz.
( » 2a.) » » » » Gross-Commenthur.
( » 2b.) » » » » Commenthur.
( » 3.) » » » » Ritter I. Classe.
( » 4.) » » » » Ritter II. Classe.
(MV4a.) Bayer. Militär-Verdienstorden, Ritter I. Classe.
(NCV1.) Herz. Nassauisch. Militär- u. Civilverd.-Orden, Grosskreuz.
( » 2b.) » » » » » Comthur.
( » 3.) » » » » » Ritter.
(OEK3.) Oesterreichischer Orden der eisernen Krone, 3. Classe.
(OFJ2.) Oesterr. Franz Joseph-Orden, Commandeur.
( » 3.) » » » Ritter.
(OL1.) » Leopoldorden, Grosskreuz,
(OSt1.) » St. Stephansorden, Grosskreuz.
(PG1.) Päpstlicher Gregorius-Orden, Grosskreuz.
(PK1.) Preussischer Kronorden I. Klasse.
(PRA2mSt.) Preussischer rother Adler-Orden II. Classe mit Stern.
( » 3.) » » » III. Classe.
( » 4.) » » » IV. Classe.
(RA2.) Russischer St. Annen-Orden, II. Classe.
( » 3.) » » III. Classe.
(RSt2.) Russischer Stanislaus-Orden, II. Classe.
(SA2b.) K. Sächsischer Albrechtsorden, Commenthur I. Classe.
( » 3.) » » » Ritter.
(ScF2b.) Sizilianischer Orden Franz I., Commandeur.
( » 3a.) » » » Ritter I. Classe.
(ScJ.) » Januarius-Orden.
(SCV1.) Königl. Sächsicher Civilverdienstorden, Grosskreuz.

(SEH1.) Vereinigtes Herzogthum Sachsen, Herzoglich Sachsen-Ernestinische Hausorden, Grosskreuz.
( » 2b.) derselbe Comthurkreuz II. Classe.
( » 4.) derselbe Verdienstkreuz.
(SpC1.) Spanischer Orden Karls des III., Grosskreuz.
(TCV.) Toskanischer Civil-Verdienstorden.
(TJ3.) » St. Josephs-Orden, Ritter.
(WF1.) Königl. Württembergischer Friedrichs-Orden, Grosskreuz.
( » 3.) » » » Ritter.
(WK1.) » » Orden der Krone, Grosskreuz.
( » 3.) » » » » » Ritter.

---

# Beilage XXII.

# Miscellen.

I. **Amtsverschwiegenheit,** Enthebung von derselben. Hierüber siehe
1) StGB. v. J. 1813 Thl. II. Art. 204.
2) StPG. v. 10. Nov. 1848 Art. 134.
3) StGB. v. 10. Nov. 1861 Art. 61.
4) Verordn. vom 28. Dez. 1813 (Doppelm. S. 216).
5) Just.-Min.-Entschl. v. 12. Jan. 1851 (Fertig I. S. 55).
6) „ „ „ v. 9. Nov. 1855 (M. Z. II S. 411).
7) „ „ „ v. 13. Dez. 1855.
8) „ „ „ v. 2. Nov. 1856 (M. Z. III. S. 449).
9) „ „ „ v. 21. Okt. 1860 (M. Z. VII. S. 398).
10) „ „ „ v. 24. Sept. 1861 (M. Z. VIII. S. 203).
11) „ „ „ v. 22. Okt. 1866 (I. M. Bl. S. 316).
12) Verordn. v. 28. Mai 1870 (JMBl. S. 157).

II. **Armenrecht.** Hierüber siehe:
1) Bayr. G. O. Cap. III. §. 8.
2) Seuffert, Commentar hiezu Bd. II. S. 133—140.
3) Resolution v. 7. Juni 1765 in den Nov. z. G.O. München 1811 S. 209.
4) Stempel-Mandat v. 18. Dez. 1812. Abschn. IV. lit. h. (RBl. v. 1813 S. 70).
5) Verordn. über das Armenwesen v. 17. Nov. 1816 Art. 4 (RBl. S. 779).
6) Reskr. v. 18. Febr. 1817 (Nov. z. G. O. Bd. III. S. 162).
7) Verordn. v. 17. Febr. 1809, die Postportofreiheit in Amtssachen betr. (RBl. S. 321).
8) Verordn. v. 23. Juni 1829, die Postportofreiheit in Amtssachen betr. §. 19 (RBl. S. 521).
9) Disziplinarvorschr. f. d. Advok. des Königr. v. 23. März 1813 Nr. 2 (RBl. S. 425.)
10) Ges. v. 15. Aug. 1828, die Militärgerichtsbarkeit in bürgerlichen Rechtssachen betr. §. 6.
11) Oberstricht. Erk. v. 18. Jänner 1853 (Reggsbl. 1853 S. 138).
12) ME. v. 11. Okt. 1857, das Armenrecht betr. (RBl. S. 1335). (Hdb. Bd. II S. 380 n. 23. r.)
13) Taxregulativ v. 28. Mai 1852 Art. 3 (Hdb. IV. S. 223).
14) Einf. Ges. v. 26. Dez. 1871 zum Strafgesetzbuche Art. 96.

15) OAGE. v. 20. April 1866. (M. Z. XIII. S. 183.)
16) FME. v. 1. Juli 1865, die Behandlung des Tax- u. Stempelwesens, hier bei Notariats-Geschäften für arme Parteien betr. (JMBl. 1865. S. 101.)
17) JME. vom 7. Febr. 1864, die Vormerkung von Untersuchungskosten auf das künftige Vermögen der Verurtheilten betr. (JMBl. 1864. S. 38.)
18) C.-Proz.-Ord. v. 29. April 1869. Art. 133—145.
19) Verordn. v. 12. Juni 1870, das Armenrecht in bürgerlichen Rechtsstreitigkeiten betr. (JMBl. 1870. S. 197.)
20) JME. desselben Betr. v. 22. Juni 1870 (JMBl. S. 311).
21) FME. v. 16. Febr. 1876 § 6 (JMbl. S. 137).

**III. Depositenwesen.**

1) Ges. v. 25. Juli 1850, die Ueberweisung der Depositen und E. K. v. d. k. StSchTA. an die k. Bank zu Nürnberg betr. (GBl. S. 409.)
2) Bek. v. 30. Juni 1862 (Bestimmung der Bankkassen) RBl. S. 1605.
3) Bek. v. 12. Sept. 1875, die Anlage der gerichtl. u. administr. Depositen bei der k. Bank zu Nürnberg, hier bei deren Filialen in Nürnberg und Augsburg betr. (G. u. VBl. S. 576.)

**IV. Namensänderungen** von Personen und Ortschaften. Hierüber siehe

1) JME. v 15. Dez. 1852, die Familiennamen der unehelichen Kinder betr. (M. Z. I. S. 6 JMBl. 1864 S. 114.)
2) E. des StM. d. Innern v. 18. April 1863, u. JME. v. 6. Mai 1863, die Gesuche um Namensveränderungen betr. (KABl. 1863 S. — M. Z. X. S. 401. JMBl. 1863 S. 33*).
3) E. des StM. d. Innern v. 5. April 1864 u. d. Justiz v. 11. Apr. 1864, die Familiennamen unehelicher Kinder betr. (KABl. 1864 S. — JMBl. 1864 S. 113.)
4) E. d. StM. d. Innern v. 8. Jänner 1876 (FMbl. 1876 S. 15).

**V. Passwesen** betreffend bestehen folgende Vorschriften:

1) Reichsgesetz über das Passwesen vom 12. Oktober 1867 (Beilage zum bayer. Ges.-Bl. 1871 S. 6). Ein Pass und eine Passkarte kostet 70 ₰.
2) Ministerialentschliessung v. 9. Mai 1871 (KABl. f. OB. 1871 S. 858 ff.), wornach aufrecht bleiben:

Verordnung v. 14 Jan. 1851, die Einführung der Passkarten betr. und die Vollzugsvorschriften hiezu vom 18. Jan 1851 (V.-Sammlg. Bd. XXIX. S. 278 ff.).

Verordnung vom 9. Dez. 1865, das Passwesen betr. ME. v. 23. Dez. 1865 Z. X und v. 27. Dez. 1869, dann die Bestimmungen über die Gewerbslegitimationen der Handelsreisenden, die Bekanntmachung v. 19. April 1868, das Gewerbe derjenigen Personen, welche sich mit Vertilgung von Ungeziefer befassen, betr., die Vdg. v. 28. April 1868, den Gewerbsbetrieb im Umherziehen und den Hausirhandel betr.; die Vdgn. v. 25. Juni 1868, den Handel mit Landesprodukten im Umherziehen, dann den Marktverkehr betr.; die Vdg. v. 3. Juli 1868, die Schau- u. Vorstellungen betr.; die Vorschriften über Anordnung von Sperrmassregeln bei Epidemien u. Epizootien betr.

**VI. Die Vorladungen der im öffentlichen Dienste stehenden Personen** zu gerichtlichen u. polizeilichen Verhandlungen. (ME. v. 4. November 1867. JM.-Bl. S. 258. — R.-Bl. 1867 S. 1161.)

der Gendarmeriemannschaft Org. Verord. v. 24. Juli 1868 § 1. V. v. 28. Mai 1870. (JMBl. S. 158.)

**VII. Cautionen der Notare** s. Gesetz vom 29. Juli 1876 (G. u. V. Bl. S. 564 u. vom 10. Nov. 1861 § 98 u. 99).

**VIII. Allgemeiner Unterstützungsverein für die Hinterlassenen der k. b. Staatsdiener und Töchterkasse.** (Verordnung vom 31. Aug. 1865 Regsbl. S. 977 u. Bekanntmachung des k. St.M. d. F. vom 7. Febr. 1876 JMbl. S. 111.)

a) Allgemeiner Unterstützungsverein.

Berechtigt zum Eintritt in den Verein als ordentliches Mitglied ist jeder mit pragmatischen Rechten angestellte und aktive Civil-Staatsdiener und muss der Beitritt innerhalb 6 Monaten vom Tage der Anstellung erklärt werden.

Jährliche Beiträge derselben in der

| | | |
|---|---|---|
| I. Cl. (bisher 2400 fl. und darüber Gehalt) | . 61 ℳ | 20 ₰. |
| II. Cl. (bisher 1200—2400 fl Gehalt) . . . | 40 „ | 80 „ |
| III. Cl. (bisher weniger als 1200 fl. Gehalt) | . 20 „ | 40 „ |

mit 25% Erhöhung für jene, welche am Tage ihrer Beitrittserklärung das 50. Lebensjahr bereits überschritten haben und dabei entweder verheirathet sind oder Wittwer mit einem oder mehreren minderjährigen Kindern, oder welche dem Vereine vor Vollendung des 50. Lebensjahres beigetreten sind, aber nach Vollendung desselben sich mit einer um mehr als 10 Jahre jüngeren Frauensperson verehelichen oder wieder verehelichen.

Beitrag-nachzahlung mit Zuschlag von jährlich 10% von jenen, welche nach 6 Monaten vom Tage der pragmatischen Anstellung den Beitritt erklären.

Die jährliche Unterstützung der Wittwe beträgt in der

I. Cl. 450 ℳ
II. Cl. 300 „
III. Cl. 150 „

dann bis zum vollendeten 20. Lebensjahre der einfachen Waise $^1/_5$ und der Doppelwaise $^3/_{10}$ des Betrages der Mutter.

b) Töchterkasse.

Der Beitritt steht nur den Mitgliedern des allgemeinen Unterstützungsvereines zu.

Jährlicher Beitrag für jedes ordentliche Mitglied 20 ℳ 40 ₰. Beitragsnachzahlung w. o., wenn der Beitritt nicht in den ersten 6 Monaten vom Entstehen des Beitrittsrechts an erklärt wird, jedoch mit Präklusivfrist von 3 Jahren.

Jährliche Präbende für jede doppeltverwaiste unversorgte und über 20 Jahre alte Tochter der Mitglieder 180 ℳ.

**IX. Umzugsgebühren** nach der Verordnung vom 16. Aug. 1817 (Rbl. S. 835.)

Ueber Attestirung der Ortsentfernungen durch die General-Direktion der Verkehrsanstalten — Postabtheilung — s. Verordnung v. 13. Dez. 1875 (G u. Vbl. S. 780 u. J.Mbl. S. 345.)

Umzugsgebühren bei Versetzungen von Stadt- und Landgerichts-Assessoren auf Bezirksgerichts-Assessorstellen (J. u. F.M E. v. 17. Nov. 1875 J.Mbl. S. 297.)

Umzugsgebühren der Wittwer ohne Kinder (F.M.E. v. 14 Aug. 1876 F.Mbl. S. 172.)

Anspruch hierauf bei allgemeinen Versetzungsgesuchen. (F.M.E. v. 5. Sept. 1876 J.Mbl. S. 289.)

Die Liquidirung und Begründung derselben s. Bekanntm. d. k Regier. v. Oberb. K. d. F. v. 7. Jan. 1782 (Kreisbl. v. Oberb. 1872 S. 72.)

X. **Wittwen- und Waisenfondsbeiträge** von Besoldungen oder Quiescenzgehalten der Staatsdiener (Finanzgesetz für die XIII. Finanz-Periode v. 29. Juli 1876 Tit. IV § 16 G.- u. V.-Bl. S. 536.)

| | | | | |
|---|---|---|---|---|
| 1) | unter 1080 ℳ | jährlichen Gehalt | — | Pct. |
| 2) | über 1080 bis 3600 ℳ | „ | „ 1 | „ |
| 3) | „ 3600 „ 7200 „ | „ | „ $1^1/_2$ | „ |
| 4) | „ 7200 „ 10800 „ | „ | „ 2 | „ |
| 5) | „ 10800 „ 21600 „ | „ | „ $2^1/_2$ | „ |
| 6) | „ 21600 ℳ | „ | „ 3 | „ |

XI. **Anstellungstaxen** der Staatsdiener und zwar:

1) Taxen aus den Gehaltsbeträgen mit 10%.
2) Stempeltaxen aus den Gehaltsbeträgen mit 1 %.
3) Ausschreibgebühren I. Cl 54 ℳ, II. Cl. 27 ℳ, III. Cl. 18 ℳ. IV. Cl. 9 ℳ

   Die Ausschreibgebühren nach der III. Cl. haben die ersten Staatsanwälte, Bezirksgerichtsräthe, Stadt- und Landrichter zu entrichten, die Assessoren und Gerichtsschreiber dagegen nach der IV. Cl.

4) Botengebühren 1 ℳ 80 ₰. u. bei Gehaltsmehrungen unter 200 ℳ — ℳ 90 ₰.

   Die Anstellungstaxe der Advokaten und Notare beträgt neben der Ausschreibgebühr III. Cl. und Botengebühr 45 ℳ

   (FME. v. 29. Dez. 1875, FMbl. 1876 S. 1.)

XII. **Die Advokaten-Gebührenordnung** wurde in diesem Jahrgange des Kalenders aus dem Grunde weggelassen, weil einerseits die durch die Schmälerung des Formates und die Münzänderung veranlasste vollständige Erneuerung des Satzes dieser 16 Seiten umfassenden Beilage grosse Kosten verursacht hätte, anderseits hiefür kein ausreichendes Bedürfniss vorzuliegen schien, da diese Gebührenordnung Angesichts der Reichsgesetzgebung wahrscheinlich nur noch ein Jahr Bestand hat und die verschiedenen Separatabdrücke und Tabellen, welche sich die Herren Gerichtsbeamten und Rechtsanwälte schon im Jahre 1876 anschaffen mussten, wohl auch noch für 1877 ihre letzten Dienste thun werden. Redaktion und Verlag glauben daher ob dieser Auslassung entschuldigt zu sein.

# Verzeichniss der 22 Beilagen.

Kolibri 360 GmbH
Ferdinand-Jühlke-Straße 7
99095 Erfurt, Deutschland
produktsicherheit@kolibri360.de